LA FRANCE DANS LE CONFLIT ÉCONOMIQUE MONDIAL

HACHETTE
Littérature

D'APRÈS LE

RAPPORT D'INFORMATION

fait

sur les enjeux et les conditions des équilibres extérieurs de la France.

par M. Edgard Pisani, sénateur, et les membres du groupe d'étude « Commerce extérieur » [1].

1. Ce groupe, commun aux trois commissions, chargé, le 7 décembre 1977, d'étudier les problèmes du commerce extérieur, était composé de : MM. Charles Beaupetit, Louis Boyer, Jacques Chaumont, Louis Jung, Robert Laucournet, Pierre Louvot, Maurice Prévoteau et Hector Viron.

AVERTISSEMENT

Ce livre est la transposition à l'usage du public d'un rapport sénatorial d'information sur les « enjeux et conditions des équilibres extérieurs de l'économie française ».

L'initiative du rapport revient à M. Alain Poher, président du Sénat, et aux trois Commissions des Affaires Economiques, des Affaires Sociales et des Affaires Etrangères.

Le groupe de travail qui l'a élaboré était composé de MM. Charles Beaupetit, Louis Boyer, Jacques Chaumont, Louis Jung, Robert Laucournet, Pierre Louvot, Maurice Prévoteau et Hector Viron.

Le rapport a été approuvé à l'unanimité des membres des trois Commissions en leur réunion commune du 12 octobre 1978.

L'idée d'une publication en librairie a été inspirée par le succès qu'a connu l'édition du rapport d'enquête sur la catastrophe de l'*Amoco Cadiz,* mais aussi par le souci qu'ont tous les parlementaires de rendre leurs travaux plus utiles à la collectivité, de voir leurs travaux d'information servir à l'information de l'opinion.

Ainsi ce livre est-il œuvre collective. Celui qui, par nécessité sans doute, est présenté comme l'auteur, n'est en fait que « rapporteur ». Il fait état de travaux qui ne sont pas les siens propres. Les services du Sénat ont apporté une contribution décisive d'organisation, de recherche, de rédaction; des dizaines de personnalités responsables ont apporté au groupe le fruit de leur connaissance et de leur expérience; Simone Branglidor, journaliste, a eu la tâche difficile de traduire le rapport en livre.

Pour faire cette transposition il a fallu tailler et retailler, recomposer les apports en une architecture fort différente de celle du document initial. Au risque de procéder à des amputations sévères. Le rapporteur auteur en assume seul la responsabilité. Il ne pouvait procéder autrement : avec ses treize cents pages grand format et la simple juxtaposition des analyses systématiques et des contributions extérieures, le rapport n'est abordable que par les spécialistes.

Or, les enjeux des équilibres extérieurs de l'économie française sont tels, et leurs conditions si exigeantes, qu'il a paru utile, nécessaire même, d'aborder le grand public. Celui des étudiants, celui des responsables politiques, sociaux, économiques; celui des citoyens et des travailleurs, car leur sort est en jeu.

Si le titre choisi paraît si dramatique, ce n'est pas pour provoquer mais pour convaincre, pour cesser de cacher la vérité sous un discours lénifiant. Nous devons être conscients du développement d'un conflit économique mondial : pour y survivre, l'Europe aidant, quoi qu'il arrive. Mais nous devons aussi tenter, par la concertation internationale, de lui trouver réponse dans le cadre d'un nouvel ordre économique mondial qu'il faut inventer.

Les équilibres extérieurs de l'économie française constituent l'une des préoccupations majeures, profondes et proclamées, de l'unanimité de nos responsables, qu'ils appartiennent au secteur politique ou administratif, à celui du travail, des affaires, de l'agriculture, de la diplomatie ou de la défense. Le débat passionné qui entoure, dans nos régions méridionales en particulier, l'éventuel élargissement vers la Méditerranée de la Communauté économique européenne; la colère des ouvriers et des patrons du textile contre les importations en provenance de l'Afrique du Nord ou de l'Asie du Sud-Est; la bataille du Concorde et de l'Airbus; l'angoissante menace qui pèse sur les régions sidérurgiques ou sur les régions qui abritent des chantiers navals; la surprise dont nous sommes frappés lorsque nous constatons que la France est déficitaire en matière de viande porcine et gravement déficitaire dans tout ce qui touche au bois et à ses dérivés; la dépréciation du franc par rapport au mark ou au yen; l'obligation où nous sommes d'importer beaucoup de nos machines-outils et la plupart des équipements nécessaires à nos industries alimentaires; l'attention inquiète avec laquelle nous attendons les décisions semestrielles de l'O.P.E.P.; la « fatalité » qui semble exclure que nous ne construisions pas de centrales nucléaires et que nous n'exportions pas des armes; le déséquilibre constant du Moyen-Orient et de l'Afrique; toutes ces réalités, et bien d'autres encore, appartiennent au domaine ici abordé. Elles constituent les données élémentaires d'un problème global.

Chacune d'entre elles fait l'objet au Parlement d'un débat isolé, à l'occasion de questions posées par des députés et des sénateurs, dans le cadre de la discussion budgétaire ou dans celui de la procédure qui aboutit à l'adoption du Plan. Encore faut-il souligner le caractère partial, fugitif, dérisoire de la mention faite en ces diverses circonstances au problème substantiel des équilibres extérieurs. Les questions orales mettent en valeur les difficultés sectorielles ou régionales de l'emploi, les crédits du ministère du Commerce extérieur provoquent des mises au point de technique financière ou administrative. Quant au Plan, outre qu'il n'a cessé depuis quelques années de décroître en clarté et en portée, il est comme un discours incantatoire où sont mêlées les brillantes analyses et les bonnes intentions. L'Administration n'y trouve plus sa discipline, les secteurs économiques leurs orientations.

C'est en vain que l'on cherche au *Journal officiel* une vraie et grande confrontation entre Gouvernement et Parlement, entre majorité et opposition, sur nos équilibres extérieurs, les enjeux qu'ils représentent et les disciplines qu'ils imposent, sur la réalité économique mondiale dans laquelle il nous faut à tout prix nous faire et nous refaire sans cesse une place convenable. Il faut évoquer certains travaux du Conseil économique et social [1] ainsi que le rapport consacré à l'Assemblée nationale au problème des importations sauvages; il faut en souligner la valeur et l'opportunité mais aussi le caractère technique et fractionnel. Il faut retenir des déclarations de politique générale faites par les Premiers ministres des paragraphes consacrés à l'importance du sujet, mais en quelques lignes, en quelques formules fortes, sans analyse, sans argumentation, sans débat, sans qu'un choix soit proposé.

L'objet du présent rapport est tout à la fois d'aborder le problème dans son plus grand ensemble et de créer ainsi l'occasion d'un vaste débat public et politique. Sans doute ne réalisera-t-il totalement ni l'une ni l'autre de ses ambitions. Du moins aura-t-il tenté d'aborder les choses en leur vraie dimension et sur leur vrai terrain. Nous le verrons : il n'y a pas de succès possible à la recherche d'un équilibre durable de l'économie française si le commerce extérieur demeure une affaire de spécialistes, si les Français refusent de s'expatrier pour travailler à l'extérieur, si toutes les entreprises moyennes et grandes ne se sentent pas responsables de quelque exportation ou de quelque non-importation, si nos chercheurs ne sont pas préoccupés d'économies d'énergie ou de développements technologiques exportables, si nos fonctionnaires demeurent plus attentifs à la règle qu'à l'effet, si les paysans, les ouvriers, les ingénieurs ne se considèrent pas comme les acteurs d'un impitoyable combat où finalement les grandes et spectaculaires victoires ont moins d'importance qu'une présence constante et active sur tous les terrains, si, enfin, chacun n'accepte pas les efforts et les disciplines, les sacrifices sans doute aussi, que cette présence et ces victoires imposent.

---

1. Notamment, « L'avenir des industries françaises et la nouvelle répartition internationale de la production industrielle », avis adopté par le Conseil économique et social le 15 novembre 1978 sur le rapport de M. Léon Peillon.

AVANT-PROPOS

Le présent rapport constitue novation et novation utile. Dans la recherche d'une nouvelle définition du rôle du Parlement, la procédure mise en œuvre constitue en effet une tentative intéressante.

Osons analyser notre institution avec quelque impertinence, mais aussi avec objectivité :

— le partage des assemblées en majorité et minorité fait que dans la plupart des cas le travail législatif est un affrontement qui se résout par l'affirmation des thèses du Gouvernement sans concessions substantielles. Il en aurait été de même si une autre majorité avait triomphé en mars. C'est la loi du système bipartisan. Le débat législatif verse tour à tour dans le conflit idéologique et dans le pointillisme;

— le rite budgétaire est impressionnant et dérisoire. Les équilibres sont toujours difficiles, ils ont été péniblement élaborés; toute modification significative les met en cause comme elle met en cause la toute-puissance du ministère des Finances et celle du Gouvernement. Nul ne se laisse prendre au demeurant aux accommodements finaux, aux concessions faites par un ministre apparemment excédé et furieux aux parlementaires les plus remuants de la majorité, accommodements sur lesquels on insiste d'autant plus qu'ils ne portent que sur bien peu de chose. Quand aura-t-on le courage de dénoncer l'énorme perte de temps et d'énergie que représente la procédure budgétaire sans aucun profit pour la démocratie ni pour l'équilibre de nos finances publiques? Que de débats nocturnes, que de querelles de grammairiens, que d'empoignades frivoles, avec le soutien de quel appareil solennel et perfectionné, sur des points sans grand intérêt, et quel impressionnant silence sur l'essentiel! Quelle lassitude chez les ministres, les fonctionnaires et les journalistes! On s'étonne que les parlementaires soient si clairsemés dans l'hémicycle, c'est le contraire qui serait surprenant. A la vérité, l'institution parlementaire est prisonnière du carcan des lois organiques;

— le rite des questions orales ressemble à la tragédie grecque, dont les héros poussés par une fatalité tout entière orientée, parlent devant eux, se préoccupent à peine les uns des autres. Une différence pourtant : chacun a un auditeur privilégié en la personne du journalisme qui reproduira son intervention dans le journal local. Cette procédure, comme celle des questions écrites, n'est pas sans intérêt, mais elle est faite pour permettre d'éclairer des points précis et limités, plus que pour faire avancer des débats essentiels;

— la Constitution de la Ve République donne au chef de l'Etat un rôle privilégié, hors du contrôle et de la censure parlementaires.

Faute d'avoir à traiter substantiellement des problèmes substantiels, une assemblée élue au suffrage universel et dont les débats sont publics, est toujours tentée d'intervenir « politiciennement » plutôt que politiquement, démagogiquement par manque de responsabilité vraie. Il est dangereux partout, que le Gouvernement et l'Administration prétendent à incarner à eux seuls l'Etat et les intérêts collectifs et aboutissent insensiblement et comme inconsciemment à cantonner le Parlement à la défense d'intérêts catégoriels, régionaux ou spécifiques.

L'ennui et la démagogie liée à l'irresponsabilité, voilà les deux maux qui menacent tous les systèmes parlementaires. Il n'est que de lire les discours qu'à la fin de chaque session les présidents de nos deux assemblées prononcent rituellement pour mesurer l'insatisfaction, la révolte même et, d'une certaine façon, l'humiliation que ressentent les députés et sénateurs devant le cas qui est fait de l'institution à laquelle ils appartiennent et du travail qu'elle accomplit. Et chaque fois on promet, mais en vain, qu'on fera mieux la prochaine fois. L'inquiétude est réelle dans les milieux que préoccupent la vie et l'avenir de nos institutions et les réflexions et recherches se multiplient pour trouver au parlementarisme qui s'est épanoui avec l'ère industrielle un nouveau mode d'intervention qui corresponde à l'ère « postindustrielle » où nous entrons.

Ainsi, en particulier, vient l'idée de travaux documentaires contradictoires qui mettent à la disposition des institutions et de l'opinion des informations, des analyses prospectives et des conclusions sur tous les sujets d'importance réelle. Pour que ces travaux et les rapports qui en rendent compte aient chance d'être utiles, quelques idées simples semblent devoir être mises en œuvre. Elles l'ont été par le groupe de travail responsable du présent rapport comme elles l'ont été dans le passé par les groupes et commissions chargés de travaux du même type;

— les travaux de l'espèce doivent résolument rompre avec la rigidité des structures ministérielles et embrasser les problèmes dans leur réalité globale, ce que l'Administration a tant de peine à faire, ce que les groupes interministériels et les missions tentent de faire, parfois avec succès. On ne dira jamais assez combien le fractionnement de la réalité en domaines spécifiques et isolés a appauvri la pensée et paralysé l'action publique. Le centralisme français a amplifié les conséquences de cette tendance car la spécialisation est d'autant plus aisée et plus catégorique que l'on se trouve loin du réel et des exigences du terrain. N'excluons pas que sur des points précis et limités des travaux parlementaires puissent être utiles. Ils le seront beaucoup plus dès lors qu'il s'agira tout au contraire d'embrasser des domaines complexes que des institutions ou des corporations se partagent jalousement;

— ces mêmes travaux doivent rompre avec le caractère ésotérique, secret, complexe, technologique du monde et du langage administratifs. Ils doivent être l'occasion d'une analyse ouverte et contradictoire et donc objective des faits et des opinions. Ils doivent être de finalité politique. A cette analyse doivent être associées toutes les organisations et personnalités compétentes, et, ce, par audition ou consultation écrite dont le texte est intégralement publié. Le présent rapport n'a, à cet égard, pas pu atteindre pleinement cet objectif : le temps n'a pas permis de diversifier suffisamment les contacts;

— ils doivent se différencier résolument des procédures constitutionnelles de la commission d'enquête ou de contrôle. Celles-ci ont en effet pour objet précis la mise en cause, voire la censure, de l'action gouvernementale et administrative; ils s'inscrivent à une place de choix dans la mise en œuvre de la fonction de contrôle que la Constitution confie au Parlement. Les travaux dont il s'agit ici ont un tout autre objet : d'information, de synthèse, de prospective, aux côtés du Gouvernement et de l'Administration, et des agents économiques, avec leur concours et non contre eux. Il ne s'agit point là de redresser l'action publique mais de la mieux connaître, de la « vulgariser » sous caution non contestable, de l'éclairer, de l'anticiper et donc aussi de concourir à son orientation. Il s'agit, dans l'enceinte même du Parlement, d'éviter que les problèmes ne soient abordés comme ils le sont dans un débat législatif ou budgétaire inévitablement partial, hâtif et orienté. Il s'agit d'obtenir qu'ils le soient librement, globalement et sans hâte;

— les groupes de travail que l'on pourrait presque appeler groupes parlementaires d'information doivent nécessairement être constitués par les commissions institutionnelles compétentes. Ainsi aucune d'entre elles n'en pourra prendre ombrage. Ils doivent comprendre des représentants de tous les groupes politiques représentés dans l'assemblée dont ils relèvent. S'agissant pour eux de traiter synthétiquement d'un sujet important et donc éminemment politique, la difficulté sera grande de parvenir à un accord, aucun des membres du groupe, le rapporteur pas plus que les autres n'étant à même d'imposer son point de vue. Qu'importe : il ne s'agit point pour le groupe de travail de décider ou de conclure mais d'informer, de provoquer la réflexion et la décision : la diversité des opinions a tout prix au niveau d'un document de synthèse, elle contribue à l'information objective du Parlement et de l'opinion;

— il faudra du temps et beaucoup de tentatives, il faudra que de nouvelles habitudes soient créées, de nouveaux comportements et de nouveaux moyens pour qu'arrive à maturité ce possible aspect du travail parlementaire futur qui pourrait bientôt constituer une tâche dominante des commissions. Peut-être faudra-t-il que soit inventée une nouvelle procédure qui permette que l'assemblée ou les commissions pour le compte desquelles le rapport d'information aura été fait puissent par délibération spéciale mais contraignante conduire le Gouvernement à répondre et à prendre position. Il est sans doute trop tôt pour le dire : ce long développement tendait à démontrer que le Parlement peut trouver dans un effort d'information et de prospective l'occasion de rendre un nouveau service à la démocratie et à la Nation, surtout en France où tous les moyens d'analyse et d'information appartiennent à l'Administration et relèvent du Gouvernement.

C'est pourquoi le groupe avait souhaité connaître, notamment, par procédure écrite, les positions des partis politiques et organisations syndicales en tant que réalités spécifiques. La démarche était inhabituelle, elle n'a pas eu le succès escompté. Il apparaît pourtant à la réflexion que sur des sujets majeurs, une telle consultation peut avoir un immense intérêt. Peut-être faudrait-il, pour conduire à bien d'autres entrevues du même genre, affiner et préciser les procédures plus qu'on n'a pu le faire ici.

Ainsi le groupe de travail et son rapporteur en particulier, ont-ils bénéficié d'une très grande liberté, d'un très grand concours de bonnes volontés et de moyens réels. Si le document qu'ils présentent mérite reproche, et il en mérite assurément, il faut le leur imputer. A moins que de leur consentir l'excuse de l'immensité, de la complexité, de la difficulté politique de la matière. Ils ne pouvaient limiter leur propos aux seules activités de commerce extérieur car pour importantes qu'elles soient, elles ne représentent que l'expression finale d'un processus économique global et la manifestation visible d'une capacité à produire, à organiser, à s'adapter, à se battre. Mais ayant l'ambition d'aborder la réalité économique nationale et internationale dans son ensemble, ils couraient à la démesure. Ils en ont pris le risque. Avec modestie.

PREMIÈRE PARTIE

LE CONSTAT

CHAPITRE PREMIER

LA SITUATION MONDIALE A CHANGÉ

Au cours du XIXe siècle, et dans la première moitié du XXe, la France, fondamentalement agricole, s'est industrialisée avec retard, comme à regret : ni les milieux agricoles, ni les milieux patronaux, ni les milieux ouvriers n'ont cessé alors d'être réticents à l'industrialisation. Ce n'est qu'à partir de 1945 que les notions de politique industrielle et de croissance ont été associées. De 1945 à 1958, la politique industrielle devait répondre d'abord aux nécessités de la reconstruction. Le commerce extérieur restait limité, essentiellement basé sur des produits primaires et tourné vers les pays de la zone franc.

Pendant la période 1950-1960, les relations économiques extérieures de la France ont subi une mutation qui devait s'accélérer fortement au cours de la décennie suivante. Le mouvement de décolonisation a provoqué une remise en cause de l'orientation du commerce extérieur vers des marchés traditionnels protégés. Le choix du libre-échange, la signature des traités européens ont transformé les échanges français. Entre 1950 et 1958, le taux de croissance moyen des importations était de 6,9 %, celui des exportations de 4,9 %. De 1960 à 1968, ces taux sont passés respectivement à 11 et 7,8 %.

La signature du traité de Rome, le 25 mars 1957, son entrée en vigueur le 1er janvier 1958, sa mise en œuvre les années suivantes ont consacré l'ouverture de la France vers l'Europe. Un double phénomène s'en est suivi : une accélération du rythme de croissance du volume des échanges, une nouvelle répartition géographique de ceux-ci. Ainsi, en vingt ans, la part de la zone franc dans les échanges commerciaux français n'a cessé de diminuer : dans les années 50, cette zone représentait 45 % de nos exportations et 30 % de nos importations; en 1962, ces échanges ne constituaient plus que 20 % du commerce extérieur et, en 1970, environ 10 %. Dans le même temps, les échanges de la France avec les pays membres de la C.E.E. suivaient un mouvement inverse : 30 % du total du commerce français en 1960, plus de 45 % en 1970.

Cette mutation rapide a affecté une économie mal préparée à supporter la concurrence internationale. Si bien que, malgré les dévaluations qui, en 1958 et 1969, ont favorisé un développement du commerce extérieur

— déjà facilité par l'existence de la C.E.E. —, celui-ci est resté fragile, et son équilibre dû en grande partie à l'accroissement des exportations de produits agricoles non transformés. L'analyse de la balance commerciale industrielle traduit les faiblesses structurelles de l'économie française. De plus, l'augmentation de la demande intérieure n'incitait guère les producteurs français à développer leurs ventes sur les marchés étrangers.

La période 1970-1973 voit une amélioration soutenue du solde des échanges extérieurs dont le point culminant est l'année 1973. L'objectif défini par le VIe Plan est atteint en 1973. L'effort à l'exportation des industriels français est en net progrès; la part de marché qu'ils détiennent dans les principaux pays industrialisés s'est accrue, atteignant 10 % en 1973, avec des améliorations particulièrement sensibles sur les marchés italien, néerlandais, britannique et, dans une moindre mesure, américain.

Mais là encore, certaines faiblesses structurelles, un redéploiement sectoriel insuffisant des ventes à l'étranger font que la structure des échanges français demeure fragile.

A partir de 1973, la modification des données politiques, économiques, monétaires mondiales va bouleverser les relations commerciales extérieures de la France. On ne saurait, sans une approche préalable de cette évolution récente, apprécier la photographie actuelle, les forces, les faiblesses et les tendances de notre commerce extérieur.

C'est pourquoi nous analyserons successivement le renchérissement des matières premières importées — événement majeur de ces dernières années —, l'apparition des pays de l'Est et des pays en voie de développement sur les marchés mondiaux, les fluctuations du commerce mondial, les efforts accrus des pays industrialisés et les perturbations monétaires, avant de développer les moyens mis en œuvre — et à mettre en œuvre — pour relever ces défis.

I

LE RENCHÉRISSEMENT DES IMPORTATIONS DE MATIÈRES PREMIÈRES

A. L'ÉNERGIE

La crise pétrolière survenue fin 1973 remet en cause les efforts accomplis par la France. Le prix du pétrole brut a quadruplé entre 1970 et 1976, et les importations d'énergie sont devenues le problème majeur des échanges français. En 1974, la « facture » énergétique atteignait le quart de la valeur totale des importations, au lieu de 12 à 13 % précédemment. Le solde des échanges d'énergie passait de — 18 à — 51,5 milliards de F. Depuis, malgré une diminution des quantités importées et une politique d'économie d'énergie, le déficit des échanges énergétiques s'est aggravé (— 64,7 milliards de F en 1977 contre — 61 en 1976).

L'évolution récente montre donc que même si les objectifs quantitatifs définis par le VIIe Plan sont atteints — limiter à 205 millions de T.E.P.[1] la consommation d'énergie en 1980 (175 en 1974), réduire la dépendance énergétique à 60 % (75 % en 1975), développer les techniques et les énergies nouvelles — les importations énergétiques demeureront longtemps encore une charge considérable pour les échanges extérieurs français : le volume importé ne peut être substantiellement réduit, et le coût dépend des décisions des pays producteurs.

---

1. Tonnes équivalent pétrole.

B. Les matières premières industrielles

La France, qui possède peu de ressources pour alimenter ses industries, est à la merci des variations des cours mondiaux. Or, en 1976, par exemple, les prix des métaux non ferreux ont augmenté de 13 %, ceux des minerais de 8 %, comme le montre le tableau ci-dessous.

Variation des prix mondiaux à l'exportation
(base 100 en 1970)

	1972	1973	1974	1975	1976	1977
Minéraux et métaux non ferreux à l'exclusion des combustibles	95	125	169	171	170	180
Combustibles	140	189	577	588	616	675

(Source : rapport du G.A.T.T. 1976-1977.)

C. Les matières premières d'origine agricole destinées à l'industrie

Beaucoup plus préoccupante est l'évolution des importations de matières premières d'origine agricole destinées à l'industrie. Certains produits non disponibles en France — le coton — ou produits en quantités insuffisantes — laine, bois — ont vu leur prix augmenter considérablement. Ainsi, en 1976, les achats de coton ont augmenté de 1,202 milliard de F, ceux de bois brut ou scié de près de 1,197 milliard. Malgré une progression des exportations de 34,2 %, le solde déficitaire des échanges de matières premières d'origine agricole a plus que doublé.

L'évolution des échanges de bois retient particulièrement l'attention : depuis une dizaine d'années, le solde déficitaire a tendance à augmenter : — 886 millions de F en 1975, — 2,02 milliards de F en 1976. Les résultats des périodes de douze mois se terminant le 30 septembre 1976 et 1977 mettent en évidence une aggravation : respectivement — 1,772 milliard et — 1,92 milliard de F. Cette situation découle pour partie de l'importance des achats de bois tropicaux, ainsi que de l'accroissement des importations de sciages de conifères.

D. Les matières premières agricoles

L'agriculture française consomme actuellement pour l'élevage 12 millions de tonnes d'aliments composés; 3 millions de tonnes de tourteaux importés sont utilisées pour fabriquer ces aliments. L'essentiel des achats est constitué par du soja (2,227 millions de tonnes en 1976) fourni principalement par les Etats-Unis (1,143 million de tonnes en 1976). La France doit importer 85 % de ses besoins en protéines destinées à l'alimentation animale. Cette dépendance entraîne une dépense annuelle de devises de 2 à 3 milliards de F (2,6 milliards en 1976; 2,8 milliards en 1977).

Le marché du soja présente le double inconvénient de laisser une place importante aux Etats-Unis, bien qu'en 1977 le Brésil soit devenu notre premier fournisseur de tourteaux, et d'être sensible à des variations de prix qui ont un effet déplorable sur les tentatives de stabilisation des prix à la consommation.

Le VIIe Plan qui a défini un objectif de réduction de la dépendance en protéagineux devrait permettre d'améliorer sensiblement la situation.

Aucune politique de réduction de la dépendance ne peut être menée quant aux approvisionnements en produits tropicaux. Le quadruplement du prix du café depuis 1975 (conséquence à la fois de mauvaises récoltes et de spéculations) a eu pour conséquence un renchérissement en valeur de nos importations de ce produit (5,9 milliards de F en 1977 au lieu de 3 milliards en 1976).

Variation des prix mondiaux à l'exportation des produits primaires
(base 100 en 1970)

	1972	1973	1974	1975	1976	1977
Produits alimentaires ..	119	177	236	215	211	242
Matières premières agricoles	128	199	213	198	228	237

II

L'APPARITION DES PAYS DE L'EST ET DU TIERS MONDE SUR LES MARCHÉS DES PRODUITS MANUFACTURÉS

Quelles que soient les difficultés auxquelles ont à faire face certaines entreprises des pays occidentaux du fait de la concurrence des produits en provenance des pays de l'Est et du tiers monde, sur le plan global, le phénomène apparaît — sauf en ce qui concerne le textile — d'ampleur assez limitée.

Les tableaux ci-joints permettent en effet de constater que les produits ne représentent une fraction importante des importations des pays industrialisés que pour un nombre restreint de secteurs en 1976. Pour l'ensemble des produits, la part de marché des pays de l'Est et des P.V.D. apparaît à peine supérieure à 10 %, soit une augmentation de 1,3 point seulement en cinq ans. Mais d'autres productions devraient à l'avenir être touchées par les exportations des P.V.D.; et cette nouvelle concurrence, la volonté manifestée par les pays de l'Est comme par ceux du tiers monde d'accélérer leur croissance économique, engendrent à l'évidence des risques de perturbation pour les échanges internationaux.

Actuellement, c'est pour les textiles et les vêtements que la situation apparaît la plus critique, bien que les déficits absolus restent encore relativement modérés : 1,3 milliard de dollars en 1976 pour la C.E.E. et 2,8 milliards de dollars pour les Etats-Unis. A noter que la France n'accuse qu'un déficit assez faible, de 0,14 milliard de dollars, mais faisant suite à un excédent de près de 0,7 milliard en 1974; d'autre part, que certains autres pays de la C.E.E., comme l'U.E.B.L. et l'Italie, ont su conserver, voire accroître leur solde excédentaire. Ceci montre bien que la crise est moins celle du secteur textile dans son ensemble que celle de certaines productions particulières et de certaines entreprises qui n'ont pas réussi à conserver une spécialisation suffisamment solide pour résister à la concurrence des pays à bas salaires.

Evolution des exportations des pays de l'Est et des pays en voie de développement et de leurs parts de marché dans les pays industrialisés (1972-1976)
(En milliards de dollars)

	Pays en voie de développement[1]				*Pays de l'Est*			
	1972		1976		1972		1976	
	$	%	$	%	$	% du marché	$	% du marché
Produits primaires : produits alimentaires, matières premières, minerais et autres minéraux, combustibles	20,43	20	50,35	17,80	5,24	5,10	16,50	5,80
Produits manufacturés : métaux, produits chimiques, textiles, machines......	11,70	6,40	26,95	7,40	4,36	2,40	9,70	2,70

(Source : rapport du G.A.T.T.)

Dans le cas de la France, c'est la rapidité avec laquelle s'est détérioré le solde extérieur qui est préoccupante — 0,87 milliard de dollars en deux ans — et ses conséquences sur l'emploi (— 180 000 personnes en dix ans). Si l'on tient compte, en outre, des suppressions d'emplois dans les secteurs de l'habillement, des cuirs et des chaussures, des bois et des meubles, c'est parfois 40 % de l'emploi industriel qui sont menacés et notamment l'emploi féminin.

Ces effets néfastes doivent toutefois être appréciés en tenant compte des créations d'emplois résultant pour les pays industrialisés de leurs exportations à destination des pays en voie de développement. Il faut rappeler à ce propos que les derniers absorbent une part croissante des ventes de

1. Non producteurs de pétrole.

biens d'équipement des pays développés qui a atteint 37 % en 1976, soit une augmentation de 10 points en trois ans.

C'est ainsi que, dans le cas de la France, on a pu évaluer à 100 000 le nombre des créations nettes d'emplois correspondant aux échanges de produits industriels sur les pays du tiers monde.

Moins importantes en valeur et en parts de marché, les exportations de demi-produits risquent de soulever des problèmes plus délicats, car elles prennent place sur des marchés déjà engorgés par les excès d'investissement des années 1972 et 1973 dont les effets se font sentir encore aujourd'hui, compte tenu des délais de mise en place des installations de production. Sur ce plan, les conséquences de l'apparition des pays du tiers monde sur les marchés sont beaucoup plus diffuses. En effet, le rapide accroissement des quantités produites, même sans être exportées, peut gêner des pays comme ceux de la C.E.E., car les produits du tiers monde peuvent non seulement se substituer aux importations en provenance d'Europe, mais encore évincer d'autres pays exportateurs qui seraient peut-être alors tentés de faire porter leurs efforts sur les marchés européens.

On peut d'autre part s'inquiéter de certaines modalités commerciales des échanges, notamment Est-Ouest. Pour tenter d'équilibrer leurs échanges, les pays à économie planifiée ont été amenés à recourir de façon de plus en plus systématique à des techniques de « compensation »; techniques qui peuvent prendre la forme d'opérations dites *self supporting,* quand l'importation d'ensembles industriels est payée par l'exportation des produits qu'ils permettent de fabriquer; mais qui peuvent aussi se traduire par une espèce d'accord de troc par lequel l'exportateur occidental est tenu d'accepter en paiement des produits sans rapport avec son activité.

III

LA NOUVELLE STRUCTURE DU COMMERCE MONDIAL

Le commerce international a joué incontestablement un rôle moteur dans l'expansion qu'a connue l'économie mondiale de 1950 à 1973. Ceci ne résulte pas simplement d'une constatation statistique : la croissance du commerce mondial en volume à un rythme près d'une fois et demie supérieur à celui de la production mondiale. Au-delà de ces données, on décèle en effet une nouvelle forme de croissance dont la concurrence extérieure consistue un stimulant essentiel et, surtout, une nouvelle fonction de l'échange international ignorée par la théorie économique traditionnelle.

Celle-ci enseigne en effet qu'une nation doit s'adresser au marché mondial pour acheter ce que, compte tenu de ses ressources, elle ne peut produire elle-même au moindre coût et, d'une façon générale, tous les biens pour lesquels sa productivité est relativement faible. En vertu de ces principes, on devrait constater une moindre croissance des échanges entre pays développés, qu'entre ces pays et les pays en voie de développement pour lesquels les différences de coût de fabrication et de dotation en facteur de production devraient rendre l'échange particulièrement profitable. Or c'est précisément une évolution inverse que révèle l'analyse du commerce mondial de 1950 à 1973; les échanges entre pays industrialisés qui ne représentaient que 60 % au début de la période, en constituaient plus de 70 % à la veille de la crise.

Cette situation traduisait, par-delà les effets favorables résultant de la constitution de groupements économiques régionaux et des abaissements de tarifs douaniers négociés dans le cadre du G.A.T.T., la modification des ressorts du commerce mondial. Celui-ci n'a plus seulement pour objet de permettre l'obtention des produits pour lesquels on est le moins compétitif. Il offre également la possibilité à chaque pays de se procurer une gamme de produits suffisamment variée pour satisfaire des consommateurs et des industriels toujours plus exigeants : les uns parce que, dotés d'un revenu largement discrétionnaire, ils s'attachent moins aux qualités intrinsèques des produits qu'aux possibilités d'expression personnelle plus nuancée attachées à la consommation d'objets importés, les autres parce que l'acquisition de biens étrangers leur permet de trouver le matériel le mieux adapté à leurs besoins. Le marché de l'automobile constitue un exemple frappant de cette nouvelle forme de spécialisation reposant sur le principe de la différenciation infinie de produits similaires.

Récapitulation du commerce mondial, 1962-1978
(Variations en pourcentage du volume et de la valeur unitaire du commerce extérieur)

	Variation par rapport à l'année précédente						
	1962-1972	1973	1974	1975	1976	1977	1978
Commerce mondial							
Volume	9	13	5	— 4,5	11,5	5	5
Valeur unitaire (exprimée en dollars E.U.)	2,5	23,5	41	8,5	2	9	9
Valeur unitaire (exprimée en D.T.S.[1]	2	12,5	40	7,5	7	7,5	4,5
Volume du commerce							
Importations							
Pays industriels	9,5	12,5	1	— 7,5	14,5	5	
Principaux pays exportateurs de pétrole	9	21,5	38,5	42,5	18,5	13	
Autres pays en développement	5,5	15	8	— 6	1,5	5	
Exportations							
Pays industriels	9	14	8	— 4,5	10,5	4,5	
Principaux pays exportateurs de pétrole	9	13	— 1	— 11,5	13	»	
Autres pays en développement	6,5	8	4,5	»	13	6,5	

1. D.T.S. : droits de tirage spéciaux.

La hausse brutale des produits pétroliers de 1973 a fait craindre que les pays occidentaux ne se replient sur eux-mêmes et que s'engage ainsi un processus de dislocation du commerce international analogue à celui qui, dans les années 1930, aurait largement contribué à transformer la violente crise cyclique de 1929 en une dépression durable de l'économie mondiale.

En fait, si ces prophéties pessimistes ne se sont pas réalisées, on constate cependant des signes de changements importants de la dynamique des échanges internationaux, consécutifs à la hausse du prix du pétrole. Globalement, on remarque en premier lieu que le développement rapide et continu du commerce mondial qui caractérisait la période 1950-1973 a fait place à une évolution particulièrement irrégulière.

L'évolution de la structure du commerce mondial manifeste plus nettement une certaine rupture avec les tendances de l'après-guerre.

Évolution 1972-1977 de la structure par produits du commerce mondial en indice 1972 = 100

Catégories de produits	1972	1973	1974	1975	1976	1977
Produits primaires	100	146,8	248	250	284	316
Dont :						
Combustibles	100	151	400	401	466,7	513
Produits semi-manufacturés [1]	100	140	208,9	196,8	216	245
Biens de consommation [2]	100	131,8	169,5	174,4	205,2	240
Biens d'équipement [3] ..	100	132,2	170	200,2	227,6	260
Ensemble produits manufacturés.......	100	134,4	178,5	191,3	215	249
Total exportations mondiales	100	138,4	201,1	211,1	238,5	270

On peut observer que le commerce des biens d'équipement croît plus vite que celui des biens de consommation et des biens semi-manufacturés :

1. Rassemble les chiffres publiés par le G.A.T.T. pour les produits suivants : métaux non ferreux, fer, fonte et acier, produits chimiques, autres produits semi-manufacturés.

2. Rassemble les chiffres publiés par le G.A.T.T. pour les produits suivants : articles de ménage textiles, vêtements, autres produits de consommation, véhicules automobiles routiers.

3. Rassemble les chiffres publiés par le G.A.T.T. pour les produits suivants : machines et matériels pour industries spécialisées, matériels de bureau et de télécommunications, autres machines et matériels de transport.

parallèle jusqu'en 1974, la croissance des indices B.C.-B.E. commence à diverger en 1975 pour creuser un écart de plus de 22 points en 1976.

Ce renversement de tendance traduit d'abord une augmentation du volume des biens d'équipement échangés résultant, notamment, d'une certaine redistribution du pouvoir d'achat mondial depuis 1973 au profit des pays producteurs de pétrole, ainsi que de la croissance de la demande des pays en voie de développement, ces deux catégories ayant une préférence marquée pour l'importation de biens d'équipement. Il ne faut pas cependant négliger les conséquences d'un certain redressement des termes de l'échange des pays industriels.

Évolution des termes de l'échange, 1962-1978

	Moyenne annuelle 1962-1972	*Variation (en %) par rapport à l'année précédente*					
		1973	1974	1975	1976	1977	1978
Pays industriels	»	— 2	— 11	3	1	»	2
Pays de production primaire :							
Pays les plus développés	»	10	— 14	— 6	— 0,5	— 2	
Principaux pays exportateurs de pétrole ..	1	14	138	— 5	5	1	— 12
Pays en développement non producteurs de pétrole	— 0,5	10	— 8	— 13	5	3	

En effet, par suite de la modération dont font preuve les pays producteurs de pétrole depuis 1975, les pays industrialisés devraient connaître à moyen terme une évolution relativement favorable de leurs termes de l'échange : alors que leurs prix à l'importation resteraient assez stables, ceux de leurs exportations de produits manufacturés devraient continuer de croître par suite d'un taux d'inflation interne encore élevé ou de l'appréciation de leur monnaie.

Parallèlement, on assiste à une modification de la structure des échanges mondiaux par pays : les exportations des pays en voie de développement non producteurs de pétrole ont pour la première fois depuis la Seconde Guerre mondiale, crû plus rapidement que celles des pays industrialisés.

De 1972 à 1976, les exportations des pays industrialisés sont passées en volume de 69 à 63 % du total, tandis que celles des pays exportateurs de pétrole et des autres régions en voie de développement croissaient de 6,5 % et 0,7 %, pour atteindre respectivement 13,3 % et 11,4 % de l'ensemble des exportations mondiales.

L'évolution du processus d'intégration de l'économie mondiale

Le changement de la composition par produits du commerce international affecte également le processus d'intégration de l'économie mondiale. On a vu qu'au cours des années précédant la crise, le commerce avait tendance à se développer entre « nations à structure économique comparable » et, notamment, entre pays industrialisés. Il en va autrement depuis 1974. Cette évolution s'est traduite par la « réouverture de certains espaces économiques » qui, comme le Marché commun, avaient développé plus intensivement leurs échanges internes. Ainsi observe-t-on un coup d'arrêt à la croissance de la part du commerce intracommunautaire dans le commerce international de la C.E.E. : après en avoir représenté 50,8 % en 1973, cette part n'en constitue plus que 47,9 % en 1977, soit une chute de près de trois points en quatre ans.

D'une façon générale, l'on peut se demander si la nécessité pour les pays industrialisés de financer un déficit énergétique croissant n'a pas pour conséquence directe ou indirecte d'orienter les flux commerciaux internationaux dans un sens plus conforme aux théories économiques traditionnelles, c'est-à-dire de donner plus de dynamisme aux échanges entre nations à productions complémentaires qu'à productions concurrentes.

Telle semble bien être la caractéristique majeure de l'évolution structurelle actuelle qui devrait se poursuivre par suite de l'augmentation probable des prix des produits pétroliers.

IV

UNE CONCURRENCE PLUS VIVE ENTRE PAYS INDUSTRIALISÉS

Pour compenser leurs déficits vis-à-vis des pays producteurs de pétrole, les pays occidentaux se sont engagés dans une course aux marchés extérieurs d'autant plus vive que se rétrécissaient les débouchés par suite de la crise. Celle-ci apparaît en fait moins liée à l'impact déflationniste global du déficit pétrolier qu'à son inégale répartition entre les pays industrialisés et à ce qu'elle traduit fondamentalement, c'est-à-dire la différence de capacité de réaction de ces pays face à la contrainte externe.

L'enchérissement des produits pétroliers n'a en effet pas directement provoqué, comme certains l'avaient craint, une récession mondiale prolongée. Le ralentissement de la croissance mondiale résulte plutôt d'une conséquence indirecte de la hausse du prix du pétrole : en bouleversant la structure des paiements internationaux, celle-ci a joué le rôle de révélateur de rapports de force réels entre les économies occidentales.

Tandis que la R.F.A. et le Japon retrouvaient rapidement, à cause du dynamisme et de la plasticité de leur économie, des excédents comparables à ceux du début des années 1970, et que les Etats-Unis ont pu, eu égard au rôle international du dollar, poursuivre leur expansion sans vraiment se préoccuper d'un déficit commercial croissant, la plupart des autres pays occidentaux ne parviennent pas à rétablir durablement l'équilibre de leurs échanges sans recourir à des politiques de redressement néfastes à l'expansion mondiale. C'est le cas de l'Italie et de la Grande-Bretagne, qui, malgré une dépréciation considérable de leurs monnaies, ne se rapprochent de l'équilibre qu'à coups de mesures rigoureuses d'austérité. C'est le cas de la France qui n'a pu redresser la situation de ses comptes extérieurs en 1975 qu'au prix de la stagnation de son économie. La reprise de 1976 a recréé un déficit important de sa balance des opérations courantes, largement financé par des emprunts sur les marchés internationaux des capitaux.

Ainsi, en 1976, si l'O.C.D.E. dans son ensemble s'est trouvée en déficit de 26,5 milliards de dollars, trois pays, l'Allemagne, le Japon et les Pays-Bas ont accumulé un surplus de 9 milliards de dollars. Cette disparité de performances économiques est particulièrement nette au sein de la Communauté économique européenne : tandis que l'Allemagne et les Pays-Bas dégagent des excédents de 5,3 milliards de dollars, les autres pays accusent plus de 14 milliards de dollars de déficit, dont 6,1 milliards de dollars pour la France, 2,8 milliards de dollars pour l'Italie et 2,7 milliards de dollars pour le Royaume-Uni.

Ces résultats appellent essentiellement deux observations. D'une part, on ne constate aucune corrélation significative entre le degré de dépendance énergétique d'un pays et son équilibre extérieur comme en témoigne le cas du Japon qui n'assure pas lui-même 10 % de son approvisionnement énergétique. D'autre part, on peut noter une certaine insensibilité des flux commerciaux aux variations de change. Celles-ci ne semblent plus jouer le rôle rééquilibrant que leur attribue généralement l'analyse économique classique.

Indispensable au maintien de la liberté des paiements dans un monde où les économies nationales ont connu des évolutions brusquement divergentes, le flottement des monnaies semble plus entretenir les déséquilibres qu'il ne les réduit, aboutissant en fait à renforcer la position des pays forts pour affaiblir celle des pays les plus fragiles. Ainsi, crise du système monétaire international et crise pétrolière ont conjugué leurs effets pour accentuer certaines différences de dynamisme entre les nations face à la contrainte externe.

L'analyse des nouvelles règles du jeu de la concurrence entre les pays industrialisés permet de distinguer deux grands types d'économies : les économies compétitives et les économies concurrencées.

Aussi schématique soit-elle, puisque la ligne de partage passe sans doute entre les secteurs voire entre les entreprises de chaque pays, cette distinction a le mérite de mettre en évidence un processus global, qui affecte l'ensemble des secteurs de l'économie nationale quelle que soit leur situation concurrentielle.

Ainsi une économie compétitive comme celle de l'Allemagne, du Japon ou des Pays-Bas, concilie, dans un environnement mondial inflationniste, l'appréciation de sa monnaie et un solde extérieur positif : tandis que, globalement, l'appareil de production national bénéficie de la modération du coût de ses approvisionnements extérieurs, notamment en produits énergétiques, les entreprises exportatrices réussissent à absorber leur handicap de prix à l'exportation par des efforts en matière de promotion commerciale, de gains de productivité et de spécialisation technique.

Une telle évolution ne signifie pas, pour autant, l'absence de toute contrainte dans la gestion de la demande intérieure.

L'économie concurrencée, au contraire, comme celle de l'Angleterre, de l'Italie et dans une certaine mesure de la France, subit la spirale dépréciation du change — hausse des prix internes, qui alourdissant la charge des importations incompressibles pour ne donner qu'un avantage insuffisant aux exportations industrielles, amène tôt ou tard les autorités nationales à mettre en œuvre une politique d'austérité. Celle-ci devra être plus sévère à mesure que l'application en aura été plus longuement différée.

Dans ces conditions, on comprend que — sauf pour les Etats-Unis qui, du fait de la dimension de leur espace économique et du rôle international de leur monnaie, peuvent échapper aux conséquences néfastes d'une dépréciation du change — la course aux débouchés des pays occidentaux ne les conduise guère à des dévaluations compétitives, mais se traduise plutôt par une concurrence d'autant plus vive sur les marchés tiers que certains d'entre eux doivent, pour éviter les effets pervers d'une dépréciation monétaire, restreindre la demande et les débouchés internes.

Le fonctionnement « pervers » du processus d'ajustement finit par instaurer une division internationale du travail favorable aux économies compétitives. Placées en position dominante sur les marchés mondiaux, celles-ci bénéficient d'avantages comparatifs solides fondés sur la maîtrise de certains créneaux techniques.

Au contraire, l'avantage comparatif des produits des économies concurrencées reposant essentiellement sur une différence de prix apparaît plus précaire, ne serait-ce que parce que la demande internationale de produits sans avantage technique décisif est beaucoup plus élastique eu égard aux possibilités de substitution. De plus, la vitesse de l'inflation, la croissance des charges et la limitation des prix dans les pays concurrencés incitent souvent les entreprises à reconstituer leurs profits à l'exportation au détriment de l'expansion de leurs ventes.

C'est cet aspect de spécialisation structurelle dans les produits dont la demande est en forte croissance et l'élasticité-prix, relativement faible, qui explique le fait que la stabilisation, voire l'appréciation d'une monnaie, ne suffit pas à placer un pays sur la spirale « vertueuse » de la compétitivité extérieure.

L'inefficacité des dévaluations compétitives a pour contrepartie un certain ralentissement de l'activité économique qui ne va pas sans poser de gros problèmes structurels. D'abord la faiblesse des débouchés internes tend à rendre plus aiguë la crise de surproduction que connaissent actuellement les secteurs de produits intermédiaires : les effets d'un surinvestissement lors de l'emballement spéculatif des années 1972 et 1973 se font encore sentir aujourd'hui, alors même que le marché de ces produits est particulièrement déprimé. Aussi une concertation internationale apparaît nécessaire pour certains secteurs comme la sidérurgie, les produits chimiques et le raffinage afin que soient éliminées certaines capacités excédentaires et apportées certaines limitations au libre jeu de la concurrence. Ainsi, en décembre 1977, le Conseil des Communautés a décidé la mise en place, à compter du 1er janvier 1978, d'un dispositif répondant aux objectifs du Gouvernement français :

— relèvement des prix d'orientation des produits sidérurgiques sur le marché communautaire de 15 % en 1978;

— extension du régime plus strict des prix minima à de nouvelles catégories de produits et mise en œuvre des moyens de surveillance adéquats :

— extension au négoce des disciplines imposées aux entreprises sidérurgiques;

— mise en place d'un mécanisme provisoire de perception de droits compensatoires sur les importations de pays tiers lorsque les prix facturés sont inférieurs à un prix de base défini par la Communauté;

— négociation prochaine avec les pays tiers d'accords permettant d'éviter que les importations ne désorganisent à l'avenir le marché communautaire.

D'une façon générale, la faiblesse de la croissance des économies occidentales rend plus difficiles les mutations sectorielles, puisque l'atonie générale de la demande ne permet pas aux secteurs d'avenir de susciter des investissements suffisants pour absorber la main-d'œuvre menacée dans les industries non concurrentielles.

Cette situation est d'autant plus grave que l'intensification de la compétition entre pays industrialisés sur les marchés tiers provoque l'apparition de concurrents dont les productions menacent l'existence ou le plan de charge de nombreuses entreprises, voire de secteurs entiers. Placés devant la nécessité de dégager des surplus commerciaux à tout prix, les pays occidentaux ont développé, notamment grâce à d'abondants crédits à l'exportation, leurs exportations vers les pays de l'Est et du tiers monde dont ils commencent aujourd'hui à ressentir le choc en retour.

V

LES CONTRAINTES MONÉTAIRES

L'évolution du système monétaire international a conduit à un abandon progressif des règles fixées à la conférence de Bretton-Woods. L'une des contraintes monétaires essentielles affectant notre commerce extérieur est précisément constituée par cet oubli des principes définis en 1944. Désormais, dans un contexte de libéralisme généralisé, chaque pays peut procéder à des glissements de parité en vue de résoudre ses propres difficultés, sans concertation avec ses partenaires.

Il s'en est suivi une instabilité monétaire internationale, à laquelle les pays industrialisés ont réagi diversement, dès qu'il s'est avéré que le rétablissement de l'équilibre de leurs paiements courants ne pouvait être obtenu par les seules variations des cours de change.

A. Les États-Unis

L'importance, en valeur absolue, depuis quelques années, du déficit commercial de ce pays était en effet compensée par le solde positif de la balance des services et des transferts privés; l'excédent du compte courant permettait ainsi aux autorités fédérales de ne pas sacrifier les conditions de l'activité économique interne à l'objectif prioritaire de l'équilibre extérieur; les variations du cours du dollar sur le marché des changes ne provoquaient d'ailleurs pas de difficultés très graves à l'économie américaine dans la mesure où, en définitive, le compte courant était excédentaire.

Évolution de la balance des paiements courants des États-Unis

	Commerce	*Services et transferts privés*	*Compte courant*
	(En milliards de dollars des États-Unis)		
1973	0,9	1,6	2,5
1974	— 5,4	6,8	1,4
1975	9	6,5	15,5
1976	— 9,2	12,3	3,1
1977	— 31,4	11,4	— 20

Au demeurant, le solde des paiements courants ne représente pas, en proportion du produit national brut, un pourcentage comparable à celui des autres Etats : l'excédent enregistré en 1974-1976 correspondait à peine à 0,2 % du P.N.B. contre 1,3 % pour la République fédérale d'Allemagne, 3,8 % pour la Suisse, alors que le déficit atteignait 1,2 % du P.N.B. pour la France, 2,2 % pour le Royaume-Uni et 2,4 % pour l'Italie.

Pour ces deux raisons essentielles, la contrainte des échanges extérieurs n'est pas ressentie aussi vivement aux Etats-Unis qu'en Europe.

Cette faiblesse de l'importance relative du commerce extérieur dans le produit national brut explique l'insouciance des autorités monétaires américaines en matière de taux de change.

Cette absence d'intervention permet en fait aux Etats-Unis d'éviter de recourir à des mesures restrictives internes de gestion de la demande, en reportant sur leurs partenaires les contraintes de l'ajustement de la balance américaine des comptes courants. En règle générale, les Etats-Unis, où le taux d'inflation demeure faible, et où les comptes extérieurs n'imposent pas d'actions particulières, n'ont pas renoncé en 1976 aux mesures de relance prises en 1975. L'importance des déficits budgétaires successifs n'a pas limité le recours aux dégrèvements fiscaux susceptibles de stimuler la croissance; et si le 19 janvier 1978, en présentant au Congrès son programme économique, le président Carter a évoqué la possibilité d'interventions sur le marché des changes, il a aussi clairement affirmé l'importance des objectifs de politique économique interne, dont la réalisation peut parfaitement être entreprise sans prendre en considération les nécessités de contrôler l'évolution du cours du dollar.

Dans ces conditions, les Etats-Unis opèrent, en définitive, un transfert à leurs partenaires de toutes les obligations que devrait leur imposer le recours à une discipline de leur économie : il appartient aux autres Etats de laisser leur monnaie se réévaluer sur le marché pour résorber le déficit commercial américain.

La situation a cependant évolué en 1977 : pour la première fois depuis quelques années, le compte courant des Etats-Unis a été déficitaire.

La stratégie du Federal Reserve n'a cependant pas varié : aucune mesure n'a été prise au cours de cette année pour limiter une dépréciation du dollar, évaluée en un an à 14,5 % contre yen, 8,3 % contre franc suisse et 4 % contre deutsche mark. Les déclarations souvent contradictoires des officiels américains ont même contribué à inquiéter le marché et à influencer dans un sens défavorable la nature des anticipations face au dollar : M. Blumenthal, le secrétaire au Trésor, a déclaré à plusieurs reprises que le yen et le deutsche mark devaient être réévalués puis, peu de temps après, qu'un dollar fort était vital pour les Etats-Unis et le reste du monde; ni M. Burns, président de la Federal Reserve, ni M. Blumenthal n'ont précisé que les Etats-Unis interviendraient sur le marché pour soutenir le dollar.

Le résultat de cette « insouciance » est bien connu : le programme de « relance » de l'économie adopté par les Etats-Unis en 1976 a provoqué une forte augmentation des importations qui doit, selon les responsables américains, être compensée par une progression des ventes due à la dépréciation du dollar. Tout se passe comme si la croissance américaine devait être financée par les autres pays industrialisés.

Le gouvernement des Etats-Unis a cependant conclu un accord avec les autorités de la République fédérale d'Allemagne en mars 1978, prévoyant, le cas échéant, d'engager les réserves monétaires américaines afin de soutenir le cours du dollar. Mais il est encore trop tôt pour apprécier l'incidence réelle de cet accord.

B. La République fédérale d'Allemagne et le Japon

Deux autres pays enregistrent, malgré l'appréciation chronique de leur monnaie, des excédents commerciaux importants : la République fédérale d'Allemagne et le Japon.

La République fédérale d'Allemagne a pratiqué, en 1977, une lutte contre l'inflation très rigoureuse, en contrôlant étroitement la progression de la masse monétaire et en refusant de stimuler l'économie interne, quitte à maintenir à son niveau actuel un important chômage, qui représente près de 5 % de la population active.

Les résultats obtenus (excédent commercial considérable, taux d'inflation le plus modéré, après celui de la Suisse, du monde occidental, réserves de change égales à près de 40 milliards de dollars) ont évidemment favorisé l'appréciation du deutsche mark malgré les interventions de la Bundesbank, soucieuse de défendre la compétitivité des prix allemands sur le marché.

Toutefois, on ne saurait conclure de cette conjonction de l'excédent commercial et de la réévaluation du deutschemark, à l'absence de difficultés en R.F.A. : elle doit supporter, on l'a dit, un chômage important, remplacer la main-d'œuvre immigrée par une main-d'œuvre nationale subissant une déqualification, faire face à une exigence impérative de productivité impliquant restructuration et difficultés d'emplois, etc.

L'assainissement de l'économie allemande a d'ailleurs été entrepris, il faut le constater, malgré les conseils de l'administration américaine qui, partant du principe que seuls les pays à fort excédent commercial étaient en mesure de relancer l'activité pour aider les pays déficitaires — dont les Etats-Unis — à rétablir l'équilibre de leurs échanges, souhaitait que la politique économique intérieure de la R.F.A. fût moins restrictive.

Les Etats-Unis ont d'ailleurs constamment manifesté, en 1977, leur souci de bénéficier des effets d'une réévaluation du yen japonais. En attendant, les autorités japonaises ont stimulé l'activité intérieure en septembre 1977, envisageant d'obtenir un taux de croissance de 6,7 % en 1978 par rapport à 1977; mais la marge de manœuvre demeure réduite compte tenu du rythme annuel de hausse des prix de détail (plus de 7 %).

Il n'en reste pas moins que les prix en dollars des produits exportés par le Japon, au moins en 1976, étaient toujours inférieurs à ceux pratiqués en 1974.

Évolution des transactions courantes en R.F.A. et au Japon

	République fédérale d'Allemagne	*Japon*
	(En milliards de dollars)	
Balance commerciale		
1974	22,2	1,4
1975	17,7	5
1976	16,4	9
1977	19,2	17,6
Services et transferts		
1974	— 12,4	— 6,1
1975	— 13,8	— 5,7
1976	— 13,4	— 6,2
1977	— 15,4	— 6,6
Balance des transactions courantes		
1974	9,8	— 4,7
1975	3,9	— 0,7
1976	3	— 3,7
1977	3,8	11

C. Le Royaume-Uni

L'exemple du Royaume-Uni révèle que pendant de nombreuses années, la dépréciation du cours de la livre a coïncidé avec un important déficit commercial.

Mais, en 1977, un redressement de la monnaie et une amélioration de la situation économique ont été constatés. Les perspectives offertes par les ressources en pétrole de la zone britannique de la mer du Nord ont influencé favorablement les opérations. Dès 1977, la production d'hydrocarbures a atteint près de 45 millions de tonnes, ce qui a permis une économie de devises évaluée à environ 4 milliards de dollars; en 1980, la production pourrait être supérieure à 100 millions de tonnes et rapporter plus de 10 milliards de dollars.

Cette évolution a favorisé un afflux de capitaux à Londres, qui a provoqué une appréciation de la livre. Malgré cette influence défavorable de la monnaie sur la compétitivité des prix, limitée toutefois par des interventions ponctuelles de la Banque d'Angleterre, la balance des paiements courants a été excédentaire en 1977; il s'agit du premier solde positif annuel constaté depuis cinq années.

Évolution des transactions courantes au Royaume-Uni et en Italie

	Royaume-Uni	*Italie*
	(En milliards de dollars)	
Balance commerciale		
1974	— 12,2	— 8,5
1975	— 7,2	— 1,2
1976	— 6,4	— 4
1977	— 2,8	0,1
Services et transferts		
1974	4,3	0,5
1975	3,5	0,5
1976	3,9	1,1
1977	3	2,1
Balance des transactions courantes		
1974	— 7,9	8
1975	— 3,7	— 0,7
1976	— 2,5	— 2,9
1977	0,2	2,2

D. L'Italie

Enfin, l'Italie est parvenue, en 1977, à obtenir une relative stabilisation du cours de la lire qui a, semble-t-il, été le résultat de l'amélioration de la balance des paiements.

Au total, l'examen de ces différents exemples permet d'aboutir aux constatations suivantes :

1. Le rôle directeur des Etats-Unis dans les relations économiques internationales est d'autant plus évident que la souplesse du système monétaire joue en leur faveur, en contraignant en fait leurs partenaires à prendre des mesures pour limiter l'incidence des variations du cours de leur monnaie.

2. Des circonstances exceptionnelles peuvent cependant modifier les rapports de force entre les Etats industriels (exploitation de pétrole de la mer du Nord au Royaume-Uni). Mais la puissance américaine conserve les moyens de maîtriser l'évolution des données de l'échange international, grâce à l'affirmation de ses capacités économiques et financières potentielles : l'indépendance est liée, dans le monde contemporain, à la possibilité d'affronter des situations d'autarcie, et les Etats-Unis présentent à cet égard des avantages incontestables.

L'exemple de la France, confrontée aux contraintes monétaires internationales, révèle ainsi la nature de ses difficultés d'adaptation à ce nouvel ordre économique mondial.

VI

LES EFFETS DE L'INSTABILITÉ MONÉTAIRE INTERNATIONALE SUR LE COMMERCE EXTÉRIEUR DE LA FRANCE

La généralisation des taux de change flottants a, évidemment, affecté la situation du commerce extérieur de la France. Les chefs d'entreprise ont, en effet, été confrontés à la nécessité d'adapter très rapidement leurs comportements traditionnels de vente à l'étranger aux nouvelles conditions imposées par l'instabilité du cours des monnaies. Il ne semble pas, d'ailleurs, que les résultats obtenus traduisent des succès extrêmement significatifs : il ne faut pas oublier que pendant très longtemps nos exportateurs ont utilisé une stratégie fondée sur le recours à l'Etat pour bénéficier, le cas échéant, de situations privilégiées dues aux multiples opérations de dévaluation du franc. Compte tenu des modifications récentes du système monétaire international, une telle solution ne peut plus désormais être pratiquée car l'instabilité des taux des autres monnaies nationales a supprimé l'intérêt de toute opération de surenchère.

Tous les secteurs de notre économie à vocation exportatrice affirmée doivent donc parvenir à mieux maîtriser les techniques monétaires afin de pouvoir, le cas échéant, accroître leurs parts de marché grâce à une meilleure propension à assumer les risques inhérents à la concurrence internationale.

Pour l'instant, en effet, la vulnérabilité de notre économie provient de la remise en cause, par l'expérience récente, des enseignements de la théorie, qui ont, pendant longtemps, justifié l'attitude des pouvoirs publics en matière de commerce extérieur; le comportement des entreprises traduit, en conséquence, une capacité d'adaptation limitée aux variations de cours des devises.

A. La mise en cause des avantages résultant, selon la théorie classique, d'une opération de dévaluation

La dépréciation du cours du franc sur les marchés des changes ne provoque plus, automatiquement, une amélioration de nos échanges grâce à un développement de nos exportations.

Les enseignements de la théorie

Traditionnellement, une dépréciation du cours du franc doit conduire à une augmentation du coût des importations et à une diminution du prix des exportations. Si le montant des achats et des ventes, exprimé en volume, demeure constant, une détérioration des termes de l'échange résulte alors de la baisse de la monnaie nationale. Toutefois, la réduction du volume des importations, liée à la majoration de leur coût, et l'accroissement des exportations, provoqué par la réduction de leur prix en devises, limite assez rapidement la perte de substance pour l'économie nationale et permet même d'entrevoir, à terme, des possibilités de gains substantiels.

Jusqu'à une date récente, les leçons de l'expérience justifiaient les enseignements de la théorie. Les deux dévaluations du franc, de 17,55 % en 1958 et de 12,5 % en 1969, ont ainsi conduit à l'apparition d'un excédent commercial en améliorant la compétitivité de nos entreprises, et ont contribué directement au rétablissement de l'équilibre de notre commerce extérieur.

Les incertitudes liées à la généralisation des taux de change flottants

La généralisation des changes flottants a changé les choses, en provoquant l'apparition d'incertitudes monétaires qui ont affecté la situation de notre commerce extérieur. La livre britannique, en juin 1972, puis la lire italienne, en février 1973, ont été successivement livrées aux forces du marché. Le franc français, après avoir tenté de maintenir sa position au sein du mécanisme européen de flottaison des cours institué en 1972, devait y renoncer par deux fois, en janvier 1974 et en mars 1976, pour éviter à notre pays de trop importantes pertes de devises.

Au total, les pratiques de change suivies par les membres du Fonds monétaire international de 1973 à 1977 recouvrent une gamme étendue, allant de la flottaison indépendante assortie d'effets relativement faibles pour influer sur les forces du marché au maintien d'un rattachement fixe à une monnaie d'intervention. Mais la plupart des principales monnaies « flottent » (dollar des Etats-Unis, dollar canadien, livre, lire, etc.) : les pays qui ont recours à la flottaison ou qui procèdent à des ajustements fréquents de leurs taux de change représentaient, au 30 juin 1977, environ 56 % des exportations totales des Etats membres du Fonds monétaire international, calculées pour 1975; cette évaluation sous-estime au surplus la réalité, car 24 % des exportations totales émanent des pays membres du « mécanisme européen de flottaison concertée des cours », dont les devises peuvent varier sans limites à l'égard de l'extérieur.

Ces proportions, compte tenu de l'ampleur des variations de cours au comptant, traduisent la nature des incertitudes affectant les opérations de commerce international.

Depuis les premiers mois de 1973, les taux de change effectifs des principales devises ont évidemment beaucoup plus fluctué qu'ils ne l'avaient fait au cours des années précédentes.

L'ampleur de ces variations est d'autant plus préjudiciable au commerce international que le processus est généralement cumulatif : la baisse appelle la baisse, car les anticipations des opérateurs, en l'absence de toute indication précise sur une parité idéale susceptible d'être défendue par les pouvoirs publics, deviennent, le plus souvent, de plus en plus pessimistes. La livre sterling, par exemple, après être passée au-dessous de 2 dollars au début du mois de mars 1976, a baissé jusqu'à 1,55 dollar à la fin du mois d'octobre de la même année, et, seul, le recours au Fonds monétaire international a pu renverser la tendance de fond.

Ces fluctuations rapides du cours des monnaies, provoquées parfois par un volume de transactions d'un montant très limité, posent pour notre pays, en particulier, toute la question de la nature des réactions des entreprises face à des crises soudaines, mais récurrentes, sur le franc, contrastant avec des périodes de stabilité relative. Un conflit apparaît entre la nécessité, pour les pouvoirs publics, de soutenir le cours de la monnaie et l'obligation, pour les firmes, de préserver la rentabilité de leurs trésoreries.

Le contrôle des changes doit donc concilier des objectifs contradictoires. Il n'est pas exclu, dans ces conditions, que la défense du franc impose aux entreprises un ralentissement de leurs activités commerciales à l'étranger.

La crise sur le franc constatée au début du mois de février 1978 souligne parfaitement l'étroitesse de la marge de manœuvre des pouvoirs publics. Face à des mouvements spéculatifs causés par des incertitudes politiques, qui ont provoqué une baisse moyenne de 3,5 % du cours de notre monnaie les 1er, 2 et 3 février, il convenait de ne pas faire supporter à l'excès aux entreprises engagées dans le commerce international les conséquences des mesures de défense du franc, rendues nécessaires par des considérations d'ordre strictement financier : les ventes de francs par les non-résidents traduisaient, en effet, seulement des anticipations défavorables, qui ne pouvaient être expliquées par l'évolution de l'économie française, alors caractérisée par une réduction du déficit commercial et un sensible ralentissement de la hausse des prix de détail.

Il aurait donc été maladroit de contraindre nos entreprises à renoncer à des marchés sous l'effet de l'incidence de l'aggravation des dispositions du contrôle des changes.

Un tel choix était d'autant plus nécessaire que, concrètement, il aurait abouti à raccourcir le délai de deux mois dont disposent les importateurs pour acheter à terme leurs devises et le délai d'un mois imposé aux exportateurs pour rapatrier leurs avoirs en monnaie étrangère.

En effet, l'importance du jeu des « termes de règlement » est essentielle pour la tenue de notre monnaie. Le commerce extérieur de la France représente 10 milliards de dollars par mois et les conséquences d'une détérioration des anticipations des opérateurs commerciaux demeurent très évidentes : le phénomène concerne surtout les importations, payées en devises à hauteur de 80 % environ; pendant la crise des 1er, 2 et 3 février 1978, les acheteurs français à l'étranger ont avancé leurs demandes de devises nécessaires pour régler leurs commandes, d'autant plus qu'ils avaient précédemment pris du retard, spéculant à la baisse sur le dollar. De tels achats anticipés de devises, parfaitement légaux dans le délai des deux mois antérieurs au paiement, peuvent atteindre 2 à 3 milliards de dollars par jour.

Notre économie est donc gravement handicapée par une faiblesse structurelle : la menace ou l'incertitude qui résulte de l'intervention potentielle de la puissance publique pour limiter les effets d'une tendance de longue durée à la dépréciation du franc sur le marché des changes, inspirée parfois par des considérations d'ordre financier, étrangères à l'évolution de la réalité économique. Cette tendance est prouvée par le fait que, depuis la sortie du franc du « mécanisme européen de flottaison concertée des cours », le 15 mars 1974, notre monnaie avait respectivement perdu au début du mois de février 1978, par rapport au deutsche mark et au franc suisse, 32 % et 42 %. Ce phénomène est certes imposé par des traditions nationales de contrôle : elle n'est pourtant pas inéluctable, comme le prouve l'exemple de la Grande-Bretagne, où il n'existe pas, en règle générale, de délais imposés pour la cession des devises.

La crise du début du mois de février 1978 a cependant pu être surmontée grâce à des mesures de portée moins dramatique pour nos exportateurs et pour nos importateurs; mais, accompagnant le recours à des interventions de la Banque de France, la hausse du taux du marché monétaire (porté à 9,75 %, puis à 10,25 %, dans le but, en augmentant le taux du « report » sur les devises, d'inciter les exportateurs à vendre à terme le produit de leurs ventes, et de limiter les achats à terme de monnaies étrangères par les importateurs) a cependant modifié les conditions de l'exécution financière des contrats commerciaux.

L'ampleur des variations de cours au comptant, qui provoque ainsi des crises sur les monnaies, risque donc d'affecter encore durablement les échanges internationaux.

La structure de nos entreprises ne leur permet pas de bénéficier, en ce domaine, des capacités de réactions d'autres unités de production plus dynamiques ou mieux adaptées sur le marché mondial, telles les sociétés multinationales. Nos unités de production demeurent assez mal familiarisées avec les techniques de rentabilisation des trésoreries en devises, notamment pour « endiguer » les flux de capitaux (*hedging*), ou pour parvenir, grâce à une exacte connaissance des disponibilités, à une compensation des actifs susceptible de réduire l'ampleur du risque encouru (*netting*).

De telles pratiques demeurent cependant accessibles à quelques-unes de nos grandes entreprises. La Régie Renault a pu recourir, depuis de nombreuses années, à des opérations de compensation entre les devises reçues et à livrer à ses filiales. Mais nos petites et moyennes entreprises restent souvent démunies de moyens en ce domaine.

Les sociétés multinationales bénéficient donc d'une puissance financière qui peut leur permettre d'augmenter le montant des gains retirés des opérations commerciales; elles concurrencent directement nos firmes. Encore faut-il constater que le risque encouru est considérable : en 1974, I.T.T., qui avait vendu à terme 600 millions de dollars de devises, a perdu 48 millions de dollars au dénouement de l'opération, ses prévisions sur l'appréciation du dollar ayant été infirmées par l'évolution des faits. Mais d'autres transactions ont été plus satisfaisantes pour les sociétés multinationales.

Pour toutes ces raisons, seuls les pays qui auront manifesté une capacité d'adaptation au système pourront participer convenablement à l'échange international.

Tel ne semble pas encore être le cas de notre économie.

B. Application au cas de la France

L'économie française présente en fait une capacité d'adaptation à l'instabilité monétaire internationale assez limitée.

Cette situation a une double origine.

La précarité de nos échanges est tout d'abord le résultat d'une dépendance très marquée vis-à-vis de l'extérieur, pour des achats indispensables au fonctionnement de notre économie : nos importations qui, dans leur majorité, doivent être réglées en devises, demeurent, en tout état de cause, absolument nécessaires à notre activité. Au contraire, la demande étrangère de produits vendus par nos exportateurs est beaucoup plus variable.

En second lieu, l'expérience révèle que l'économie française ne retire plus d'avantages substantiels d'une dépréciation du cours du franc; mais, en revanche, une appréciation de notre monnaie continue, comme auparavant, à susciter des difficultés pour nos exportateurs.

La situation actuelle est donc le résultat d'une double asymétrie, apparaissant très nettement en cas de variations de cours : asymétrie entre l'incidence sur la valeur respective des importations et des exportations, mais aussi asymétrie entre une réaction immédiate défavorable de l'économie à l'appréciation du franc, et une moindre propension à bénéficier des effets d'une dépréciation du cours de notre monnaie.

CHAPITRE II

OÙ EN EST LE COMMERCE EXTÉRIEUR FRANÇAIS?

I

LE COMMERCE EXTÉRIEUR FRANÇAIS DE 1974 À 1978

Le défi énergétique rendait indispensable un redéploiement sectoriel et géographique des exportations. Celui-ci a été partiellement réalisé, les ventes de produits industriels ayant assuré les quatre cinquièmes de l'augmentation des importations d'énergie en 1976, alors qu'une défaillance conjoncturelle (la « sécheresse du siècle ») empêchait l'agriculture de contribuer à l'équilibre des échanges extérieurs.

A. Les échanges par produits

Depuis 1973, le solde des échanges de produits industriels s'est amélioré substantiellement.

1977 confirme la position de la France sur le marché des produits industriels; le taux de couverture — bien qu'inférieur à celui de 1975 — est supérieur de dix points aux taux moyen des années 1970 à 1973. Ce mouvement traduit les progrès de nos échanges industriels avec les pays de l'O.C.D.E. — taux de couverture : 87,6 % en 1977; 80,5 % en 1976. Le déficit avec les pays industrialisés diminue de 10,5 milliards de francs, il atteint 24 milliards dont 22 concernent le commerce des produits industriels avec la C.E.E. Le solde des échanges hors O.C.D.E., qui progressent modérément — + 8,5 milliards de F — dépasse 64 milliards de F. Les échanges de biens intermédiaires, qui constituent une part relativement stable dans les échanges de produits industriels, étaient généralement déficitaires, mais le taux de couverture tend à s'améliorer depuis 1975 :

Évolution des échanges de produits industriels

	Importations C.A.F.	*Exportations F.O.B.*	*Soldes C.A.F./F.O.B.*	*Taux de couverture (%)*
		(En milliards de francs)		
1973	113,3	122,1	+ 8,8	107,8
1974	156,5	169,4	+ 12,9	108,2
1975	140,2	177,9	+ 37,7	126,9
1976	189,7	211,8	+ 22,1	111,6
1977	209,73	250,75	+ 41,02	119,6
1977-1976	10,6 %	+ 18,4 %	+ 18,03	+ 8 points
1978	231,3	274,3	+ 42,0	118,6
1978-1977	+ 10,3 %	+ 9,4 %	+ 1	— 1 point

(Source : ministère du Commerce extérieur.)

Évolution des échanges de biens intermédiaires

	Importations C.A.F.	*Exportations F.O.B.*	*Soldes C.A.F./F.O.B.*	*Taux de couverture (%)*
		(En milliards de francs)		
1973 ...	46,7	41,7	5,0	89 ,3
1974 ...	70,4	67,9	2,5	96,4
1975 ...	57,2	61,3	4,1	107,2
1976 ...	74,9	70,9	4,0	94,7
1977 ...	81,40	84,73	3,33	104,1
1977-1976	+ 8,7 %	+ 19,6 %	+ 7,33	+ 9,3 points
1978 ...	89	93,6	+ 4,6	105,2
1978-1977	+ 9,3 %	+ 10,5 %	+ 1,3	+ 1,1 point

(Source : ministère du Commerce extérieur)

Pour le matériel de transport et l'automobile, on constate depuis 1970 une croissance rapide et soutenue des ventes. Les importations ont connu un rythme de progression encore plus rapide que les exportations, mais à partir d'un volume nettement inférieur. Les soldes de l'automobile, en particulier — majeure partie du secteur —, sont en net progrès :

Évolution des échanges d'automobiles
(En milliards de francs)

	1973	1974	1975	1976	1977	1978
Importations C.A.F.	4,7	4,3	5,0	9,0	9,7	10,8
Exportations F.O.B. ...	12,7	13,0	15,3	+ 20,1	23,9	26,9
Soldes C.A.F./F.O.B. ...	+ 7,5	+ 8,7	+ 10,3	+ 11,1	+ 14,2	+ 16,1
Taux de couverture (%).	259,6	302,3	306,0	223,3	246,4	249,1

(Source : ministère du Commerce extérieur.)

L'évolution des échanges de biens de consommation (équipement ménager, biens de consommation courante, produits textiles et d'habillement) est en revanche inquiétante. Le solde, devenu déficitaire en 1976, s'améliore en 1977, mais de façon sans doute passagère, compte tenu des caractéristiques structurelles de ces secteurs, alors que les comptes étaient excédentaires au début de la décennie et jusqu'en 1975.

Évolution des échanges de biens de consommation

	1973	1974	1975	1976	1977	1977-1976	1978
	(En milliards de francs)						
Importations C.A.F.	23,5	32,1	31,3	43,1	49,75	+ 15,4 %	55,6
Exportations F.O.B.	28,2	34,5	33,8	47,22	47,22	+ 21,7 %	52,8
Soldes C.A.F. - F.O.B.	+ 4,7	+ 2,4	+ 2,5	— 4,3	— 2,53	+ 1,77	— 2,8
Taux de couverture (%) ...	120,0	107,5	108,0	90,0	94,9	+ 4,9	95,0

(Source : ministère du Commerce extérieur.)

Génératrice d'un solde excédentaire exceptionnel en 1974, l'agriculture s'est vu assigner par le VIIe Plan un rôle moteur dans la réalisation de l'équilibre extérieur. Ces espoirs devaient être déçus les années suivantes :

Balance commerciale agro-alimentaire : évolution 1970-1977
(En milliards de francs)

	1970	1974	1975	1976	1977
Importations	16,4	29,0	31,1	38,2	50,2
Exportations	15,9	38,8	35,4	41,5	46,8
Solde................	— 0,5	+ 9,8	+ 4,3	+ 3,3	— 3,7
Taux de couverture	96,9 %	133,7 %	113,8 %	108,6 %	92,5 %

(Source : C. F. C. E.[1])

La dégradation de la balance agro-alimentaire est due pour partie au renchérissement des matières premières importées, pour partie aux mauvaises conditions climatiques de 1976 (sécheresse estivale) et de 1977 (gelées de printemps, pluies excessives de l'été), pour partie aussi à notre position exportatrice moins favorable vis-à-vis de la C.E.E. — le taux de couverture diminue rapidement — en raison de la tendance à l'autosuffisance de nos partenaires, des effets pernicieux des montants compensatoires monétaires (qui seront évoqués plus loin) et de la vulnérabilité de certains secteurs productifs français (viandes, par exemple).

1. Les résultats indiqués dans ce bilan ont été établis d'après la Nomenclature générale des produits (N.G.P.). Sont considérés comme produits agricoles et alimentaires les produits inclus dans les 24 premiers chapitres de la N.G.P.

II

LA RÉPARTITION GÉOGRAPHIQUE DES ÉCHANGES COMMERCIAUX

A. Répartition par zones

Malgré l'accroissement de l'excédent industriel résultant des ventes aux pays non membres de l'O.C.D.E. et la réduction du solde négatif vis-à-vis de l'ensemble des pays industrialisés, le déficit de la France à l'égard de la C.E.E. et de quelques pays industriels demeure important.

Soldes et taux de couverture par zones

	SOLDES		*TAUX de couverture*	
	1973	1877	1973	1977
	(En milliards) de francs)		*(en %)*	
O.C.D.E[1]	— 4,0	— 20,8	96,8	91,3
Dont C.E.E.	— 2,5	— 14,0	97,3	91,8
O.C.D.E. hors C.E.E.	— 1,5	— 6,8	95,7	90,0
Hors O.C.D.E.	— 3,5	— 13,8	91,4	87,1
Dont pays à économie centralisée	+ 1,3	+ 2,5	125,0	121,0
Dont pays pétroliers[2]	— 8,7	— 28,2	46,0	49,1
Autres pays[3]	+ 5,0	+ 11,9	127,5	130,1
Dont zone franc 1971	(+ 2,3)	(+ 4,7)	(139,7)	(137,3)
Toutes zones	— 7,5	— 34,6	95,5	90,0

1. Y compris Yougoslavie.
2. Algérie, Libye, Nigeria, Irak, Iran, Arabie Saoudite, Koweït, Qatar, Indonésie, Venezuela, Emirats arabes unis (à partir de 1973), non compris Gabon.
3. Y compris Gabon, D.O.M.-T.O.M., Afrique du Sud et Israël.

Classement des 20 premiers pays fournisseurs et clients de la France en 1977 C.A.F.-F.O.B.
(Valeurs en millions de francs)

Pays fournisseurs	*Importations*			*Pays clients*	*Exportations*		
	Classement	*Valeurs*	*Pourcentage total*		*Classement*	*Valeurs*	*Pourcentage total*
Allemagne fédérale	1	64 057	18,49	Allemagne fédérale	1	53 334	17,09
Italie	2	33 148	9,57	Italie	2	32 679	10,47
U.E.B.L.	3	31 121	8,99	U.E.B.L.	3	31 093	9,96
États-Unis	4	24 042	6,94	Grande-Bretagne	4	20 295	6,50
Arabie saoudite	5	21 173	6,11	États-Unis	5	16 046	5,14
Pays-Bas	6	21 142	6,10	Pays-Bas	6	15 943	5,11
Grande-Bretagne	7	18 085	5,22	Suisse	7	12 215	3,91
Espagne	8	9 682	2,80	Algérie	8	8 824	2,83
Irak	9	8 979	2,59	Espagne	9	8 148	2,61
Suisse	10	7 892	2,28	U.R.S.S.	10	7 349	2,35
Japon	11	6 795	1,96	Maroc	11	4 749	1,52
Suède	12	5 738	1,66	Nigeria	12	3 681	1,18
U.R.S.S.	13	5 680	1,64	Suède	13	3 617	1,16
Iran	14	5 416	1,56	Norvège	14	3 427	1,10
Abu Dhabi ...	15	4 904	1,42	Iran	15	3 348	1,07
Benin.........	16	4 638	1,34	Côte-d'Ivoire ..	16	3 259	1,04
Algérie	17	3 875	1,12	Arabie saoudite	17	3 034	0,97
Côte-d'Ivoire ..	18	3 782	1,09	Autriche	18	2 984	0,96
Brésil	19	3 425	0,99	Tunisie	19	2 637	0,84
Canada	20	2 626	0,76	Canada	20	2 562	0,82

B. Les échanges hors O.C.D.E.

Depuis 1973, le commerce de la France avec les pays non membres de l'O.C.D.E. a fortement progressé en raison du développement des échanges avec les pays pétroliers, les pays à commerce d'Etat et les pays en voie de développement. De 1973 à 1976, les importations hors O.C.D.E. sont passées de 40,6 à 107 milliards de francs, les exportations de 37,1 à 93,4 milliards de francs. Le solde vis-à-vis de l'ensemble de ces pays s'est à peu près stabilisé en 1977, après une forte dégradation, conséquence du déficit structurel à l'égard des pays de l'O.P.E.P.

Évolution des échanges avec le monde hors O.C.D.E.

	Soldes C.A.F./F.O.B.				*Taux de couverture C.A.F./F.O.B.*			
	1970	1973	1976	1977	1970	1973	1976	1977
	(En milliards de francs)				(En pourcentage)			
Pays à économie centralisée	+ 1,1	+ 1,3	+ 4,3	+ 2,4	137	125	141	120
Pays pétroliers ..	— 4,9	— 8,7	— 30,1	— 28,8	50	46	45	50
Autres P.V.D. ..	+ 4,1	+ 5,0	+ 12,8	+ 12,8	132	128	145	135
Dont zone franc[1]		(+ 2,3)	(+ 3,9)	(+ 4,1)				
Total monde hors O.C.D.E.	+ 0,3	— 2,4	— 13,0	— 13,6	101	94	86	87

(Source : ministère du Commerce extérieur.)

Le solde négatif vis-à-vis des *pays pétroliers* a été réduit d'un milliard de francs en 1977 — malgré l'accroissement du déficit énergétique — grâce aux ventes de produits industriels, en particulier des biens d'équipement professionnel (plus de la moitié des ventes). 80 % du solde excédentaire ont été dégagés des transactions avec les producteurs de pétrole du Moyen-Orient. Mais les résultats français restent inférieurs à ceux de quelques pays développés, tels que l'Allemagne fédérale ou le Japon. Au cours des dernières années, on doit noter la diminution des échanges avec l'Algérie (2,83 % de nos exportations; 1,12 % de nos importations) et la part très faible de ce pays dans l'excédent industriel réalisé dans les ventes aux pays pétroliers (3 %); cependant, la part des biens d'équipement professionnel est en progrès.

Vis-à-vis des *autres pays en voie de développement,* les exportations de produits industriels ont permis de compenser le déficit des échanges agro-alimentaires, conséquence de la hausse des produits tropicaux (— 13,8 milliards de francs en 1977, au lieu de — 8,6 milliards en 1976). Le solde industriel de + 32 milliards de francs en 1977, réalisé à 70 % hors zone franc, confirme les progrès des exportations françaises dans les pays en voie de développement, avec les risques que cela comporte pour

1. Au sens zone franc actuelle, sauf Gabon.

l'avenir. Les échanges de biens de consommation courante accusent un déficit de 1,3 milliard de francs, imputable principalement aux échanges avec les pays d'Asie du Sud-Est.

1977 a marqué un certain ralentissement du dynamisme de nos échanges avec les *pays à commerce d'Etat*; la diminution des ventes de biens d'équipement et l'accroissement des importations d'automobiles et de biens de consommation ont provoqué une réduction du solde industriel, alors que le déficit énergétique avec l'U.R.S.S. a légèrement augmenté, le solde négatif des échanges agro-alimentaires lié aux importations de conserves et de coton étant stable (1 milliard de francs). Il s'ensuit une diminution du solde excédentaire vis-à-vis des pays à économie centralisée.

Le plus gros client socialiste de la France est évidemment l'U.R.S.S. qui fut, en 1976, le premier acheteur de biens d'équipement et le deuxième en 1974 et 1975. Pendant ces trois années, les exportations de ce type vers l'U.R.S.S. ont été de 16,1 milliards de francs, les achats de la Pologne ayant atteint 7,2 milliards de francs.

Notre situation à l'égard de la Chine, précédemment excédentaire, accuse un déficit de 500 millions de francs et un taux de couverture de 49 %.

On doit noter les difficultés et les limites des exportations vers les pays de l'Est. Les négociations préalables à la signature des contrats sont généralement longues et difficiles, notamment en raison des exigences en matière de compensations, le plus souvent des réexportations vers la France ou vers des pays clients de nos industries. C'est le cas par exemple avec la Pologne dans le domaine des télécommunications : le contrat de création d'une usine de production de centraux électromécaniques conclu en 1972 pour un montant de 110 millions de francs comporte des compensations à hauteur de 30 %; la fourniture d'usine de câbleries (coût : 335 millions de francs) d'une capacité supérieure aux besoins internes de la Pologne, implique la réexportation en France de câbles téléphoniques. Autre exemple de la spécificité des relations commerciales avec les pays socialistes, l'interminable négociation — depuis cinq ans — entre l'U.R.S.S. et la firme L.M.T. à propos de l'installation d'une usine de centraux téléphoniques capable de produire un million de lignes par an.

La lenteur de la procédure et les risques commerciaux futurs inhérents aux contrats avec les pays de l'Est constituent donc des freins importants au développement des ventes françaises vers cette zone.

C. Les échanges avec les pays industrialisés n'appartenant pas à la C.E.E.

Malgré une réduction du solde déficitaire des échanges à l'égard des pays de l'O.C.D.E. hors C.E.E. en 1977, le poids des Etats-Unis et du Japon demeure un handicap pour l'équilibre du commerce extérieur français.

	Soldes C.A.F./F.O.B.			*Taux de couverture C.A.F./F.O.B.*		
	1975	1976	1977	1975	1976	1977
	(En milliards de francs)			(En %)		
Pays d'Europe non membres de la C.E.E.	+ 5,0	+ 2,5	+ 3,1	126	110	111
Autres pays de l'O.C.D.E. hors C.E.E. ...	— 6,5	— 13,5	— 9,8	69	64	76
Total O.C.D.E. hors C.E.E.	— 3,8	— 11,0	— 6,7	92	82	90

En 1977, le solde négatif des échanges à l'intérieur de la zone O.C.D.E. hors C.E.E. a atteint 6,7 milliard de francs, au lieu de 11 milliards en 1976, mais ce résultat reste inférieur à ceux enregistrés jusqu'à 1975.

Pour le secteur agro-alimentaire traditionnellement déficitaire, la situation s'est détériorée en raison notamment des importations de fruits et légumes, de soja, de céréales et de laine. En ce qui concerne les matières premières et l'énergie, on constate une très légère amélioration.

Globalement, le solde des échanges industriels s'est amélioré, mais ce résultat doit être appréhendé comme conjoncturel, il est imputable en principe aux ventes d'acier aux Etats-Unis qui ont permis de dégager un excédent dans les échanges de biens intermédiaires.

Malgré les évolutions en sens contraire en 1977, les soldes à l'égard des Etats-Unis et du Japon demeurent nettement déficitaires.

Vis-à-vis des Etats-Unis, le déficit passe de — 10,5 milliards de francs en 1976 à — 8 milliards en 1977. La meilleure position des industries agro-alimentaires a permis de stabiliser le déficit de ce secteur malgré les achats de soja et de céréales. Pour les échanges industriels, le taux de couverture s'est amélioré, mais le déficit n'a guère varié et la position française sur le marché des biens d'équipement professionnel reste fragile.

Au contraire, la situation française vis-à-vis du Japon s'est rapidement dégradée : de 1973 à 1976, le taux de couverture industriel est passé de 67 % à 29 % et le déficit a augmenté (— 3,9 milliards de francs en 1976; — 4,5 milliards de francs en 1977). La position française s'affaiblit sur tous les marchés, sauf celui des biens de consommation courante : équipement professionnel, automobiles, matériel électronique ménager. L'excédent du poste « matériels de transport » plafonne en raison de l'augmentation des ventes d'automobiles japonaises en France.

Parmi nos échanges avec les autres pays de l'O.C.D.E. non membres de la C.E.E., il faut signaler l'évolution négative constatée avec l'Espagne : la position excédentaire (+ 1,8 milliard de francs en 1973) a fait place à un déficit résultant de l'importance des achats agro-alimentaires, mais aussi d'une détérioration du taux de couverture de nos échanges industriels (180 % en 1973, 97 % en 1977).

D. Les échanges avec la C.E.E.

Malgré une diminution de la part de la C.E.E. dans notre commerce extérieur, les échanges avec les pays membres de la Communauté constituent la moitié du commerce international de la France, et le déficit important qui résulte de ces transactions montre la compétitivité globale relativement faible de notre économie. Le solde négatif qui oscillait entre — 2,5 et — 4,1 milliards de francs entre 1970 et 1975 a considérablement augmenté en 1976 (— 17,8 milliards de francs), l'amélioration observée en 1977 (— 14 milliards de francs) est notoirement insuffisante.

Cette situation est imputable en priorité au déficit des échanges avec la R.F.A., premier client et fournisseur de la France (— 10,7 milliards de francs), et avec les Pays-Bas (— 5,2 milliards de francs).

Évolution des échanges avec les pays membres de la C.E.E.

	Soldes C.A.F./F.O.B. (En milliards de francs)				*Taux de couverture C.A.F./F.O.B.* (En pourcentage)			
	1970	1973	1976	1977	1970	1973	1976	1977
U.E.B.L.	— 1,0	— 0,9	— 2,4	— »	92	95	92	100
R.F.A.	— 2,9	— 6,7	— 13,2	— 10,7	88	82	78	83
Italie	+ 1,3	+ 3,7	+ 1,6	— 0,5	113	125	106	99
Pays-Bas	— 0,3	— 1,3	— 5,1	— 5,2	95	87	73	75
Royaume-Uni ...	— 1,4	+ 2,4	+ 1,0	+ 2,2	74	131	107	112
Autres	+ 0,2	+ 0,3	+ 0,3	+ 0,2	129	119	111	105
Total C.E.E. .	— 4,1	— 2,5	— 17,8	— 14,0	93	97	88	92

(Source : ministère du Commerce extérieur.)

A l'égard de la R.F.A., on doit signaler l'accroissement des achats de viande congelée et, dans l'ensemble, l'affaiblissement de notre position dans le secteur agro-alimentaire. Les soldes négatifs constatés dans les échanges avec l'Allemagne fédérale sont d'importance financière et économique variable. Les déficits intéressant l'énergie (— 2 milliards de francs pour le coke et la houille) et les produits sidérurgiques (— 1,2 milliard de francs) sont moins inquiétants que le solde affectant les biens d'équipement professionnel (— 7,7 milliards de francs), l'équipement industriel et les machines et matériels électroniques professionnels étant les postes les plus touchés. Les marchés des véhicules utilitaire et de l'équipement ménager sont également déficitaires. Globalement, les transactions avec la R.F.A. (18,49 % de nos importations; 17,09 % de nos exportations) génèrent près du tiers du solde négatif de notre commerce extérieur, malgré une amélioration du taux de couverture.

Vis-à-vis des Pays-Bas, notre position reste déficitaire à cause de l'augmentation de nos importations agro-alimentaires, fruits, légumes, viandes — en particulier porc dont le prix a été plus élevé en 1977. L'accroissement en volume (+ 14 %) et en prix (+ 40 %) du gaz naturel importé a fortement contribué au résultat négatif de 1977, malgré l'excédent dégagé dans les échanges de biens industriels.

Fait nouveau en 1977, les échanges avec l'Italie sont déficitaires en raison de l'alourdissement des importations de biens de consommation et de l'abaissement du taux de couverture pour les biens d'équipement; le déficit industriel a donc augmenté de 1,5 milliard de francs en 1977.

A l'égard de la Belgique et du Luxembourg (U.E.B.L.), les échanges sont globalement équilibrés en 1977, mais pour les biens intermédiaires, on enregistre un déficit de — 6,6 milliards de francs imputable à des achats de produits sidérurgiques et demi-produits non ferreux. L'équipement ménager dégage également un solde négatif.

Les échanges avec le Royaume-Uni, le Danemark et l'Irlande sont excédentaires, mais pour les deux derniers pays, le taux de couverture a diminué en raison des importations agro-alimentaires.

L'amenuisement du solde agro-alimentaire, traditionnellement excédentaire dans les échanges C.E.E., les faibles taux de couverture enregistrés pour certains biens industriels, le poids du déficit des échanges avec l'Allemagne fédérale mettent en relief la vulnérabilité de l'économie française dans la C.E.E. et à l'égard de l'ensemble des pays développés.

En résumé, on peut considérer que la France a répondu au choc pétrolier par un certain redéploiement sectoriel et géographique de ses exportations, mais celui-ci n'a pas encore permis à notre économie de se hisser au niveau des pays les plus compétitifs. C'est surtout grâce aux échanges hors O.C.D.E. et principalement aux achats des P.V.D. que la France a pu améliorer son solde industriel — ventes de biens d'équipement professionnel en particulier. A l'inverse, vis-à-vis des pays industrialisés, spécialement ceux de la C.E.E., les taux de couverture des échanges de biens d'équipement demeurent éloignés de l'équilibre, sauf pour le matériel de transport et l'automobile.

III

FORCES ET FAIBLESSES DE LA FRANCE EN MATIÈRE DE COMMERCE EXTÉRIEUR

A. Le comportement des agents économiques

Confrontés aux nouvelles données économiques mondiales, et en particulier au renchérissement des matières premières importées, les principaux agents économiques — l'Etat et les entreprises — ont réagi, le premier par une triple action : limitation des importations, coup de pouce à l'exportation, redéploiement industriel; les secondes, ou du moins certaines d'entre elles, en s'efforçant de créer un véritable réseau commercial différencié de biens et services à l'étranger. Le tableau ci-dessous récapitule les principales entreprises françaises exportatrices en 1977 :

Plus de 5 milliards de francs à l'exportation
1. — Régie nationale des usines Renault 2. — Peugeot (automobiles) 3. — Air France
De 3 à 5 milliards de francs
4. — Marcel Dassault-Breguet Aviation 5. — Citroën (S.A. automobiles) 6. — Chrysler France 7. — Thomson-C.S.F. 8. — Chargeurs réunis S.A. 9. — I.B.M. France 10. — Michelin (Manufacture française des pneumatiques)

De 2 à 3 milliards de francs
11. — S.N.I.A.S. (Aérospatiale)
12. — Rhône-Poulenc industries
13. — Creusot-Loire
14. — Usinor
15. — Dumez
16. — Alsthom Atlantique
17. — Daval S.A.
18. — Vallourec (usines à tubes de Lorraine-Escaut et Vallourec réunies)
De 1 milliard à 2 milliards de francs
19. — Technip
20. — Spie Batignolles
21. — S.C.O.A.
22. — Fives Cail Babcock
23. — Berliet (Automobiles M.)
24. — Ugine Kulhmann
25. — C.D.F. Chimie
26. — Entrepose G.T.M. pour les travaux pétroliers maritimes-E.T.P.M.
27. — Aluminium Pechiney
28. — S.N.E.C.M.A.
29. — Compagnie générale maritime
30. — Compagnie française de raffinage

(Classement établi d'après les résultats de chaque entreprise indépendamment du groupe auquel elle appartient.)
(Source : *Les Echos* du 19 septembre 1977, et *Moniteur du commerce international.*)

Cette liste appelle une constatation et un enseignement. La constatation : c'est que seules les « grandes » entreprises alimentent un véritable courant d'exportation. L'enseignement : c'est qu'il est indispensable d'inciter les petites et moyennes entreprises à exporter davantage. A côté des contrats importants, dont la négociation est aléatoire et le renouvellement irrégulier, il faut rechercher un flux d'exportation courant et diversifié en biens d'équipement et de consommation. On constate en effet que les succès à l'exportation de nos partenaires sont liés à l'existence d'entreprises moyennes spécialisées et dynamiques. On verra plus loin les handicaps et les freins auxquels se heurtent les entreprises françaises.

L'Etat, quant à lui, développe une politique à plusieurs niveaux.

Limitation des importations

Plusieurs mesures ont été prises par les pouvoirs publics en vue de limiter, tout d'abord, les importations de produits énergétiques et les gaspillages : plafonnement des importations de pétrole brut, encadrement des consommations de fuel-oil domestique (système mis en place en 1974 et reconduit en 1977-1978); récupération des eaux chaudes pour le chauffage; effort de développement des techniques économisant l'énergie. Les résultats semblent encourageants; mais l'effort entrepris dans ce domaine ne peut avoir d'effets significatifs qu'à long terme. Car plaquer des « économiseurs » sur des technologies conçues en fonction de l'énergie bon marché ne saurait donner des résultats d'envergure. C'est au fur et à mesure du renouvellement des équipements que la dimension « économie » pourra véritablement être appréciée.

L'I.N.S.E.E. a évalué ce qu'aurait été le montant de nos importations d'énergie si celles-ci avaient continué d'évoluer en fonction de la production comme avant 1972. Il constate que par rapport à ce montant, nous avons économisé en 1976, 13 milliards de F. La charge pétrolière a donc pu être réduite d'environ un cinquième.

Le tableau ci-dessous fournit le détail de cette évaluation des économies d'énergie :

Évaluation des économies d'énergie

	1973	1974	1975	1976
1. Déficit énergétique fictif au prix de 1973 : déficit que l'on aurait observé si importations et exportations avaient continué d'évoluer en quantité de la même façon que de 1970 à 1972 (élasticité par rapport au P.I.B. marchand identique)	— 17,9	— 18,6	— 18,7	— 18,9
2. Déficit énergétique fictif aux prix courants : valorisation des importations et exportations calculées ligne 1 aux prix effectivement observés (facture pétrolière)	— 17,9	— 55,8	— 60,2	— 73,8
3. Déficit énergétique réellement observé : solde des importations et exportations aux prix courants	— 17,9	— 51,5	— 45,7	— 61,0
4. Valeur des économies : différence entre la ligne 2 et la ligne 3	»	4,3	14,5	* 12,9

(* Chiffre arrondi.)

Rappelons que, selon les projections des consommations et importations énergétiques élaborées pour le VIIe Plan, les économies d'énergie devraient permettre de limiter le déficit énergétique à 82 milliards de francs courants en 1980 pour un prix du pétrole brut importé de 530 F la tonne. Le coût moyen de la tonne de pétrole brut importé a été de 493,42 F en 1977, contre 450,20 F en 1976 (+ 9,60 % d'une année à l'autre); compte tenu du pétrole réexporté après raffinage, les importations de brut ont été supérieures à 54 milliards de francs en 1977. La Commission de l'énergie du VIIe Plan prévoit une consommation d'énergie primaire de 205 millions de tonnes équivalent pétrole en 1980, soit une croissance de 5 % par an entre 1975 et 1980; ce chiffre traduit, par rapport aux évaluations passées, des économies représentant 15 à 20 % de la consommation totale. En 1980, compte tenu des incertitudes relatives à l'évolution de la parité entre le franc et le dollar, le déficit énergétique pourrait être effectivement compris entre 70 et 90 milliards de francs.

Projections des consommations et importations énergétiques

	1970	1973	1974	1975	1980 [1]	1985 [2]
Consommation totale d'énergie primaire en M.T.E.P. [3]	148,7	174,7	175,6	164	205	232
Dont consommation de pétrole énergétique en M.T.E.P.	87,3	116,3	112,4	101,8	119	98
Prix du pétrole brut importé francs/tonne C.A.F.	93	115	377	385	530	n.c.
Solde (importations C.A.F.-exportations F.O.B.) de produits énergétiques en milliards de francs courants	10,7	16,7	52,5	49,4	82,0	n.c.

(Source : Bilan énergétique et comptabilité nationale.)

Cet important déficit devrait cependant être pallié par la mise en service progressive, à partir de 1978-1979, de nouvelles unités de production d'électricité nucléaire.

1. Projection macroéconomique du dossier quantitatif associé au VIIe Plan.
2. Objectif 1985 de la Commission de l'énergie du VIIe Plan.
3. M.T.E.P. = millions de tonnes équivalent pétrole.
4. C.A.F. = coût, assurance, frets compris; F.O.B. = *free on board.* Source : Douanes.

Les mesures de contrôle douanier

Par ailleurs, des mesures de contrôle douanier ont dû être mises en place : d'une part, pour limiter les « importations sauvages » qui, depuis 1975, concurrençaient à bas prix plusieurs secteurs industriels français (application des clauses de sauvegarde prévues par le G.A.T.T. et par les accords préférentiels conclus par la C.E.E.) et, surtout, pour éviter les détournements de trafic, qui revêtent deux formes :

— des produits sont déclarés originaires soit d'un pays bénéficiant de préférences généralisées, soit d'un pays avec lequel la C.E.E. a conclu un accord préférentiel, alors qu'ils viennent en réalité d'un pays tiers, ou d'un pays ayant atteint pour ces produits le plafond qui lui était consenti dans le cadre d'un régime préférentiel;

— des produits sont déclarés originaires d'un Etat membre de la C.E.E. alors qu'ils proviennent en réalité d'un pays tiers.

Parmi les mesures arrêtées figure l'obligation faite aux importateurs (*Journal officiel* du 6 septembre 1977) de présentation d'un certificat d'origine des produits énumérés par une liste.

B. EFFORT D'ADAPTATION DES ACTIVITÉS EXPORTATRICES

Agro-alimentaires

Face à la majoration du coût des importations de pétrole, la France a cherché à obtenir des devises en développant son commerce extérieur de produits agricoles. Au moment de l'élaboration du VIIe Plan, l'objectif assigné aux échanges agro-alimentaires était, pour 1980, un solde positif de 20 milliards de F. Mais l'évolution récente de l'économie a montré la difficulté d'obtenir un tel résultat. Les priorités du Plan ont en tout cas été maintenues : il s'agit d'adapter et de renforcer l'appareil de production agro-alimentaire, en améliorant la compétitivité de certains secteurs (I.A.A., élevage bovin, viticulture), en favorisant une meilleure maîtrise de la production et de la mise en marché, notamment grâce à des équipements hydrauliques et de stockage, en limitant enfin la dépendance nationale pour les protéines nécessaires à l'alimentation animale. Cela dans la perspective d'une concurrence accrue par la saturation progressive du marché de la C.E.E., rendant indispensable un accroissement des exportations agro-alimentaires hors C.E.E., et par la perspective d'un élargissement du Marché commun.

Au nombre des mesures prises dans cette optique, on peut citer :

— la réforme du régime de la prime de développement régional, qui permet désormais de la cumuler, dans certaines conditions, avec la prime d'orientation agricole;

— la nomination d'un délégué aux I.A.A. pour faciliter la coordination des interventions;

— la réorganisation des services du ministère de l'Agriculture, étoffés en vue d'accroître l'efficacité des actions de promotion des exportations;

— la mise en place d'une garantie « C.O.F.A.C.E. » pour prémunir les exportateurs contre les risques de variation des montants compensatoires monétaires entre la date du contrat et celle de la livraison;

— le dégagement de crédits spéciaux de financement des stocks de vieillissement des vins et alcools;

— en matière d'élevage, une intensification des moyens d'amélioration génétique et de lutte contre la brucellose;

— la mise en œuvre d'un plan de développement de la qualité des vins et de reconversion partielle du vignoble;

— dans le secteur des protéines destinées à l'alimentation animale, les projets du ministère de l'Agriculture tendent à réduire la dépendance de la France vis-à-vis de l'étranger, en développant les produits de substitution. Les expériences menées actuellement dans le Sud-Ouest devraient permettre, par exemple, d'adapter la culture du soja dans cette région et de satisfaire les besoins nationaux après 1985.

En dépit de ces mesures, le rapport d'exécution du VIIe Plan, fourni en annexe au projet de loi de finances pour 1978, souligne la persistance de préoccupations sérieuses. Il s'agit essentiellement de la politique communautaire, mise en péril par l'évolution des parités monétaires, et de la faiblesse du solde excédentaire de produits agro-alimentaires en 1975 et 1976.

Industrielles

1974 a été l'an I du transfert massif des ressources nationales et des nouvelles relations économiques internationales, mais l'économie française continue sur sa lancée au prix d'un déficit extérieur de 40 milliards. 1975 se caractérise par une dépression entraînant une chute des importations, permettant de limiter le déficit extérieur. 1976 marque avec une nouvelle croissance le retour d'un déficit extérieur massif. L'année 1977 voit un retour à l'équilibre de la balance, au prix d'une faible croissance. Le VIIe Plan a prévu une politique industrielle correspondant à trois objectifs : développement de la compétitivité, pour accroître la part de marché détenue par la France; adaptation de l'industrie à une nouvelle répartition des producteurs dans le monde; création de 225 000 à 250 000 emplois. La politique de l'Etat a d'abord consisté en mesures d'ordre général destinées à rétablir les conditions d'une reprise durable de la croissance (procédures de prêts aux investissements, aides à certaines entreprises). Des actions sectorielles ont également été conduites : textiles, chantiers navals, sidérurgie, bois, pâtes et papiers, engrais, cuir et chaussures, aéronautique civile, électronique, composants machines-outils.

C. Aide au financement des exportations

Les procédures spéciales du crédit à l'exportation font largement appel à des organismes publics ou parapublics; en particulier la Banque française du commerce extérieur (B.F.C.E.) et la Compagnie française d'assurance pour le commerce extérieur (C.O.F.A.C.E.).

Créée par décret en 1946, la B.F.C.E. est à la fois une banque d'Etat pour le financement des exportations et une banque commerciale privée spécialisée dans le commerce extérieur. Elle intervient au moyen de trois sortes de crédits :

— les crédits de préfinancement, qui sont des avances de trésorerie destinées à financer, d'une part, les besoins courants qu'engendre l'activité exportatrice (crédits *revolving*), d'autre part, les besoins exceptionnels que peut provoquer l'exécution d'un marché déterminé passé avec l'étranger (crédits spécialisés);

— les crédits de mobilisation de créances nées sur l'étranger à court terme (18 mois maximum), alloués en priorité aux nouveaux exportateurs et aux entreprises petites et moyennes;

— les crédits à moyen et long terme, principaux instruments de crédit utilisés en matière de promotion des exportations. Leur croissance est liée au développement des ventes à l'étranger. Entre 1970 et 1977, ils ont quintuplé, passant de 11,7 à 57,1 milliards de francs.

La répartition géographique des crédits distribués par la B.F.C.E. était la suivante, fin 1977 :

Europe de l'Est	24 %
Afrique	29 %
Extrême et Moyen-Orient	16 %
O.C.D.E.	19 %
Amérique latine	12 %

Par ailleurs, pour contribuer au rétablissement à terme de la balance commerciale, le gouvernement français a mis en place le 20 mars 1974 un régime de crédits spéciaux à l'exportation — « procédure Segard » — permettant de financer des extensions de capacité de production des entreprises soucieuses d'accroître leurs ventes sur des marchés extérieurs. Ces prêts sont consentis en contrepartie d'un engagement de la part de l'entreprise de porter, dans un délai donné, à un certain niveau son chiffre d'affaires à l'exportation, cela dans le cadre d'un « contrat de croissance ».

La C.O.F.A.C.E., quant à elle, s'est vu confier la gestion du service public de l'assurance-crédit à l'exportation. Cet organisme, créé lui aussi en 1946, est une société anonyme gérée par un conseil d'administration où siègent des représentants du gouvernement et des secteurs privé et nationalisé. Il assure pour le compte de l'Etat la couverture de différents risques. L'assurance-crédit, en particulier, qui permet aux entreprises, moyennant le paiement d'une prime, de bénéficier (avec une franchise, généralement de 5 %) d'une garantie contre les risques politiques, monétaires, catastrophiques et commerciaux extraordinaires que comportent les opérations d'exportation. L'analyse des résultats de cette procédure au cours des dernières années montre qu'elle s'est appliquée pour près de 50 % aux ventes à des pays en voie de développement, pays méditerranéens et du Proche-Orient en tête. Indépendamment de ces aides sous forme de prêt et assurance, l'Etat agit en faveur du commerce extérieur par voie budgétaire, essentiellement par la garantie du risque économique, et le financement public direct ou indirect.

La garantie du risque économique, créée en 1960, a pour objet de couvrir — moyennant le paiement d'une prime et à condition de répondre à certains critères — l'évolution anormale des coûts de revient des marchés d'exportation. Cette procédure étant déficitaire depuis de longues années, le Trésor public a pris en charge le déficit, au titre de budget des charges communes (chapitre 14-01). Des aménagements apportés au système en 1977 devaient permettre à l'Etat de n'indemniser que les hausses de coût à l'exportation vraiment exceptionnelles, c'est-à-dire supérieures à 11, 11,5 %.

Quant au financement public direct du commerce extérieur, il s'opère par l'attribution de bonifications d'intérêt (essentiellement à la B.F.C.E.), de prêts gouvernementaux directs (octroi à des gouvernements étrangers de crédits pour leur faciliter l'achat de biens d'équipement et de fournitures diverses) et par la consolidation des dettes commerciales (découvert consenti aux pays que les difficultés financières rendent incapables d'honorer leurs dettes pour l'achat de biens d'équipement). Ces différentes interventions représentent un coût croissant pour les finances publiques et pour la collectivité. La charge budgétaire globale a en effet été de 2,4 milliards de F en 1975, de 3,4 milliards en 1976, de 4,5 milliards en 1977. Rapportée aux exportations totales (310 milliards de F en 1977), l'aide publique apparaît en fin de compte faible (à peine 2 %). Est-elle efficace? Une étude comparée des principaux systèmes de financement du commerce extérieur révèle les lacunes du système français :

— les conditions requises par la C.O.F.A.C.E. pour la garantie de change sont telles (complexité du dossier, montant de la prime, etc.) que les entreprises manifestent une certaine réserve vis-à-vis de cette garantie de change. En Italie, par exemple, l'Instituto nazionale delle assicurazoni (I.N.A.) intervient, semble-t-il, avec plus de souplesse;

— les crédits-fournisseurs que les exportateurs français peuvent obtenir de leurs banquiers ne sont pas totalement garantis par l'Etat — contrairement à ce qui se passe en Grande-Bretagne — même si la B.F.C.E. peut en assurer elle-même le financement;

— la quotité des risques garantis est variable, mais elle ne couvre jamais la totalité de la créance (le pourcentage est généralement plus élevé dans le Royaume-Uni, en Belgique, en R.F.A., aux Etats-Unis qu'en France);

— le coût des assurances et des crédits n'est pas moins élevé qu'à l'étranger;

— certains Etats (U.S.A. par le « Domestic international sales coopération » — D.I.S.C. —, les pays en voie de développement par des incitations fiscales) accordent à leurs entreprises exportatrices des facilités particulièrement importantes.

D. Action en matière d'emploi

Jusqu'à une époque très récente, les responsables de l'emploi n'ont pas eu l'attention attirée par les incidences du commerce extérieur : la croissance des exportations avait des effets bénéfiques sur l'emploi, et le marché du travail se caractérisait davantage par la pénurie que par la pléthore de main-d'œuvre. La crise de 1974 a brusquement levé le voile sur cette carence. Les difficultés présentes de l'emploi ne sauraient être imputées au seul facteur « extérieur ». Les causes du chômage sont plus anciennes et profondes, même si la conjoncture internationale en accentue les symptômes. Mais il est évident que la perte de nos positions privilégiées dans les anciens marchés coloniaux, la faible croissance de certains secteurs, la concurrence sur le marché intérieur de produits importés de pays à bas salaires ou plus compétitifs, ont bouleversé les industries traditionnelles utilisatrices d'une main d'œuvre nombreuse et peu qualifiée comme le textile, l'habillement, l'édition et, globalement, les industries de biens de consommation et les industries de transformation. Il en résulte des menaces pour l'emploi dans certaines branches et les reconversions inévitables d'activité dans certaines régions, même si, parallèlement, le développement des pays du tiers monde offre à certaines activités de nouvelles perspectives de croissance.

Devant l'accroissement du chômage, le Gouvernement et les partenaires sociaux devaient envisager un certain nombre de mesures, tendant à limiter les risques de licenciement, d'améliorer l'indemnisation des chômeurs et de dégager des emplois, tout en adaptant la formation professionnelle aux besoins du marché du travail, et en encourageant (notamment par des primes) la mobilité professionnelle et géographique.

L'acuité de la crise actuelle paraît imposer d'impossibles choix : faut-il définir comme priorité la lutte contre le chômage ou le rééquilibrage de notre commerce extérieur? Faut-il, pour protéger les emplois menacés par les importations du tiers monde, recourir au protectionnisme? N'existe-t-il pas d'autres issues que ces choix ultimes et ne peut-on imaginer une reprise qui ne perturbe pas gravement et longtemps notre équilibre externe et une ouverture des frontières qui ne menace pas durablement nos industries et services?

Rappelons que, si un point supplémentaire de croissance entraîne inéluctablement 8 milliards supplémentaires d'importations, la recherche d'un financement de ces importations par des exportations nouvelles peut conduire aussi au développement d'activités qui permettent de rétablir la situation de l'emploi. De même, la fermeture des frontières n'est pas un moyen durable de sauvegarder la main-d'œuvre nationale. En tout état de cause, le rééquilibrage et l'accroissement de nos échanges imposent d'importants transferts d'activités, donc d'investissements et de main-d'œuvre vers les branches les plus exportatrices, rendant par ailleurs nos entreprises plus dépendantes de la conjoncture internationale. C'est en ce sens que le rapport de la commission « Relations économiques et financières avec l'extérieur » pour le VIIe Plan soulignait l'ampleur des efforts nécessaires pour rétablir concurremment l'équilibre extérieur et une situation satisfaisante de l'emploi.

Parmi les fondements du développement économique récent, en France beaucoup plus que dans les autres pays, figure l'existence d'une main-d'œuvre à bon marché, que libérait pour l'industrie l'exode rural, et qu'alimentaient de même l'immigration et la croissance du taux d'activité des jeunes. Or c'est justement l'existence de ce réservoir de main-d'œuvre peu payée parce que peu qualifiée et sous-payée qui a été et demeure un obstacle à notre « redéploiement » dans la mesure où elle place une large fraction de notre industrie en concurrence directe avec celle des pays en voie de développement. Elle a permis en effet d'éviter, lorsqu'il était encore temps, les adaptations qu'imposaient les nouvelles données économiques mondiales et rendu possible la survie artificielle de secteurs et d'entreprises économiquement non viables dans une société industrielle développée, et qui ne peuvent d'ailleurs résister à la nouvelle concurrence internationale. Elle oblige aujourd'hui à des conversions douloureuses et mal préparées.

C'est M. Michel Albert, alors commissaire adjoint au Plan, qui a posé devant le groupe d'étude le « théorème de l'O.S. » : « Dans un pays à niveau de vie élevé, toute entreprise soumise à la concurrence internationale et qui emploie un pourcentage élevé d'O.S. est une entreprise vouée à la faillite ou à la délocalisation. »

Comme l'ont souligné plusieurs personnalités entendues, il s'agit aujourd'hui de reconvertir en main-d'œuvre nationale une main-d'œuvre immigrée, c'est-à-dire de remplacer les conditions de travail subies par cette main-d'œuvre par des conditions acceptables par des jeunes Français éduqués jusqu'à seize ans, voire dix-huit, et voulant concilier leurs aspirations et la réalité. Notre système industriel doit payer le prix de la spécialisation. Celle-ci implique des contraintes nouvelles auxquelles les Français ne sont pas préparés. Dès lors, c'est la société tout entière qui doit en assumer les conséquences, ce qui suppose un pacte de répartition des effets de contraintes susceptible de rendre la mutation acceptable par tous ceux qui en sont directement affectés : qu'il s'agisse de remettre en cause les notions habituelles de plein emploi, ou de faire accepter les risques d'insécurité et de mobilité géographique et professionnelle.

IV

LA PERSISTANCE DES FAIBLESSES STRUCTURELLES

A. Les problèmes sectoriels

Les difficultés du secteur agro-alimentaire proviennent de trois éléments : le contexte européen, les faiblesses structurelles du circuit de production, de transformation et de commercialisation, et les contraintes résultant de l'évolution de la conjoncture internationale.

Sur le premier point, il faut rappeler que la politique agricole commune (P.A.C.) définie à Bruxelles reste fondée sur l'unité des prix agricoles, sur la libre circulation des produits à l'intérieur de la Communauté, sur l'utilisation d'un système de prélèvements et de restitutions aux frontières. Mais ces mécanismes ont été conçus en période de stabilité monétaire; une « unité de compte » (U.C.) dont la valeur coïncidait avec celle du dollar, servait à exprimer des prix communs; ceux-ci étaient ensuite convertis en monnaies nationales qui se rattachaient par des parités fixes au dollar des Etats-Unis.

La « flottaison » généralisée des cours des monnaies a modifié la procédure. Le dévaluation du franc français, en août 1969, a provoqué une première remise en cause du système défini en 1962. En fait, aux termes des accords européens, la France aurait dû augmenter ses prix agricoles d'un pourcentage correspondant au taux de dévaluation; mais pour limiter l'incidence inflationniste d'une telle mesure, la Communauté a institué des « montants compensatoires » (M.C.M.) : les prix des produits agricoles ont été, à la sortie, majorés d'une taxe compensant la dévaluation du franc; à l'entrée, une subvention d'un montant égal a diminué les prix des produits agricoles importés. La correction était prévue pour deux campagnes, et le 1er août 1971, le « franc vert » devait rejoindre le franc dévalué. En octobre 1969, la réévaluation du deutsche mark a provoqué la généralisation du système. L'évolution ultérieure de la situation monétaire internationale devait en affirmer la permanence.

Ainsi, conçus à l'origine comme des correctifs temporaires à la dévaluation du franc, les M.C.M. sont devenus un élément essentiel de la P.A.C. Ce système présente le mérite de compenser la différence séparant les « taux de change verts » choisis par chaque gouvernement pour exprimer les prix agricoles dans la monnaie nationale et les taux de change réels auxquels cette monnaie se négocie sur le marché. Très vite, le mécanisme a tourné au désavantage de la France. En effet, le franc a plutôt tendance, à moyen terme, à se déprécier par rapport aux monnaies de nos partenaires. Dans un pays où la monnaie est ainsi orientée à la baisse, les M.C.M. subventionnent les importations et taxent les exportations. En mars 1978, par exemple, nos exportations étaient, par le jeu des montants compensatoires, frappées d'une taxe de 21,5 %. Cette particularité est en partie responsable de la modestie relative de nos résultats en matière de commerce extérieur agro-alimentaire.

Conscient de ces « effets pervers » des M.C.M., le gouvernement a cherché, en décembre 1978, lors du sommet monétaire des Neuf qui a consacré la naissance de l'Ecu (la nouvelle unité monétaire européenne appelée à remplacer l'U.C.), à obtenir de ses partenaires l'engagement de démanteler, aussi rapidement que possible, les montants compensatoires monétaires.

Outre cet aspect européen, le secteur agro-alimentaire présente des faiblesses d'ordre structurel qui accentuent sa vulnérabilité dans la conjoncture mondiale.

Au niveau de la production, tout d'abord : la dépendance de la France en protéagineux a déjà été évoquée; il faut également souligner l'insuffisance de notre production de viandes, aussi bien bovine que porcine, ovine ou chevaline.

Au niveau de la transformation, ensuite : trois faiblesses des I.A.A. françaises méritent attention : l'insuffisance des capacités de financement des entreprises (la part de l'emprunt dans ce financement est passée de 15 % en 1970 à 22 % en 1977); l'importance de la pénétration des capitaux étrangers dans le secteur agro-alimentaire (en 1977, le C.A. réalisé par les entreprises étrangères implantées en France représentait 16 % du C.A. total du secteur); la mauvaise adaptation au marché mondial, enfin (ainsi, la France, exportatrice nette de céréales et de produits de minoterie, est importatrice nette de préparation à base de céréales). Pour tenter de rectifier le tir, le gouvernement a créé, par décret du 7 octobre 1977, le Conseil supérieur des exportations agricoles et alimentaires, qui a pour mission de participer à la définition et à la mise en œuvre d'une politique globale dans ce domaine.

Au niveau de la commercialisation, enfin, le développement insuffisant des réseaux de vente, les caractéristiques de certains produits français de haute qualité, le poids de la C.E.E. dans nos échanges agricoles sont autant de handicaps. La technique commerciale est en effet mal maîtrisée dans bon nombre de secteurs agro-alimentaires. Pour beaucoup d'entreprises, l'exportation n'est pas un objectif prioritaire, mais une activité marginale, un moyen d'écouler des excédents de production quand il y en a. De nombreuses entreprises petites et moyennes, également, n'ont pas les moyens de se doter d'un service spécialisé à l'exportation.

D'autre part, la qualité et la variété de nos produits exposent nos exportations agro-alimentaires à la concurrence de marques nationales — pour le beurre irlandais, pour le beurre danois par exemple — plus aisées à faire connaître que les nombreuses productions françaises. Le cas des fromages ou des vins est significatif; pour ces derniers, contrairement aux champagnes ou aux côtes-du-Rhône, les vins de Bourgogne, de Bordeaux ou du Val-de-Loire ne bénéficient pas d'une image de marque précise, la multiplicité des appellations et des châteaux sont une entrave à un développement rationnel et concentré des exportations; le consommateur moyen éprouve, d'autre part, quelques difficultés à connaître et à évaluer qualitativement les nombreux produits français.

L'aspect géographique des faiblesses structurelles de l'agro-alimentaire ne doit pas être négligé. La part considérable de la C.E.E. dans nos ventes comporte plusieurs dangers : les débouchés du marché intracommunautaire risquent de se réduire : l'orientation privilégiée vers ce marché n'incite pas à développer une politique commerciale dynamique à l'égard des pays tiers. La mise en œuvre du Marché commun a autorisé une transformation considérable de l'agriculture française qui a trouvé d'importants débouchés vers les pays membres de la C.E.E.; mais certains de ces pays ont également modernisé leur appareil productif, bénéficiant notamment pour ce faire des effets de l'appréciation de leur monnaie et des montants compensatoires monétaires. C'est le cas principalement de l'Allemagne fédérale qui reste un importateur net de produits français, mais devient de plus en plus un concurrent. Cette évolution est d'autant plus alarmante que, lorsque le solde des échanges agro-alimentaires se dégrade, la part de la C.E.E. dans nos ventes augmente : 66,9 % en 1977 contre 65,9 % en 1976.

Le Marché commun s'orientant globalement vers une certaine autosuffisance, il apparaît clairement qu'en l'absence de politique européenne d'exportation — évoquée lors du VIIe Plan, mais toujours inexistante — l'agriculture française sera de plus en plus vulnérable.

Au total, alors que le VIIe Plan avait assigné comme objectif à la balance agro-alimentaire un solde positif d'environ 20 milliards de F (valeur 1980), celui-ci n'a été que de 4,5 milliards en 1975, de 3,5 milliards en 1976, et en déficit de 3 milliards en 1977. Or, le rôle stratégique des échanges alimentaires va s'affirmer au cours des prochaines années. Notre dépendance vis-à-vis des cours des matières premières importées (café, cacao) ou des quantités exportées par les Etats-Unis (soja) doit être compensée par l'exportation de produits agricoles à forte valeur ajoutée. Cela suppose un effort particulier pour placer les I.A.A. françaises au niveau de leurs concurrents; cela suppose aussi la définition d'un modèle français de l'agriculture compatible avec une politique volontariste d'exportation et, même au-delà, la définition d'un type spécifique d'agriculture française.

Dans le domaine industriel, l'évolution des rations exportations/production et importation/production par catégories de produits entre 1971 et 1976 permet d'appréhender la situation de l'industrie française au regard des échanges extérieurs.

	Exportations / Production		*Importations / Production*		*Production distribuée / Production totale de l'industrie*	
	1971	1976	1971	1976	1971	1976
	(En pourcentage)					
Biens intermédiaires...	18,8	23,3	20,6	27	38	37,6
Biens d'équipement ...	27,7	38,4	25,9	29,2	22,4	23,2
Biens automobiles	33,8	37,9	15,6	19,7	10,4	12,1
Biens de consommation y compris équipement ménager..........	16,0	18,1	12,9	18,5	29,2	27,1
Ensemble	21,5	27,5	19	24,5	100	100

(Source : Économie et statistique.)

Ce tableau met en évidence les progrès réalisés dans le domaine des biens d'équipement et de l'automobile, alors que pour les biens de consommation, les importations ont progressé plus rapidement que les exportations. Mais l'importance de la contribution positive de l'automobile au solde du commerce extérieur français révèle la fragilité d'un résultat obtenu par une seule branche industrielle, alors que beaucoup d'autres ne se sont pas modernisées et n'ont pas investi au même rythme. D'autre part, l'industrie française est moins concentrée que celle des Etats-Unis, de l'Allemagne fédérale, de la Grande-Bretagne et du Japon.

Une comparaison entre la France et l'Allemagne fédérale fait apparaître les faiblesses des différents secteurs industriels français. Pour les biens intermédiaires, les exportations par rapport au chiffre d'affaires sont plus élevées en Allemagne qu'en France pour les produits de la sidérurgie, de la chimie. Pour les biens d'équipement, en dépit des résultats obtenus par la France, la comparaison des quantités produites est pour la plupart des produits favorable à la R.F.A.

Dans la branche de la construction mécanique, la position de l'Allemagne est particulièrement forte pour le matériel d'imprimerie, les machines destinées à l'industrie du cuir, au bois, les machines pour les mines, les turbines à vapeur, les machines pour les industries du caoutchouc et les matières plastiques, les machines-outils pour métaux. Cet avantage permet à la R.F.A. de valoriser sa haute compétence en ingéniérie. En revanche, la France possède une certaine avance dans le domaine nucléaire, dans l'aéronautique et les moyens de transport. Cependant, les succès de la recherche et des technologies avancées ne suffisent pas à assurer à l'industrie française des débouchés commerciaux sur le marché international; de ce point de vue, l'exemple de Concorde est significatif.

Bien que globalement l'industrie française n'ait pas atteint le niveau de développement des pays les plus industrialisés, certains secteurs se sont bien adaptés aux nouvelles conditions du marché avec parfois des résultats spectaculaires — dans le cas de l'automobile — d'autres demeurant peu concurrentiels. L'analyse par branches des exportations et des importations par rapport à la production met en évidence les faiblesses structurelles de l'industrie française.

Certaines branches enregistrent des taux d'exportation nettement supérieurs aux taux d'importation : tel est le cas du verre, de la construction navale et aéronautique et de l'automobile, bien que pour celle-ci les importations représentent près de 25 % du marché intérieur. D'autres branches, au contraire, cumulent importations fortes et exportations faibles : c'est le cas des matériaux de construction, de l'équipement ménager, du papier-carton, des cuirs et chaussures et du bois et des meubles.

La comparaison des rapports exportations-production et importations-production des années 1976 et 1977 montre les évolutions défavorables qui ont affecté notamment l'équipement ménager, les cuirs et chaussures, le papier-carton. Les chiffres concernant les minerais et métaux non ferreux ne peuvent être interprétés dans le même sens du point de vue des produits industriels, car les importations de matières premières — à hauteur de 5,6 milliards de francs en 1976 — sont intégrées dans les résultats et comptabilisées au même titre que les biens intermédiaires.

Les branches qui vendent à l'étranger progressent, alors que celles qui sont peu exportatrices voient leur situation se détériorer. Seule, la pharmacie et la parapharmacie font exception à cette constatation. Les secteurs productifs les moins ouverts sont les plus faibles et donc les plus sensibles à la concurrence étrangère.

Échanges extérieurs des branches industrielles

	Exportations / Production		*Importations / Production*		*Productions distribuées*	*Part dans la production industrielle*
	1976	1971	1976	1971	1976	1976
	(%)				(En millions de francs)	(%)
Minerais et métaux ferreux	30	25,4	29,1	22,4	53 499	6,8
Minerais et métaux non ferreux	51,3	28	87,4	56,2	18 060	2,3
Matériaux de construction	9,2	8,9	15,1	12,9	32 093	4
Verre	29,5	26,2	18,8	14,7	8 651	1,1
Chimie de base	40,8	35,1	40,3	37,5	51 522	6,5
Parachimie et pharmacie	18,9	15,2	11,2	7,9	42 253	5,3
Fonderie et travail des métaux	13,1	7,7	10,5	7	69 619	8,8
Construction mécanique	43,8	30,4	34,2	30,8	85 132	10,8
Matériels électriques et électroniques professionnels	34	25,8	28,8	24,4	60 259	7,6
Équipement ménager	24,2	17,6	52,6	37,5	13 100	1,7
Automobile	37,8	33,7	19,6	15,6	95 706	12,1
Construction navale, aéronautique, armement	37,3	22,6	18,6	14,6	38 198	4,8
Textiles, habillement	21,6	19,6	21,4	12,1	74 674	9,4
Cuirs et chaussures	20,8	22	25,1	13,4	12 961	1,6
Bois, meubles et industries diverses	14,3	11,9	22,7	15,2	42 725	5,4
Papier-carton	11,6	9,5	25,7	21,4	30 801	3,9
Édition	8,3	7,2	8,3	8	29 008	3,7
Caoutchouc, matières plastiques	22,9	20,01	19	16	33 284	4,2
Ensemble des industries manufacturières	27,7	21,4	24,7	19,3	791 545	100

Degré de dépendance à l'égard de l'extérieur par branches en 1976

Exportation / Production	*Inférieur à 25 %*		*Supérieur à 25 %*	
Solde Importation / Production	*Inférieur à 25 %*	*Supérieur à 25 %*	*Inférieur à 25 %*	*Supérieur à 25 %*
Positif	Parachimie et pharmacie Fonderie et travail des métaux Caoutchouc et matières plastiques (Viande et produits laitiers) (Autres produits agricoles et alimentaires)		Verre Automobile Construction navale, aéronautique, armement	Construction mécanique Matériels électriques et électroniques professionnels
Nul	Édition Textile, habillement			Minerais et métaux ferreux Chimie de base
Négatif.....	Matériaux de construction Bois, meubles et industries diverses	Cuirs et chaussures Papier, carton Équipement ménager		Minerais et métaux non ferreux

(NOTA. — Les intitulés de la branche entre parenthèses sont relatifs aux industries agricoles et alimentaires.)

Il est intéressant de noter que les branches pour lesquelles le degré de dépendance est le plus fort sont précisément celles qui ont beaucoup tardé à investir et à entreprendre une restructuration ou dont le développement n'a pas suivi le rythme des transformations technologiques.

En ce qui concerne le papier-carton, outre les problèmes d'approvisionnement en bois déjà évoqués à propos des importations de matières premières, la capacité financière faible de l'industrie française — partiellement imputable à la politique des prix appliquée à ce secteur — les investissements et la compétitivité insuffisante expliquent la forte pénétration des produits étrangers. Le programme d'action prioritaire du VIIe Plan n'a pas encore eu d'effet significatif.

Parmi les branches faibles, on doit citer également celle de la machine-outil : le taux de couverture reste déficitaire et la production française a tendance à régresser au cours des dernières années.

Bien que le nombre des entreprises moyennes ne soit pas beaucoup plus élevé en France que dans les pays concurrents, l'industrie française de la machine-outil reste beaucoup plus faible que celle d'Allemagne fédérale ou des Etats-Unis qui utilisent des moyens de production plus modernes et recourent largement à la sous-traitance.

Autre secteur menacé, celui de la sidérurgie dont les coûts de production sont nettement supérieurs à ceux de certains concurrents, en particulier le Japon. En dépit des actions de la C.E.E., la sidérurgie française — bénéficiaire d'un plan d'aide il y a quelques années — a dû faire appel encore une fois aux pouvoirs publics pour mettre en œuvre un plan de redressement.

L'insuffisante production française de circuits intégrés a rendu nécessaire l'adoption par le Gouvernement d'un plan de développement bénéficiant d'une aide de l'Etat.

L'électroménager — taux de couverture des échanges 65 % — a amorcé la concentration de la production il y a à peine dix ans; il n'existe aucune implantation à l'étranger d'entreprise française produisant du gros électroménager, alors que les participations financières étrangères en France sont nombreuses. L'industrie française du meuble a commencé à réagir à la concurrence étrangère il y a seulement cinq ans.

Les difficultés de la chaussure révèlent la faible adaptation de la production française à l'évolution du marché, l'arrivée de produits importés peu coûteux en provenance d'Extrême-Orient ou d'Europe de l'Est, la transformation des circuits de distribution, le changement des goûts de la clientèle n'ont pas été l'objet d'une attention suffisante de la part de certaines entreprises qui ont continué à fabriquer les mêmes articles. De même, dans le secteur du textile, la pénétration étrangère rapide observée pour certains biens — principalement fils et articles de bonneterie — a mis en difficulté des entreprises anciennes incapables d'affronter la concurrence de produits élaborés à un coût moindre qu'en France.

Cependant, l'évolution n'est pas uniforme : à l'intérieur du poste « textiles en filés et articles de bonneterie », on constate simultanément une augmentation de la part des productions exportées. D'ailleurs, pour chacune des branches, l'évolution globale ne rend pas compte de l'intégralité des phénomènes.

En effet, même dans les secteurs en crise, on recense des entreprises prospères et exportatrices. On peut donc considérer que le principal problème de l'industrie française est actuellement l'insuffisance des spécialisations. L'exemple de l'automobile montre les effets bénéfiques d'une forte spécialisation, mais il ne peut seul compenser les faiblesses structurelles de nombreuses autres branches de production.

Quant aux services, on verra plus loin les problèmes touchant à la commercialisation, aux transports et à l'assurance, de même que la question des transferts de salaires des travailleurs étrangers. Mais déjà, la situation inquiétante de la balance des brevets et licences illustre l'insuffisance de l'activité inventive de la France, et sa faible aptitude à appliquer au niveau industriel les résultats des efforts de recherche.

Années	*Dépenses*	*Recettes*	*Solde*	*Taux de couverture*
		(En millions de francs)		
1966	758,3	330,2	— 428,1	43,5
1968	605	261,3	— 343,7	43,2
1969	725,5	336,6	— 388,9	46,40
1970	827,6	424,5	— 403,1	51,3
1971	880,8	390,8	— 490	44,4
1972	989,8	478,1	— 511,7	48,3
1973	1 182,4	487,2	— 695,2	41,2
1974	1 382,5	732,2	— 650,3	53
1975	1 409,3	772	— 637,3	54,8
1976	1 909,1	821,9	— 1 087,2	43,1

(Source : Institut national de la propriété industrielle (I.N.P.I.))

Le solde déficitaire a tendance à s'alourdir.

De plus, l'analyse des échanges de brevets et licences par secteurs met en relief la dépendance de certaines branches industrielles à l'égard de l'étranger et les évolutions défavorables observées pour des activités promises à un développement important. Ainsi, par exemple, pour l'ensemble des industries de la mécanique, le taux de couverture des brevets et licences est passé de 72,3 % en 1971 à 25,1 % en 1976 et, pour la grosse mécanique, de 52,5 % à 18 %. Pour l'électronique, le taux de couverture reste voisin de 25 % ; pour l'informatique, il n'atteint pas 1 %. Une détérioration est enregistrée pour l'agriculture et les industries alimentaires : 26,7 % en 1972; 20,7 % en 1976.

La répartition des échanges de brevets et licences par pays fait apparaître le poids technologique des Etats-Unis qui est notre principal fournisseur, avec un solde négatif dix fois supérieur à celui enregistré avec la Suisse, notre second fournisseur. Il faut noter que nos échanges avec le Japon et la République fédérale allemande sont positifs.

Balance des brevets et licences
(Répartition par pays)

	1975			1976		
	Dépenses	*Recettes*	*Soldes*	*Dépenses*	*Recettes*	*Soldes*
	(En milliers de francs)					
États-Unis	1 007 451	114 325	— 893 126	1 291 758	104 284	— 1 187 479
Suisse	170 663	58 222	— 112 441	241 119	53 832	— 187 287
République fédérale d'Allemagne	73 238	73 666	+ 428	93 005	95 011	+ 2 006
Grande - Bretagne	84 735	60 067	— 24 668	113 513	78 612	— 34 901
Japon	5 692	77 158	+ 71 466	6 195	96 434	+ 90 239
Total	1 490 329	771 955	— 637 374	1 909 125	821 903	— 1 087 222

Cependant, le solde négatif de la balance de brevets et licences n'est pas automatiquement le signe d'une économie vulnérable; en effet, la R.F.A. enregistre, elle aussi, un déficit important et un taux de couverture inférieur au taux français, imputable principalement aux redevances servies à des entreprises américaines en contrepartie des investissements directs que celles-ci effectuent dans ce pays — mais simultanément l'économie allemande a une balance commerciale largement excédentaire.

L'acquisition de brevets et licences à l'étranger est indispensable à l'économie française — ne pas utiliser les technologies avancées serait se condamner à terme à une régression —, mais c'est une charge supplémentaire qui se cumule avec le déficit des échanges commerciaux.

Les effets négatifs des échanges de brevets et licences sur la balance des paiements sont tempérés par le solde bénéficiaire résultant des opérations d'échanges, d'ingénierie et d'assistance technique.

Certains secteurs, en particulier les travaux publics et le bâtiment, ont considérablement développé leurs activités à l'étranger : 20 % du chiffre d'affaires de la profession en 1972; 34 % en 1976; pour quelques entreprises, ce taux atteint jusqu'à 70 %. L'hôtellerie française s'est également orientée vers l'exportation par l'intermédiaire de chaînes hôtelières créant des établissements hôteliers à l'étranger, ou par la vente d'hôtels clés en mains. Mais, malgré les ventes d'usines aux pays de l'Est ou aux pays en voie de développement, la France est loin d'avoir pleinement valorisé son potentiel scientifique et technologique sur les marchés extérieurs. Le développement de la recherche et des applications industrielles de celle-ci, l'offre de services d'ingéniérie compétitifs sont encore insuffisants.

Le tourisme, activité pourvoyeuse de devises depuis quelques années, ne pourra probablement pas garantir un apport positif très durable à la balance des paiements. En effet, malgré un redressement constaté en 1975 et un ralentissement du mouvement des Français vers l'étranger, on constate un amenuisement du solde excédentaire, principalement à l'égard de l'étranger.

Balance des paiements touristiques avec l'étranger

Exercices	*Recettes*	*Dépenses*	*Solde avec l'extérieur*
		(En millions de francs)	
1974	12 008	11 178	+ 830
1975	18 884	12 863	+ 1 001
1976	10 109	16 079	+ 30

La balance des paiements touristiques avec l'étranger, c'est-à-dire hors zone franc, est plus proche de la réalité que la balance avec l'extérieur, de nombreux paiements relevant du tourisme à l'intérieur de la zone franc ne correspondent pas à des opérations de tourisme au sens communément entendu. Or, les Français sont de plus en plus sollicités par la publicité des offices de tourisme étrangers et les propositions des agences de voyages. Ceux qui voyagent hors du territoire national ont tendance à aller de plus en plus loin et à accroître leurs dépenses de vacances, alors que les nombreux étrangers qui visitent notre pays dépensent peu et recherchent volontiers les hébergements bon marché. Les crédits consacrés à la promotion du tourisme français à l'étranger demeurent très insuffisants. Malgré quelques efforts d'information, aux Etats-Unis notamment, le potentiel touristique national reste encore sous-utilisé. La France n'a pas encore entrepris de commercialiser des produits touristiques dans les pays à haut niveau de vie. A titre d'exemple, on peut indiquer que la délégation du tourisme français aux Etats-Unis dispose d'une dotation représentant la moitié des crédits de propagande touristique du Portugal dans ce pays. D'autre part, les agences françaises sont peu orientées vers le tourisme réceptif qui ne constitue que

15 % à 18 % du chiffre d'affaires de la profession, selon les estimations du Secrétariat d'Etat au Tourisme.

Le résultat obtenu pour le poste « intérêts et dividendes » (+ 1 milliard de francs) est imputable principalement au développement de l'activité des banques françaises à l'étranger et aux placements; le montant des crédits commerciaux accordés pour les grands contrats d'équipement équivaut approximativement au montant des emprunts à l'étranger, ces opérations n'affectent donc pas le solde du poste considéré. Malgré le dynamisme déployé par les établissements bancaires français depuis quelques années, ceux-ci n'ont pas atteint le niveau de développement international des banques américaines ou anglaises.

Parmi les problèmes intéressant les services, la situation des brevets et licences demeure particulièrement préoccupante, les bonnes performances des échanges d'ingénierie ne parvenant pas à enrayer la baisse du taux de couverture globale des échanges techniques. Ce déficit structurel constitue un handicap important pour la réalisation de l'équilibre extérieur de la France.

B. L'INSUFFISANCE DES STRUCTURES DE COMMERCIALISATION

Les sociétés de commerce international (S.C.I.)

Le vocable S.C.I. recouvre des réalités très diverses. En gros, ce sont des sociétés privées dont l'objet principal est de décharger, en tout ou partie, les industriels des formalités et opérations qu'implique l'acte d'exportation et, éventuellement, de la commercialisation du produit à l'étranger. Les S.C.I. peuvent en outre assurer la prospection de nouvelles zones d'exportation, ou de nouveaux clients à l'étranger.

Dans la plupart des pays concurrents de la France, ces sociétés jouent un rôle capital : au Japon, en particulier, mais aussi en Allemagne, en Grande-Bretagne, aux Etats-Unis, dans les pays scandinaves, aux Pays-Bas, en Suisse... En France, elles jouent encore un rôle assez faible. En 1975, 25 % des exportations et environ 40 % des importations ont été réalisées par les S.C.I.; cela sur le plan quantitatif. Au plan qualitatif, cette faiblesse est encore plus grande, la plupart des S.C.I. étant des entreprises familiales, de petite taille, de structure financière légère en raison surtout des habitudes bancaires : les banques françaises gagent moins volontiers leurs prêts que les banques britanniques, par exemple, sur les actifs incorporels (réseaux de clientèle, etc.) qui constituent la richesse essentielle des S.C.I.

Plus généralement, les S.C.I. sont, en France, mal connues des producteurs, qui manifestent à leur égard une certaine réticence, et elles-mêmes répugnent à s'organiser entre elles. Ces constatations, auxquelles s'ajoutent les aléas du commerce extérieur (change, risques de protectionnisme, accroissement des coûts de transport...), expliquent les difficultés et l'avenir incertain des sociétés de commerce international en France.

La maîtrise du transport et de l'assurance

Les industriels français n'attachent généralement pas une importance suffisante à la maîtrise du transport et de l'assurance dans leurs opérations commerciales avec l'étranger. Trop souvent, ils vendent F.O.B. [1] et achètent C.A.F. [2].

Cette situation n'est pas bonne si on la compare à celle de nos principaux partenaires commerciaux. Cela d'autant plus que le déséquilibre s'accentue gravement au détriment de la France pour ce qui est des relations avec nos partenaires de la C.E.E. (44,4 % des importations en provenance de la C.E.E. sont réalisées F.O.B.) ou avec les pays de l'Est (21,9 % des exportations vers l'U.R.S.S. sont réalisées C.A.F.). La situation se détériore également dans le domaine des relations avec les pays en voie de développement, qui cherchent de plus en plus souvent à imposer à leurs partenaires commerciaux le recours à leurs prestataires de services nationaux.

La renonciation trop fréquente des industriels français à la maîtrise du transport et de l'assurance s'explique surtout par des éléments tels que la crainte de mécontenter le client étranger; une mauvaise information sur l'importance du rôle des services dans les opérations commerciales extérieures; l'efficacité longtemps insuffisante de la plupart des prestataires de service français (assureurs et transporteurs, S.C.I.) par rapport à la concurrence étrangère; la crainte d'avoir à faire face à des complications administratives et douanières; la réticence devant des aléas financiers réels (les prix de transport sont rarement fermes).

Quoi qu'il en soit, les conséquences de cette situation sont graves pour l'équilibre global de la balance des paiements dans lequel les invisibles jouent un rôle croissant. Il apparaît dès lors décisif de chercher à éponger le déficit persistant des postes assurance et transport. Cet impératif prend toute sa valeur lorsque l'on prend conscience que l'incorporation des services annexes dans une affaire d'exportation permet une augmentation de la valeur ajoutée des ventes qui est de l'ordre de 6 à 10 %. La vente C.A.F. présente en outre d'autres avantages non négligeables. Une vente C.A.F. permet d'offrir une prestation intégrale à l'acheteur étranger accompagnée d'un prix global permettant à l'acheteur de connaître immédiatement le coût qu'il devra envisager; une vente C.A.F. permet de maîtriser les problèmes d'assurance dans la mesure où l'industriel conserve le libre choix d'un assureur qu'il connaît pour avoir déjà traité avec lui et qui interviendra plus rapidement dans le règlement des sinistres; une vente C.A.F., lorsqu'il s'agit d'opération industrielle à l'étranger, peut favoriser la couverture en France des risques de chantier.

De fait, le Gouvernement a entrepris une série d'actions ponctuelles destinées à promouvoir la vente C.A.F. et l'achat F.O.B. Il convient de noter d'emblée que pour être efficaces, ces actions devront être complétées : 1° par

---

1. *Free on Board :* assurance et fret non compris.
2. Coût Assurance Fret : les prestations d'assurance et de fret sont prises en charge par l'exportateur étranger.

une augmentation de l'efficacité des prestataires de services (assurance, transporteurs, S.C.I.) dont l'implantation à l'étranger est souvent insuffisante et de surcroît mal répartie; 2° par l'obtention de prix de transport fermes, afin de faire disparaître le risque d'augmentations imprévues; 3° par une simplification substantielle des procédures administratives et douanières, dont la complexité impose trop souvent le recours à des spécialistes.

Les assureurs français ne couvrent actuellement qu'environ 25 % des contrats d'achat ou de vente à l'étranger conclus par les opérateurs nationaux et la balance des services d'assurances se solde par un déficit qui s'est accru de façon continue, passant de 500 millions en 1970 à 1,3 milliard en 1976.

Les causes de cette situation? D'une manière générale, les importateurs et les exportateurs français ne sont guère soucieux d'inclure les services tels que le transport et l'assurance dans les contrats commerciaux qu'ils concluent avec l'étranger, 65 % des exportations françaises sont en effet réalisées, transports et assurances non compris (F.O.B.), contre 25 % seulement dans un pays comme la République fédérale allemande. Cette situation résulte largement d'une tradition selon laquelle les départements commerciaux des entreprises exportatrices, ou sont peu informés sur les questions d'assurances, ou s'en remettent pour ces questions à des S.C.I. qui font généralement elles-mêmes passer l'assurance au second plan de l'ensemble des services qu'elles rendent à l'exportateur, l'objectif prioritaire des exportateurs français étant d'arracher le contrat à l'étranger, le reste passant au second plan. Nos exportateurs n'ont, au demeurant, généralement pas une position commerciale telle qu'ils puissent se permettre de négocier des avantages particuliers dans le domaine de l'assurance des biens exportés. Cela d'autant plus que l'organisation professionnelle des assurances n'est pas, en France, conçue de façon telle que l'assureur puisse avoir une maîtrise complète de la chaîne du transport. Or il faut bien dire qu'en l'absence des avantages qu'une telle maîtrise peut conférer, l'exportateur n'a guère d'intérêt particulier à s'adresser à un assureur national.

D'autre part, les assurances françaises souffrent de certaines insuffisances par rapport aux sociétés étrangères. Certains risques traditionnels sont généralement insuffisamment couverts (multirisques, chantiers par exemple). La couverture d'opérations aussi traditionnelles et simples que l'acte d'exportation, qui comporte plusieurs risques (transport, responsabilité civile, assurance des chantiers éventuels à l'étranger, etc.), exige trop souvent la souscription de plusieurs polices dépendant parfois de plusieurs assureurs. La couverture du risque technologique — qui est désormais essentielle — est loin de présenter les mêmes garanties que celles offertes par les sociétés étrangères. Les assureurs français ne peuvent pas accorder les cautions de bonne fin de travaux (*Performance Bound*) qui sont généralement demandées aux entreprises qui participent à des adjudications pour l'exécution de travaux à l'étranger. Ce type de garantie est en effet analysé en France comme relevant du domaine de la caution et, partant, du domaine bancaire et non de celui de l'assurance. Enfin, certains risques ne sont, le plus souvent, purement et simplement pas couverts par les assurances françaises (incendies industriels; corps des navires; dommages causés ou subis par les plates-formes pétrolières, etc.).

Le Gouvernement a tardivement réagi devant la pratique, devenue fréquente, selon laquelle un nombre croissant d'Etats (Argentine, Algérie, U.R.S.S., etc.) exigent des exportateurs étrangers opérant sur leur marché national une obligation d'assurance ou de réassurance sur leur marché national.

Les assureurs et les courtiers français sont insuffisamment implantés à l'étranger. En outre, leur implantation est trop concentrée sur certains secteurs géographiques (Europe des Neuf, Afrique) alors qu'elle est quasi inexistante dans d'autres zones économiquement importantes (pays scandinaves, par exemple).

Des dispositions récentes tendent à permettre d'assurer aux sociétés d'assurance française une plus grande part dans les activités de commerce extérieur du pays. Elles portent sur cinq points : l'amélioration et l'extension de la couverture des risques; l'intégration du problème de l'assurance dans les négociations commerciales; l'incitation au recours à une assurance française à l'occasion de la délivrance de la garantie C.O.F.A.C.E.; encouragement à l'implantation des compagnies d'assurances françaises à l'étranger (garantie d'Etat, possibilité de déduire des résultats imposables certaines dépenses engagées à l'occasion de l'implantation extérieure); enfin, l'amélioration de la liaison entre assurances et exportateurs par l'intermédiaire des services administratifs compétents.

L'ensemble de ces mesures ponctuelles répond à l'objectif global de faire passer de 25 % en 1975 à 50 % en 1980 la couverture par le marché français des risques liés au commerce extérieur, le chiffre d'affaires de l'assurance française à l'étranger devant, dans le même temps, passer de 10 % à 20 %.

Moins du quart des marchandises exportées par mer (43 % en valeur) voyagent sous pavillon français. La proportion des contrats qui incluent l'assurance et le transport (contrats C.A.F.) est inférieure à la moitié. Or les contrats C.A.F. constituent le meilleur moyen pour favoriser les transporteurs français. De fait, les transports constituent — avec les assurances — la seconde charge négative importante de la balance des services. Ce sont les transports maritimes qui sont responsables de cette situation, le solde de la balance des transports aériens étant positif.

Il convient donc d'améliorer très sensiblement la contribution du pavillon français au transport des marchandises importées et exportées. Un plan de croissance sur cinq ans de l'armement naval français a été approuvé à cet effet. Ce plan, qui dégage des moyens financiers non négligeables (primes d'équipement pour 1 milliard de F de 1975 à 1980; bonifications d'intérêt des emprunts contractés pour le financement de nouveaux navires) a pour ambition d'assurer, dès 1980, 50 % du transport des marchandises sèches sous pavillon national.

Cependant, le renforcement quantitatif et qualitatif de la flotte française risque d'être sans effet décisif si un effort important n'est pas accompli dans le sens de l'obtention de prix de transport fermes. Il est en effet difficile de demander aux exportateurs de réaliser leurs opérations C.A.F. s'ils sont dans l'impossibilité d'obtenir des cotisations de transport valables pour une période excédant 60 ou 90 jours. Le risque d'augmentation imprévue devient alors trop lourd pour être raisonnablement couru.

C. L'implantation des entreprises françaises à l'étranger

L'exportation ne peut plus réussir, dans un nombre croissant de cas, sous la seule forme de la vente de produits fabriqués dans le pays d'origine et livrés à la consommation dans les pays destinataires. En fait, l'implantation industrielle sur place apparaît comme le meilleur atout d'une politique d'exportation. L'implantation à l'étranger revêt des formes diverses. L'investissement direct, tout d'abord, suivant trois modèles :

— l'implantation d'une unité de production sous le contrôle étroit du siège social. Ce procédé, qui a été récemment utilisé aux Etats-Unis par Bic, Michelin, Rossignol, n'est valable qu'à certaines conditions : l'entreprise doit déjà disposer d'une certaine renommée; elle doit déjà être implantée sur le marché local; elle doit enfin bénéficier d'une technologie avancée dans le secteur qui est le sien;

— l'association avec une société locale : ce procédé, dit « Joint Venture », a été utilisé par Creusot-Loire aux Etats-Unis qui a acheté 47 % de Phoenix Steel. Malgré des résultats divers (échec relatif des opérations Saint-Gobain-Certain Steel, Creusot-Loire, Alan Wood, Essilor-Milton Roy; succès relatif de la prise de participation de Lafargue dans la société Lorra Star), les joints Venture ont longtemps eu la préférence des industriels français;

— l'acquisition d'une entreprise locale. Ce type d'opération semble de plus en plus avoir la faveur des industriels français, en particulier pour ce qui est du marché nord-américain. De fait, l'acquisition d'entreprises locales peut permettre de conforter une position ou d'acquérir une position sur un marché local à travers une société qui y est établie et qui y possède un nom, des clients, un réseau et accessoirement une technologie adaptée aux exigences particulières du marché local. Une telle politique est actuellement activement menée aux Etats-Unis par un certain nombre de sociétés françaises, dont Thomson-C.S.F., et par la C.G.E. Il reste que la politique de rachat de firmes locales peut se heurter à des réactions de rejet, notamment lorsqu'un nouveau venu laisse percer de trop grandes ambitions ou s'attaque à des secteurs stratégiques.

L'accès par les exportations aux marchés étrangers comporte un élément préalable : la connaissance des modalités juridiques, financières et commerciales de l'exportation vers le pays considéré ainsi que la connaissance du marché local, de la concurrence qui y règne, de ses besoins, de ses capacités d'absorption, des habitudes de consommation locale, etc. Quant à l'implantation elle-même sur le marché étranger, elle peut revêtir différents aspects. Certaines sociétés conservent une préférence pour l'implantation directe, soit qu'elles procèdent à des ventes directes à leurs clients étrangers, soit qu'elles possèdent leur propre organisation de vente sur le marché local. Plus nombreuses sont les sociétés qui recourent à des systèmes de vente indirecte (recours à des sociétés de commerce spécialisées) ou semi-directe (implantation d'un réseau de représentants, accords particuliers avec des firmes productrices ou distributrices locales).

Une mention particulière doit être réservée aux formules de franchise qui permettent de créer des structures permanentes adaptées à chacun des marchés étrangers. Cette formule qui permet d'autofinancer largement le lancement du produit sur le marché local a été à l'origine du succès à l'exportation de Coca-Cola qui est actuellement une des plus grandes sociétés mondiales. A une échelle moindre certaines firmes françaises comme Yoplait ou la Lainière de Roubaix ont largement axé leurs progrès à l'exportation sur le système de la franchise.

D. Compétitivité et structures économiques

La compétitivité des entreprises dépend pour une large part de leur stratégie des prix à l'exportation. Ces prix résultent eux-mêmes du jeu combiné de deux facteurs essentiels : l'évolution des coûts de production, et celle de la parité du franc contre devises. Les résultats des dernières années ne sont guère, à cet égard, satisfaisants : alors que l'inflation interne est restée voisine de la moyenne des pays développés, l'appréciation du franc en 1975 a renchéri les prix des produits français en monnaies étrangères.

D'autres handicaps freinent la compétitivité des entreprises françaises : le comportement des épargnants, qui préfèrent placer leurs disponibilités dans l'or, la terre ou l'immobilier; un dynamisme technologique insuffisant, lié à la structure familiale qui fut longtemps celle de la plupart des entreprises (retardant l'industrialisation); la faiblesse de l'autofinancement, qui réduit la résistance de nombreuses entreprises aux aléas de la conjoncture. De même, la lourdeur des charges de main-d'œuvre et des charges sociales pèse sur les entreprises, comme le montre le tableau suivant :

Charges sociales obligatoires sur les salaires
(Tableau récapitulatif : taux en vigueur depuis le 1er janvier 1978)

Charges	*Taux*		*Plafond*	
	Employeur	*Salarié*	*Annuel*	*Mensuel*
	(%)		(en F)	
Sécurité sociale..........	2,50	1,50	Totalité du salaire	
Assurance maladie, maternité, invalidité, décès	10,95	[1] 3 »	48 000	4 000
Assurance vieillesse :				
a) Salariés de moins de 65 ans	7,70	3,45	48 000	4 000
b) Salariés de 65 ans et plus	7,70	»	48 000	4 000
Allocations familiales .	9 »	»	48 000	4 000
Accidents du travail ...	Pourcentage variable	»	48 000	4 000
Retraite complémentaire :				
Non-cadres (minimum) :	2,64	1,76	144 000	12 000
Cadres (minimum) :				
Tranche A	2,64	1,76	48 000	4 000
Tranche B	6 »	2 »	de 48 000 à 192 000	de 4 000 à 16 000
Assurance chômage :				
A.S.S.E.D.I.C. (non-cadres et cadres)	1,92	0,48	192 000	16 000
Fonds de garantie des salaires	0,25	»	192 000	16 000
A.P.E.C. (cadres présents au 31 mars) ...	0,036	0,024	[2] de 48 000 à 192 000	
Complété par le versement forfaitaire ..	+ 17,28 F	+ 11,52 F		
Construction logement :				
Participation des employeurs à la construction	1 »	»	[3] Totalité du salaire	
Cotisation relative à l'allocation de logement	0,10	»	48 000	4 000
Taxe d'apprentissage......	0,50	»	[3] Totalité du salaire	
Participation des employeurs à la formation professionnelle continue	1 »	»	[3] Totalité du salaire	
Taxe sur les salaires	4,25	»	Totalité du salaire	
Employeurs non assujettis à la T.V.A.	+ 4,25	»	de 30 000 à 60 000	de 2 500 à 5 000
	+ 9,35	»	+ de 60 000	+ de 5 000
Transports :				
Taxe pour les transports (taux parisien)	1,90	»	48 000	4 000
Prime mensuelle de transport	(23 F)			

(Source : Législation sociale n° 4596-B.)

---

1. Depuis le 1er juillet 1977, suppression de la réduction de 1 point de la cotisation sur le salaire plafonné, payée par les salariés de plus de 65 ans.
2. Contribution payée trimestriellement.
3. Contribution payée une fois par an.

Le coût horaire, en unité européenne, de la main-d'œuvre dans l'ensemble des industries était, en 1975, le suivant, à l'exception de la Grande-Bretagne (source : Office statistique des Communautés européennes — O.S.C.E.) :

R.F.A.	5,20
France	4,40
Italie	3,60
Pays-Bas	5,90
Belgique	5,70
Luxembourg	5,30
Danemark	5,40

Les coûts horaires comparés en 1976 étaient les suivants, d'après l'Institut du Deutschen Wirtschaft (en marks) :

	En général	*Industrie de transformation*
République fédérale d'Allemagne	31,32	34
U.S.A.	32,20	32
France	22,70	21
Italie	21,20	19
Japon	16,58	17
Grande-Bretagne	16,93	15
Suède	35,54	41
Danemark	33,62	36
Belgique	31,82	35
Suisse	30,34	31
Autriche	20,14	22
Irlande	14,68	17

D'après les statistiques fournies par l'Office statistique des Communautés européennes, il apparaît que le taux des charges de sécurité sociale (légales et contractuelles) versées par les industriels français, quelles que soient les branches, est sensiblement supérieur à celui versé par leurs partenaires européens, à l'exception de l'Italie. En raison du plafonnement des cotisations, le phénomène est plus accentué pour les ouvriers. La part des charges était en 1975 de 28 % en Italie, 26 % en France, 22 % en Belgique, 15 % en République fédérale d'Allemagne, 14 % aux Pays-Bas, 8 % en Grande-Bretagne et 4 % au Danemark.

Ces différences correspondent à la structure de financement des dépenses sociales, très variables d'un pays à l'autre.

Même s'il ne constitue pas un élément déterminant, le poids des charges sociales, dans la mesure où il diminue les capacités financières des entreprises, peut freiner le dynamisme de certaines d'entre elles, et par conséquent leurs chances dans la compétition internationale. Au niveau national, une diminution de ces charges peut-elle être créatrice d'emplois? C'est dans cette optique qu'a été envisagé le « pacte national pour l'emploi des jeunes », l'exonération du paiement des charges constituant une incitation à l'embauche.

C'est, en tout cas, tout le problème de la répartition des charges sociales entre l'Etat et les entreprises qui se trouve posé.

V

LES ASPECTS SOCIAUX D'UNE POLITIQUE DU COMMERCE EXTÉRIEUR

A. Les données structurelles de la population active et le problème de l'emploi

La recherche du plein emploi apparaît tout à la fois comme un objectif à atteindre et comme une contrainte qui ne saurait être éludée ni non plus isolée du souci d'assurer un « meilleur » emploi par l'amélioration constante des conditions de travail. Elle est d'autant plus délicate que le redéploiement nécessaire de notre économie impose à terme moyen et long une modification profonde de nos activités et de la nature de nos emplois industriels et commerciaux. Dans cette mutation à prévoir et organiser, les structures de notre population active constituent une donnée fondamentale.

L'évolution du processus productif est étroitement liée à celle de la population active. 40 millions de Français dans la première moitié de ce siècle, 53 millions aujourd'hui. L'augmentation de plus de 30 % a résulté à concurrence des deux tiers de l'excédent des naissances sur les décès (y compris les naissances d'enfants nés en France de familles étrangères) pour près d'un quart de l'immigration et pour le reste des rapatriés. A l'intérieur de la population totale, la proportion d'actifs, supérieure à 50 % jusqu'en 1931, s'est depuis lors réduite, pratiquement sans interruption, pour tomber aux alentours de 40 %. Ce n'est que depuis 1962 qu'elle est entrée dans une période de croissance continue dépassant 41,5 %, relativement stabilisée depuis 1975.

Forte croissance de la population active

C'est le développement de l'immigration des travailleurs, l'élévation du taux d'activité féminine et les retours d'outre-mer qui ont assuré l'accroissement de la population active.

La progression observée depuis 1962 n'a en effet pas résulté de l'évolution démographique de l'après-guerre, l'augmentation qu'on aurait pu en attendre ayant été annulée par le recul de l'âge d'entrée au travail du fait du développement de la scolarisation et par l'abaissement de l'âge effectif de cessation d'activité.

Au total, la population active a crû de près de 15 % dans les vingt dernières années, passant de 19,2 millions en 1962 à 22,1 millions en 1977. L'immigration de travailleurs étrangers a constitué la première source d'accroissement de notre population active dans l'ensemble de l'économie et, si l'on ne considère que les secteurs non agricoles, la seconde après l'exode rural. Leur effectif a plus que doublé en vingt ans, la progression des entrées s'accélérant nettement depuis 1954 mais diminuant depuis les récentes mesures restrictives prises à partir de 1974.

Si l'on fait abstraction des entrées de travailleurs en provenance d'Etats membres de la C.E.E. qui bénéficient de la libre circulation, les flux globaux les plus récents d'immigration se présentent ainsi :

Au total et au 1er janvier 1977, la France comptait 4 205 000 étrangers, les groupes ethniques les plus importants étant les suivants :

Portugais	883 000
Algériens.	804 000
Italiens.	552 000
Espagnols	514 000

Quant à la population active étrangère, avec un effectif d'environ 1,9 million de travailleurs, elle constituait 8 % de la population active totale, mais plus de 12 % si l'on exclut l'agriculture et l'administration.

En 1967, six branches comptaient plus de 10 % de salariés étrangers; elles étaient douze en 1973. Cette proportion recouvre, il est vrai, de larges disparités par entreprises, régions et branches.

Globalement, 48 % des étrangers travaillent dans les industries de transformation, 35 % dans le bâtiment et le génie civil, 16 % dans le commerce, les transports et services.

Les travailleurs étrangers représentent :

31 % de l'ensemble des salariés du secteur « Bâtiment, travaux publics »;

38 % des ouvriers, dont 46 % des ouvriers du bâtiment et 67 % des ouvriers des entreprises de plus de 5 000 salariés;

30 % des salariés du secteur « Hygiène et service domestique »;

26 % des salariés dans la construction automobile (34 % des ouvriers);

18 % des salariés du secteur « Production des métaux »;

16 % des salariés du secteur « Construction de machines »;

16 % des salariés dans le caoutchouc et la transformation des matières plastiques.

En règle générale, ils sont largement concentrés dans les qualifications les moins élevées. Plus de 61 % d'entre eux sont O.S. ou manœuvres, le pourcentage étant de 34 % pour l'ensemble des salariés.

Niveau de formation de la population active

Globalement, la durée de formation de notre population active a fortement progressé depuis le début du siècle, passant en gros de six à neuf ans. Cet allongement a entraîné une forte augmentation du niveau de formation mesuré par le diplôme le plus élevé obtenu.

30 % de la population totale, 40 % de la population active et près de 50 % des jeunes âgés de 15 à 34 ans ont au moins le niveau V, c'est-à-dire au moins le niveau d'un C.A.P. ou B.E.P.C., le pourcentage étant beaucoup plus élevé pour les salariés du secteur tertiaire particulièrement du secteur public. Le niveau culturel incontestablement s'est accru. De 1946 à 1970 les effectifs du second degré se sont multipliés par 4, ceux de l'enseignement supérieur par 6. L'âge moyen de la fin de la scolarité est aujourd'hui entre 17 et 18 ans, et en 1974, sur 796 000 jeunes sortant de l'appareil scolaire, près de 200 000 se situaient au niveau des enseignements supérieurs.

Par le jeu des entrées de jeunes et des sorties de travailleurs âgés, le renouvellement de la population active s'est donc accompagné d'une sensible élévation du niveau de formation et inévitablement d'un accroissement des exigences auxquelles n'ont pas correspondu une évolution de la qualification des emplois ni une amélioration des conditions de travail. Dans ces conditions il est surprenant que parmi les jeunes entrant actuellement dans la vie active, 30 % n'ont aucune qualification professionnelle (niveau VI et V *bis*), 35,7 % n'ont qu'une formation équivalente au C.A.P. ou B.E.P. Le dernier tiers restant, s'il a poursuivi des études plus longues, n'en a pas pour autant dans sa totalité reçu une formation qui le destine à un emploi. Comme le souligne un récent rapport du Conseil économique et social (octobre 1977) sur l'emploi des jeunes, près de la moitié des jeunes sortent du système scolaire sans aucune qualification utilisable sur le marché du travail. D'où l'importance du nombre des moins de vingt-cinq ans parmi les chômeurs : alors qu'ils représentent 20 % de la population active, ils sont 45 % des demandeurs d'emploi.

Il semble bien que le système éducatif soit resté très étranger aux mutations qui ont affecté le monde économique depuis la Seconde Guerre mondiale. A l'absence de formation s'ajoute son inadaptation ou son inutilisation. Un pourcentage notable de travailleurs a reçu une formation qui ne trouve pas à s'employer, d'où, à côté d'un nombre croissant de demandes, un nombre important d'offres insatisfaites. Le phénomène est accru par la crise actuelle qui oblige certains diplômés et certains travailleurs qualifiés licenciés à exercer des emplois sans qualification ou sans aucun rapport avec le contenu de la formation reçue.

Quoi qu'il en soit, la progression vers une plus grande qualification, tout au moins de la main-d'œuvre masculine nationale, est réelle, mais il faut souligner que certaines activités sont plus que d'autres utilisatrices de hautes qualifications, ainsi le pétrole, la construction de matériel de transport. Elles emploient globalement peu d'ouvriers et peu de main-d'œuvre.

Évolution de la répartition de la population active

L'évolution récente du volume et de la composition par sexe, âge, nationalité et niveau de formation de la population active a accompagné la transformation des emplois offerts par l'économie, transformation qui concerne autant la part respective des différentes catégories socioprofessionnelles, que leur répartition dans les secteurs et branches économiques et le statut des travailleurs.

a. Evolution de la répartition par catégories socioprofessionnelles :

Depuis 1954 se sont poursuivies des transformations profondes, dans le prolongement d'ailleurs de tendances passées mais avec une accélération; ce sont :

— la diminution du nombre des agriculteurs (— 3 millions en vingt ans), ainsi que des patrons et commerçants et aides familiaux;

— l'extension du salariat, par l'accroissement notable de la proportion de cadres moyens et d'employés, le pourcentage d'ouvriers s'élevant faiblement.

De 1954 à 1977, les agriculteurs et salariés agricoles sont ainsi passés de 26,7 % de la population active totale à 8,6 %;

— les patrons de l'industrie et du commerce de 12 % à 7,5 %;

— les professions libérales et cadres supérieurs de 2,9 % à 7 %;

— les cadres moyens de 5,8 % à 12 %;

— les employés de 10,8 % à 17,9 %;

— les ouvriers de 33,8 % à 37,6 %;

— les personnels de service de 5,3 % à 6 %;

— divers de 2,7 % à 3,2 %.

Si l'on s'en tient aux salariés des établissements industriels et commerciaux, les enquêtes successives du ministère du Travail témoignent également d'une évolution structurelle profonde.

De 1952 à 1975, la répartition par catégorie, de 1 000 salariés, évolue comme suit :

	1952	1975
Cadres	37	84
Maîtrise, techniciens	57	109
Employés	181	273
Ouvriers	725	534

La proportion d'ouvriers décroît fortement tandis que les autres catégories augmentent sans cesse. Elle est évidemment plus forte dans certaines branches comme l'hygiène (86,8 %) et le bâtiment (83,3 %). Elle est plus faible dans les services (16,6 %), le commerce (30 %), le pétrole (30 %).

La proportion des cadres et agents de maîtrise, techniciens, dessinateurs est en revanche élevée dans l'industrie chimique (11,4 % et 18 %) et faible dans les industries de main-d'œuvre traditionnelle comme le textile (4,3 % et 8,4 %).

Si l'on distingue à l'intérieur de ces catégories par niveau de qualification, on perçoit aussi des disparités par secteur professionnel et une évolution globale.

En 1975, selon les statistiques de l'I.N.S.E.E., les effectifs étaient les suivants par secteur :

	Millions	*Pourcentage*	
Agriculture	2,25	10,6	48,46
Industrie des biens d'équipement	1,52	7,16	
Industrie des biens intermédiaires	2,24	10,5	
Industrie des biens de consommation	2,43	11,4	
Bâtiment et travaux publics	1,86	8,8	
Transports, service, commerce	6,95	32,7	51,1
Hors secteur	3,91	18,4	

De 1960 à 1974, c'est dans le bâtiment et les travaux publics (+ 400 000), dans l'industrie (+ 700 000) et dans le tertiaire (+ 3,1 millions) qu'ont été créés le plus d'emplois, l'agriculture perdant, par ailleurs, plus de 1 700 000 travailleurs.

Ces créations n'ont pas permis de répondre aux besoins exprimés. Dès 1974, le nombre de chômeurs atteignait 500 000.

De 1974 au 1er janvier 1978, l'industrie a réduit ses effectifs de 320 000, le bâtiment de 170 000, les services, seuls, connaissant un accroissement de 440 000. D'où une inévitable augmentation du chômage qui touche actuellement au moins 1 million de travailleurs, dont 45 % de moins de vingt-cinq ans et près de 55 % de femmes.

Un chômage structurel

Bien que le chômage paraisse actuellement stationnaire, voire en diminution en France selon que l'on consulte les statistiques du ministère du Travail, celles de l'I.N.S.E.E. ou encore celles des A.S.S.E.D.I.C., son ampleur reste considérable.

D'une façon générale, si l'emploi dans le tertiaire continue de progresser — à un rythme d'environ 1 % par an — la réduction des effectifs reste rapide dans l'industrie (0,7 % par trimestre). Elle est particulièrement prononcée dans les secteurs des biens intermédiaires (surtout sidérurgie et papier-carton) et des biens de consommation (textiles, habillement, cuir).

Seules les industries agricoles et alimentaires et l'automobile accroissent faiblement leurs effectifs.

L'ajustement rapide de l'emploi industriel au niveau de l'activité économique constitue un fait nouveau en France qui se traduit par un nombre important de licenciements pour motifs économiques : 23 500 par mois en 1977, ainsi que par un accroissement du chômage partiel. Le problème n'est pas propre à la France. C'est l'ensemble du pays industrialisé qui est concerné.

Taux de chômage [1] dans un choix de pays industrialisés

Pays	*Moyenne* 1962-1973	1973	1974	1975	1976	1977
Allemagne (République fédérale)	1,3	1,3	2,7	4,8	4,7	4,6
Australie...........	1,6	1,5	2,3	4,4	4,4	4,6
Canada	5,3	5,6	5,4	7,1	7,2	7,8
États-Unis	4,9	4,9	5,6	8,5	7,7	7,4
France.............	1,8	2,1	2,3	4,0	4,2	4,3
Italie	3,6	3,5	2,9	3,3	6,7	»
Japon	1,3	1,6	1,4	1,9	2,0	1,9
Pays-Bas	1,4	2,3	3,3	4,7	5,1	4,7
Royaume-Uni	2,4	2,6	2,5	3,9	5,4	5,5
Suède	2,1	2,5	2,0	1,6	1,6	1,7

L'évolution prévisible de notre population active

D'après des travaux effectués par le Commissariat général du Plan [2], il semble d'après l'hypothèse retenue comme la plus vraisemblable, à savoir celle d'une croissance ralentie par rapport au passé mais supérieure à la croissance mondiale, qu'il faille considérer que la population active disponible augmenterait actuellement d'environ 180 000 personnes jusqu'en 1983, en supposant un solde migratoire d'actifs nul.

Certaines prévisions sont plus « généreuses », allant jusqu'à prévoir une augmentation de 300 000 personnes par an, si est maintenue l'entrée des immigrés, ou de 220 000 si l'on ne tient compte que de l'arrivée des jeunes sur le marché du travail. Cette évolution est en effet la conséquence de la forte natalité enregistrée vers les années 1960, phénomène qui ne devait être que temporaire puisque la baisse de la natalité survenue vers

1. En pourcentage de la population active.
2. Liaisons sociales (Doc. 13/78 du 15 février 1978).

1970 devrait entraîner une limitation de l'accroissement de notre population active à partir de 1985.

Cet accroissement ne modifierait pas les tendances actuelles puisque la diminution de la population active agricole se poursuivrait au rythme tendanciel de 4 % par an, les effectifs des entrepreneurs industriels diminuant également lentement, ceux des administrations croissant d'environ 2 % par an.

Soulignons que dans cette hypothèse et dans le contexte international, le chômage continuerait de s'aggraver. Pour la période 1976-1983, les créations nettes d'emplois atteindraient 290 000 selon les hypothèses les plus plausibles et 550 000 dans la projection « croissance forte », l'essentiel de ces créations aurait lieu dans le secteur des biens intermédiaires mais surtout des services. Il en résulterait, compte tenu de l'évolution de la population active, une augmentation de la population disponible à la recherche d'un emploi égale à 590 000 dans la projection « croissance modérée » et à 460 000 dans la projection « croissance plus forte ».

Aucun des taux de croissance retenus dans ces hypothèses ne permet en effet de faire face à l'augmentation prévisible de population active. D'après le C.N.P.F., c'est un taux de 5,8 % de croissance annuelle du P.N.B., voire de plus de 6 %, qui serait nécessaire si l'on voulait en outre réduire sensiblement le niveau du chômage. Mais la plupart des observateurs s'accordent pour reconnaître comme impossible voire peu souhaitable un taux aussi élevé. C'est dire que les perspectives ne sont guère favorables, encore ne s'agit-il que de perspectives quantitatives. Il faut en effet tenir compte d'une évolution qualitative nécessaire des emplois, ne serait-ce que dans l'optique du remplacement par les travailleurs nationaux des travailleurs immigrés, et également de l'arrivée des jeunes et des femmes sur le marché du travail.

Il est aujourd'hui reconnu que le plein emploi ne suffit plus et qu'une politique de l'emploi doit tenir compte de l'évolution sociale et des facteurs culturels.

Dès la préparation du VIe Plan, une conception plus ambitieuse se faisait jour, mais qui n'a été inscrite que partiellement dans le Plan, à savoir la mise en place de nouvelles conditions visant à répondre « aux problèmes d'avenir », la prévention des inadaptations, la prise en compte des aspirations des individus dans l'organisation des postes et des conditions de travail, l'entretien de l'aptitude au changement.

Mais le VIe Plan n'a pas retenu parmi ses objectifs les « politiques d'accompagnement » définis par la Commission de l'emploi et qui reconnaissaient la nécessité d'une évolution du système social, des attitudes collectives, des politiques menées au sein des entreprises ainsi que l'infléchissement de certaines politiques poursuivies par les pouvoirs publics en matière d'aménagement du territoire, d'éducation, de formation professionnelle, de logement...

La Commission « emploi et travail » du VIIe Plan poursuivait la même analyse et remettait en question le mode même de notre croissance. En conséquence, le VIIe Plan se proposait, outre l'objectif du retour au plein emploi, « des actions visant à améliorer les conditions d'emploi et de travail, à revaloriser le travail manuel, à assurer une plus grande unité du marché du travail, à élever les qualifications et à adopter les systèmes de formation « afin de contribuer » au dynamisme de notre appareil productif qui exploitera au maximum les atouts que nous donne une population active, jeune, désireuse de travailler ».

En conséquence étaient proposées la création d'emplois, particulièrement dans l'industrie, la transformation des conditions de travail afin qu'elles répondent aux aspirations des Français en diminuant notamment la durée du travail et en aménageant les conditions de départ à la retraite, l'amélioration des conditions d'accès aux emplois, enfin une meilleure adaptation de la formation.

B. Les français à l'étranger

L'évolution de la nature des biens et services que nous exportons et notamment la part croissante prise, pour répondre à l'accroissement de la demande d'industrialisation de nombreux pays, par les équipements et les matériels de production de toute nature, ainsi que par les transferts de technologie, pose avec acuité désormais des problèmes humains. Il faut de plus en plus précéder, accompagner et suivre l'arrivée des marchandises vendues.

Il ne suffit plus de poursuivre et même d'accélérer le rythme de nos exportations, il faut aussi des services pour les accompagner, des hommes, pour d'un côté, les vendre et les installer, de l'autre, les recevoir, les faire fonctionner, voire former dans le pays d'exportation les travailleurs qui les utiliseront.

L'amélioration de nos échanges — particulièrement en présence d'une très vive concurrence — doit donc largement s'appuyer sur la formation des personnes destinées par leurs différentes fonctions à participer au développement des exportations notamment d'ensembles industriels en acceptant au besoin de s'expatrier temporairement. Elle est aussi liée à l'importance et à l'efficacité de la présence française à l'étranger.

La prise de conscience des aspects humains des échanges extérieurs est relativement récente mais elle a déjà suscité de nombreuses réflexions et initiatives.

En avril 1974, le Conseil économique et social, à l'appui d'un avis sur l'extension et la diversification de notre politique d'exportation, soulignait la nécessité d'une meilleure formation de techniciens du commerce extérieur et celle d'un statut du Français en poste à l'étranger.

Le Conseil national du patronat français par ailleurs, lors de ses assises d'octobre 1974, de même que les Chambres de commerce et d'industrie, le Centre français du commerce extérieur, les diverses administrations compétentes et le Gouvernement lui-même ont multiplié études, enquêtes et groupes de travail qui, d'une façon générale, s'accordent sur l'intérêt de développer l'envoi des Français, de mieux y asseoir leur présence, de les former aux problèmes que pose le développement des exportations.

Cette sensibilisation s'est récemment traduite dans l'inscription d'un programme d'action prioritaire n° 9 dans le VIIe Plan, consacré à l'« accompagnement de l'exportation ».

Notons également l'adoption à la fin de l'année 1976 de textes de loi améliorant le statut des Français à l'étranger et enfin le remarquable rapport présenté par M. J.-P. Neu au Conseil économique et social en mars 1977 sur les « aspects humains de la politique de développement de nos exportations » qui analyse l'ensemble des problèmes posés et les réponses qui leur sont apportées. Ajoutons de même un effort pour sensibiliser les enseignants, améliorer la formation des formateurs, multiplier les contacts entre praticiens et enseignants, voire instaurer, comme le propose le Conseil économique, « une concertation continue dans chaque région entre les entreprises, les praticiens et les divers établissements d'enseignement, pour permettre d'apprécier à partir des besoins exprimés par les entreprises, les chances de débouchés des formations envisagées ».

L'enseignement tel qu'il existe, pourrait aussi être mieux connu. En ce sens peut être imaginé le rassemblement de l'information sur les établissements de toute nature qui le disperse. Cette information, dont la diffusion devrait être confiée à l'O.N.I.S.E.P. ou au Centre I.N.F.F.O. (Centre pour le développement de l'information sur la formation permanente), concernerait à la fois les demandeurs de formation, les entreprises et les établissements d'enseignement eux-mêmes.

Dans la même optique, le Conseil économique et social suggère la création d'un Conseil permanent de la formation à l'exportation où se retrouveraient les principaux partenaires publics et privés du commerce international et de l'enseignement qui y prépare. Mais, si la formation de spécialistes est une condition nécessaire à notre politique d'ouverture sur le monde extérieur, elle n'est pas suffisante; il ne s'agit pas seulement de former, il faut aussi et peut-être plus encore aujourd'hui préparer certains au départ.

L'encouragement aux expatriations temporaires

Le développement de nos exportations implique en effet la nécessité de développer parallèlement l'envoi de Français à l'étranger pour des séjours plus ou moins durables.

La vente à l'étranger de biens d'équipement ou d'usines requiert le concours d'un personnel (négociateurs, monteurs) qui, s'il vit le plus souvent en France, peut être amené à effectuer des déplacements temporaires.

Mais s'il s'agit de vendre à l'étranger une assistance technique, d'y exploiter un établissement industriel et commercial, ou encore d'y représenter en permanence une ou des entreprises, le personnel d'assistance, de direction, d'encadrement ou de représentation devra alors vivre au loin plusieurs années.

Dans tous les cas, l'expatriation temporaire est la condition même de l'exportation des biens, ou du transfert de notre technologie. D'où l'idée aujourd'hui bien acceptée autant par les pouvoirs publics que par les partenaires économiques, d'intégrer dans la politique des échanges la nécessité d'asseoir la présence des Français à l'étranger, de les former aux problèmes qu'ils rencontreront, de desserrer les freins qui peuvent gêner la mobilité internationale.

Les obstacles à l'expatriation des hommes

Estimant de plus en plus nécessaire pour le développement de notre économie, de prévoir et de faciliter le séjour de longue durée de techniciens français de toutes qualifications et de tous échelons, la Chambre de commerce et d'industrie de Paris a, dans un rapport adopté en mai 1975, récapitulé les obstacles qui lui paraissaient de nature à freiner l'expatriation des hommes.

Certains ont d'ores et déjà été supprimés, d'autres demeurent.

On peut les classer de la manière suivante :

a. *Obstacles psychologiques :*

— la peur de se dévaloriser par une séparation plus ou moins longue de la communauté nationale;

— l'impression d'isolement naissant de l'insuffisance de structures d'accueil dans le pays étranger et de la difficulté de maintenir des liens avec la mère patrie;

— le sentiment que la formation reçue notamment en matière de langue et de géopolitique ne constitue pas toujours une préparation adéquate aux nouvelles conditions de vie;

— l'ignorance fréquente de la durée du séjour et des conditions dans lesquelles s'effectuera au retour la réinsertion dans l'entreprise et plus généralement dans la communauté nationale;

— la difficulté pour la famille de l'expatrié de poursuivre dans le pays de séjour ses activités professionnelles (pour la femme) ou scolaires (pour les enfants).

b. *Obstacles d'ordre social et fiscal :*

— l'absence d'une législation permettant de garantir à l'expatrié le bénéfice de la législation nationale en matière de sécurité sociale et d'accidents du travail;

— la difficulté, voire l'impossibilité, d'effectuer en provenance de certains pays étrangers les transferts financiers correspondant aux cotisations de retraite complémentaire, aux primes d'assurance vie ou individuelle, aux échéances d'emprunts immobiliers ou aux frais d'entretien des membres de la famille restés en France;

— l'absence fréquente de conventions éliminant les doubles impositions entre la France et le pays d'expatriation;

— la lourdeur de l'imposition de la résidence conservée en France par l'expatrié;

— les restrictions imposées en France aux non-résidents pour obtenir des crédits destinés à la construction ou l'acquisition d'un logement en France;

— l'application à l'expatrié d'une législation du travail souvent moins avancée que celle qui existe en France lorsque le contrat de travail est établi à l'étranger.

c. *Obstacles juridiques :*

— perte de la protection de l'Etat français pour le Français possédant une double nationalité lorsqu'il réside dans le pays étranger dont il a la nationalité;

— difficulté éprouvée par les jeunes Français qui, du fait de leur naissance à l'étranger, bénéficient d'une double nationalité de régulariser leur situation au regard des obligations militaires des deux pays;

— nécessité de recourir à une procédure spéciale pour faire reconnaître en France les jugements rendus à l'étranger sur la condition des personnes : divorce, etc.;

— impossibilité pour l'expatrié d'ester en justice en France en tant que demandeur sans y faire élection de domicile;

— fréquente impossibilité pour l'expatrié (ou plus souvent ses enfants) de faire reconnaître en France la validité d'un diplôme obtenu à l'étranger;

— restrictions apportées dans certains pays étrangers à la délivrance de permis de travail aux Français.

d. *Obstacles matériels :*

— difficulté d'assurer la poursuite de l'éducation scolaire ou universitaire des enfants et coût de la scolarisation lorsque celle-ci est possible;

— difficulté de trouver pour la famille de l'expatrié un travail correspondant à celui qu'elle effectuait en France;

— insuffisance des garanties le plus souvent offertes à l'expatrié au sujet de sa carrière lors de son retour en France;

— difficulté pour l'expatrié et surtout pour sa femme et ses enfants de s'initier rapidement à la pratique de la langue du pays en raison d'une insuffisante préparation avant leur départ;

— difficultés générales pour l'expatrié de régler depuis l'étranger les multiples problèmes qui se posent à lui en France pendant son absence.

Les actions menées

Pour compenser certaines de ces difficultés, la plupart des entreprises sont conduites à augmenter très notablement la rémunération de leurs employés et à consentir des avantages supplémentaires afin de pallier les carences notamment des régimes de prévoyance. Mais, outre que ceci coûte très cher, la plupart des problèmes évoqués ne s'en posent pas moins.

Pour les résoudre, certaines mesures ont été prises, d'autres sont envisagées. Reste évidemment à promouvoir leurs textes d'application, à faire le point des efforts annoncés, à les faire connaître et à souligner les lacunes qui demeurent.

a. *Formation et préparation au départ :*

Une enquête du Secrétariat d'Etat à la Formation auprès d'une centaine d'exportateurs de technologie a montré que la quasi-totalité d'entre eux souhaitent une préparation au départ des Français partant pour l'étranger; le premier élément d'une politique globale d'encouragement à l'expatriation réside en effet dans une action de formation, encore insuffisamment assurée.

La Chambre de commerce de Paris proposait en ce sens des mesures très générales comme :

— l'amélioration de l'initiation des Français aux réalités géopolitiques du monde moderne dès le début de l'enseignement secondaire;

— le développement de l'information sur les pays étrangers, leur économie et leurs conditions de vie;

— le développement de l'enseignement des langues en faisant porter l'effort sur celles qui sont utilisées dans les pays devenus récemment grands marchés d'expansion;

— l'encouragement des initiatives tendant à la formation des formateurs qui, à tous les échelons, seront chargés de transmettre la technique française aux nationaux des pays où notre industrie investit.

En matière de formation, comme le souligne le Conseil économique et social, il s'agit d'abord d'une adaptation de l'enseignement, en modifiant l'éclairage de certaines matières comme la géographie, l'histoire, les langues et le droit, en favorisant les échanges internationaux d'étudiants, en multipliant les contacts entre étudiants et cadres d'entreprises et conseillers commerciaux, en commençant surtout l'étude des langues étrangères très tôt, pour en « maîtriser » au moins une en sortant des écoles secondaires.

Les entreprises pourraient, dans cette action de formation, jouer un rôle notable, non seulement en liaison avec l'enseignement (contacts cadres-étudiants, stages d'étudiants français et étrangers) mais aussi auprès de leur propre personnel, en organisant voyages et stages à l'étranger et en l'informant sur leurs actions internationales.

Une préparation de départ, telle qu'elle est conçue dans certains cas, mériterait d'être encouragée. Elle peut être envisagée autour de trois axes essentiels qui concerneraient autant l'expatrié que sa famille :

— l'initiation linguistique;

— l'introduction à la civilisation locale, en mettant en contact les intéressés avec des Français ayant vécu dans le pays et des nationaux de ce pays vivant en France;

— l'initiation à la vie locale pour une familiarisation plus grande avec la vie quotidienne.

Le Conseil économique et social souligne que le débat reste ouvert sur le point de savoir s'il vaut mieux préparer les Français au départ à l'étranger au sein de l'entreprise, en faisant appel au besoin à un organisme de formation, ou les réunir dans un stage par les soins d'un tel organisme, à l'extérieur.

Ces organismes sont nombreux. La difficulté consiste dans le choix, notamment pour les P.M.E., et pis encore pour les individus isolés.

Parmi eux, l'Institut des langues et civilisations orientales forme environ 600 Français par an à la vie qui les attend à l'étranger.

La compétence de certains organismes, peu nombreux, pourrait être reconnue et sanctionnée par un agrément par les pouvoirs publics selon une procédure à déterminer; le coût de cette formation ainsi que celle du conjoint et des enfants du salarié, lorsqu'elle s'adresse à un salarié, pourrait être imputé sur les crédits de formation dégagés par la loi de 1971.

Une publicité suffisante devrait être donnée à ces moyens de formation.

b. *La formation technique :*

Le recrutement et la formation de l'équipe française qui va accompagner la livraison d'un équipement destiné à un projet agricole ou industriel qualifié de « clés en main » ou même « produits en main » peuvent présenter des aspects spécifiques.

Les cadres et ingénieurs, tout comme les agents de maîtrise et les ouvriers vont en effet devoir assurer un « transfert de technologie » qui leur impose de former les utilisateurs des matériels exportés.

Ils devraient donc recevoir une préparation à ces tâches de formation pédagogique et d'instructeur, en dehors même de leur formation personnelle.

Divers organismes ont mis au point depuis plusieurs années des méthodes d'organisation, de gestion et de formation auxquelles doivent être initiés ceux qui vont se préparer à partir.

La S.A.T.E.C. (Société d'aide technique et de coopération) dispose en particulier d'un service d'assistance technique à la gestion et à la formation en France. Elle organise des stages inter ou intra-entreprises pour la préparation des personnels ingénieurs et techniciens appelés à se rendre à l'étranger et à exercer eux-mêmes des activités de formation et d'encadrement.

Divers secteurs professionnels se sont eux-mêmes dotés d'organismes qui remplissent des tâches similaires.

c. *L'information :*

L'information des hommes attirés par un travail hors de France ne doit pas s'improviser, d'autant qu'on ne part plus pour faire carrière, mais que l'emploi à l'étranger est désormais marqué par la mobilité.

Or les diverses instances qui se sont penchées sur les aspects humains des exportations l'ont maintes fois constaté : pour le Français qui va partir, et plus encore pour celui qui envisage seulement un départ, les informations sur certains pays existent, mais elles sont dispersées, d'un accès parfois malaisé; leur mise à jour qui doit être constante est parfois insuffisante.

Aucun organisme, ni public ni privé, n'est encore en mesure de fournir une documentation suffisante et actualisée sur les carrières offertes et les caractéristiques des pays d'accueil.

Le gouvernement a toutefois annoncé diverses mesures, dont la mise en place n'est encore qu'amorcée :

— création d'un service national pour l'emploi à l'étranger:

En juin 1976, le gouvernement annonçait que ce service serait créé à compter du 1er septembre 1976 dans le cadre de l'Agence nationale pour l'emploi, sa mise en place étant toutefois conditionnée par un abandon de compétences de la part de l'Office national d'immigration.

Le service national devait se mettre en place courant 1977, avec une triple mission de placement, information et promotion de la formation. En ce qui concerne l'information, il s'agit de recevoir et centraliser la documentation de tous les services susceptibles de lui en fournir : C.F.C.E., C.N.P.F., Union des Français de l'étranger, Affaires étrangères;

— création d'un centre d'information pour les Français en instance de départ pour l'étranger.

Elle résulte d'une convention signée en février 1977 entre les Affaires étrangères et le président de l'U.F.E.

Cet organisme, qui disposait pour 1977 d'un crédit budgétaire de 1 million de francs et voit son indépendance assurée par son conseil de gérance où siégeront paritairement le représentant des Affaires étrangères et de l'U.F.E., doit renseigner les candidats au départ sur tous les points suivants : régime fiscal, droits en matière de protection sociale, présence, programmes et tarifs d'établissements scolaires, accomplissement du droit de vote, marché du travail, formalités douanières, niveau des loyers, budget type, santé, etc.

Il centralisera les informations émanant de toutes les sources possibles, les diffusant à tous ceux qui en auront besoin. Un contrat doit être signé entre l'A.N.P.E. et ce centre pour une information coordonnée. Ainsi devrait être comblée une lacune grave, de semblables instances existant depuis longtemps dans les principaux pays exportateurs.

Pour des départs individuels de cadres, de techniciens ou enseignants, les initiatives du C.I.M.E. (Comité intergouvernemental pour les migrations européennes) devraient être mieux connues. Dans le cadre d'activités plus vastes, ce comité met effectivement en œuvre depuis douze ans un programme de « migrations sélectives » pour l'envoi, sur la demande de seize pays de l'Amérique latine, des enseignants de diverses disciplines, des ingénieurs, techniciens et autres cadres moyens dans divers secteurs (artisanat et agriculture notamment). Un renforcement de la liaison entre les organismes français compétents et le C.I.M.E. paraît donc souhaitable aux yeux du Conseil économique.

d. *Garantie de carrière. — Le contrat de travail du salarié français à l'étranger :*

Parmi les problèmes que peuvent rencontrer les candidats au départ figure celui du contrat de travail.

Aucun contrat type ne peut certes être établi qui permettrait de faire face à toutes les situations. Le salarié peut en effet être soit détaché par son entreprise, soit embauché par un nouvel employeur qui sera une entreprise française ou étrangère ou multinationale. En outre, selon les secteurs d'activité, il est évident que les conditions de travail diffèrent.

Un groupe de travail présidé par M. Bettencourt s'est attaché à définir le droit des détachés français engagés par des entreprises françaises, et a précisé notamment le problème de la conclusion du contrat, de son exécution, des clauses de prévoyance (Sécurité sociale, protection contre les risques de perte d'emploi) et de sa résiliation. Comme le recommande le Conseil économique et social, il faudrait, en liaison avec les organisations syndicales représentatives et les autres partenaires sociaux, que soit rassemblée, étudiée et diffusée une documentation précise sur les différentes législations sociales et le droit du travail des pays d'emploi, les conditions de maintien des dispositions légales, réglementaires ou conventionnelles françaises pendant les séjours à l'étranger des salariés français, les stipulations des contrats personnels de travail, de nature à assurer à la fois des conditions équivalentes à celles qui sont de règle courante en France et la contrepartie des sujétions particulières à un séjour à l'étranger.

Si certaines conventions collectives définissent déjà les conditions de déplacement hors de France selon les diverses situations juridiques dans lesquelles se trouvent les entreprises et les salariés, il importe que des dispositions légales fassent obligation aux conventions collectives françaises de contenir des dispositions particulières relatives aux salariés en mission à l'étranger, assurant la couverture de l'ensemble de leurs droits sociaux, définissant leurs conditions de déplacement et assurant leur réinsertion professionnelle sans aucun préjudice de carrière.

e. *L'intégration à l'étranger des expatriés français :*

L'un des premiers obstacles au départ des jeunes ménages réside dans la crainte de ne pouvoir trouver, à l'inverse des ressortissants anglo-saxons, les conditions d'une scolarisation suffisantes pour leurs enfants. Aussi un des premiers efforts à tenter est-il de favoriser l'enseignement français à l'étranger.

1. L'enseignement français à l'étranger :

Le véhicule de la langue française est un des éléments fondamentaux de notre politique de promotion des exportations. L'enseignement et la diffusion du français doivent satisfaire aux besoins de la scolarisation des expatriés et s'adresser également aux étrangers, nos clients éventuels.

Pour répondre aux besoins de scolarisation du million de Français à l'étranger, la France a développé un réseau d'enseignement à travers le monde qui reste encore insuffisant et surtout assez mal connu. Certaines entreprises ont dû parallèlement fonder des écoles pour les enfants de leurs employés.

Un groupe de travail interministériel sur les conditions de vie des Français à l'étranger, présidé par M. le sénateur Habert, a établi en juin 1976 un recensement des établissements d'enseignement français et a dénombré 396 écoles, collèges et lycées bénéficiant de l'aide directe ou indirecte de l'Etat par l'intermédiaire de trois ministères : Affaires étrangères, Education et Coopération.

Ces établissements sont de natures diverses : lycées et collèges gérés par la Direction générale des relations culturelles, scientifiques et techniques

(D.G.R.C.S.T.), par l'Alliance française, les associations de parents d'élèves, les missions laïques, l'Alliance israélite universelle, des fondations, etc., suivant des programmes d'enseignement français préparant aux examens français; 130 sont en Europe, 199 en Afrique, 36 en Amérique, 28 en Asie et 3 en Australie. En 1975, plus de 80 000 jeunes Français suivirent à l'étranger un enseignement français. Mais ce réseau est fort inégalement distribué. Des insuffisances notoires sont signalées en Amérique et en Asie.

Mais nos concitoyens ne confient pas tous leurs enfants aux établissements d'enseignement français du fait de l'isolement, de la dispersion de certaines familles et de l'absence d'internats, des insuffisances de la qualité de l'enseignement et du coût de la scolarité jugé souvent excessif et trop disparate. Il variait en effet en 1975, en classe terminale, de 120 F par an et par élève en Afrique du Nord à 12 000 F aux U.S.A. Le rapport du Conseil économique et social apporte des précisions utiles sur le coût moyen pour l'Etat de cette scolarisation et sur les crédits budgétaires actuels, qui devraient permettre d'ajuster l'effort fait par l'Etat pour la scolarisation des enfants français à l'étranger à celui qu'il fait en faveur des enfants en France.

Le Conseil estime que le gouvernement doit impérativement continuer à renforcer le réseau des établissements d'enseignement dans les secteurs les plus propices au développement de nos exportations, notamment au Proche-Orient et en Amérique latine. Il devrait de même répondre aux demandes d'aides formulées par les écoles fondées à l'étranger par des entreprises industrielles françaises amenées à envoyer temporairement à l'étranger de nombreuses familles pour l'exécution des contrats qu'elles ont conclus.

Le Conseil attire cependant l'attention sur l'intérêt de développer à l'extérieur de notre pays des lycées techniques ou des instituts technologiques français qui enseigneraient les méthodes françaises et utiliseraient des matériels français tels que des machines-outils.

Enfin demeurent des problèmes divers et délicats encore mal résolus comme :

— les divergences de régime des enseignants qui servent « en diffusion » dans des établissements français, et ceux qui servent en « coopération », c'est-à-dire mis à la disposition des gouvernements et organismes étrangers;

— l'insuffisance d'information et de garantie de réintégration à leur retour, tant des enseignants que des étudiants;

— l'inégalité des droits à bénéficier de bourses d'études;

— l'absence de diffusion de la liste des titres étrangers admis en équivalence, etc.

2. Vaincre l'isolement des expatriés :

Des efforts considérables restent à accomplir pour que les expatriés temporaires se sentent intellectuellement moins coupés du territoire national.

Ils porteraient notamment :

— sur l'amélioration du champ et de la fréquence des émissions de radio;

— sur le raccourcissement des délais d'acheminement de la presse française.

Le développement d'une présence française à l'étranger

Les Français de l'étranger, tout au moins ceux dont la résidence à l'étranger est en quelque sorte permanente, ne constituent pas une structure d'accueil réellement satisfaisante ni pour les exportateurs français ni pour les exportateurs de produits français de toute nature. Non seulement ils ne sont pas très nombreux, mais ils se trouvent mal répartis dans les différents pays.

Certes, notre pays possède une tradition d'expansion à travers le monde mais elle répondait jusqu'ici plus à des raisons humanitaires, culturelles et politiques qu'à des motifs commerciaux. Or, on ne considère aujourd'hui comme développée qu'une économie disposant, autour du globe, d'un réseau suffisamment dense d'implantations humaines.

Importance et répartition

Le nombre des Français de l'étranger est estimé à environ 1 250 000, 30 % d'entre eux résidant dans les pays du Marché Commun, 15 % dans les autres pays d'Europe et 33 % en Afrique. On mesure ainsi la faiblesse de la présence de Français permanents dans des parties du monde et dans certains pays qui abritent en revanche d'autres colonies étrangères importantes. D'une façon générale, l'accroissement des Français vivant en Europe est constant alors que leur nombre continue de décliner en Afrique.

Selon les immatriculations, qui reflètent imparfaitement le nombre des Français à l'étranger, celui-ci se serait accru, après la période de décolonisation, de près de 250 000 de 1967 à 1975, pour diminuer de 25 000 en 1975 et 1976 après l'élimination des collectivités françaises du Viêtnam du Sud et du Cambodge.

L'évolution du nombre des Français à l'étranger ne permet pas d'assurer le remplacement et le rajeunissement des collectivités anciennes ainsi que le rayonnement nécessaire de notre économie par des implantations industrielles et commerciales.

Certes, nos compatriotes ne constituent pas à l'étranger des collectivités de main-d'œuvre, comme la majorité des étrangers en France. Ils comprennent essentiellement des coopérants envoyés par l'Etat ou du personnel envoyé par des entreprises exportatrices de biens et de services.

Au 1er janvier 1976, sur 1 250 000 Français de l'étranger, 85 000 appartiendraient aux services publics français, 68 000 au secteur public étranger (coopération, services publics locaux, organisations internationales), 246 000 au secteur privé.

Mais chacun s'accorde à reconnaître que ces « expatriés privés » sont trop peu nombreux pour répondre aux nécessités d'une bonne expansion économique française à l'étranger.

La formation des étrangers en France

L'accueil des stagiaires : il est bien connu que les étrangers — comme nous-mêmes — dans le choix d'importations, accordent plus aisément la préférence aux produits de pays connus et dont les techniques sont familières. Aussi ne doit-on pas négliger parmi les aspects humains des échanges extérieurs, le développement de l'accueil réservé aux étrangers, qu'ils soient étudiants, techniciens ou ingénieurs.

Parmi les difficultés rencontrées par les étrangers, notons [1] :

— qu'au niveau psychologique, les stagiaires ont du mal à s'adapter à des conditions de vie et de travail qui leur sont peu familières;

— qu'au niveau financier, les allocations de séjour versées aux stagiaires par leurs employeurs étrangers sont souvent insuffisantes, compte tenu des conditions qui leur sont proposées en France;

— qu'au niveau de l'hébergement, les exportateurs éprouvent des difficultés du fait de l'insuffisance de l'accueil et l'hébergement, et de l'absence, à quelques exceptions près, de centres de formation susceptibles d'organiser des programmes linguistiques et de perfectionnement technique général;

— qu'au niveau des procédures administratives, les exportateurs se heurtent à des difficultés pour l'obtention de visas et de cartes de séjour, du fait de la confusion qui semble exister entre le travailleur immigrant et le stagiaire étranger suivant une formation pratique dans le cadre d'un contrat commercial.

Relativement rares sont d'ailleurs les entreprises organisées pour accueillir des stagiaires étrangers. Citons seulement l'E.D.F., l'I.F.P. ou la Société française d'études et de réalisations d'équipements gaziers. Sur soixante-quinze universités, une vingtaine seulement semblent très ouvertes aux étudiants étrangers qui ne constituent guère au total qu'un dixième des étudiants. Le rôle prépondérant en matière d'accueil des stagiaires est joué en fait par l'Agence pour la coopération technique, industrielle et économique (A.C.T.I.M.). Cette association, qui bénéficie du soutien des pouvoirs publics et des entreprises privées, a reçu, depuis sa création, trente-cinq mille ingénieurs et spécialistes étrangers, organisé trois cents sessions d'études de trois à quatre mois pour des groupes de dix-huit à vingt professionnels étrangers de niveau élevé sur des thèmes de haute technicité.

Elle s'est donné pour objectif la mise en œuvre d'actions de communication entre professionnels français et étrangers en vue de développer les échanges internationaux. Pour ce faire, elle s'attache à obtenir la participation active des administrations, entreprises et spécialistes français.

Dans le cadre d'un budget annuel de 60 millions de francs, elle traite des opérations d'un volume supérieur à 120 millions de francs. Ses ressources proviennent de fonds publics (en application d'une convention

---

1. *Cf.* Etude de l'Agence pour la coopération technique industrielle et commerciale (A.C.T.I.M.) de 1975.

passée avec le ministère de l'Economie et des Finances), de versements de sociétés et organismes français pour lesquels elle organise des actions spécifiques en France et à l'étranger, et d'organismes internationaux (Nations unies, F.A.O., O.C.D.E., etc.) pour le compte desquels l'A.C.T.I.M. organise des stages de spécialistes étrangers dans tous les secteurs de l'industrie française.

Elle compte environ 190 personnes réparties en sept départements. L'une de ses tâches principales est la formation de personnels étrangers en France. Sa démarche prend les formes suivantes :

Etudes sur le marché du travail dans les pays importateurs de technologies françaises :

— évaluation quantitative de la main-d'œuvre disponible dans les principaux secteurs économiques;

— appréciation des niveaux de qualification;

— analyse du système éducatif local;

— identification des professions pour lesquelles les besoins de formation sont les plus évidents.

Etudes sur les problèmes que pose aux exportateurs français la formation de personnels étrangers :

Au plan national, par région ou par secteur technique :

— examen des difficultés qui font obstacle au développement des exportations de formation;

— organisation de concertations en vue de lever ces obstacles.

Promotion du savoir-faire français en matière de formation professionnelle :

En organisant des actions concertées telles que colloques à l'étranger et sessions d'études groupées en France destinées à des responsables étrangers, l'A.C.T.I.M. contribue à une meilleure connaissance des compétences et des références acquises par les formateurs français, publics ou privés.

Mise à disposition d'un ensemble de services destinés aux professionnels étrangers effectuant, auprès d'entreprises françaises, des stages d'accueil, industriel ou de formation industrielle (accueil, hébergement, assurance, gestion administrative et financière, formation linguistique, activités culturelles).

Outre son objectif de perfectionnement des connaissances des cadres et d'organisateurs de services, l'A.C.T.I.M. a aussi le souci de conserver des contacts avec ses anciens stagiaires pour les orienter éventuellement vers un appel aux industriels français qu'ils ont eu l'occasion de rencontrer au cours de leurs stages. Mais sans doute ce potentiel de 35 000 ingénieurs répartis dans plus de 100 pays demeure-t-il encore insuffisamment utilisé dans la poursuite de notre politique de promotion de nos exportateurs. De même pourrait être encore amélioré le choix des stagiaires, de leur secteur d'intérêt et de leur pays d'origine, et davantage valorisé le rôle de l'A.C.T.I.M. auprès des entreprises devant accueillir des stagiaires.

— La formation des travailleurs immigrés :

Moins prestigieuse, mais importante cependant, est la formation que peuvent recevoir dans notre pays les travailleurs étrangers, immigrés temporaires et désireux à terme de regagner leur pays d'origine.

En ce sens mérite d'être mentionnée une initiative envisagée conjointement entre les pouvoirs publics français et les pays d'origine : la « formation retour ».

Le secrétariat d'Etat chargé des immigrés prévoit en effet des actions spécifiques de formation préparées en concertation avec des pays d'origine dans le cadre des besoins précis en matière de formation professionnelle qu'ils auront exprimés. Etaient envisagés, au dernier trimestre 1976, des stages de moniteurs pour l'institut national algérien de formation professionnelle, pour l'office tunisien de formation professionnelle, ainsi que pour des agriculteurs du Sénégal et du Mali, des actions originales avec le gouvernement espagnol. Dans un nouvel accord franco-portugais, signé à Lisbonne en janvier 1977, des engagements ont été pris sur la formation professionnelle des adultes. L'ensemble de ces actions s'intègre dans un plan triennal dont le financement doit être assuré par les entreprises et les fonds d'assurance formation pour les stagiaires, le Fonds d'action social pour les migrants (F.A.S.) en ce qui concerne les charges d'équipement des centres et le Fonds de formation professionnelle pour les dépenses de fonctionnement.

Il s'agit là du développement d'une politique nouvelle dont on peut penser qu'elle constituerait un élément important des aspects humains du développement de nos exportations de demain si des sommes suffisantes lui étaient consacrées et si son bilan n'était pas aussi mince à la fin 1977. A peine 500 travailleurs semblent en avoir bénéficié.

L'accueil des missions étrangères

Il convient enfin de dire un mot de l'accueil d'étrangers dans le but d'une action de propagande des produits français.

Figurent ainsi parmi les actions collectives menées en ce sens les multiples invitations formulées par les organisations professionnelles lors de manifestations commerciales, internationales, mais aussi l'accueil de délégations.

Sous l'égide du C.F.C.E., environ 180 missions sont reçues chaque année, regroupant environ 1 000 personnes invitées le plus souvent à l'initiative des conseillers commerciaux en poste à l'étranger. Encore faudrait-il s'assurer que le « suivi » de ces missions toujours coûteuses est bien suffisant et effectué en coordination avec tous les organismes existants et dans un souci de continuité.

L'exportation de la technologie

Au même titre qu'une marchandise ou qu'un équipement, il est admis maintenant que la formation professionnelle peut être vendue à ceux de nos clients étrangers qui disposent de ressources abondantes et se sont lancés dans des opérations de développement agricole et industriel importantes, sans disposer d'une main-d'œuvre suffisamment formée pour les réaliser et les gérer.

C'est en 1974 que se serait opérée une sorte de mutation du marché extérieur de la formation, deux sources de demandes se faisant jour :

— celle qui est liée à la réalisation d'ensembles industriels ou agricoles nouveaux;

— celle de systèmes de formation à créer touchant tant l'enseignement général que la formation professionnelle.

Il semble toutefois que notre capacité — qui repose sur une longue expérience en matière notamment de coopération — à fournir une formation appropriée ne se manifeste pas toujours dans les meilleures conditions.

a. *Transfert de technologie lié à une vente :*

Le problème se pose différemment suivant le type d'équipement exporté et le pays d'exportation.

D'une façon générale, les pays de l'Est représentent pour nos entreprises un marché dont les demandes, si elles sont souvent assorties de besoins de formation, peuvent se régler dans de bonnes conditions, compte tenu du niveau relativement élevé de la formation du personnel de base.

La question est tout autre s'agissant des pays en voie de développement. Les contrats « produit en main » contenant souvent un volet « formation » représentant le cinquième de leur volume global, voire jusqu'à 30 %, avec des engagements sur les performances de l'équipement et même l'écoulement de la marchandise, impliquent de sérieux efforts de la part des fournisseurs quant à la formation des utilisateurs. Le retard technologique d'un pays pose alors des problèmes très sérieux.

La connaissance du pays demandeur, de sa culture, de sa population active, de ses niveaux d'éducation, des moyens de formation existants et de leur potentialité, la disponibilité des cadres confirmés ou potentiels est le préalable à toute conception d'un projet de formation à l'exportation.

Les pays demandeurs supportant mal la concurrence que se font trop souvent les offreurs, toute coordination de l'offre est appréciée.

Dans les contrats impliquant importation de biens et formation liées, le demandeur a préférence pour un interlocuteur unique, prenant en compte si possible l'ensemble des problèmes techniques et pédagogiques.

La plupart des sociétés industrielles exportatrices semblent éprouver des difficultés à faire face à ces problèmes de formation liée à la vente. Si les plus grosses d'entre elles ont tendance à régler elles-mêmes ces problèmes, quitte à créer des groupements intégrant des sociétés spécialisées d'assistance technique, les plus petites se montrent réticentes ou incapables, faute de moyens, à s'engager elles-mêmes dans la formation et recourent à des sociétés de consultants formateurs.

S'agissant des grandes entreprises, certaines n'hésitent pas à faire venir en France pour leur formation le personnel étranger [1], d'autres s'organisent

1. Si la formule subsiste, elle paraît ne plus suffire à satisfaire les clients du tiers monde qui réclament une véritable asssistance technique pendant les premières années de fonctionnement des usines qu'ils ont achetées.

pour prévoir la formation de leur personnel et des dirigeants autochtones aux problèmes de maintenance. D'autres encore ont constitué leurs propres services de formation. D'autres enfin sous-traitent une partie de leur programme de formation auprès d'organismes spécialisés. Mais les organismes privés de formation qui se sont lancés sur le marché ont souvent échoué en raison des prix qu'ils exigeaient et du fait qu'ils n'offraient pas, le plus souvent, l'expérience industrielle et la qualité pédagogique souhaitées.

Les grandes firmes s'organisent donc autour de quatre grands systèmes :

— la création d'une filiale spécialisée en ingénierie de ressources humaines;

— la création d'une filiale entre une grande entreprise et des organismes d'ingénierie technique;

— la création d'un *pool* de formateurs internationaux entre un organisme de formation et plusieurs grandes firmes;

— la création d'un organisme spécialisé au sein d'une fédération professionnelle.

Encore serait-il souhaitable que les grandes entreprises disposent d'informations précises sur l'offre française susceptible de les aider dans la conception et la réalisation de contrats de formation à l'exportation, certains souhaitent même que ces contrats profitent des avantages de la procédure d'assurance-prospection et des crédits à l'exportation.

Pour les firmes moyennes, les difficultés sont plus grandes encore. C'est dans les secteurs de la mécanique, l'électricité et la chimie que les besoins de formation sont le plus souvent exprimés. La moitié des entreprises considère que l'offre de formation professionnelle est un atout pour leurs ventes à l'exportation mais 80 % d'entre elles ne possèdent pas de personnel formateur compétent; deux tiers d'entre elles voudraient entraîner leur personnel à effectuer à l'étranger la formation nécessaire.

Il ressort donc qu'il est plus que nécessaire d'informer les moyennes entreprises de l'ampleur et la complexité des besoins, en même temps que des solutions possibles :

— nécessité de promouvoir avec les organisations professionnelles des formules interentreprises;

— connaissance des possibilités diverses de sous-traitance et d'offres en matière de formation;

— nécessité d'informer plus systématiquement, directement ou par l'intermédiaire de leurs organisations professionnelles, les moyennes entreprises sur les marchés extérieurs;

— enfin, nécessité de la création de moyens de formation du personnel technique formateur à l'étranger, parallèlement avec celle du personnel commercial et administratif spécialiste d'exportation.

b. *Exportation de formation non liée à la vente*

La demande de formation peut ne pas être liée à des fournitures de biens d'équipement mais correspondre à une demande de contribution, rémunérée ou non, à un enseignement technique intrinsèque. Si cette contribution peut traduire notre souci désintéressé de coopération, elle peut aussi, à terme, faciliter une implantation et une tradition technique françaises qui pourront produire un effet d'incitation à l'achat de produits français. Au total, notre potentiel de formation paraît relativement important, mais il pourrait sans doute être mieux exploité.

Depuis plusieurs années déjà, des aides importantes ont été apportées par le ministère de la Coopération et la Caisse centrale de coopération économique pour la formation technique et professionnelle dans le secteur agricole, notamment au Maghreb où la France a participé à la création d'instituts nationaux agronomiques, d'instituts technologiques agricoles, de lycées agricoles, de centres de formation professionnelle. Cette action de coopération s'est ensuite étendue à d'autres pays tels que l'Irak, le Venezuela et différents pays d'Amérique latine.

Le service de coopération culturelle et technique des Affaires étrangères s'est, depuis 1975, rapproché des entreprises privées et parapubliques afin que ces dernières participent à la coopération. Des universités, de grandes écoles commerciales et d'ingénieurs, la F.N.E.G.E. ont également prospecté le marché de la demande de formation professionnelle La D.G.R.S.C.T. envoie également depuis 1975 des experts et des volontaires de service national actif spécialistes des métiers de l'audio-visuel dans dix-neuf pays.

L'extension très souhaitable de ces actions pose évidemment des problèmes de postes budgétaires supplémentaires et aussi de coordination pour répondre aux demandes formulées sur des projets particuliers. L'exportation d'assistance technique doit pouvoir constituer un élément appréciable dans le volume des exportations de services comptabilisés dans la balance française des paiements courants. Elle pourrait même venir compenser une diminution des exportations des produits finis. Selon l'évaluation de la D.R.E.E. en 1975, les recettes de ce poste étaient d'environ 3 milliards de francs. Selon certaines associations françaises de sociétés d'ingénierie, les seules exportations marchandes de prestations intellectuelles se seraient élevées à 5 milliards de francs, dont 1,5 milliard pour la seule ingénierie autonome. Mais ces exportations pourraient conditionner la vente de 30 milliards de matériel à l'étranger par effet d'entraînement ou d'accompagnement.

Les types de formation apportées par des sociétés et organismes privés peuvent être de nature diverse :

— formation professionnelle auprès d'entreprises existant sur place;

— exportation marchande (financée par le pays demandeur) ou « non marchande » financée au moins en partie par l'aide bilatérale ou multilatérale (ministère de la Coopération, ministère des Affaires étrangères) ou encore par des organismes internationaux;

— exportation de systèmes de formation professionnelle (notamment par des sociétés de conseil en informatique);

— exportation de formation directe destinée aux ouvriers, aux employés et aux cadres;

— exportation de formation indirecte (formateurs, moniteurs et professeurs).

Les principaux besoins exprimés par ces sociétés sont : d'abord celui de se regrouper et d'assurer une meilleure liaison entre les exportations de formation professionnelle et les ventes d'équipements; c'est ensuite d'avoir assuré pour leurs experts, avant leur départ de France, une meilleure formation.

Il reste enfin à souligner le rôle que joue et doit jouer l'A.C.T.I.M. dans l'exportation de notre savoir-faire. Elle encourage la vocation exportatrice des firmes moyennes et petites, spécialisées dans la formation en leur diffusant des études détaillées sur la situation de la formation professionnelle dans certains pays. Elle envoie des experts à l'étranger dont l'expérience peut jouer un rôle de conseil auprès des entreprises dans l'établissement de contrats et la préparation de leur personnel allant dans des pays dont ils ignorent encore le mode de vie. Elle participe à la création et l'animation de quatorze centres de documentation technique, les uns cogérés avec une administration locale (en Europe de l'Est, au Caire et à Montréal), d'autres entièrement gérés par l'A.C.T.I.M. qui apparaissent alors comme une annexe des services commerciaux auprès de l'ambassade de France (Madrid, Téhéran, Belgrade, Caracas, Mexico et Sao Paulo). Elle participe à la création de quatre-vingt-six centres de formation professionnelle (onze en mécanique et soixante-quinze en électricité).

L'A.C.T.I.M. semble ainsi désignée pour centraliser et coordonner les actions de transfert des technologies et dans certains cas assurer le passage du secteur non marchand au secteur marchand dans l'exportation de la formation professionnelle dans l'industrie.

Voilà campée, le plus précisément possible — encore que certains points mériteraient sans doute des études plus détaillées — la « photographie » de la France dans un environnement international qui s'est considérablement modifié au cours des dernières années. Reste à en tirer les conséquences, pour une nouvelle politique des échanges extérieurs. C'est ce que nous proposerons après avoir recueilli l'avis de spécialistes.

[illegible] les contrats d'application [illegible]
[illegible] documents [illegible] de l'information [illegible]

[illegible] question [illegible] la CEMT [illegible]
[illegible] diffusion des études [illegible]
[illegible] des experts [illegible]
[illegible] la préparation de [illegible]
[illegible] Centre de documentation technique [illegible]
[illegible] CEMT [illegible]
[illegible] (Pays-Bas, Belgique, [illegible]) [illegible]

[illegible] techniques [illegible]

Nous [illegible]

DEUXIÈME PARTIE

DES AVIS AUTORISÉS

Le groupe d'étude sénatorial a bénéficié, au cours de ses travaux, de la contribution d'un certain nombre de personnalités compétentes : membres du gouvernement, hauts fonctionnaires, responsables de syndicats et d'organisations professionnelles, chefs d'entreprise, dirigeants d'établissements bancaires et financiers, journalistes spécialisés, représentants d'institutions internationales. Il tient à leur renouveler ici ses remerciements pour cette contribution qui constitue la deuxième partie de cet ouvrage.

Voici, par ordre alphabétique, la liste des personnalités, avec les fonctions qu'elles exerçaient au moment de leur audition ou de la rédaction des notes d'information qu'elles ont bien voulu fournir au groupe d'étude (entre le 20 février et le 16 juin 1978).

PIERRE AIGRIN, secrétaire d'Etat auprès du Premier ministre (Recherche).
MICHEL ALBERT, commissaire adjoint du Plan.
M. ASTIER, de Saint-Gobain Industries.
JEAN-PIERRE BÉRARD, directeur de l'Agence nationale de valorisation de la recherche (Anvar).
RAYMOND BERTRAND, directeur des affaires financières et fiscales à l'O.C.D.E.
YVES BÉTOLAUD, directeur général de l'Office national des forêts.
PIERRE BLANC, P.-D.G. du Bureau Veritas.
M. R. BLANC, directeur des services internationaux de la Confédération générale des P.M.E.
PIERRE BLUM, président du Comité national des conseillers du commerce extérieur de la France.
JEAN BOISSONNAT, rédacteur en chef de *L'Expansion.*
JEAN-FRANÇOIS BRETON, directeur de la Société pour l'expansion des ventes de produits alimentaires (Sopexa).
JEAN-PIERRE BRULÉ, P.-D.G. de C.I.I. Honeywell Bull.
JACQUES CALVET, directeur général de la Banque nationale de Paris.
JACQUES CASTAING, vice-président de l'Assemblée permanente des chambres d'agriculture (A.P.C.A.).

JEAN CHAPELLE, P.-D.G. de la Compagnie française d'assurance pour le commerce extérieur (Coface).

GEORGES CHAVANNES, P.-D.G. de la Société Leroy-Sommer.

CLAUDE CHEYSSON, membre de la Commission des Communautés européennes.

PHILIPPE CLÉMENT, président de la Fédération nationale des Travaux publics.

PIERRE CORTESSE, directeur de la prévision (ministère de l'Economie et des Finances).

MICHEL COURCIER, directeur du Groupe d'études prospectives internationales (G.E.P.I.).

JEAN-FRANÇOIS DENIAU, ministre du Commerce extérieur.

LOUIS DEVAUX, président d'Exa-International.

JACQUES DORISE, président des Etablissements Dorise (Le Mans).

PIERRE EELSEN, secrétaire général adjoint de la Régie nationale des usines Renault.

CLAUDE ENGERAND, directeur général de l'Industrie (ministère de l'Industrie).

FRANÇOIS ESSIG, délégué à l'aménagement du territoire et à l'action régionale (Datar).

ROGER FAUROUX, P.-D.G. de Saint-Gobain Industries.

RAYMOND FÉVRIER, ancien directeur général de l'Institut national de la recherche agronomique (Inra).

HENRI FROMENT-MEURICE, directeur des Affaires économiques et financières (ministère des Affaires étrangères).

GÉNÉRAL PIERRE GALLOIS.

FRANÇOIS GISCARD D'ESTAING, président du conseil d'administration de la Banque française du commerce extérieur (B.E.C.E.).

M. A. HEURTEBISE, secrétaire confédéral de Force ouvrière.

BERTRAND DE JOUVENEL.

JACQUES LALLEMENT, directeur général de la Caisse nationale de crédit agricole.

JACQUES DE LAROSIÈRE, directeur du Trésor.

BERTRAND LARRERA DE MOREL, directeur des Relations économiques extérieures (ministère de l'Economie et des Finances).

ROBERT LATTÈS, conseiller auprès de la direction générale de la Banque de Paris et des Pays-Bas.

ANDRÉ DE LATTRE, président du conseil d'administration du Crédit national.

MAURICE LAURÉ, président de la Société générale.

PIERRE LOYGUE, président du conseil d'administration du Centre français du Commerce extérieur (C.F.C.E.).

XAVIER MALLET, P.-D.G. des Etablissements des Pompes Guinard.

JEAN MANTELET, président du directoire de Moulinex.

DOMINIQUE DE LA MARTINIÈRE, directeur général de l'Institut de développement industriel (I.D.I.).

FRANÇOIS MAYER, P.-D.G. de Creusot-Loire Entreprises.
CHRISTIAN MÉGRELIS, directeur d'Exa-International.
PIERRE MÉHAIGNERIE, ministre de l'Agriculture.
FRÉJUS MICHON, vice-président de l'Assemblée permanente des Chambres d'agriculture.
RENÉ MONORY, ministre de l'Economie.
PIERRE MOUSSA, administrateur directeur général de la Banque de Paris et des Pays-Bas.
GABRIEL OHEIX, délégué à l'Emploi (ministère du Travail).
JEAN-CLAUDE PAYE, conseiller technique auprès du Premier ministre.
GEORGES PEBEREAU, administrateur directeur général de la Compagnie générale d'Electricité.
OLIVIER PHILIP, préfet.
PIERRE PIGANIOL, ancien délégué à la Recherche scientifique et technique.
JEAN PINCHON, directeur de la société Louis-Dreyfus.
JACQUES PLASSARD, directeur général de Rexeco.
JACQUES ROCHE, directeur général du Crédit lyonnais.
MICHEL ROLANT, secrétaire national de la C.F.D.T.
ALAIN SAINT-MARTIN, directeur général de Moulinex.
CHRISTIAN SAUTTER, chef du service des Programmes à la direction des Synthèses économiques de l'I.N.S.E.E.
RENÉ TENDRON, collaborateur au journal *Le Nouvel Economiste.*
MARCEL THÉRON, sous-gouverneur de la Banque de France.
JEAN THÈVES, président de la Chambre de commerce et d'industrie de Paris.
M. J. VEYSSIÈRE, membre du bureau confédéral de la C.F.T.C.
GUY VIDAL, directeur des Douanes et droits indirects.
CLAUDE VILLAIN, directeur général de la Concurrence et des Prix.
JEAN WAHL, délégué aux Industries agricoles et alimentaires.
PHILIPPE ZARIFIAN, secrétaire du Centre confédéral d'études économiques et sociales de la C.G.T.

CHAPITRE PREMIER

LA FAIBLESSE DU SECTEUR AGRO-ALIMENTAIRE

Malgré son redressement en 1978, la balance commerciale française du secteur agro-alimentaire est loin de l'objectif — 20 milliards de francs d'excédent — qui lui avait été assigné par les pouvoirs publics pour les années 1980. Cela tient, certes, aux circonstances, climatiques notamment des dernières années, mais en grande partie aussi à des faiblesses structurelles. C'est ce que confirment les personnalités entendues sur ce sujet par le groupe sénatorial.

Le ministère de l'Agriculture — remarque M. Jean-François Deniau, ministre du Commerce extérieur — est organisé autour de la défense du revenu des producteurs. C'est un objectif tout à fait louable. Mais il s'ensuit que l'agriculture n'est en aucune manière intégrée dans le commerce extérieur, cela même si le revenu d'un agriculteur sur cinq au moins dépend des exportations.

Pour *M. François Mayer,* président-directeur général de Creusot-Loire Entreprises, si la France veut faire quelque chose dans le domaine agro-alimentaire (et non seulement elle doit le vouloir, mais elle en a les moyens), il faut réunir les firmes concernées et leur demander de définir ensemble un programme et des objectifs. C'est ainsi que pratiquent les Japonais, et ils gagnent. Il importe de concentrer ses forces sur des objectifs définis en commun. La vérité, ajoute M. Mayer, ne me semble pas consister à créer un corps d'Etat, mais à réunir les personnes, les équipes et les firmes intéressées par l'affaire.

Il est anormal que, en 1977, la magnifique performance réalisée par les ventes de l'Airbus ait été en partie annulée par le déficit des échanges de porcs, alors que nous pouvons disposer de la qualité des travaux de l'I.N.R.A., observe de son côté le ministre de l'Economie, *M. René Monory,* qui se propose d'améliorer la structure de notre industrie agro-alimentaire grâce à la mise en place de firmes viables et à l'association de fonds publics avec des capitaux privés, tout en évitant le saupoudrage des subventions.

M. Pierre Aigrin, secrétaire d'Etat auprès du Premier ministre, chargé de la Recherche, regrette pour sa part que, sauf quelques exceptions qui sont d'autant plus louables qu'elles sont des exceptions, la

France transforme une part aussi faible de ses produits agricoles de base. Quand nous exportons un franc de céréales, nous devons réimporter dix francs de produits élaborés comme ces cacahuettes grillées ou ces biscuits d'apéritif de marque étrangère fabriqués avec des céréales importées de France. Si nous ne parvenons pas à réorienter nos activités productrices, nous pouvons être inquiets pour 1990...

Le témoignage de *MM. Fréjus Michon* et *Castaing,* vice-présidents de l'Assemblée permanente des Chambres d'agriculture, va dans le même sens : nous exportons trop de produits en l'état, sans leur faire subir une nécessaire transformation. Nos I.A.A. ajoutent-ils, se trouvent d'ailleurs placées sous haute surveillance en matière de prix. Dans ces conditions, comment s'étonner que les entreprises de ce secteur ne puissent enregistrer des marges bénéficiaires suffisantes? D'autre part, géographiquement, la balance de ces produits dépend beaucoup trop de la C.E.E., à hauteur de 70 % environ. Les percées que nous avons pu accomplir sur certains pays extérieurs à cette zone d'échanges privilégiés demeurent faibles et malgré les gains en Afrique, leur consolidation reste précaire.

M. Jacques Lallement, directeur général de la Caisse nationale de Crédit agricole, relève lui aussi qu'il est manifeste que la France n'a pas une vocation innée en matière d'exportation agricole. C'est d'abord en raison des réticences des hommes. Cette absence de vocation à l'ouverture sur l'extérieur est ensuite le fait des entreprises elles-mêmes. Il est certain que l'agriculture n'a jamais intégré l'exportation dans son plan de développement. Il n'y a jamais eu une politique systématique d'exportation. Il faut aussi dire un mot des prix agricoles qui n'ont jamais en France constitué une incitation décisive à s'intéresser aux marchés extérieurs. Les entreprises agricoles ne disposent pas, par ailleurs, de marges suffisantes pour avoir une politique suivie à l'exportation. Autre difficulté à laquelle M. Lallement est pour sa part très sensible : nous n'avons pas les produits qui correspondent aux goûts des consommateurs étrangers. Pour percer à l'exportation, il faut des produits conçus, inventés, pour un marché donné. Il faut adapter les produits aux marchés étrangers, puis les réaliser en quantités suffisantes, ce qui peut poser des problèmes aux producteurs.

En définitive, conclut le directeur général de la C.N.C.A., on s'aperçoit qu'on aboutit à la nécessité d'une reconversion de la politique agricole. Si je pouvais définir un objectif à la politique agricole — ce qui n'est pas mon rôle — je dirais qu'il faudrait sans doute concevoir une reconversion importante dans la perspective de la commercialisation des produits à l'étranger. Or, cela dépend de la politique agricole commune, et vous savez bien qu'il n'y a pas de politique agricole commune à l'exportation. On pourrait même dire que c'est la préoccupation inverse qui inspirait le Marché commun agricole. Pour ce qui est de la politique française, la politique du financement de l'agriculture intègre de plus en plus les dispositions d'ordre social. Tout cela est bel et bien et ne peut raisonnablement être remis en cause. Mais il ne faut pas se cacher qu'une telle politique se fait au détriment des conditions favorables qui pourraient être faites à l'agriculture dynamique et compétitive qui, seule, serait en mesure de percer sur les marchés extérieurs. Personnellement, je pense qu'il faudrait distinguer l'aspect social et l'aspect économique de la politique agricole. Certes, il faudrait continuer de traiter les problèmes sociaux et humains. Mais il faudrait les traiter à part et comme tels. Car sur le plan purement économique, la priorité devrait être donnée à l'aide aux secteurs les plus dynamiques qui seuls sont en mesure de permettre de développer nos exportations agro-alimentaires. Le Crédit agricole peut être un atout important. Il a conservé une spécialisation. Cela d'autant plus que dans ce domaine, la spécialisation est un atout utile et aussi une nécessité. Le Crédit agricole dispose en outre d'une puissance financière non négligeable. Mais dans le domaine de l'exportation, il y a un retard à combler. On peut le combler malgré certaines réticences psychologiques dont je vous ai parlé au début.

Dans le secteur particulier des industries agro-alimentaires, *M. Jean Wahl,* délégué aux I.A.A., reprend l'ensemble des données d'une politique d'exportation... et d'économie d'importations : la base de la réussite à l'exportation est la continuité et la persévérance dans l'effort. Aucune politique d'exportation ne peut être fondée sur des dégagements occasionnels de surplus au hasard des marchés. La continuité implique, pour permettre une présence commerciale constante sur les marchés étrangers, de disposer, en France ou à l'étranger, de moyens de stockage suffisants, ou de la possibilité d'importer des produits de pays tiers. Elle suppose également une certaine stabilité de la réglementation du commerce extérieur, quelles que soient les vicissitudes de la conjoncture.

— Vendre, c'est-à-dire ne pas se borner à laisser venir l'acheteur; il nous faut contrôler notre effort de vente à l'étranger et ne pas le laisser entre les mains d'importateurs.

— Les profits en France doivent être suffisants pour permettre de financer l'infrastructure à l'étranger, nécessairement coûteuse (actuellement, la situation est souvent inverse).

— L'offre de nos produits doit être d'une ampleur assez grande et d'une qualité assez homogène pour intéresser les grands réseaux de vente à l'étranger.

— Une certaine discipline doit régner entre les exportateurs français sur les marchés, notamment sur les marchés étroits.

— Pour prendre place sur un marché ou développer notre part du marché, il faut soit adapter les produits aux caractéristiques des consommations locales, soit mettre en œuvre les moyens de publicité nécessaires pour faire accepter nos produits tels qu'ils se présentent, soit procéder des deux façons successivement.

— Une politique de marque est nécessaire, condition souvent indispensable pour permettre la rentabilité de l'inévitable publicité qui doit être d'une ampleur suffisante.

— Il faut veiller à l'expansion de nos ventes à l'étranger d'équipements agricoles et alimentaires, qui « tirent » les exportations de produits (fours à pain et farine, équipements du froid et viande, étables et animaux vivants).

— Dans les pays en voie de développement, le financement d'unités de fabrication peut faciliter l'éclosion d'habitudes alimentaires favorables à la vente de produits français.

— En raison des protections dues aux goûts, aux barrières à l'importation ou aux réglementations locales, l'implantation industrielle est souvent le meilleur moyen pour permettre à nos firmes d'acquérir la dimension internationale.

— L'essentiel de l'effort est à accomplir d'abord en France (psychologie des producteurs et des transformateurs, modernisation des entreprises, groupement des exportateurs).

Naturellement, il ne faut pas négliger les pays en voie de développement et surtout les pays pétroliers (importance des débouchés du Moyen-Orient pour certains produits comme les produits laitiers ou les volailles). Mais l'importance des marchés traditionnels et proches de la France doit être soulignée : pour l'ensemble des produits agricoles et alimentaires, l'Allemagne, l'Italie, la Grande-Bretagne, le Benelux ou la Suisse représentent chacun un volume de vente de l'ordre de 40 à 80 fois plus important que celui qui est réalisé par exemple sur l'Irak, l'Iran, la Pologne ou le Japon. Une augmentation de 10 % de nos exportations sur ces marchés équivaut à 4 ou 8 fois la totalité du chiffre de départ de nos ventes sur ces pays.

Les procédures des Bruxelles, note M. Jean Wahl, sont défavorables aux exportations des produits de notre industrie alimentaire : elles ne tiennent pas assez compte, pour l'exportation des produits élaborés vers les pays tiers, de l'incidence sur les prix de ces produits des mécanismes de soutien des produits de base; pour les rapports avec les pays tiers, elles sont presque entièrement fondées sur la situation instantanée du marché, et ne permettent donc pas facilement la continuité d'une politique commerciale. Il faut naturellement aussi mentionner le caractère nocif des montants compensatoires monétaires pour nos exportations de produits alimentaires vers nos partenaires du Marché commun...

En ce qui concerne la fonction commercial, certes, le rôle des sociétés de commerce international doit être accru; mais ces sociétés ne doivent pas perdre de vue la production et ses problèmes et doivent permettre d'appeler à l'exportation les productions de la France « des profondeurs », ainsi que provoquer l'adaptation de ces productions aux nécessités de l'exportation.

D'autre part, indépendamment de l'action des S.C.I. au sens véritable du terme, il ne faut pas négliger les compétences plus personnelles, celles, par exemple, de l'agent compétent pour les produits d'épicerie fine qui connaît les débouchés offerts par les *delicatessen* de la région d'Atlanta — l'implantation aux Etats-Unis n'est pas nécessairement *coast to coast* —; les conseillers commerciaux pourraient procéder à un recensement des agents commerciaux disposant ainsi de compétences personnelles, qui pourraient éventuellement faire l'objet de regroupements si ceux-ci paraissent devoir être utiles. Il faut acquérir des réseaux de vente à l'étranger ne distribuant pas seulement des produits français — mais qui favoriseront la vente de nos produits s'ils sont contrôlés par des firmes françaises; les conseillers commerciaux pourraient proposer des réseaux à acquérir par des firmes françaises si la situation en France de la production de produits qu'ils sont susceptibles de distribuer justifie cette acquisition.

Le délégué aux I.A.A. met encore l'accent sur la discipline par marché : il convient d'accentuer la politique de création de groupes géographiques de concertation; les investissements industriels et commerciaux à l'étranger et la nécessité de procéder à un examen permettant d'apprécier si nos procédures destinées à favoriser ces investissements ne doivent pas faire l'objet d'adaptations.

En matière de réglementation, il faut créer des normes lorsque, faute de leur existence — cas de divers produits de la charcuterie sur le marché allemand — l'exportation n'est pas possible ou très difficile. Pour permettre de contrôler l'observation des normes, il convient de renforcer les corps de contrôle. Les agents des corps de contrôle doivent de plus en plus — comme semble le souhaiter la direction de la Qualité — devenir des conseils de nos entreprises, poursuivant avec elles un dialogue permanent, et ne plus être essentiellement des agents répressifs. Il faut engager résolument dans le Marché commun, où la rigueur relative de notre réglementation pénalise nos industriels, l'harmonisation des législations, notamment dans les domaines sanitaires et de la qualité. Dans certains cas (vins), il convient de simplifier considérablement nos réglementations pour les mettre en harmonie avec la vie commerciale à l'étranger (cas du Brandy). Enfin, pour ne pas compromettre la permanence de nos produits sur les marchés extérieurs, il convient de modifier le moins possible notre réglementation des exportations.

Quant aux procédures financières, faute de parvenir à leur suppression, il convient d'obtenir la préfixation des montants compensatoires monétaires dont la garantie par la C.O.F.A.C.E. n'est qu'un palliatif malaisé à mettre en œuvre et très insuffisant. En outre, il faut procurer à nos professionnels un régime de couverture à terme libéral analogue à ceux dont disposent leurs concurrents étrangers : il est anormal de contraindre ceux de nos professionnels qui ont vraiment le sens de l'exportation à procéder à des acrobaties de technique financière, et les pouvoirs publics ne peuvent demander à nos industriels d'avoir l'esprit international sans accepter de jouer leur rôle à cet égard.

Dans le domaine des transports, pour amortir nos équipements et nos moyens de transport, il faut étudier les possibilités de regroupement de nos expéditions, surtout sur nos marchés lointains. Il semble que les techniques commerciales ou de manutention des produits dans les ports français doivent être adaptées aux besoins de notre commerce extérieur (destination des produits, équipements, tarifs); dans le domaine de l'aviation civile, il paraît souhaitable d'améliorer les conditions de transport des avions cargos pour les produits agricoles et alimentaires, notamment pour les produits périssables, et il faut veiller à ce que les droits d'atterrissage en France puissent permettre l'établissement de lignes directes de transport pour nos exportations vers les marchés sérieusement prospectés. Des questions semblent également se poser en ce qui concerne le niveau des tarifs aériens (exemple du transport du même produit vers Manchester et vers Sydney). En ce qui concerne plus particulièrement les relations franco-britanniques, il faut donner une suite aux travaux du séminaire « trans-Manche ». Toutes ces questions devraient, semble-t-il, faire l'objet d'un groupe de travail.

En matière d'enseignement, pour former des dirigeants d'entreprise rompus aux mécanismes de la vente à l'étranger et des opérations de commerce international, il faut multiplier dans nos écoles supérieures de commerce des options de troisième cycle « Exportation » ou « Négoce international »; peut-être faut-il aussi créer une école supérieure d'application spécialisée dans ces questions. Un recensement pourrait être fait de ce qui existe déjà et des suggestions pourraient être présentées sur ce qu'il conviendrait de faire.

Pour former des vendeurs — français ou étrangers — de nos produits, il convient, sous l'égide des interprofessions, des chambres de commerce ou de la S.O.P.E.X.A., de créer des écoles techniques de vente (par exemple une école de la vente des fromages français à l'exportation) et d'intensifier considérablement la politique des stages de Français à l'étranger et d'étrangers en France. Il faut également réorienter vers l'exportation l'enseignement des écoles hôtelières françaises et élargir leurs possibilités d'accueil à des élèves étrangers.

La recherche? Les industriels pensent souvent que notre recherche publique pour les produits alimentaires ne tient pas assez compte des préoccupations économiques et de l'exportation. Les instituts visés se défendent de toute culpabilité à cet égard. Il faut faire le point. Il faut intensifier considérablement la méthode des « plates-formes » où une recherche d'ensemble est effectuée, pour les équipements comme pour les produits et les méthodes de vente, par les fabricants d'équipements, les opérateurs commerciaux, les chercheurs de l'industrie privée et du secteur public. Il semble que la France soit très en retard à cet égard sur la situation qui prévaut chez nos plus grands concurrents étrangers, comme la Grande-Bretagne ou les Etats-Unis. Deux études ont été demandées à cet égard dans chacun de ces deux pays. La recherche doit en particulier porter sur l'adaptation des produits pour répondre à la demande de « nouveaux consommateurs » : « vins intermédiaires », salaisons, pâtés, variétés diverses de fruits et légumes.

Pour conclure, M. Jean Wahl évoque les économies d'importation : elles se confondent naturellement avec les améliorations de structure de notre production qu'il convient de réaliser et qui, quelle que soit leur importance, ne peuvent pas être mentionnées dans cet exposé. Il est cependant difficile, en ce qui concerne les industries agricoles et alimentaires, de ne pas faire une allusion aux économies d'importation nécessaires dans le domaine des protéines et dans celui de la viande porcine.

Puis *M. Raymond Février*, qui fut directeur général de l'I.N.R.A., analyse ainsi « l'avenir de l'agriculture : ses problèmes, nos ambitions » : il semble évident que la course à la production, telle qu'on l'a connue et pratiquée depuis trente ans, ne peut plus se poursuivre dans les mêmes conditions.

Les choses ont évolué dans le même sens, car l'essentiel des facteurs de production, sur lesquels a reposé le développement de l'agriculture, sont importés : l'énergie, la plupart des produits chimiques, les engrais (directement et indirectement), les protéines... Pour la seule énergie, on estime que la consommation directe atteint 4 millions de tonnes de pétrole; 3 millions de tonnes sont en outre nécessaires pour produire les équipements, et 6 millions de tonnes pour la fabrication des engrais. On approche 14 millions de tonnes au total. Nous sommes encore loin de la situation américaine, où l'on a calculé que pour se nourrir, les U.S.A. consomment 250 millions de tonnes de pétrole, ce tonnage incluant toutes les consommations, depuis l'agriculture jusqu'au four de la ménagère, en passant par les industries agro-alimentaires et les transports. Ceci représente 1 tonne de pétrole pour nourrir chaque Américain, chaque année. Pour approximatif qu'il soit, ce chiffre doit faire réfléchir : sur ces bases, l'agriculture américaine ne peut être un modèle — comme on nous la présentait naguère — ni pour la planète (3 milliards d'habitants), ni même pour l'Europe occidentale. L'est-il même pour la prospère Amérique du Nord?

Il serait donc logique, dans la présentation du bilan import-export pour l'agriculture, de faire figurer les importations de facteurs de production consommés par l'agriculture, faute de quoi l'appréciation de l'évolution du solde est entachée d'une erreur, croissante avec l'évolution actuelle des techniques. Cet aspect est généralement négligé dans les documents officiels. Il serait en effet illusoire de développer nos exportations agricoles si cela devait entraîner, corrélativement, des importations accrues et une dépendance politique insupportable, comme pour le soja. Quoi qu'il en soit, l'agriculture actuelle importe une grande partie de ses facteurs de production. Devons-nous compenser ces importations par des exportations accrues? L'auteur de ce rapport l'avait écrit en 1957. Mais la réalité a montré l'âpreté des marchés agricoles internationaux et, à certains égards la fragilité de notre « vocation » d'exportateur agricole. L'exportation, pour souhaitable qu'elle soit, a donc ses limites, surtout pour un pays comme la France, qui ne dispose pas des grands atouts habituels des grands pays exportateurs comme l'Argentine, le Canada, la Nouvelle-Zélande et même l'Espagne : surface, climat, main-d'œuvre. Il faut donc, concurremment, envisager la réduction des importations des facteurs de production qui, de toute façon, est inscrite dans la géologie de la planète. Il faut aussi réduire les importations de certains produits agricoles pour lesquels la France n'est pas forcément mal placée : le bois, et surtout ses dérivés (7 milliards), le porc (3 milliards), la viande d'ovins (0,7 milliard), les protéines (3 milliards), même certains fruits et légumes (tomates : 0,5 milliard, ensemble des légumes : 1,7 milliard). Il est inimaginable, pour reprendre l'expression du président Pompidou en 1973, à propos des protéines, que notre agriculture se soit laissée distancer dans ces secteurs.

Souvent considérés comme « jardiniers de la nature », les agriculteurs modernes provoquent cependant certaines formes de nuisances qui préoccupent l'opinion publique. Naguère, l'agriculture vivait en autarcie biologique, recevant de l'énergie solaire et exportant aliments et matières premières. Désormais, certains de ses facteurs de production introduits dans le système sont évacués, soit dans le milieu naturel, qu'ils contribuent à polluer (engrais, par les nappes phréatiques, pesticides dans les eaux de ruissellement), soit dans les aliments (nitrates dans les légumes frais, pesticides sur les fruits et légumes, antibiotiques et autres « drogues » dans les produits animaux). Mais en outre, les techniques nouvelles elles-mêmes interviennent dans les nuisances : jadis, les effluents d'élevage étaient réincorporés dans les sols, dont ils constituaient la source essentielle de bonification. Certaines régions n'entretenaient du bétail qu'à cette fin (« le bétail, ce mal nécessaire », enseignait-on il y a trente-cinq ans encore). L'accroissement de taille des élevages, surtout dans les petites exploitations de l'Ouest, rompt l'équilibre sol-bétail. Le manque de main-d'œuvre s'y ajoutant, l'objectif des éleveurs est de rejeter ces effluents dans le milieu naturel, avec le moins de scandales possible. Les pailles, qui étaient elles aussi réincorporées au sol — souvent à travers le fumier — sont de moins en moins utilisées, car le bétail disparaît des régions céréalières et le ramassage de ce sous-produit n'est pas jugé rentable dans les exploitations de ces régions : le brûlage se développe, et le carbone d'une partie des 25 millions de tonnes de paille est ainsi gaspillé, non sans inconvénients pour l'environnement. Enfin, des espaces pauvres (montagnes, landes), qui étaient exploités jadis, sont progressivement abandonnés. Ils ne produisent plus de bétail, celui-ci étant plus avantageusement produit dans les plaines, avec du soja importé et des céréales qui pourraient être exportées. Contrairement à ce que pensent certains naïfs, ces paysages n'étaient pas « naturels ». Ils étaient le résultat de l'activité humaine, méthodique et obstinée. Sitôt abandonnés, ils retournent en friche et leur utilisation touristique et sportive devient plus difficile. L'environnement n'y gagne rien; l'économie et l'aménagement du territoire non plus. A un moindre degré, l'arboriculture fruitière tend à quitter les zones de coteaux pour se concentrer dans les plaines. La diversification et la richesse qu'elle apportait va manquer à ces régions marginales. La qualité des produits ne gagne pas toujours à ce transfert.

Il est clair, à travers cette triple constatation, que l'agriculture française ne peut, sans risque, poursuivre son évolution dans la même voie. Il n'y a certes pas urgence; mais le rôle de la recherche est de tenter de prévoir les questions qui lui seront posées quand il y aura urgence, pour orienter ses programmes en temps utile. Il ne faut donc pas être surpris que ce soient les chercheurs qui se posent plus particulièrement ces questions : les recherches qu'ils peuvent entreprendre à partir de ces réflexions, peuvent ne donner de résultats que dans cinq, dix, quinze ans, ou davantage. Ces réflexions, répétons-le, ne sont pas entièrement nouvelles. Elles avaient déjà été formulées, d'une manière peut-être trop mystique. Mais surtout, elles faisaient apparaître une opposition entre le souci de l'écologie et les nécessités économiques de l'époque. Il est donc compréhensible qu'elles n'aient pas rencontré, alors, un grand écho (avec des exceptions, comme la lutte biologique), ni chez les agriculteurs ni même chez les chercheurs, ces derniers étant réticents pour aborder des pistes dont le débouché pratique paraissait aussi aléatoire. En revanche, la hausse du coût des facteurs de production et l'épuisement — évident désormais — des ressources fossiles, permettent de réconcilier le souci écologique et les contraintes économiques. C'est l'occasion historique qui s'offre aux chercheurs agronomes, de maîtriser les mécanismes biologiques qui permettraient, en définitive, une meilleure utilisation de l'énergie solaire, dont l'agriculture sera longtemps le capteur le plus gigantesque et le plus efficace.

C'est à travers quelques exemples que l'on peut décrire en quoi l'attitude des chercheurs agronomes a évolué au cours de ces dernières années.

1. *Préparer des réponses biologiques à certains problèmes,* naguère résolus presque exclusivement par l'emploi massif de facteurs de production. Par exemple :

— la sécheresse de 1976 a fortement marqué les agriculteurs. Le développement de l'irrigation a été la préoccupation des organisations professionnelles et des Pouvoirs publics. C'est parfaitement légitime. Mais on peut aussi faire valoir le coût de l'irrigation, pour la collectivité (subventions) et pour l'exploitant. On estime, par exemple, qu'il faut 20 quintaux de maïs supplémentaires pour compenser les dépenses d'irrigation dans la Région parisienne.

On peut donc penser qu'à côté de certaines réponses « mécaniques » à ce problème, il doit y avoir des réponses « biologiques ». L'une de ces réponses, c'est la sélection de types végétaux résistant à la sécheresse. Par exemple, la création — antérieure — de variétés productives d'orges d'hiver, a permis de sauver cette récolte en 1976, alors que les orges de printemps, semées quand la sécheresse commençait, ont donné des résultats médiocres;

— la lutte contre le feu de la forêt méditerranéenne doit faire une place accrue aux méthodes « biologiques » : choix d'essences qui freinent le développement du sous-bois, très inflammable; création d'espaces déboisés *et* pâturés;

— dans certaines régions, la consommation de certains engrais est arrivée à un niveau où la rentabilité devient aléatoire (dans d'autres régions, au contraire, on reste dans la zone où l'emploi de la fumure minérale peut être encore largement développé). Avec le prix élevé de ces engrais, l'accroissement de la fertilisation n'est plus, à coup sûr, comme ces dernières années, une bonne opération. Il convient donc de multiplier les analyses de terre pour affiner les recommandations. La Station agronomique de Laon, financée par le département de l'Aisne et étroitement liée à l'I.N.R.A., accomplit, à cet égard, une œuvre modèle;

— le développement du maïs a été l'une des données majeures de l'agriculture de ces trente dernières années, puisque sa production a été multipliée par 20, et son développement à la fois pour le grain et pour le fourrage, paraissait inéluctable. Or, on doit constater le coût énergétique relativement élevé de cette production, qui nécessite une fertilisation importante, l'irrigation, le séchage des grains. On doit aussi souligner sa pauvreté en protéines.

Sans remettre en cause l'intérêt de cette production, on peut penser que certains blés fourragers à fort rendement, beaucoup plus riches en protéines et beaucoup moins exigeants en énergie, pourraient, dans l'avenir, jouer un rôle accru, à la fois dans les assolements de certaines régions et dans les rations d'aliments destinés aux animaux. Par exemple, dans le nord du Loiret, il a été constaté que le maïs ne laisse à l'hectare qu'une marge brute de 1 700 F contre 2 900 F pour le blé tendre;

— il est inutile d'insister, tant cette approche est reconnue classique, sur l'essor des méthodes biologiques pour lutter contre les ennemis des cultures; ce fut une des premières démarches modernes dans la voie que nous avons définie. Elle devient la règle pour toutes les études phytosanitaires; elle permet une bonne complémentarité de l'arme chimique et de l'arme biologique; elle vise, non plus à une destruction totale de « l'ennemi », mais au maintien à un seuil tolérable des pullulations. En outre, l'utilisation de ces méthodes constitue un argument de vente efficace auprès des consommateurs français et étrangers (cf. Migros, en Suisse);

— les légumineuses (luzerne, trèfle, vesce, pois, haricots, lentilles, etc.) ont énormément régressé. Or, ces plantes fournissent des quantités considérables de protéines à l'hectare et, grâce à un mécanisme biologique particulier (fixation bactérienne de l'azote atmosphérique), ne nécessitent pas d'engrais azoté. Leur recul, en quinze ans, de 3 millions à 1 million d'hectares, a entraîné un accroissement de consommation d'engrais de 400 000 tonnes d'azote, ce qui exige l'utilisation de plus de 1 million de tonnes de pétrole.

Il est souhaitable de provoquer leur réhabilitation et de réaliser pour elles les progrès génétiques, phytotechniques, phytopathologiques, qui ont permis l'essor des graminées. Dans cet ordre d'idées, on tente de conférer à d'autres plantes que les légumineuses, cette capacité de fixer l'azote atmosphérique. Des laboratoires travaillent à ce grand dessein dans la plupart des pays. La réussite dans ce domaine serait assurément une des plus grandes victoires de la biologie, contribuant à la solution du problème de l'énergie (engrais azotés) et de la faim (protéines). Mais il faudra probablement une ou plusieurs décennies pour parvenir, peut-être, à des résultats utilisables;

— la sélection des plantes, sans abandonner son objectif de productivité et de qualité, doit faire porter des efforts privilégiés sur les résistances naturelles des plantes : à la sécheresse, aux maladies et, pour les plantes sous serre, au froid;

— cette proposition permet d'aborder le problème de la création de variétés et de la production de semences. C'est un problème qui s'apparente, pour l'industrie, à celui des brevets (création de variétés) et à celui des machines-outils (production de semences). La valeur de la production de semences en France dépasse 2 milliards de francs. Les importations atteignent sensiblement 0,5 milliard de francs, les exportations 0,4 milliard de francs. Voilà donc un secteur de pointe, à forte technologie incorporée, où notre commerce extérieur est déficitaire. Une politique dynamique, pour les besoins français au départ permettrait à l'outil développé pour cette finalité de travailler aussi pour l'étranger et d'exporter ainsi au moindre coût.

Un effort a été réalisé ces dernières années; il est attesté par l'accroissement des « royalties » versées aux obtenteurs de variétés français (9 millions de francs en 1970, 45 millions de francs en 1976). Mais les « royalties » versées aux obtenteurs étrangers varient, dans le même temps, de 1 à 10 millions de francs. A côté de réussites incontestables (maïs + 225 millions de francs en 1976-1977 d'exportations nettes de semences), les secteurs des graminées fourragères, des plantes potagères, des betteraves sucrières, des pommes de terre, accusent un déficit de 215 millions de francs pour les semences.

Un autre aspect de ce problème est celui des emplois, puisque 1 hectare consacré à la production de semences crée beaucoup plus d'emplois que 1 hectare de toute culture comparable.

La production de semences est donc une activité :

— où nous sommes déficitaires;

— où la technologie ajoutée est très importante;

— où la main-d'œuvre utilisée est très importante.

Ces considérations interviennent directement dans notre débat.

2. *Une meilleure utilisation des potentialités agricoles :*

— l'utilisation des sous-produits de l'agriculture ou des industries agro-alimentaires, constitue également un thème important. Le cas de la paille a été évoqué : est-il tolérable qu'une fraction des 25 millions de tonnes parte en fumée, alors que nous importons du carbone sous forme de pétrole? Les utilisations de la paille peuvent être envisagées dans différentes directions, qui ne sont d'ailleurs pas exclusives : avec un traitement simple, elle peut devenir, pour le ruminant, un aliment acceptable. Elle peut constituer une matière première abondante et relativement homogène de la xylochimie (qui pourra, un jour, concurrencer la pétrochimie déclinante). Elle peut servir de base à la fermentation méthanique (avec d'autres déchets agricoles, encore moins transportables). Elle peut, enfin, être plus largement réincorporée dans le sol, car la réduction de l'humus de certaines régions entraîne déjà un accroissement du travail du sol, ce qui oblige à acquérir des tracteurs plus puissants et plus coûteux en énergie;

— dans ce même ordre de réflexion, une meilleure utilisation des effluents d'élevage s'impose. Les stations d'épuration avaient souvent comme rôle majeur de rejeter à la rivière des effluents oxydés, c'est-à-dire limpides et sans odeur. Il faut remplacer cette démarche, en étudiant comment et dans quelle limite on peut substituer ces effluents à la fertilisation minérale : les effluents de trois vaches laitières pendant l'hiver couvrent sensiblement l'exportation de matières fertilisantes de 1 hectare de blé;

— le développement de l'élevage a été la résultante d'un double mouvement. D'une part, les élevages hors sol se sont multipliés, d'abord pour les volailles, puis pour les porcs et même chez les bovins. D'autre part, des zones entières de pâturage traditionnel ont été abandonnées, et l'on aboutit, entre autres, à ce paradoxe que des surfaces considérables produisent des fourrages inutilisés, tandis que les herbivores (bovins, ovins) sont nourris avec des céréales (exportables) et des protéines (importées). Bien entendu, il y a des raisons objectives à cette tendance. Il n'en demeure pas moins qu'elle est regrettable, au double point de vue de l'aménagement du territoire (Corse, montagnes) et de la balance des comptes, Sans revenir à l'élevage d'antan, qui parfois cumulait les inconvénients d'une production coûteuse en main-d'œuvre (traite des vaches en montagne) et d'une production de qualité médiocre (certains fromages), il y a place, grâce à la technologie moderne, pour un élevage compétitif, qui permette d'exploiter par les ruminants ces immenses surfaces (14 millions d'hectares) et d'affecter ainsi à d'autres usages — notamment l'alimentation humaine — les produits cultivés dans les plaines;

— enfin, il paraît nécessaire de faire un effort pour les productions déficitaires, que nous négligions en nous résignant à une division internationale du travail parfaitement inadmissible pour certaines d'entre elles : les protéines, le bois, le porc, certains légumes méditerranéens.

Tels sont quelques exemplaires qui permettent de comprendre dans quel sens les recherches sont conçues, de façon à fournir les bases sur lesquelles peut reposer l'évolution, forcément progressive, de notre agriculture. Ainsi on éviterait de tomber dans la dépendance des facteurs naturels (climat, sols, épidémies) alors que l'on s'efforce de s'affranchir de la dépendance des ressources fossiles et industrielles. Ceci pose cependant quelques problèmes :

— les industries qui approvisionnent l'agriculture en facteurs de production sont inquiètes de cette voie. On les comprend. Mais il faut noter que : cette évolution ne pourra être que très lente;

— la production agricole doit augmenter : c'est donc moins par la diminution de ces achats en valeur absolue que par leur diminution relative, et probablement leur redéploiement [1], que l'évolution peut se manifester;

— il y a, dans la voie tracée, des possibilités de reconversion : l'urée doit devenir une base importante de l'alimentation des ruminants. L'industrie des engrais azotés n'a-t-elle pas été timide dans la promotion de ce marché? La production industrielle d'antagonistes biologiques aux ennemis des cultures (insectes, bactéries, champignons) offre des possibilités, certes nouvelles, donc aléatoires, à l'industrie phytosanitaire. Elle devrait *plus* largement les prospecter en prenant ses risques. Cette attitude serait plus efficace que certaines positions conservatrices;

— les agriculteurs ont adopté, dans les années 50, le mode de production, appelé souvent « productiviste », qui a permis ces succès et soulevé ces problèmes. Certains d'entre eux sont sensibles à ces difficultés et écoutent déjà avec complaisance les tenants d'une agriculture « naturelle ». Mais, pour la majorité, il est difficile de renoncer à l'agriculture « moderne », et on les comprend. Leur inquiétude est cependant excessive, car ces modifications seront très progressives; elles s'étendront sur des décennies, et il ne devrait pas y avoir de difficultés d'adaptation, sauf si on les obsède par la perspective, irréaliste, d'un « grand soir » technique;

— la science agronomique est appelée à jouer un rôle capital dans ce grand virage. Or, les moyens de la recherche agronomique sont limités. Depuis 10 ans, ils connaissent, à certains égards, une légère régression (50 % des crédits d'investissement, 40 % des crédits de fonctionnement, personnel exclu). Or, elle doit faire face non seulement à ces nouvelles orientations, porteuses d'avenir mais dont les résultats seront à long terme, mais aussi à l'assistance scientifique de l'agriculture actuelle, telle qu'elle existe et existera encore longtemps. C'est sur un double front socio-économique qu'elle doit donc se battre. Il est bien clair qu'elle n'est pas en mesure de le faire sans un accroissement significatif de ses moyens, comme d'ailleurs les U.S.A. viennent de le faire depuis 2 ans : la dernière année a vu le budget de la recherche agronomique publique s'accroître de 200 millions de francs. La coopération internationale qui se développe ne doit pas masquer le fait que la recherche agricole est un atout capital pour la compétition sévère dans laquelle sont engagés les pays évolués.

Les réflexions précédentes attestent la lucidité et le dynamisme du monde agricole qui a compris, lui, sans slogan, le rôle capital qu'il est appelé à jouer dans les prochaines décennies. Elles avaient pour objet de

---

1. Sur le causse du Larzac, de modestes doses de fertilisants permettent de tripler la production fourragère.

déterminer dans quel sens l'agriculture devrait poursuivre son développement dans les décennies qui viennent. Elles doivent permettre aux chercheurs de choisir entre différentes orientations chaque fois qu'une décision est à prendre. C'est de cette façon qu'il est réaliste de modifier l'orientation d'un grand établissement comme l'I.N.R.A. : une doctrine et une volonté obstinée pour l'appliquer, sans éclat, pendant des années. Elles ne permettent pas de déterminer avec précision quelle sera l'image de cette agriculture nouvelle. Il est déjà audacieux d'anticiper sur les résultats des recherches; il est hasardeux de prévoir comment la réalité économique en sera modifiée.

En abordant ce problème, nous quittons le domaine relativement solide de l'analyse et de la stratégie pour aborder celui de la prospective; l'expérience du passé conduit alors à la plus grande réserve. Essayons cependant, en prenant des risques, de nous poser les grandes questions sur la physionomie de cette « nouvelle agriculture ».

a. *Sera-t-elle moins productive? Pourra-t-elle contribuer à l'amélioration de la balance des comptes?*

La question n'est pas gratuite. L'agriculture actuelle est fréquemment appelée « productiviste », par opposition à d'autres types d'agriculture. La réponse paraît claire : l'agriculture nouvelle ne pourra être que productive, à moins d'un bouleversement total de l'économie, qui ferait accepter par tous un mode de vie totalement différent; et encore, les besoins alimentaires sont-ils de ceux qui peuvent le moins être comprimés! Ce sera déjà un progrès si l'on peut, sans perte de production, substituer partiellement aux facteurs de production extérieurs une meilleure utilisation des phénomènes biologiques. La production ne sera pas accrue, mais la « productivité » sera améliorée à cet égard. P. Méhaignerie l'a dit récemment : « Cette action doit passer plus par la diminution des coûts que par une fuite en avant irraisonnée. » Ce sera aussi un progrès pour l'agriculture française si elle parvient, au moins partiellement, à couvrir ses déficits, inimaginables dans le domaine du bois, du porc, des protéines, des semences, etc., pour ne citer que les principaux.

Ce double enjeu est déjà considérable. L'ensemble des consommations intermédiaires approche 70 milliards de francs. Les réduire, à terme, de 20 %, représente 14 milliards de francs dont la majorité est importée. Les déficits cumulés des grandes productions avoisinent 14 milliards de francs. Les réduire de 50 % représente 7 milliards de francs. L'effort dans ce sens s'ajoutant à l'effort, classique, de développement de nos grandes — et petites — exportations (céréales, produits laitiers), permet donc de définir un enjeu très ambitieux, mais évidemment lointain.

Cet objectif est-il irréaliste? Sur le plan technique, rien ne permet de le récuser. Déjà, à l'heure actuelle, l'application de certaines techniques permettrait un accroissement considérable de la production : le rendement des prairies permanentes, par exemple, peut s'accroître de 50 % au moins. S'il n'en est pas ainsi actuellement, et si l'on admet que notre économie s'adapte remarquablement bien aux conditions dans lesquelles elles évolue, il faut penser qu'il existe des raisons objectives pour lesquelles l'agriculture ne tire pas tout le parti possible de son potentiel physique de production. Les prix souvent bas du tourteau de soja paralysent le développement d'une politique nationale ou européenne de protéines. Les prix bas de la cellulose importée empêchent l'utilisation industrielle de la paille, etc.

Faut-il mettre en œuvre une politique très volontariste et, probablement, autarcique? Au contraire, sommes-nous conduits à simplement préparer des techniques nouvelles et des « modèles », qui seront mis en réserve jusqu'au jour où les circonstances économiques permettront de passer à la « vraie grandeur »? Faut-il combiner les deux approches, comme cela a été proposé pour une politique des protéines? Il semble qu'une politique de prix et d'organisation du marché doit tenir compte, non seulement des éléments économiques et sociaux habituels, mais aussi de l'aspect prospectif comme celui qui a été traité ici. Cette dimension n'existe pas souvent dans nos projets, contrairement aux projets américains (soja, isoglucose, protéines texturées, etc.). Si l'on n'agit pas ainsi, faute de prévoir, l'économie subira.

b. *Fournira-t-elle plus d'emplois?*

La nouvelle agriculture se caractérisera, notamment, par une meilleure utilisation de ses potentialités (photosynthèse, sous-produits, espaces abandonnés), par la réduction corrélative de la charge des consommations intermédiaires, par le développement de productions déficitaires et de productions à haute valeur incorporée (semences). Sa valeur ajoutée va donc être très supérieure à la valeur actuelle. Il est donc hautement probable qu'elle va exiger à la fois une meilleure utilisation du potentiel humain qu'elle occupe actuellement et des emplois nouveaux :

— meilleure utilisation des moyens actuels : si l'on s'interdit un recours accru aux facteurs de production extérieurs, le développement de l'agriculture va rapidement créer, globalement, une mobilisation totale du potentiel humain et aboutir peut-être à la situation de l'agriculture américaine qui, malgré le niveau très élevé des consommations intermédiaires, utilise son potentiel humain jusqu'à l'extrême limite.

— recours à une main-d'œuvre accrue : l'hypothèse n'est pas absurde. La mise en valeur de la forêt, à elle seule, peut provoquer la création de 1 emploi pour 100 hectares. L'utilisation, par des techniques nouvelles, des zones abandonnées, un meilleur recyclage des sous-produits agricoles, le développement de productions à haute valeur ajoutée (semences), exigent plus de travail. Deux problèmes se posent : il ne peut être question d'accroître la peine des hommes (certaines innovations doivent même permettre de les libérer, comme le groupage des naissances en élevage). Il faut donc qu'il y ait plus d'hommes. Ceci suppose que la rentabilité de ces opérations soit certaine, comme on l'a dit précédemment. On peut aussi imaginer des incitations au développement de l'emploi agricole ou rural; et dans ce cas, ces activités nouvelles seraient nécessaires pour occuper ce personnel. On peut également penser que c'est probablement l'exploitation familiale qui est la mieux placée pour tirer parti de ces nouvelles techniques et se livrer le mieux à certaines productions déficitaires (semences, viandes); la réduction des consommations intermédiaires est susceptible d'entraîner une réduction de l'emploi dans quelques industries, à moins que certaines reconversions ne compensent ce mouvement (urée pour les animaux à la place d'engrais, élevage d'organismes antagonistes pour l'industrie pharmaceutique). Dans cette hypothèse, cette diminution serait compensée par la création d'emplois agricoles et para-agricoles (encadrement accru de la vulgarisation, laboratoires d'analyses, etc.). Avec une volonté bien arrêtée d'œuvrer dans cette voie, l'innovation ne doit pas être génératrice de chômage, mais au contraire contribuer à développer l'emploi agricole, peut-être dans des structures qui pourraient aussi rester à l'échelle humaine.

En résumé, si l'on se place dans la perspective d'une agriculture sachant mieux tirer parti de l'énergie solaire, grâce à un développement de certaines techniques, on peut, avec les réserves qui s'imposent, penser qu'elle devrait contribuer :

— à améliorer notre balance des comptes, non seulement par le maintien et le développement des exportations, mais aussi par la réduction d'importations, à la fois de consommations intermédiaires et de certains produits où nous sommes déficitaires;

— à maintenir, et peut-être même à développer, l'emploi rural et agricole, puisqu'une utilisation accrue des mécanismes biologiques, sur place, devra remplacer le recours, actuellement préoccupant, à des facteurs de production d'origine industrielle, donc citadine.

CHAPITRE II

LE GOUFFRE DE LA « FILIÈRE BOIS »

Les chiffres contenus dans la première partie de cet ouvrage sont éloquents... Au cours des toutes dernières années, des groupes d'études, rapports et communications ministérielles ont tenté de dégager des solutions au déficit de la balance commerciale du bois et des produits dérivés. Un déficit qui, souligne le directeur général de l'Office national des Forêts, *M. Bétolaud,* apparaît d'autant plus paradoxal et insupportable pour notre économie que nos forêts s'étendent sur 14 millions d'hectares, ce qui représente près de la moitié de la superficie totale des forêts de la C.E.E.

Pour ce qui est du bois, note le ministre de l'Agriculture, *M. Pierre Méhaignerie,* notre mentalité a été celle d'un pays en voie de développement. Le bois était et est encore considéré, dans de nombreuses régions et par certains producteurs, comme un placement et non comme une production...

Nous vendons du bois scié ou à peine équarri que nous réimportons sous forme de meubles, observe de son côté le ministre du Commerce extérieur, *M. Jean-François Deniau,* qui précise : je peux vous citer l'exemple caractéristique de deux entreprises belges qui travaillent uniquement à partir de bois en provenance du département du Cher. Elles travaillent ce bois et nous le vendent ensuite sous forme de meubles. C'est la conséquence d'un problème de structures tout à fait classique. L'investissement nécessaire pour passer au stade d'une exploitation moderne est assez élevé. Nos scieries traditionnelles sont absolument incapables d'y faire face. Il nous faudra donc résoudre ce problème d'ordre financier.

Il faut savoir, explique *M. Bétolaud,* que la forêt ne dispose, en fait, pour son développement, que d'un simple auto-financement. Or sa mise en valeur requiert des investissements importants, car elle subit le poids du passé. Son cycle de production est long. Le véritable moteur de son progrès n'est pas entre nos mains, il est à l'aval. C'est l'industrie qui commande la production forestière. Le déficit traduit essentiellement une faiblesse industrielle. Le solde négatif des échanges extérieurs de la filière bois est imputable plutôt à la valeur ajoutée incluse dans les produits élaborés importés qu'à la valeur de la matière première contenue dans ces produits — l'exemple est frappant pour les meubles où le rapport est de

1 à 8 — et 90 % du déficit total sont imputables au déficit des échanges de produits transformés, première et deuxième transformation, alors que 10 % seulement sont dus au déficit des échanges de matière première.

Trois domaines économiques sont particulièrement concernés : les pâtes, papiers et cartons; l'ameublement, l'importation de sciages, essentiellement les sciages résineux du Nord.. En fait, il ressort des études sur la forêt française — et notamment de l'inventaire forestier national — que l'accroissement annuel de la forêt française pourrait permettre, sans porter atteinte au patrimoine, de produire sensiblement le volume consommé, mais la production de la forêt française n'est pas actuellement totalement mobilisée et elle n'est que partiellement substituable aux qualités de bois importés. Enfin, les échanges internationaux marquent profondément l'activité de la filière bois française, et ce à tous les niveaux. Les marchés internationaux du bois et des produits dérivés du bois sont des marchés très ouverts et très solidaires au plan mondial. La moindre crise dans un pays consommateur — par exemple, les Etas-Unis — provoque des réorientations des importations vers les autres pays consommateurs, ce qui entraîne des perturbations importantes sur leurs marchés intérieurs. Les variations monétaires ont, de même, des effets qui se manifestent très rapidement sur l'ensemble des marchés. La filière bois française se trouve donc plus exposée à la pression des importations de produits bruts ou transformés, ainsi qu'à l'appel des pays consommateurs de nos produits, que ne le sont d'autres branches de notre économie. Les prix intérieurs du bois et des dérivés évoluent en fonction des cours mondiaux dont ils suivent très exactement les variations. Ces constatations pourraient laisser croire qu'il suffirait de prendre des mesures de contrôle de nos échanges extérieurs pour régler le problème. Cette idée fausse doit être écartée. La réduction du déficit de la balance commerciale de la filière bois ne dépend pas de mesures ayant pour objet de contrôler nos échanges extérieurs. Cette voie serait irréaliste, dangereuse et difficile à mettre en œuvre.

— Elle serait irréaliste, parce que les importations de bois brut ou de produits transformés sont actuellement indispensables, compte tenu de nos capacités industrielles installées, et de l'insuffisance quantitative, mais surtout qualitative, de notre production forestière qui n'est pas totalement adaptée.

— Elle serait dangereuse, parce que la balance commerciale globale de nos échanges avec nos principaux fournisseurs de bois ou produits dérivés est souvent équilibrée ou excédentaire et l'on risquerait de provoquer des mesures de rétorsion qui affecteraient les échanges d'autres secteurs économiques.

— Elle serait difficile à mettre en œuvre, car le marché international du bois est un marché très ouvert. C'est ainsi que le bois ne figure pas parmi les produits énumérés par l'annexe II du traité de Rome et échappe donc aux mécanismes de régulation de la Communauté économique européenne.

— C'est pourquoi, à mon sens, les mesures spécifiques que l'on peut envisager sont essentiellement des mesures de restructuration et de stimulation de la production intérieure, sous réserve de deux précautions qui me paraissent devoir être prises. La première précaution consiste à protéger, grâce à des actions anti*dumping,* nos industries, lorsqu'elles sont menacées par des offensives visant délibérément à les détruire par des moyens abusifs. Tel est, d'ailleurs, le sens de l'action actuellement entreprise contre les exportations canadiennes de pâte à papier. La seconde précaution a pour objet d'éviter que les aides publiques à certaines de nos industries n'aient pour effet indirect et paradoxal de stimuler ou de maintenir nos importations lorsqu'il est possible de substituer à ces dernières des produits nationaux, comme cela a pu se passer pour le papier journal.

Pour remédier à cette situation qui est peu tolérable, il faut envisager des mesures de restructuration et de stimulation de la production nationale. Trois voies me paraissent devoir être suivies : renforcer les industries de transformation du bois en les incitant à valoriser au mieux notre ressource nationale; améliorer la mobilisation des produits forestiers nationaux; adapter progressivement la production forestière aux besoins prévisibles de la société. Il faut, en premier lieu, renforcer les industries françaises du bois. Celles-ci souffrent, pour la plupart, de handicaps par rapport aux industries concurrentes étrangères. Leur organisation commerciale est faible, leurs unités de production sont souvent de dimensions insuffisantes. Compte tenu des technologies actuelles, leurs coûts de revient sont élevés. Les domaines qui me paraissent appeler des actions prioritaires sont le sciage, l'ameublement et les pâtes à fibres longues. Il faut absolument développer la recherche sur les emplois futurs du bois, parce que c'est cette recherche qui permettra à nos industries de se réorienter et d'être compétitives en temps voulu pour, dans des délais assez courts, déboucher sur des solutions très intéressantes et que l'on commence à voir poindre à l'horizon. Les organismes français de recherche dans ce domaine existent, mais leurs moyens sont dérisoires comparés à ceux des pays développés, tels que les Etats-Unis et l'Allemagne : le rapport de la commission présidée par M. de Jouvenel en a tout particulièrement souligné l'importance à juste titre.

Après l'examen du domaine industriel, venons-en au problème de l'amélioration et de la mobilisation de la matière première nationale. En métropole, la récolte est très loin de mettre à la disposition de l'économie la totalité de la production forestière. Les résultats de l'inventaire forestier national sont formels : sans aucunement appauvrir la forêt, et même en réservant une partie de son accroissement pour l'enrichir, plus de dix millions de mètres cubes supplémentaires par an pourraient être récoltés, soit un tiers de la récolte actuelle et un quart de la consommation apparente actuelle. Les causes de cette situation sont multiples. On peut citer :

— l'insuffisance, dans certains secteurs, de la demande qui traduit l'insuffisance des installations industrielles;

— le coût croissant de l'exploitation dont les techniques qui ont rapidement évolué ces quinze dernières années sont encore susceptibles de progresser si la recherche dispose de moyens accrus;

— le morcellement de la propriété forestière française; un grand nombre de propriétaires, malgré les efforts des organisations professionnelles, ne sont pas des agents économiques et ne soucient pas de la mise sur le marché des produits de leur forêt. De ma part, ce n'est pas une critique; je pense en particulier à toutes les petites forêts paysannes qui ont été la source du combustible pendant des siècles et qui maintenant ne sont plus adaptées.

— l'insuffisance du réseau de desserte forestière dans certaines régions qui rend impossibles certaines exploitations dans des conditions rentables;

— enfin, l'archaïsme des procédures de vente des produits forestiers.

Comment peut-on améliorer la mobilisation de la production forestière française? Il faut, en premier lieu, développer les industries utilisatrices dans les secteurs où existe une production excédentaire. Une demande soutenue, à un prix correct, constitue le seul moteur qui permettra de faire sortir le bois de la forêt. Il faut aussi impliquer les forestiers dans le processus économique de façon à permettre, d'une part, une mobilisation optimale de la récolte dans de bonnes conditions. Ces objectifs peuvent être atteints par l'incitation au regroupement des propriétaires pour la gestion et la commercialisation de leurs récoltes, par la diversification des procédés commerciaux de mise sur le marché. Diversification qui peut être envisagée sous différentes formes, qui méritent d'être étudiées.

— Développement des ventes groupées de bois sur pied des propriétaires privés;

— développement de la mise sur le marché, par les propriétaires, de produits forestiers façonnés en vue de créer un véritable marché de produits forestiers déterminés qui permette aux industries de s'approvisionner dans les qualités qu'elles recherchent et de ne pas s'encombrer de stocks inutiles;

— développement de relations contractuelles entre les propriétaires, les exploitants et les utilisateurs, dans le cadre de contrats d'approvisionnement.

Il faut enfin améliorer les conditions de l'exploitation, d'abord en développant le réseau de desserte de la forêt.

Examinons maintenant les possibilités d'accroissement de la récolte en forêt guyanaise. L'immense forêt guyanaise — 8 millions d'hectares — n'est guère exploitée. Elle ne produit actuellement que 50 000 m^3 de bois d'œuvre par an, alors qu'elle constitue la principale richesse de ce département d'outre-mer et que la France est un pays gros importateur de grumes et de sciages de bois tropicaux. Cette richesse n'a pas jusqu'ici été mise en valeur à cause de l'insuffisance de la main-d'œuvre, de celle des équipements publics et surtout de l'absence d'investisseurs résolus disposant de moyens financiers suffisants. Ces problèmes ne sont pas insurmontables. Dans le cadre de la politique économique de développement de la Guyane, des projets d'investissements ont été présentés. Certains sont sans doute irréalistes, mais certains peuvent être réalisés et l'on peut estimer de façon très raisonnable que la Guyane pourrait exporter dans quelques années quelque 200 000 m^3 de sciages et produits transformés, ce qui doit être comparé aux importations actuelles de 300 000 m^3 de sciages tropicaux. L'inconvénient de la diversité des produits guyanais peut être surmonté par une commercialisation intelligente, car il s'agit de bois de valeur...

L'adaptation progressive de la production forestière française aux besoins prévisibles de la société est le troisième grand sujet de nos préoccupations forestières liées au déficit de la balance commerciale. Il s'agit d'une démarche à long terme, c'est-à-dire conforme aux délais de la politique forestière. Il est évidemment difficile d'imposer aux rythmes forestiers des variations rapides, mais il est incontestable que la production actuelle est partiellement inadaptée aux besoins présents ou raisonnablement prévisibles, tels qu'ils découlent des plus récentes études de la F.A.O. qui fait régulièrement un point très intéressant sur ces questions. Ces études annoncent, notamment, une forte augmentation mondiale de la demande en papier et cartons, ainsi qu'en sciages résineux. Or notre forêt métropolitaine a été profondément marquée par l'histoire et fait l'objet d'une gestion beaucoup trop extensive. La marque de l'histoire s'inscrit dans les 5 ou 6 millions d'hectares de taillis ou de taillis sous futaies, faiblement productifs, et dont les produits sont, pour partie, sans utilisation actuelle. Ces forêts étaient autrefois traitées en taillis pour produire du bois de chauffage dont l'utilisation n'a cessé de décliner depuis la guerre et qui n'a pas retrouvé un marché malgré le renchérissement des autres sources d'énergie. Ces surfaces considérables seraient susceptibles, si elles étaient vouées à la production de bois de qualité, de rendements beaucoup plus abondants et de fourniture de produits dont tout laisse penser qu'ils continueront d'être recherchés dans l'avenir. Par ailleurs, des superficies non moins considérables ne font l'objet d'aucune gestion ou d'une gestion très extensive; près de 3 millions d'hectares autrefois cultivés sont aujourd'hui abandonnés et réduits à l'état de landes ou de friches. Une partie de ces surfaces pourrait être mise en valeur par des boisements. Des progrès considérables de productivité peuvent être attendus. Pour la seule forêt soumise au régime forestier, qui bénéficie des interventions de l'O.N.F., une étude récente a évalué à 46 % en forêt domaniale, soit 1 700 000 hectares, et à 80 % dans les forêts des collectivités publiques, soit 2 450 000 hectares, l'accroissement possible de production à long terme si les travaux nécessaires sont poursuivis pendant plusieurs décennies. La marge de progrès est beaucoup plus grande encore pour l'ensemble des forêts privées.

Pour développer la production forestière à long terme, quatre conditions majeures me paraissent devoir être réunies : renforcer la recherche forestière et la vulgarisation; adapter les structures de la propriété forestière pour constituer des unités de gestion de taille suffisante; fournir à la forêt des moyens financiers; enfin, il faut des hommes, formés et en nombre suffisant. L'encadrement technique en ingénieurs et en techniciens qui est à la disposition de l'Office national des forêts et de la forêt privée est insuffisant pour faire face à une intensification significative de la gestion.

En conclusion, je voudrais formuler deux remarques qui me paraissent tout à fait fondamentales. La première est qu'il existe une solidarité objective de tous les secteurs qui composent la filière bois. Cette solidarité est largement méconnue et, jusqu'à présent, elle ne s'est guère manifestée. Or, aucune action en profondeur ne pourra s'exercer, ni réussir, si elle ne s'inscrit dans cette solidarité. La filière bois fait, à l'heure actuelle, l'objet de vives critiques. Tous nos efforts tendent à inciter les forestiers, les propriétaires, les exploitants, les industriels, etc., à dialoguer entre eux car ils dépendent en fait les uns des autres. Enfin, les industries de transformation sont partiellement interdépendantes par le fait que les produits ligneux sont susceptibles de transformations concurrentes ou complémentaires. Cela exige un rapprochement des mentalités et des intérêts entre partenaires économiques actuellement très éloignés les uns des autres.

Ma seconde remarque soulignera l'imporance d'une action forestière continue et ambitieuse à long terme. On pourrait être tenté de négliger, au profit d'actions à plus brève échéance, l'intensification de la gestion en vue de la production future de bois de qualité, voire la poursuite de l'extension du patrimoine forestier français. Un tel choix serait désastreux. Le rapport récemment présenté par le groupe de travail présidé par M. Bertrand de Jouvenel a mis en évidence l'intérêt capital qui s'attache, au contraire, à faire un pari en faveur de la forêt du XXIe siècle. La production forestière se caractérise par la longueur du cycle cultural. Plusieurs dizaines d'années s'écoulent entre la plantation ou le semis et la récolte des premiers produits qui sont de très faible valeur. Plusieurs décennies s'écoulent encore, parfois plus d'un siècle, avant la récolte des arbres arrivés à maturité. Pendant ces délais considérables, un effort constant de soins, de travaux culturaux et de surveillance sans défaillance doit s'exercer. Négliger, fût-ce temporairement, l'application de cet effort, compromettrait durablement l'espérance que la France peut avoir non seulement d'équilibrer, un jour, sa balance commerciale de produits dérivés du bois, mais même de jouer un rôle dominant en Europe dans ces domaines. Au-delà de notre indépendance économique se trouve aussi en jeu la possibilité de créer des emplois en milieu rural et de léguer aux générations à venir un patrimoine forestier vivant et enrichi, bien intégré à une industrie et à un commerce du bois actifs et modernisés. L'enjeu en vaut la peine.

CHAPITRE III

LE « REDÉPLOIEMENT INDUSTRIEL »

Qualifié par la C.G.T. de « politique de recherche de créneaux de production dans un mouvement général d'abandon de secteurs entiers de l'industrie et de soumission aux trusts étrangers », le redéploiement industriel s'inscrit dans l'environnement international : division du travail, « nouvel ordre économique mondial », éveil des pays en voie de développement... Ainsi, pour *M. Georges Pebereau,* administrateur directeur général de la Compagnie générale d'électricité, nous devons nous demander quels sont les secteurs où nous avons des chances d'abord de percer sur un plan international et ensuite de nous maintenir durablement. Les critères de nos choix sont complémentaires de ceux des pays en voie d'industrialisation ou de développement, riches en matières premières, en ressources énergétiques et en main-d'œuvre bon marché, mais en moins bonne position industrielle que nous. Nos atouts résident dans la disposition d'une main-d'œuvre qualifiée, de technologies assises sur un passé industriel, de bons moyens techniques, d'une expérience éprouvée, d'une réputation étendue et d'une capacité de suivi de nos réalisations. Le secteur des biens d'équipement, qui répond à ces critères, constitue une chance pour notre industrie. Cela n'est cependant pas globalement vrai. Aussi des choix — difficiles — seront à faire. Il ne faut pas se contenter de soutenir les entreprises en difficulté par une vue à court terme s'appuyant sur des raisons sociales, d'aménagement du territoire ou de politique régionale. Il faut pousser les secteurs sains pour être en mesure de prendre position sur les différents marchés. Mais il faut le faire vite et sélectivement : les divers pays industrialisés visent les mêmes créneaux et bénéficient souvent d'une avance sur la France dans les adaptations rendues nécessaires par la division internationale du travail. Les seules techniques et technologies sont cependant insuffisantes pour faire face à une compétition internationale qui devient de plus en plus difficile, poursuit M. Pebereau. Celle-ci implique aujourd'hui de mener des actions en amont et en aval de simples fournitures de matériels. En amont, il s'agit d'assurer la conception des systèmes et de procurer les financements appropriés à leur mise en œuvre. En aval, c'est la livraison d'ensembles clé en main jusqu'à la maintenance, au service après-vente, et dans certains cas, à l'exploitation des systèmes pour le compte du client.

En définitive, nos choix nous guident d'une part vers les techniques et technologies les plus avancées ou les plus élaborées et, d'autre part, vers les compétences en systèmes, en logiciel ou comme ensembliers, ce que j'appellerais volontiers « le secteur tertiaire de l'industrie ». Mais ne nous y trompons pas : ce n'est pas en vendant, comme certains, des ensembles à base de procédés industriels étrangers que nous réussirons, mais en vendant des systèmes à base de techniques propres que nous maîtrisons. A cela, on pourra m'opposer que nous sommes largement surpassés par les industriels américains. Ainsi, dans le secteur des télécommunications, chaque jour apporte une nouvelle preuve de l'activité internationale de l'A.T.T. qui peut maintenant se déployer hors des Etats-Unis à l'expiration de ses accords avec I.T.T. De plus, on notera que l'A.T.T. propose non seulement un réseau téléphonique, mais son exploitation. Il n'y a certes pas de parade parfaite contre l'A.T.T. qui, avec la Western Electric, représente près de vingt fois l'industrie française du téléphone, mais celle-ci a néanmoins des atouts à jouer. En premier lieu, nous ne sommes pas des exploitants; l'alliance avec un partenaire est donc indispensable. L'exploitation étant publique en France, l'appui de l'administration des P.T.T. est indispensable pour établir une offre globale. En second lieu, nous devons jouer les alliances de complémentarité et de solidarité au niveau des firmes européennes en veillant, sur notre territoire, à ne pas pousser à une concurrence stérile entre fabricants français.

Une compétence en logiciel implique une compétence en informatique, donc la maîtrise des grands systèmes d'ordinateurs de haut de gamme. Ici encore la France dispose d'un atout majeur avec C.I.I. Honeywell Bull : premier industriel européen de l'informatique et deuxième mondial avec son partenaire et actionnaire minoritaire, Honeywell.

Parler de logiciel implique aussi le service informatique, domaine où les Européens peuvent jouer un rôle. La C.G.E. a conclu dès 1970 à la nécessité d'entrer dans ce secteur; elle fonde alors, avec l'appui de deux banques et en investissant quelques millions de francs, G.S.I. (Générale de service informatique). G.S.I. emploie aujourd'hui 1 700 personnes et réalise un chiffre d'affaires de 300 millions de francs avec un résultat net supérieur à 6 millions de francs. Elle est présente également en Suisse, en Italie, en R.F.A., en Belgique, en Grande-Bretagne, aux Etats-Unis et poursuit son développement d'implantations à l'étranger. Le domaine du service informatique apparaît donc ouvert pour la France qui s'y trouve bien placée avec la possibilité d'y tenir un rôle appréciable.

En conclusion, nous devons être attentifs aux conséquences de la division internationale du travail. Celle-ci se met en place plus rapidement que prévu à la faveur des redistributions consécutives à la hausse des prix pétroliers et des matières premières et concerne tous les pays industrialisés. C'est maintenant une question de calendrier dans un réarrangement à l'échelle planétaire, et tout retard pourrait avoir des conséquences sur le plan national, notamment en matière d'emploi.

Concrètement, c'est l'obligation pour nos industriels de pratiquer un marketing à l'échelle mondiale, en choisissant leurs créneaux industriels pour viser la compétition mondiale sans entamer une lutte vaine ou épuisante avec les pays en voie de développement dont l'essor dans leur spécialité peut, au contraire, apporter un appoint de compétitivité. C'est, au sein des créneaux retenus, la nécessité d'optimiser la localisation des fabrications et des sources d'approvisionnement. C'est également la nécessité de coordonner et d'utiliser les complémentarités des moyens techniques, avec leur environnement commercial et scientifique. Il s'agit de transformer des industries encore plus ou moins marquées par une certaine tendance à l'autarcie nationale en entreprises pleinement internationales, et les grands groupes industriels se trouvent certainement, en raison de leur structure, en mesure de contribuer efficacement à cette évolution.

Pour le pays, c'est infléchir une politique trop généralisée de soutien des secteurs en difficulté pour favoriser les secteurs prospères pour lesquels nous avons des chances de compétitivité internationale, c'est d'une façon plus générale renforcer la prise en compte des retombées internationales dans l'élaboration des décisions et promouvoir à tous les niveaux une politique volontariste excluant le saupoudrage. Ce n'est pas une question de subventions mais un problème d'adaptation de la mentalité de toute une époque qui concerne aussi bien l'Administration que les entreprises.

Le défi mondial qui nous est adressé est à peu près aussi difficile à relever que celui auquel notre pays a répondu après la Libération. Je ne suis pas sûr que nous ayons pleinement apprécié — sinon l'ampleur de l'enjeu qui est, je crois, bien perçu — du moins l'ensemble des conséquences sur nos mentalités, nos structures et nos comportements de la nécessaire internationalisation de notre économie.

M. Cortesse, directeur de la prévision au ministère de l'Economie et des Finances, souligne tout d'abord l'ambiguïté de la notion de « spécialisation internationale » : ambiguë, parce qu'elle peut s'entendre comme une spécialisation subie — un pays est contraint de travailler dans des secteurs délaissés par les autres — ou recherchée, c'est-à-dire qu'un pays maintient un avantage initial qu'il a obtenu dans un certain nombre de secteurs et « engrange » les résultats d'un phénomène cumulatif de spécialisation, à moins qu'il ne consente une protection temporaire à un certain nombre d'industries naissantes pour leur permettre d'être concurrentielles sur certains marchés.

On peut constater, depuis 1967, que les gouvernements ont pris de nombreuses mesures pour renforcer le potentiel financier des industries spécialisées dans l'exportation. Nous voyons bien les limites pratiques et concrètes d'une telle politique. En effet, encourager certaines industries ou certains secteurs, c'est, bien entendu, se résigner à en abandonner d'autres. Or, ce que l'on constate à l'heure actuelle, dans ce domaine, c'est une véritable antinomie entre les objectifs à court terme et à moyen terme. En effet, l'objectif à court terme est la consolidation de la balance commerciale et de la balance des paiements. Or il conduit à accepter ou à recommander une croissance relativement modérée. En revanche, si l'on veut obtenir une bonne spécialisation à moyen terme, il est clair que nous devons nous trouver dans un contexte de croissance rapide. Il est relativement facile de renoncer à certains secteurs ou d'accepter que certaines entreprises ferment lorsque la vigueur de la croissance permet des reconversions rapides et n'a pas d'effets massifs sur le chômage. Il est évident qu'en période de croissance ralentie ce phénomène de spécialisation est infiniment plus coûteux socialement et, par conséquent, plus difficile à mettre en œuvre. On peut craindre également que dans l'hypothèse d'une croissance très ralentie, les capacités de production n'augmentent plus et que le progrès technique « s'essouffle ». On se trouve alors dans une situation que je qualifierai de « britannique », où l'on cumule une croissance ralentie et des difficultés extérieures sans que, pour autant, la spécialisation de l'économie s'améliore. En ce domaine, il faut retenir une règle cardinale : il est, bien entendu, nécessaire d'assurer la reconversion d'un certain nombre d'activités ou d'entreprises, mais il est indispensable de s'interdire formellement de garantir une survie artificielle aux entreprises abandonnées. En effet, celle-ci ne peut être consentie que dans la mesure où l'on freine l'expansion des autres secteurs. Bien entendu, cette position n'exclut pas la mise en œuvre de mesures temporaires de sauvegarde et l'utilisation de l'arsenal que les gouvernements possèdent pour éviter la disparition brutale d'entreprises ou de secteurs.

En résumé, j'estime donc que le problème de la spécialisation est beaucoup plus un problème de calendrier que de principe. A cet égard, je ne pense pas que l'abandon d'une production, sauf dans un nombre extrêmement limité de domaines, présente un véritable risque. En effet, dans la plupart des cas, il y a une pluralité de fournisseurs, et quand existe un monopole — ce peut être le cas pour des raisons technologiques, politiques ou commerciales — il ne semble pas, comme le prouve l'expérience que nous avons en ce domaine, que les « contre-feux nationaux » soient d'un poids quelconque face à de véritables monopoles ou des positions dominantes en matière politique ou technologique.

M. René Tendron, du *Nouvel Economiste,* distingue le « redéploiement géographique » et le « redéploiement industriel » : si pour ce qui concerne le redéploiement géographique, nous avons fait des efforts couronnés de succès par la politique des grands contrats, on se rend bien compte que du point de vue industriel rien ou presque n'a été fait. Je veux dire par-là que nous n'avons pas beaucoup gagné en productivité, nous n'avons pas réorienté notre industrie vers des productions comportant davantage de valeur ajoutée, nous n'avons pas, ce faisant, corrigé en notre faveur et fondamentalement les grands courants d'exportation. Trop concentrées sur l'Europe de l'Ouest, celles-ci se soldent par un déficit de près de 14 milliards contre 4 milliards en 1974 avec les pays du Marché commun qui absorbent plus de 50 % de nos exportations. C'est-à-dire que nous n'avons pas corrigé notre situation avec l'Allemagne qui nous coûte plus de 10 milliards et que nous avons perdu sur tous les autres. Insuffisamment représentés en Amérique du Nord qui n'absorbe que 6 % de nos exportations, nous y cumulons un déficit de 8 à 11 milliards par an depuis quatre ans alors que, dans le même temps, notre déficit commercial a été multiplié par 10 avec le Japon! (Il atteint 4 milliards et demi contre 500 millions en 1973.) Autrement dit, notre redéploiement géographique depuis quatre ans vise à ne pas accroître notre déficit avec les pays de l'O.P.E.P. (29 milliards contre 33 en 1974 et 8 en 1973) et à trouver des compensations un peu vers les pays socialistes mais surtout vers les pays en voie de développement. C'est par-là que s'explique la croissance de nos ventes d'équipements professionnels.

Ce qui pose à mon avis deux interrogations :

1. Est-il bon d'avoir de plus en plus de clients parmi les pays dont les balances des paiements sont largement déficitaires et à qui vous prêtez en francs pendant que vous empruntez en dollars?

2. Est-il normal de voir nos parts de marchés se réduire dans les pays industrialisés pendant que ces derniers augmentent la leur chez nous?

A ces deux questions, il n'y a, me semble-t-il, qu'une seule réponse : l'insuffisance de la capacité de redéploiement et de reconversion de l'industrie française sur des marchés porteurs qui n'acceptent pas n'importe quels produits. Et c'est là où personnellement je me pose une autre question. A-t-on été jusqu'au bout de la logique de la reconversion?

Je sais bien que le gouvernement a entrepris des actions sectorielles dont certaines portent des fruits; je sais bien que la pauvreté de la France en matière première, la cherté de la main-d'œuvre, notre manque de compétitivité nous ont beaucoup gênés et nous gênent encore. Mais sommes-nous les seuls dans ce cas et les arguments sont-ils tout à fait exacts?

L'accroissement de la facture pétrolière compris entre le 30 septembre 1973 et le 1er octobre 1975, c'est-à-dire l'essentiel, a correspondu à un prélèvement de 3,5 % sur notre produit national brut. Pour les Allemands, cela représentait 3 % et pour les Japonais 5 %. Or, que je sache, ni la balance japonaise, ni la balance allemande ne sont déficitaires. C'est même parce qu'elles sont en excédent que ces deux pays rencontrent tant de difficultés avec les Américains. Et pourquoi sont-elles excédentaires? Certes par la croissance en volume, mais surtout ne semble-t-il parce que ces deux pays ont joué la carte de la transformation. Selon une étude récente de la B.F.C.E., il n'y avait en 1975 que 59 % de valeur ajoutée dans les exportations françaises contre 80 % pour l'Allemagne fédérale et 90 % pour le Japon. Même l'Italie nous dépassait avec un taux de 70 % précédant de peu les Etats-Unis avec 65 %. Ce qui veut dire que ces pays ont choisi la spécialisation qui seule permet de gagner en productivité et d'ajouter beaucoup de matière grise à quelques produits. A l'inverse de la France qui offre beaucoup de produits à peu de clients, ils vendent peu de produits à beaucoup de clients. Si l'on ajoute à cela une mentalité d'exportation que nous acquérons difficilement, on peut expliquer le bonheur des uns et le malheur des autres.

CHAPITRE IV

L'INFORMATIQUE DANS LES ÉCHANGES EXTÉRIEURS

M. J.-P. Brulé, président-directeur général de C.I.I. Honeywell Bull, fait le point en ce qui concerne l'informatique et la situation de son groupe au regard du commerce extérieur. Selon les données du ministère de l'Industrie, la balance nationale des importations et exportations en informatique a été pratiquement en équilibre en 1977. Cet équilibre s'établit à un niveau élevé avec des importations de 4 596 millions de francs et des exportations de 4 613 millions de francs. Du fait de la présence sur le sol national d'un grand nombre de sociétés étrangères dont la plupart ne produisent pas en France, il est inéluctable qu'un montant élevé d'importations demeure, ce qui rend nécessaire également un montant important d'exportations par les sociétés françaises. Etant donné que l'informatique fournit aux utilisateurs des biens et des services d'utilisation assez complexes, les exportations ne sont pas faites vers les utilisateurs finaux, mais vers un agent ou une filiale à l'étranger, chargé de leur mise en œuvre auprès de cet utilisateur.

Il y a donc deux grands modes d'exportation : l'un qui consiste à vendre ses produits à une autre société d'informatique à l'étranger, laquelle les commercialise en général sous sa propre marque — ce mode est généralement désigné par le terme anglais O.E.M. (*other equipment manufacturers*); l'autre mode d'exportation est l'exportation vers ses propres filiales ou ses agents exclusifs. Ce second mode est beaucoup plus important que le premier. Il présente un caractère de continuité et de régularité pour les débouchés des usines de fabrication qui le rend fondamentalement plus intéressant que le premier; en contrepartie, il nécessite évidemment des investissements très supérieurs. En illustrant ce propos par le cas de C.I.I. Honeywell Bull, on voit que le premier mode est presque négligeable par rapport au second : il représente quelques dizaines de millions de francs chaque année sur un chiffre d'affaires qui a atteint en 1977 le chiffre de 3 788 millions de francs; par contre, le second mode est décisif, puisque c'est grâce à lui que le groupe C.I.I. Honeywell Bull a réalisé hors de France 53 % de son chiffre d'affaires consolidé contre 47 % en France. Ce pourcentage change peu d'année en année et il explique que les usines C.I.I. Honeywell Bull exportent les deux tiers de leur production. Ces deux tiers se divisent d'ailleurs en deux parties presque égales, l'une vers les filiales de la C.I.I. Honeywell Bull, l'autre vers son partenaire Honeywell qui est son distributeur exclusif dans un certain nombre de marchés et notamment les Etats-Unis.

Il est important de réaliser que la constitution d'un réseau d'une trentaine de filiales contrôlées à 100 % résulte d'un effort de plusieurs décennies et correspond à un investissement en capitaux du groupe C.I.I. Honeywell Bull dans ces filiales de plusieurs centaines de millions de francs (environ la moitié des capitaux propres du groupe), ceci étant rendu particulièrement lourd par le fait qu'une proportion notable des clients en informatique louent leur matériel au lieu de l'acheter. Ce dernier phénomène est un des points-clés de l'informatique et conditionne la structure du marché et sa croissance autant que le progrès technologique constant qui permet d'abaisser chaque année le coût réel du produit ou du service.

Un autre aspect qui doit être signalé est le risque que font courir à ce genre d'opérations les fluctuations monétaires. En effet, les parcs en location investis dans une trentaine de pays rapportent des revenus en monnaies de ces pays, mais ont été financés par des dotations en capital ou par des emprunts dans d'autres monnaies et les disparités éventuelles entre celles-ci peuvent conduire à des pertes ou à des gains du même ordre que les marges de la Compagnie. Un contrôle étroit des risques monétaires est donc indispensable pour une compagnie comme C.I.I. Honeywell Bull.

On voit donc se dessiner un certain nombre d'impératifs à une exportation permanente de l'informatique, qui sont centrés sur le contrôle d'un réseau commercial à l'étranger, le haut niveau de financement de celui-ci et les risques de change associés. Le résultat d'un tel effort est payant : pour 1977, les exportations de C.I.I. Honeywell Bull excédaient ses importations de 391 millions de francs (en progrès de 82 % sur l'année précédente).

L'effort de recherche et de développement nécessaire aux exportations est le même que celui fait pour être compétitif sur le marché national, car le marché de l'informatique est véritablement mondial, les produits utilisés étant les mêmes dans les pays du monde entier, indépendamment de leur régime politique ou de leur degré de développement. Il est bon toutefois de rappeler que l'effort d'études en informatique est important et se situe suivant les constructeurs entre 6 et 12 % de leur chiffre d'affaires, le développement d'une ligne de produits complète se chiffrant en milliards de francs lourds, et devant être renouvelé environ tous les cinq ans — ce dont il résulte bien évidemment une taille minimum pour un constructeur d'ordinateurs et une tendance à la concentration du marché, qui se vérifie constamment depuis une dizaine d'années.

La question des composants, contrairement à une idée souvent admise, n'est pas jusqu'ici étroitement liée à celle de l'informatique; une compagnie comme C.I.I. Honeywell Bull a eu comme politique de n'acheter que des composants disponibles sur le marché chez au moins deux constructeurs, jusqu'ici elle a toujours pu satisfaire ainsi ses besoins technologiques à un coût très favorable, puisque ses achats totaux de semi-conducteurs se situent aux environs de 2 % de son chiffre d'affaires. Des études sont en cours pour voir si cette situation subsistera dans l'avenir compte tenu du degré d'intégration croissant des circuits.

CHAPITRE V

LES PERSPECTIVES EN MATIÈRE D'ÉNERGIE

M. Robert Lattès, conseiller auprès de la direction générale de la Banque de Paris et des Pays-Bas, présente une synthèse d'études à partir desquelles il dégage la tendance moyenne de l'évolution des choses jusqu'aux années 2000-2025 dans le domaine énergétique : j'ai adopté comme unité de base la tonne d'équivalent pétrole — dite T.E.P. — elle-même équivalente à 1,5 tonne de charbon — dite T.E.C. Au niveau de la production, on considère que 1 mégawatt électrique installé fournit annuellement environ un peu moins de 1 500 T.E.P. En 1976, la France a importé 121 millions de tonnes de pétrole, besoins pétro-chimiques inclus. Qu'il s'agisse aussi bien d'énergies primaires que secondaires, il convient de noter que les taux de conversion et les rendements retenus varient avec les études : une certaine incertitude, en fait inévitable, entache en tout état de cause les diverses estimations aussi bien en matière d'offre — au stade primaire — que de demande — au stade de besoins effectifs. Je laisserai donc volontairement de côté tout ce qui concerne les taux de rendement et les taux de conversion.

En second lieu, je voudrais vous signaler qu'il existe une relation entre la consommation énergétique et la croissance économique, mais cette relation est de nature très spécieuse parce qu'il est évidemment toujours possible d'obtenir un chiffre en ce domaine; il y a en fait une grande dispersion selon les pays et selon les époques. On peut dire cependant que pour le monde l'élasticité est égale à l'unité : cela signifie que tout point de croissance économique a jusqu'ici impliqué un point supplémentaire de consommation énergétique; mais il existe des différences notables selon les pays. A cet égard, la France produit le plus de valeur ajoutée pour un minimum de consommation énergétique; elle rejoint la Suisse et la Suède de ce point de vue. Il faut rappeler qu'après la guerre du Kippour, on avait espéré une diminution de cette élasticité. En fait, il n'en a pas été ainsi et la difficulté majeure au cours des prochaines années sera évidemment de parvenir à briser cette relation.

Sans doute les écologistes soutiennent-ils que cette donnée n'est pas intangible : on peut en discuter longuement, mais il n'en reste pas moins qu'il faut simplement constater, pour l'instant, un fait. De sorte que nous sommes tentés de dire qu'une moindre augmentation de la consommation d'énergie se traduirait par un développement économique plus faible, mais il faut s'entourer évidemment de beaucoup de prudence.

Projetons maintenant un tableau fournissant l'évolution de la consommation mondiale (ou de la demande) de produits énergétiques en T.E.P. Je rappelle que les chiffres retenus pour les années 2000-2025 ont été élaborés compte tenu des tendances moyennes résultant des études précédemment citées. Nous pouvons observer qu'en 1975, la planète a consommé 6 milliards de T.E.P. contre 1,7 milliard en 1950. Il faut remarquer également qu'en 2000, les prévisions de consommation énergétique portent sur 14 milliards de T.E.P. et qu'en 2025, elles représentent 22 milliards de T.E.P. Avant la guerre du Kippour, les prévisions réalisées concernaient 20 milliards de T.E.P. pour l'an 2000 au lieu, je vous le rappelle, des quelque 14 milliards de T.E.P. figurant sur ce tableau. Une nette diminution de la croissance des consommations énergétiques peut donc être prévue à la suite de la crise de l'énergie.

Quelle signification faut-il attribuer à ces données? La croissance économique annuelle moyenne de la planète a été de 5,2 % de 1950 à 1975, et pendant cette période, les besoins énergétiques ont progressé à un rythme équivalent. Qu'il s'agisse d'hypothèses ou d'interprétation de la demande énergétique, la croissance économique serait d'environ (pour le monde, donc en moyenne très globale) 3,5 % par an pour la période 1975 à 2000. De 2000 à 2025, il faut espérer pouvoir parvenir à briser la relation que j'ai évoquée entre la croissance économique et la consommation d'énergie, sinon, vu la valeur très modeste de la croissance économique, nous nous trouverons confrontés à des nécessités impératives d'une autre orientation de l'appareil de production et à la définition d'un nouveau modèle de développement.

Dans les prochaines années, la part de l'Amérique du Nord et des pays de l'Organisation de coopération et de développement économique dans la consommation énergétique mondiale devrait diminuer; celle des pays communistes devrait augmenter essentiellement à cause du développement de la Chine; celle des pays en voie de développement devrait progresser substantiellement. Mais les données les plus intéressantes sont probablement fournies par les statistiques relatives à la consommation énergétique par tête. Nous constatons en 1975 une dispersion colossale, allant de 0,35 T.E.P. en Chine à 8,32 au Canada. La répartition est donc extrêmement inégalitaire. En 1950, la moyenne mondiale était de 0,7 T.E.P.; en 1975, nous en sommes à 1,5 T.E.P.; et selon les prévisions, nous enregistrerons 2,26 T.E.P. en 2000 et 2,43 T.E.P. en 2025. Il faut donc bien prendre conscience que dès la fin de ce siècle, si les pays en voie de développement doivent avoir une consommation par tête plus importante, il faudra que la demande de produits énergétiques diminue dans les Etats industrialisés.

Un autre diagnostic indique les perspectives de consommation mondiale annuelle d'énergie et de consommations cumulées par période. J'ai supposé que l'élasticité entre la consommation de produits énergétiques et la croissance économique serait en moyenne de 0,8 — au lieu de 1 — pour les années 1975 à 2000; cela signifie que, comme actuellement, nous partons de 1, il faudrait arriver à 0,6 en 2000, ce qui représente un effort colossal. Les hypothèses vers cette élasticité sont encore plus sévères au-delà de 2000, sur la période 2000-2025. Nous constatons ici l'un des pièges de l'énergie : la contrainte du temps. Un délai de cinquante ans est extrêmement court...

Il est plus intéressant de considérer les consommations cumulées. Examinons l'hypothèse suivante : Que se passerait-il si l'on pouvait arriver à ne consommer que 10 milliards de T.E.P. en 2000, puis 14 milliards de T.E.P. en 2025 ? Je rappelle que de 1950 à 1975, la consommation a été de 96 milliards de T.E.P.

Cette nouvelle hypothèse est très volontariste. Passer entre 1975 et 2000, de 6 milliards de T.E.P. à 14 milliards de T.E.P., représenterait en consommations cumulées 250 milliards de T.E.P., mais il faut bien voir que même si la croissance est très modérée et si on arrivait à ne consommer que 10 milliards de T.E.P. en 2000, on aurait besoin de 200 milliards de T.E.P. entre 1975 et 2000, soit donc deux fois plus d'énergie tout de même que durant la période d'incroyable expansion 1950-1975!

Par ailleurs, j'ai voulu évaluer quelle était la part de consommation énergétique qui serait due uniquement à l'accroissement démographique. La population mondiale doit passer de 4 milliards de personnes en 1975 à 6,2 milliards en l'an 2000. Sur les 14 milliards de T.E.P. de 2000, la seule part incombant à l'expansion démographique serait de 3 milliards de T.E.P., ce qui représente, par exemple, la consommation totale de la planète en 1960! J'insiste sur le fait que si nous pouvons ramener de 14 à 10 milliards de T.E.P. la consommation de produits énergétiques en l'an 2000, nous aurons quand même besoin de beaucoup d'énergie... Si on prolonge les courbes au-delà de 2000, on constate que les 50 milliards de T.E.P. économisés sur 1975-2000 dans l'hypothèse précédente seraient reconsommés en 4 ans! Ces ordres de grandeur révèlent tout de suite l'ampleur des difficultés. L'humanité doit absolument trouver le moyen d'obtenir un approvisionnement énergétique très abondant. Deux voies paraissent répondre à cet objectif : d'une part, le solaire — mais sa contribution restera très longtemps limitée — d'autre part, la fusion — mais il faudra attendre 2015-2035 pour en bénéficier de façon substantielle. Il y a donc une période charnière de quarante à cinquante années qui sera extrêmement difficile, la transition vers le solaire et la fusion, à supposer en outre qu'on ait de la chance.

Je dois formuler deux remarques complémentaires :

— l'énergie est un bien un peu particulier que les économistes n'ont pas assez mis en évidence : c'est en fait l'oxygène de la vie économique et elle conditionne toutes les autres activités; c'est un facteur de production universel et non substituable peut-être plus important que le capital et le travail;

— comment pourrons-nous affronter ces besoins? Nous risquons évidemment de nous diriger vers des rationnements et des pénuries; les prix joueront certes un rôle de régulation, mais l'ensemble du système est porteur de déséquilibres monétaires et financiers tout à fait considérables.

Nous allons maintenant regarder quelques chiffres sur les différentes sources d'énergie et, en particulier, le pétrole. J'ai placé sur le même graphique l'évolution de la production annuelle de pétrole depuis 1930 et la moyenne annuelle des découvertes calculées sur des périodes mobiles de cinq ans. Sur l'axe vertical, l'unité est le milliard de barils par an. Il faut diviser par 7 pour avoir l'équivalence en tonnes de pétrole.

Vers 1970, les deux courbes se coupent. Cela signifie que depuis cette année 1970, notre consommation de pétrole mondiale est plus importance que les découvertes... Ce bien est donc en voie de liquidation... Je rappelle que le pétrole a représenté, en 1975, 55 % de la consommation mondiale d'énergie et qu'on espère parvenir à 45 % en l'an 2000. Mais il faut bien voir que, sur la période 1975-2000, ce passage signifierait en moyenne 50 % des 250 milliards de T.E.P., que c'est davantage que les réserves prouvées actuelles et que passer de 55 à 45 % signifie des modifications de structures qui supposent un énorme effort d'investissements. L'inertie des structures devra être sérieusement bousculée... Les réserves ultimes exploitables (espérées) de pétrole conventionnel dans le monde sont estimées à 290 milliards de T.E.P.; en particulier parce que les prix augmenteront, il sera possible d'exploiter des gisements d'hydrocarbures à des coûts plus élevés. Notons toutefois que, sur ces 290 milliards précédents, 90 seulement sont actuellement sûrs et prouvés, à des prix acceptables. Avec beaucoup de chance, nous pouvons espérer bénéficier en outre de réserves non conventionnelles estimées à 300 milliards de tonnes (sables asphaltiques, schistes bitumeux, mers très profondes) dont on a utilisé jusqu'ici moins de 1 million de tonnes! (accès non réalisé, conditions techniques non réunies ou coûts inacceptables). Pour l'exploitation du pétrole *off shore* en mers très profondes, on ne sait pas encore faire grand-chose (contrairement au plateau continental).

Que représentera la demande des pays du monde non communiste en direction de l'O.P.E.P.?

Si, en 1973, les disponibilités physiques importantes d'hydrocarbures existaient en fait — la crise étant une crise pratique portant sur les prix — en 1990 il devrait y avoir un véritable point de rupture dans les approvisionnements. On peut en déduire que, selon son tempérament plus ou moins pessimiste ou optimiste, on peut reculer l'échéance au mieux jusqu'en 2000 ou 2003 ou, inversement, la situer en 1983 ou 1984. Depuis la publication de mon petit rapport de synthèse, d'autres organismes ont confirmé mes tendances, que ce soit Esso, la Commission trilatérale ou la

Fondation Rockefeller qui font de nouvelles études ou ont actualisé leurs études antérieures.

J'en viens maintenant à la deuxième source d'énergie : le charbon. Nous trouvons actuellement du charbon surtout en U.R.S.S., en Chine, aux U.S.A., également au Canada, en Pologne, en Afrique du Sud, etc.

Pouvons-nous espérer pouvoir satisfaire les ambitions charbonnières sur lesquelles convergent toutes les études?

Nous ne possédons pas encore la maîtrise technique et économique de la « liquéfaction ou de la gazéification *in situ* ». Pour l'extraction classique, nous serons confrontés à de redoutables problèmes de pollution et de protection de l'environnement. Nous sommes, en effet, limités notamment par l'étendue des disponibilités en eau. Egalement, un recours intensif au charbon suppose des moyens très importants de transport, même s'il est possible de pulvériser la houille pour l'acheminer dans des pipe-lines où elle sera mélangée à de l'eau. Il existe aussi les sérieuses difficultés liées au gaz carbonique... On pourrait allonger la liste des contraintes dont il faut être conscient. A propos des problèmes de transport à grande échelle et à grandes distances, il faut, par exemple, bien voir que nous sommes actuellement prisonniers d'une disproportion très considérable entre les capacités portuaires et les quantités à écouler. Au Massachusetts Institute of Technology, une étude globale du charbon vient d'être entreprise sur le thème : « Que signifie et qu'implique un commerce mondial de 1 milliard de tonnes de charbon en 2000? » (Soit cinq fois le volume actuel!)

Notons aussi que pour une économie telle que celle de la France, il revient exactement au même à bien des égards d'importer du charbon américain ou du pétrole arabe. Notre stratégie pourrait certes consister à nous tourner davantage vers des pays tels que la Pologne ou l'U.R.S.S. puisque, avec ces pays, nous enregistrons des excédents commerciaux.

Le montant de la seule demande américaine en charbon devrait passer de 500 millions de tonnes en 1975 à plus d'un milliard en 2000. En outre, toujours selon les tendances moyennes, les exportations de charbon américain devraient représenter alors au moins 350 millions à 500 millions de tonnes. Les Etats-Unis accepteront-ils les sacrifices que cela implique au profit d'exportations?

En tout état de cause, la houille nous contraindra, en effet, à des sacrifices — je pense spécialement à l'environnement. Or, actuellement, il est presque plus facile aux Etats-Unis de créer une centrale nucléaire que d'ouvrir une mine de charbon à cause des réglementations sur l'environnement et contre la pollution.

Troisième source considérée ici : le nucléaire. On oublie trop souvent la signification profonde de cette énergie : elle est le résultat *d'une percée scientifique.* La découverte de l'énergie nucléaire a signifié une rupture essentielle dans nos possibilités de production énergétiques.

Nous risquons de rencontrer des problèmes d'approvisionnement, même à propos de l'uranium. J'ai reproduit sur un graphique les consommations cumulées d'uranium en les comparant aux réserves sûres. La conclusion est qu'il pourrait exister un problème dès la fin du siècle, compte tenu des types de programmes actuels (hypothèses faibles ou négligeables de pénétration des surrégénérateurs). Il serait donc nécessaire d'apporter une grande attention au développement du nucléaire. Si en 2007, par exemple, on était à court de matière première, il ne serait pas raisonnable de lancer de nouveaux programmes. Avec les types de programmes actuels, les Etats-Unis pourraient connaître des difficultés dès 1990-1995 : leurs propres besoins — lancés ou prévus — dépasseraient leurs ressources nationales. Si le plan Carter a défini d'excellents objectifs, les moyens proposés pour les atteindre sont, hélas! souvent discutables, sinon inadéquats et contradictoires. Et, à cet égard, il est fort regrettable que les groupes de pression américains aient pu attaquer le programme du Président des Etats-Unis en s'appuyant sur les faiblesses, l'inadéquation ou les contradictions des actions proposées. Il faut noter que le surrégénérateur — qui permet d'éliminer les déchets — contribue à diminuer les besoins, à la fois en uranium naturel et en installations d'enrichissement.

Je souhaite enfin évoquer la question de la fusion. Un premier aspect du sujet est constitué par la recherche fondamentale. Nous ne savons pas encore, à l'heure actuelle, contrôler cette réaction; on sait notamment atteindre 80 millions de degrés, mais il faut obtenir au moins 100 millions de degrés; on y arrivera; mais qui dit qu'à cette température, on ne découvrira pas des phénomènes nouveaux imprévisibles. Ce ne serait pas la première fois qu'on rencontrerait des situations particulières au voisinage de seuils critiques.

De plus, nombre d'autres éléments de la question doivent être pris en considération pour apprécier un calendrier réaliste : les matériaux, les prototypes de laboratoires ou de puissance, les installations commercialisables, etc. Tout cela risque de représenter au moins trois décennies et une pénétration substantielle de la fusion réclamera encore au moins une ou deux décennies, ce qui entraîne vers 2030. Il n'y a pas de problème en ce qui concerne l'approvisionnement. Le tritium et le lithium sont en considérable abondance. En revanche, il peut y avoir des problèmes de sécurité et de pollution, et, en tout cas, de pollution thermique.

Enfin, je voudrais aborder la question des énergies nouvelles en vous soumettant seulement deux ou trois idées. En 1951-1952, une étude a été entreprise et présentée aux Etats-Unis par une commission du Sénat. En 1953, une étude plus générale a été faite sous les auspices d'une vingtaine d'équipes d'experts.

A propos de l'énergie solaire, les chiffres que donnait ce dernier document pour 1975 étaient un peu moins bons que les données effectivement constatées aujourd'hui. Or, entre-temps, il y a eu le programme Apollo qui a permis des progrès assez décisifs en matière de piles solaires. On mesure là que les progrès technologiques sont fort lents. Les coûts d'investissements sont encore, dans le solaire, au moins vingt fois plus élevés qu'avec d'autres énergies. En second lieu, même en supposant qu'il soit possible d'utiliser largement l'énergie solaire pour le chauffage et l'eau chaude des bureaux et des immeubles, les estimations les plus optimistes révèlent que la contribution serait seulement de l'ordre de 5 à 6 % de la consommation totale d'énergie vers 2000. Ce n'est pas négligeable; mais c'est limité, parce que le délai de renouvellement d'un parc de logements est très long (cent ans) et parce que les investissements nécessaires dans l'ancien sont très élevés.

Enfin, j'ai déjà abordé à plusieurs reprises la question de l'importance du temps à propos de l'énergie. Pour 1985, les jeux sont pratiquement faits. Nous ne changerons pas grand-chose, quelles que soient la nature et l'ampleur de nos efforts, au paysage mondial... On a souvent dit, après la guerre du Kippour, que nous étions passés d'une ère d'énergie abondante et bon marché à une période de disponibilités rares et chères. Cette affirmation est exacte mais elle ne constitue probablement pas l'aspect le plus grave de la question. Ce qui est le plus critique, en effet, c'est que c'est le pétrole, qui permettrait des adaptations faciles et rapides, qui vient précisément à manquer, alors que toutes les autres formes d'énergies réclament de considérables délais de mise en place. On est donc passé d'une ère de souplesse à une ère de rigidité.

Une dernière remarque, relative aux possibilités d'exploitation des sables asphaltiques et des schistes bitumineux. Dans les rapports des années 1950-1952 ou 1953, on considérait que ces produits seraient disponibles à des conditions économiques dans un délai fixé alors à quatre ou cinq années; en 1978, nous rencontrons encore des problèmes techniques non résolus pour les schistes bitumineux... Avant la guerre du Kippour, quand le baril de pétrole valait un peu plus de 2 dollars, on disait aux Etats-Unis que, dès que le prix du baril passerait à 5 dollars, on pourrait exploiter dans de bonnes conditions les schistes bitumineux et les sables asphaltiques; après la majoration du coût des hydrocarbures — 7,3 dollars le baril en 1973 — on a constaté en 1974 que l'exploitation de ces produits coûterait plus de 12 dollars et demi le baril. Et maintenant que c'est le prix du baril de pétrole, on est, pour ces pétroles non conventionnels, à plus de 17 ou 22 dollars, sans parler des coûts de réduction de la pollution et de protection de l'environnement!

Pour conclure, je voudrais encore évoquer quelques idées essentielles. Il faut d'abord apprendre à établir pour l'énergie des bilans globaux vis-à-vis de divers critères : énergie consommée, coût de l'énergie produite, emploi induit, effets sur les balances, etc. Seules des études globales pluri-sectorielles pourront permettre de donner les informations valables. Ainsi, il est de mode de soutenir qu'il ne fallait plus faire de produits voraces en consommation d'énergie — je pense, par exemple, à l'aluminium et aux plastiques — c'est un point de vue incomplet; car on s'aperçoit, en fin de compte, que le recours à l'aluminium, grâce à des véhicules plus légers, réduit la consommation totale d'énergie lorsqu'on étudie la chaîne qui va depuis les fabrications initiales jusqu'aux usages ultimes.

Je serais également optimiste au sujet de la possibilité de rompre la fameuse relation entre la croissance économique et la consommation d'énergie. Nous pourrions y parvenir en partie par une meilleure adéquation entre « qualités d'énergie » et types d'utilisation. La contribution des économies d'énergie à l'amélioration de la situation ne doit pas être sous-estimée, mais il ne faut pas en tirer des conclusions abusives parce que aberrantes. J'ai récemment lu un article tendant à démontrer que si on investissait dans les économies d'énergie les sommes qui devaient être affectées à la construction des centrales nucléaires, nous pourrions obtenir des résultats beaucoup plus féconds. C'est assez absurde. En pratique, les possibilités d'économies d'énergie peuvent arriver plus ou moins rapidement à la saturation. A partir d'un certain moment, toute économie supplémentaire réclame des investissements exponentiels, alors que bien des raisonnements voudraient faire croire que ces facteurs varient de façon linéaire.

Enfin, il faudrait imaginer des « scénarios de rupture ». L'humanité a utilisé sans trop compter ses ressources en énergie. Or elle risque désormais de rencontrer des limites physiques. Nous sommes donc à une période charnière où le relais fait problème : la seule alternative paraît être encore l'intensification des programmes nucléaires ou la réduction très sévère des besoins.

CHAPITRE VI

LES ARMEMENTS ET LE COMMERCE DES ARMES

Par une sorte de pudeur — ou d'hypocrisie —, par discrétion stratégique et politique, pour des motifs moraux ou philosophiques, le commerce des armes fait rarement l'objet de longs développements. Il représente pourtant une part non négligeable de l'activité et des relations commerciales de toutes les nations, comme l'explique le *général Gallois* : considéré dans son ensemble, le monde consacre approximativement 1 800 à 2 000 milliards de francs — 4 à 5 millions à la minute — à l'entretien et à l'équipement des forces armées. A eux seuls, Etats-Unis et Union soviétique figurent dans ce total pour plus de 60 %. La décolonisation, la mise sur pied de nombreux nouveaux Etats cherchant à fonder leur souveraineté sur la possession d'une force armée ont abouti à une augmentation importante des dépenses militaires et, surtout, à un transfert massif d'armes de toute nature des pays industriellement développés vers ceux qui sont en voie de développement. C'est ainsi qu'en dix ans, les pays du tiers monde — Chine exceptée — ont multiplié leurs dépenses militaires par trois. En 1976, l'Iran, l'Arabie saoudite et l'Etat d'Israël dépensaient à eux trois 37 % des crédits militaires de l'ensemble des quelque cent pays du tiers monde. D'après l'Institut de Stockholm (S.I.P.R.I.), en vingt-cinq ans, les achats d'armements des pays du tiers monde ont été multipliés par quinze. Cette augmentation des sommes consacrées au commerce des armes correspond à un accroissement annuel de quelque 12 %, c'est-à-dire bien plus que l'augmentation du produit national brut des pays acheteurs. Le résultat? Près du quart des Etats du tiers monde, soit vingt-trois exactement, consacrent plus de 25 % de leur budget annuel à leurs forces armées : Israël (75 %), les deux Yemen (avec respectivement 70 et 56 %), Koweït (55,6 %), Laos (53 %), Chili (53 %), Oman (49,8 %), Iran (43,7 %), Syrie (42,6 %), Taïwan (37,7 %), Paskistan (33,2) figurent en tête de ce palmarès. Pour ce qui concerne les ventes d'armes à ces pays du tiers monde, les Etats-Unis entrent pour 38 %, l'U.R.S.S. pour 34 %, la Grande-Bretagne et la France pour 9 %, suivis de l'Allemagne (1 %), de la Tchécoslovaquie (0,1 %) et d'une dizaine d'autres pays, également producteurs d'armes. Depuis quelques années, certains de ces pays du tiers monde se sont mis, à leur tour, à fabriquer et à exporter des armements. C'est le cas d'Israël (24 % du total des exportations d'armes du tiers monde), de l'Iran et de la Jordanie (22 %), de la Libye (11 %) et d'une douzaine d'autres pays, dont le Brésil (6 %), l'Afrique du Sud (4 %) et Cuba (2 %).

Il y a peu de temps encore, les grands pays producteurs d'armements très perfectionnés n'exportaient que des matériels déclassés et refusaient tout transfert de technologie de pointe. La rivalité américano-russe, la compétition pour les ventes d'armes ont conduit les pays vendeurs à adopter un tout autre comportement. Les Etats-Unis, par exemple, ont exporté en Iran — et vont vendre à l'Arabie saoudite et à Israël — leurs matériels de combat aérien les plus évolués (F-14 à géométrie variable en Iran et chasseurs F-15 à l'Arabie saoudite et à l'Etat d'Israël). De leur côté, les Soviétiques ont vendu des chasseurs à géométrie variable à leurs alliés du Proche-Orient. La Syrie a reçu d'eux des M.I.G. 21 F et même des M.I.G. 23. Les Emirats vont mettre en œuvre des avions aussi perfectionnés que le Mirage F-1. A ces cessions de matériels de pointe s'ajoutent des transferts technologiques, avec l'assistance technique fournie à certains pays acquéreurs afin qu'à leur tour ils s'avèrent capables de construire ces matériels, sinon en entier, du moins qu'ils puissent les entretenir, voire en fabriquer certains éléments. C'est le cas, par exemple, des accords passés entre la France et l'Egypte. Entre 1970 et 1976, les ventes d'armes aux pays du tiers monde ont représenté une valeur de 32,43 milliards de dollars [1] (en dollars constants aux prix de 1975). Les pays occidentaux figurent pour 77,5 % dans ce bilan, les pays socialistes faisant l'appoint (avec 94 % de cet apport au compte de l'U.R.S.S.) [2].

Une étude de l'Agence américaine du Contrôle des armements et du désarmement montre qu'en six ans, entre 1971 et 1975, il a été vendu aux pays en voie de développement :

— 10 325 [3] chars et canons sur chenilles (dont 440 par la France);
— 10 435 véhicules blindés de transport de personnels (dont 780 par la France);
— 232 bâtiments légers de surface (dont 32 par la France);
— 33 sous-marins (dont 2 par la France);
— 2 253 [4] avions de combat supersoniques (dont 275 par la France);
— 1 150 hélicoptères (dont 265 par la France);
— 6 630 missiles anti-aériens (dont 240 par la France);
— 6 260 missiles air-sol (dont 230 par la France).

Depuis, les ventes se sont notablement développées, plus particulièrement en matière de missiles offensifs et défensifs.

Au cours de sa campagne électorale, M. Jimmy Carter avait annoncé

---

1. *S.I.P.R.I. Yearbook* 1978.
2. La part de l'U.R.S.S. est mal connue. Notamment en ce qui concerne les matériels cédés et non vendus.
3. Dont 5 220 par l'U.R.S.S. et 3 560 par les Etats-Unis.
4. Dont 1 385 par l'U.R.S.S. et 593 par les Etats-Unis.

son intention d'imposer d'importantes restrictions au commerce des armes de son pays. Appréciées par son électorat, ces bonnes intentions n'ont pas résisté à la pratique du pouvoir. Cependant, une fois à la Maison-Blanche, le nouveau Président réitérait : « Les exportations d'armes ne seront plus qu'exceptionnelles [1]. » Au « sommet » de Londres, en juillet 1977, M. Carter réclamait de sévères restrictions aux ventes d'armement. En octobre de la même année, il offrait à Moscou de conclure un accord sur de communes limitations en ce domaine. Mais, le 14 novembre de la même année, le Département de la Défense des Etats-Unis faisait connaître que le chiffre des ventes d'armes pour l'année fiscale en cours atteindrait 11,3 milliards de dollars au lieu des 9,9 milliards prévus. Et, au début février 1978, le chiffre rectifié dépassait 13 milliards de dollars. Dernière statistique enfin, entre le premier trimestre de 1977 et le premier trimestre de 1978, la comparaison des ventes d'armes américaines faisait apparaître une augmentation de 12 %...

L'attitude des gouvernements vendeurs n'est pas dénuée d'hypocrisie : celui d'Allemagne fédérale, par exemple, se comporte ostensiblement comme s'il était opposé à ces ventes. Il est vrai que, tenu d'acquérir aux Etats-Unis la plupart de ses armements lourds, à titre de compensation pour le paiement des frais de présence des troupes américaines sur son territoire, il ne peut guère ouvrir son marché intérieur à son industrie d'armement qui, pour cette raison, demeure de faible importance, du moins si on tient compte de la puissance industrielle de l'Allemagne. Mais en dépit de cette obligation et de l'attitude qu'elle impose au Gouvernement de Bonn, l'Allemagne fédérale n'en vend pas moins à la Syrie, pays de la zone de belligérance potentielle, pour quelque 500 millions de deutsche marks d'engins de combat.

La Grande-Bretagne — qui n'a d'ailleurs plus grand-chose à vendre — justifie ses exportations d'armement en déclarant qu'elles paient le prix que lui coûte le maintien sur le continent d'un corps expéditionnaire, la British Army of the Rhine ou B.A.O.R. De son côté, la Suisse qui, souvent, morigène au sujet du commerce des armes, a plus que doublé ses ventes entre 1975 et 1977... Condamnant l'*apartheid,* l'Italie n'en a pas moins vendu à l'Afrique du Sud son avion-école Macchi 326 afin de l'adapter à la lutte contre la guérilla. Même opération, mais cette fois, américaine, avec les ventes de Cessna A. 37 au Chili, au Venezuela et à la Corée du Sud.

Un frein existe-t-il à cette militarisation générale?

Il se trouve que l'on n'a jamais autant produit et vendu d'armes — à commencer par les grandes Puissances pour leur propre usage et pour celui des autres pays — que depuis que Russes et Américains président tour à

---

1. Le journal *Le Monde* annonçait le 21 mai 1977 : « Carter restreint les ventes d'armes américaines » et titrait son éditorial : « Une promesse tenue ». En paroles seulement.

tour la Conférence du Comité du Désarmement (C.C.D.), c'est-à-dire depuis 1962. Les chiffres qui précèdent suffisent à mettre en évidence la dimension qu'a prise la militarisation accélérée de la grande majorité des Etats. Il s'agit là d'armements dits classiques, c'est-à-dire transportant ou lançant l'explosif traditionnel au T.N.T. Jusqu'à maintenant, les armements nucléaires ne s'exportent pas, encore que des matériels capables d'être utilisés avec l'explosif atomique commencent de faire l'objet de cessions à des Puissances non nucléaires. Sans parler des avions de combat — qui peuvent être aisément rendus capables du transport de charges atomiques — des engins comme le « Lance » américain ou le « S.C.U.D. » A et P soviétique ont déjà fait l'objet de ventes hors de leurs pays d'origine. Toutefois, en matière d'armements nucléaires complets, c'est la prolifération verticale et non encore horizontale qu'il s'agit.

De même que la conférence du Comité de désarmement qui se réunit à Genève depuis 1962 a été non seulement incapable de freiner le développement de la militarisation du globe — bien au contraire même — les deux grandes Puissances également n'ont jamais autant accumulé de moyens de destruction par l'atome que depuis qu'elles négocient des Accords bilatéraux visant une soi-disant « limitation » de ces mêmes armements. Les Accords passés entre les deux « Grands » ont en fait stimulé la course aux armes balistiques de toute nature plutôt qu'ils ne l'ont freinée.

« Modernisant » leur arsenal ainsi que les y autorisaient les Accords de mai 1972 signés avec les Etats-Unis, les Soviétiques s'empressèrent de révéler aussitôt après la signature quatre nouveaux types d'engins balistiques, à capacité accrue et à plus grande précision, capables de lancer plusieurs ogives nucléaires simultanément, sur plusieurs objectifs différents. Au rythme d'un missile tous les cinq jours, et pendant quatre années, ils mirent en silos les nouveaux modèles 16, 17, 18, 19. Et on laisse entendre qu'une « nouvelle génération » serait déjà en préparation pour succéder à celle-là. Dans le même temps, les Russes ont presque multiplié par deux le nombre de leurs sous-marins nucléaires, commencé à en fabriquer de nouveaux à plus hautes performances, livré à leur aviation de nouveaux bombardiers supersoniques. Et encore il ne s'agit là que des réalisations connues à l'Ouest.

Durant la même période, dite de « limitation de leurs armements stratégiques », les Etats-Unis ont installé à bord de leurs engins des ogives nucléaires plus précises, lancé la construction de sous-marins atomiques à plus grande capacité, étudié des missiles capables d'une précision d'une centaine de mètres à 10 000 kilomètres, essayé des engins sans pilote, très précis également, et qu'il est question de construire par milliers...

Depuis qu'a commencé la négociation américano-russe, le potentiel de destruction à distance des deux « Grands » a triplé, démentant les propos du ministre français des Affaires étrangères qui qualifiait ces négociations de « désarmement réel ». Les Accords de Vladivostok, présentés comme un « grand pas » vers le désarmement, permettraient en fait aux Américains de passer des quelque 8 000 ogives qu'ils détenaient à plus de 20 000 et aux Russes d'en faire autant en portant leur arsenal de destruction à distance de 2 600 à 26 500 ogives nucléaires. Belle limitation! Beau désarmement que celui-là!

L' « Arms Control » tel que l'entendent les Américains [1] a donc complètement échoué. En ce qui concerne les armes nucléaires, la « maîtrise de la course aux armements » a été un échec parce que, en réalité, aucun contrôle n'est possible en raison de la compacité de ce type d'armement. Et si les grandes puissances se sont entendues pour n'autoriser que le contrôle à partir de l'espace, c'est pour deux raisons :

— l'opinion admet mal un désarmement sans contrôle. Il fallait donc en prévoir un, mais qui ne soit pas contraignant;

— le contrôle à partir de l'espace, s'il permet à la rigueur de connaître le nombre des « lanceurs » : sous-marins et bombardiers (d'une manière plus qu'incertaine), celui des silos de fusées (également de manière incertaine) n'autorise en aucun cas de savoir le nombre d'ogives nucléaires que peuvent projeter ces lanceurs [2]. Et ce sont ces ogives qui détruisent et qui tuent, pas les moyens de les lancer. Aussi le « contrôle » à partir de l'espace n'était-il en aucune manière contraignant.

Et c'est pour cette raison qu'il fut retenu par les deux « Grands » et que la course aux armements a repris de plus belle.

En ouvrant ici une parenthèse, on peut dire, à cet égard, que le Plan français exposé le 25 mai 1978 devant l'Assemblée des Nations Unies était fondé sur des données techniques inexactes. Et voici pourquoi : s'efforcer de « tenir compte de situations régionales, pour y contrecarrer la menace d'une course aux armements conventionnels », ainsi que le demande le texte français, n'est pas réalisable aujourd'hui, en raison des transports militaires de masse actuellement si faciles à exécuter. La même idée se retrouvera dans l'exposé que fit, le 3 avril dernier, le chef d'Etat-Major des Armées. « Il conviendrait, disait le général Méry, de définir, pour chaque Etat, un seuil de sécurité optimal qui leur permettrait de décourager toute volonté d'agression et d'exercer librement son droit à la sécurité. » En réalité, seul le nucléaire permettrait de constituer ce seuil de sécurité optimal. Dans le contexte du Plan français, et plus généralement de la conception que le monde a des conditions de la sécurité, l'hypothèse est absurde. Mais, en revanche, on voit mal comment « définir un seuil de sécurité optimal » et cela d'une manière durable, s'il s'agit d'y faire face avec des forces classiques. Que des escadres aériennes d'Antonov 22 déplacent, en vingt-quatre heures, d'un bout à l'autre d'un continent, trois divisions et leur équipement, et voici franchi le « seuil optimal » et bouleversées de fond en comble les menaces hier prévisibles dans un cadre purement régional. Ce serait ignorer le potentiel d'intervention massive à distance que représentent les armadas de transport aérien des grandes Puissances que de chercher à définir des seuils de sécurité régionaux, aisément franchis par

---

1. C'est-à-dire la maîtrise de la course aux armements.
2. Sous la carapace de béton qui recouvre les silos.

les interventions armées à distance comme celles dont nous avons déjà été les témoins. Et à plusieurs reprises.

Même erreur quant à la mise sur pied d'une agence internationale de contrôle à partir de l'espace. Il existe aujourd'hui deux catégories d'armements fort différentes. Ceux qui comportent l'explosif nucléaire, et la *compacité* est l'une de leurs caractéristiques essentielles. Aussi échappent-ils pour une large part au contrôle spatial. Et puis il y a les armements classiques, pour l'observation desquels le satellite est une facilité, pas une obligation. Pour les dénombrer et en évaluer l'efficacité, les agents de renseignements suffisent et le satellite est une source d'informations bien inférieure. On l'a dit précédemment : quelle que soit la précision des caméras installées à bord des satellites — par exemple à bord des gros satellites américains « Big Bird » — et bien qu'ayant un pouvoir de résolution de l'ordre du demi-mètre, ces satellites se révèlent bien incapables de compter, sous la carapace de béton ou d'acier qui les recouvre, le nombre de projectiles nucléaires que pourrait lancer un missile balistique. Ou de dénombrer dans leurs dépôts les missiles qui, à plusieurs reprises, partiraient d'un même silo. Ou encore de compter les futurs missiles de croisière stockés dans leur abri souterrain. Or le nombre peut faire toute la différence entre une stratégie de dissuasion et une stratégie d'agression. Connaître, de manière certaine, l'importance numérique de l'arsenal nucléaire opposé est donc déterminant. Le satellite d'observation ne peut fournir pareille certitude. Et c'est une des raisons de la lenteur des négociations américano-russes qui, après neuf ans d'échanges, ne sont parvenues à aucun véritable accord de limitation des armements. Quant aux armements classiques, ils ne sont redoutables qu'en vastes quantités. Les armes qui constituent une force classique : chars, bateaux, avions, sont assez volumineuses pour être comptées à l'œil nu et les agents de renseignements traditionnels en font généralement leur affaire. Aussi ne faut-il pas attendre du satellite ce qu'il ne peut donner. Et puis, comment espérer qu'Américains et Soviétiques, qui détiennent depuis des années le monopole de l'observation de la Terre, partageraient avec la communauté tout entière les renseignements qu'ils en tirent pour la faire juge — même partiellement — de leurs stratégies respectives?

En réalité, la partie technique du Plan français a le grand inconvénient de paraître légitimer un des faux-semblants — on pourrait même dire une des escroqueries à l'ignorance de l'opinion — dont usent les deux « Grands » : ils feignent d'attribuer au satellite des vertus de contrôle qu'il est loin d'avoir. Et tout se passe comme si la France avait pris pour argent comptant l'argument spatial des Russes et des Américains. Pire encore, comme si elle légitimait, elle aussi, de pareils faux-semblants.

« L'entreprise du désarmement a été jusqu'ici un échec », a dit le Président de la République et il est bon qu'en la matière tous les Gouvernements aient été une fois de plus alertés avec éclat et qu'ils aient été invités à rechercher d'autres solutions que les vaines discussions de Genève, Vienne,

Washington ou Moscou. Mais l'analyse du Plan français met en évidence les difficultés aujourd'hui insurmontables de l'entreprise.

La situation de la France en matière de fabrication et de ventes d'armements.

Sur une population active d'une vingtaine de millions, moins de 300 000 hommes travaillent pour l'industrie des armements et le tiers environ à des fabrications destinées à l'exportation. Il y a trois ans déjà, cette activité d'exportation correspondait à 3 % environ du commerce extérieur du pays, mais à peu près au cinquième des biens d'équipements vendus à l'extérieur. Entre 1965 et 1974, la France a fourni — en valeur — pour moins de 5 % des matériels d'armement exportés dans le monde, loin derrière les Etats-Unis (49 %) et l'Union soviétique (29,17 %) [1], du moins selon l'étude de l'Agence américaine de Contrôle des Armements et de Désarmement. Cependant, en 1975, le montant des commandes reçues, mais non encore exécutées et avec livraisons étalées sur plusieurs années, atteignait déjà 30 milliards de francs. A l'époque, la répartition des fabrications entre les différentes catégories de matériels était, en valeur, la suivante :

— terre : 5,9 milliards de francs;
— air : 5,9 milliards de francs;
— mer : 1,5 milliard de francs;
— électronique : 1,3 milliard de francs.

Depuis, la part des matériels aériens a été notablement augmentée avec, d'ailleurs, l'ensemble des exportations dont la valeur serait de quelque 13 milliards pour les neuf premiers mois de l'année 1978.

En ce qui concerne les commandes, les ordres concernant seulement le matériel aéronautique représentaient en 1977 une valeur de 23 milliards [2].

Trois « secteurs » différents se partagent les fabrications d'armements :

— le secteur de l'Etat, sous la direction de la Délégation générale à l'Armement, secteur qui comprend les Arsenaux (34 000 salariés à la Direction technique des constructions navales) et qui représente à peu près 25 % de la main-d'œuvre totale;

— le secteur nationalisé qui relève également d'un ministère de tutelle (le ministre de la Défense) et dont l'importance numérique, avec le Commissariat à l'Energie Atomique, est également de 25 %;

— le secteur privé groupant quelque 50 % des effectifs avec, pour principaux exportateurs, dans l'ordre, Dassault, Matra, C.S.F.-Thomson. A noter que chez Peugeot Panhard travaille pour l'armement exporté. (Et chez Renault également, avec la Saviem fabriquant les moteurs des A.M.X. 10, 13, 30.)

---

1. Voir J. Klein : « Commerce des armes et politique » : le cas français (1976).
2. Dont 10,7 au compte des avions Marcel Dassault auxquels il faut ajouter 4,5 pour Matra et 1,9 pour la Snecma, sociétés qui fournissaient des équipements de combat (Matra) et les moteurs (Snecma) des avions commandés à Dassault. De même une certaine part du 1,4 milliard de commandes reçues par la Thomson-C.S.F. correspond aux radars et équipements électriques des Mirages vendus par Dassault.

Géographiquement, la région parisienne compte pour 35 % de la main-d'œuvre, l'Ouest de la France pour 20 %, le Sud-Ouest et le Sud-Est, chacun pour 20 % également, le Nord et le Centre du pays se partageant le reste. Outre la région parisienne où toutes les spécialités convergent, l'aéronautique est plus particulièrement développée à Toulouse, Nantes, Bordeaux, Marignane et Bourges, tandis que les armements terrestres sont construits au Creusot, à Bourges, Roanne et Tarbes, les réalisations navales exportées se fabriquent à Cherbourg et l'électronique, outre la région parisienne, à Brest, Cholet et Laval.

Si la France occupe aujourd'hui la troisième place, devant la Grande-Bretagne tout récemment, en ce qui concerne les exportations d'armements, il n'en a pas été ainsi durant de nombreuses années. Au lendemain de la libération du territoire et jusqu'à la fin de la décennie 1950-1960, non seulement la France n'exportait pas — ou très peu — mais elle devait recourir pour l'équipement de ses forces armées aux matériels d'origine américaine ou britannique. Ce n'est que vers la moitié des années 1950 que la France commença d'équiper ses premières unités avec du matériel de conception française. Aussitôt, la conquête des marchés extérieurs fut tentée avec, par exemple, la vente d'avions de combat (le M.D. « Ouragan ») à Israël et à l'Inde. A l'époque, la démarche paraissait révolutionnaire. L'armée de l'air, par exemple, était essentiellement dotée de matériels américains et il n'apparaissait pas possible de substituer rapidement à ces matériels des avions français. Pourtant, ce fut chose faite, et relativement très rapidement. Ainsi, au cours des premières années de la décennie 1960-1970, non seulement le matériel français était substitué au matériel américain, mais il commençait de s'implanter à l'extérieur, concurrençant avec succès les produits de l'industrie américaine, britannique ou soviétique. On peut dire qu'en 1965, moins de dix ans après que le pays eut commencé à se rééquiper avec son propre matériel, la France était à la fois présente sur les marchés extérieurs et capable d'armer ses forces de terre, de l'air et de mer, avec ses propres productions.

Le recours aux matériels militaires étrangers présentait évidemment de graves inconvénients, à la fois au point de vue politique, industriel et financier :

— politiquement, c'était aligner la France, pour une part au moins, sur les volontés du pays fournisseur. Celui-ci ne cédait son matériel d'armement que dans la mesure où il pourrait être utilisé conformément à ses intérêts. Il n'était pas question d'indépendance militaire, donc d'indépendance politique. C'était aussi renoncer à exercer une influence à l'extérieur par le jeu des ventes d'armements nationaux;

— industriellement, c'était renoncer aux études et recherches correspondantes et, en d'autres termes, à explorer des secteurs qui, n'étant pas rentables commercialement parlant, n'auraient jamais été investigués dans une économie libérale;

— financièrement, outre que ces cessions étaient faites le plus souvent à titre onéreux, le fournisseur « tenait » l'acquéreur par le matériel d'entretien et par les pièces de rechange qui étaient vendues au prix fort, sans même qu'une discussion soit possible. En outre, il n'était pas question d'utiliser une éventuelle supériorité technique française pour équilibrer par ces ventes d'armes un commerce extérieur déficitaire.

Le souci d'en venir, comme avant la Seconde Guerre mondiale, à équiper la quasi-totalité des armées françaises de matériels conçus et produits en France apparut donc parfaitement légitime à beaucoup. Mais le corollaire de cette volonté d'utiliser aux fins de la défense des réalisations purement nationales a été la nécessité d'exporter. Les forces armées françaises n'ont pas une dimension telle qu'elles suffisent, par le volume des commandes qu'elles peuvent passer à l'industrie nationale, à justifier les investissements correspondants et à obtenir les produits de cette industrie à des prix raisonnables. Afin d'alléger la charge de la Défense, il était indispensable d'élargir, par l'exportation, le marché des armes françaises, avec l'augmentation des séries qui en résulterait. En outre, les besoins spécifiques des pays étrangers allaient justifier des études nouvelles, d'ailleurs financées le plus souvent par l'acquéreur, études dont bénéficieraient les utilisateurs français. Les faits ont prouvé l'exactitude du raisonnement. Les exportations ont permis d'augmenter la cadence mensuelle de production des chars A.M.X. 30 qui, dans un premier temps, passait de treize en novembre 1970 à vingt au début de 1973, ce qui a entraîné une première réduction de 5 % des prix de revient. Dans le domaine aérien, le seul entretien des forces françaises, portées à quelque quatre cent cinquante avions de combat, n'alimenterait pas une industrie aéronautique nationale. Il arrive que, sur les chaînes de fabrication des avions de combat, plusieurs mois se passent sans qu'y figure un seul avion destiné à la France. L'analyse de la récente loi de programmation est, à cet égard, particulièrement éloquente. Cette loi — qui est aussi une *loi d'équipement* des armées françaises — dispose que durant les six années à venir, les fabrications d'armements estimés nécessaires comporteront chaque année (moyenne annuelle) les matériels suivants :

Terre.

— 34 chars d'assaut A.M.X. 30;
— 31 véhicules de reconnaissance A.M.X. 10 R.C.;
— 18 canons de 155 G.C.T.;
— 3 canons de 155 tracté;
— 18 hélicoptères S. 341.

Marine.

— 2/3 de corvette;
— 1/2 aviso;
— 1/6 de sous-marin nucléaire d'attaque;
— 1/2 bâtiment antimines;
— 1/6 de patrouilleur;

— 13 avions embarquables;
— 7 hélicoptères W.G. 13.

Air.

— 14 avions d'attaque au sol;
— 20 avions d'interception;
— 5/3 d'avions d'interception nouveaux;
— 23 appareils d'école;
— 7/3 d'avions de transport (porté ultérieurement à 4 avions par an).

Il est clair que ces commandes ne peuvent alimenter une industrie travaillant au-dessus d'un seuil de rentabilité minimum. En particulier, les chantiers navals français ne pourraient se contenter d'une aussi faible charge de travail. Cela est vrai de l'industrie aéronautique également, qui est capable de fabriquer annuellement quelque trois cents avions de combat et qui, dans le seul cadre de la loi de programmation de 1976, n'aurait à en fabriquer, toutes catégories comprises, qu'une soixantaine, c'est-à-dire le cinquième de sa charge normale. Les études et fabrications d'hélicoptères militaires ne sauraient pas davantage se contenter des vingt-cinq hélicoptères prévus par la loi de programmation (soit un peu plus de deux par mois). Si les arsenaux devaient travailler dans des conditions normales d'activité, proches de celles de l'industrie privée, il en irait de même pour les matériels destinés à l'armée de terre. Fabriquer des chars lourds à la cadence de trois par mois ne doit guère être rentable. Et, non seulement la rentabilité est en cause, mais la « modernité » des matériels. Traîner durant de longues années les fabrications d'un même armement, produit à très faible cadence, est le meilleur moyen de produire du matériel démodé, aux performances largement dépassées par les fabrications étrangères concurrentes.

Les besoins spécifiques des acheteurs étrangers ont abouti à des études et à des réalisations dont profitent les armées françaises. Les exemples sont nombreux des perfectionnements exigés par les pays acquéreurs d'armements français et qui, par la suite, ont contribué à l'amélioration des caractéristiques et des performances des matériels français. Ce sont les Israéliens, premiers acheteurs du Mirage III, qui demandèrent l'emport de plus gros réservoirs extérieurs de carburant, réservoirs d'abord jugés inutiles en France, mais mis au point et fabriqués ensuite pour de nombreux acquéreurs. De même, alors que l'état-major de l'Air ne s'intéressait pas à l'installation de plate-forme à inertie sur ses avions, les clients étrangers, comparant nos matériels à ceux que leur proposaient les Américains, réclamèrent le montage de centrales inertielles. Aujourd'hui, en France comme ailleurs, il n'est guère concevable qu'un avion moderne n'en soit pas pourvu. Ce sont les Sud-Africains qui s'intéressèrent aux missiles « Crotale » et qui en financèrent conjointement la mise au point, missiles aujourd'hui éminemment appréciés, à commencer par la France. De même, c'est l'Arabie Saoudite qui a réclamé des avions F-1 biplaces. Ces avions existent aujourd'hui et, en

France comme ailleurs, leur intérêt n'est pas discuté. A ces exemples, tirés des avatars de l'industrie aéronautique, pourraient être ajoutées des affaires similaires relatives aux autres activités navales et terrestres du secteur armement.

Ainsi l'augmentation de la dimension des séries de production et des améliorations apportées par les diverses demandes des pays acquéreurs justifie-t-elle l'affirmation du Gouvernement selon laquelle les exportations permettent à la France de pratiquer — dans le cadre de dépenses mesurées — une politique militairement indépendante. C'est-à-dire une politique tout court échappant dans une bonne mesure aux pressions exercées de l'extérieur. Il est clair, par exemple, que l'Allemagne fédérale, tenue d'acquérir ses matériels d'armement aux Etats-Unis pour l'essentiel et en Grande-Bretagne pour le complément (parce qu'il s'agit de rembourser les frais de présence des troupes américaines et britanniques [1] sur le sol allemand) n'est pas maîtresse du type d'armement qu'elle utilise, ni même de la conception qu'elle pourrait avoir des conditions de sa défense. Même limitation en Italie où il faut se contenter des matériels que les Etats-Unis fournissent à ce pays, le plus souvent grâce à des crédits qu'ils lui consentent parallèlement. Du fait des études et productions qu'elle conduit avec succès, la France, depuis le début des années 60, échappe à ces contraintes.

Second argument en faveur de la politique gouvernementale, et qui découle du précédent : l'une des conséquences de la politique d'indépendance de la France l'a amenée à quitter l'O.T.A.N. Le marché des Etats européen de l'O.T.A.N. — il est vrai depuis toujours aux mains des Etats-Unis [2] et, dans une très moindre mesure, de la Grande-Bretagne — lui échappe donc définitivement, en quelque sorte par organisation. Si le maintien d'une industrie nationale d'armements exige des débouchés à l'extérieur, c'est ailleurs qu'en Europe qu'ils doivent être trouvés puisque les pays européens de l'O.T.A.N. sont chasse gardée américaine. Et si, entre les pays européens des accords se concluent, c'est le plus souvent en tenant compte de la présence des contingents américains (F-104 Starfighter, F-4 Phantom pour l'Allemagne) ou britanniques (M.R.C.A. Tornado) qu'ils sont conclus. Aussi la France doit-elle chercher ailleurs qu'en Europe les débouchés dont elle a besoin pour alimenter son industrie d'armement. Ce faisant, elle n'a pas l'alibi de la défense collective que lui fournirait l'équipement des forces de l'O.T.A.N. et elle prête le flanc à la critique : la France vend des armes à des peuples qui feraient mieux d'investir autrement, elle développe le commerce des armes, elle favorise le trafic des « marchands de canons », elle assure le triomphe des thanatocrates [3], reproches qui seraient atténués

1. L'accord germano-britannique sur le M.R.C.A. Tornado résulte de cette situation.

2. La France était membre de l'Otan à part entière lorsque les Américains ont imposé aux Allemands — et aux Italiens — le choix du Fiat G 91 de préférence à l'Etendard ou au Taon de Breguet. Il en était de même pour le choix du F-104 Starfighter de préférence au Mirage.

3. Roger Godement, *Le Monde* du 12 avril 1978.

si elle ne fournissait des armes qu'aux pays de l'Alliance Atlantique.

En règle générale, ceux-ci étant industriellement évolués, n'envisageaient d'ailleurs recours à des armes de conception française que dans le cadre d'une étroite coopération, à la fois au niveau des études, de la production et, éventuellement, de la commercialisation. Or, l'expérience montre que presque toutes les entreprises d'armement conduites en coopération ont été des échecs, et au triple point de vue des prix, des délais et de la qualité des matériels ainsi réalisés. Ajoutons un autre défaut encore : la très difficile commercialisation qui résulte des politiques extérieures différentes des pays coopérants. C'est ainsi qu'en matière de coopération aéronautique, les différents matériels réalisés en commun se sont avérés plus coûteux que s'ils avaient été construits sur le plan national, plus longs à mettre au point et à fabriquer, enfin de performances médiocres, car ils résultent souvent d'exigences contradictoires formulées par des utilisateurs aux préoccupations différentes.

Aussi, exporter vers des pays au niveau industriel inférieur présente de nombreux avantages :

— le produit exporté est conçu et réalisé en France. Il fournit donc du travail d'étude et de fabrication aux ingénieurs et aux techniciens français;

— le matériel ainsi réalisé est généralement libre à la vente en ce sens que les marchés qui lui sont éventuellement ouverts ne dépendent que de la décision d'un Gouvernement, le Gouvernement français;

— conçu pour répondre aux exigences d'un état-major, ce matériel est en général plus « cohérent » que celui qui résulte d'un compromis entre des besoins militaires différents. Ses performances sont meilleures;

— sa commercialisation est plus aisée en ce sens qu'elle n'est pas sujette aux entraves politiques des différents partenaires d'une opération menée en commun.

Si la « coopération » devait être généralisée, elle conduirait l'industrie aéronautique française à sa perte. Aujourd'hui encore, un avion est une sorte d'œuvre d'art qui ne se dessine pas à plusieurs équipes. Face au monolithisme des constructeurs américains, la mosaïque des bureaux d'études européens n'aboutirait qu'à des réalisations de seconde zone. En ce qui concerne les propulseurs, la « coopération » aboutirait à ne faire de la S.N.E.C.M.A. qu'une entreprise de sous-traitance. Le poids spécifique de Rolls-Royce en Europe condamnerait la S.N.E.C.M.A., la « coopération » se faisant d'abord autour d'un propulseur anglais (Transall et Atlantic à turbines anglaises Tyne, Jaguar avec réacteurs Adour de Rolls-Royce, sans parler des réalisations civiles qui n'usent que des propulseurs américains ou britanniques : Falcon, Corvette, Airbus à réacteurs américains, Concorde à réacteurs britanniques).

Autre argument parfois mis en avant pour justifier la vente d'armements : la pratique d'une politique extérieure visant à s'opposer à la politique hégémonique des deux grandes Puissances. Après tout, le droit à la sécurité — éventuellement en détenant les moyens de la défense — est un droit reconnu. A ne dépendre que des fournitures des Américains ou des Soviétiques, les autres Etats seraient plus ou moins tenus de se ranger dans l'un ou l'autre camp. Il est notoire que Washington et Moscou ne vendent ou ne cèdent leurs armements que dans le cadre d'un ralliement politique à leurs thèses respectives.

La France entend se conduire différemment. Elle souhaite répondre « aux demandes de certains pays soucieux de leur défense et qui désirent l'assurer librement sans avoir recours aux puissances dominantes de chacun de deux blocs... » peut-on lire dans le « Livre Blanc » de la Défense Nationale publié en 1972. Dans une certaine mesure, le contrôle exercé par l'Etat sur les ventes d'armes permet de conduire ces ventes dans une telle direction. En revanche, prenant en considération la situation intérieure de certaines nations, elle ne leur vend que des matériels d'armements qui pourraient jouer un rôle dans un conflit de pays à pays et qui s'avèrent inutilisables pour des opérations de police intérieure. Cela a été le cas, en particulier, vis-à-vis de l'Afrique du Sud et de certains pays d'Amérique latine. Afin que ces précautions — lorsqu'elles sont prises — ne soient pas tournées, les contrats comportent tous une clause de non-réexportation qui, en principe, n'autorise pas l'acquéreur, d'abord soucieux d'assurer sa propre défense, à céder à d'autres les matériels qu'il a obtenus de la France en invoquant les nécessités de sa propre sécurité. (Cette clause n'a pas toujours été observée, par exemple par la Libye envoyant un certain nombre de ses Mirage en Egypte durant la guerre du Kippour.)

Autre élément de la conception officielle des ventes d'armement : elles cessent s'il y a belligérance. Il en fut ainsi au Proche-Orient et aussi au moment de la guerre indo-pakistanaise de 1965. Pareille attitude est plus formelle que réelle. C'est d'abord que l'usure des stocks est si rapide, la destruction des armements utilisés par les combattants si vite faite que, même si elle le voulait, la France ne pourrait pourvoir à l'entretien des forces en présence, ni remplacer les pertes une fois le conflit terminé. Même les Etats-Unis ont eu du mal, à l'issue de la guerre israélo-arabe de 1973, à remplacer les matériels du camp israélien détruits après quelques jours de combat. Enfin, il est difficile de stopper l'envoi de pièces de rechange — sinon de matériels complets — qui peuvent, d'ailleurs, emprunter des voies détournées pour atteindre le pays intéressé.

Enfin, les ventes d'armes et la politique extérieure ne peuvent être dissociées. Nous avons dit, plus haut, que le gouvernement français y voyait un moyen de lutte — indirecte — contre la politique des blocs et l'attitude de dépendance des Etats du tiers monde à l'égard de l'une ou de l'autre des deux grandes Puissances. De même, lorsque furent conclues avec certains pays de l'Amérique du Sud les premières ventes d'avions supersoniques, le Président Pompidou considéra que c'était également par ce biais que serait allégée la tutelle des Etats-Unis sur ces pays. Les cessions à la Libye entrèrent aussi dans le contexte d'une politique méditerranéenne qui autoriserait les Etats riverains à prendre leurs distances vis-à-vis des deux grandes Puissances. Le facteur économique est également à prendre en considération. Les matériels vendus à l'étranger amorcent souvent de nouveaux courants commerciaux, rééquilibrent la balance commerciale (ce fut le cas de l'Australie), entraînent l'implantation dans les pays acheteurs d'un grand nombre de fournisseurs d'équipement qui, ensuite, chercheront par la diversification de leurs produits, à rentabiliser leurs investissements.

L'augmentation rapide du prix du pétrole, le renchérissement des matières premières indispensables à un pays qui est avant tout un pays transformateur, exigent à titre compensatoire de fructueuses exportations et au nombre des exportations, celles des matériels d'armement. Si spécieuse que soit l'affirmation, il n'en demeure pas moins que le prix de la consommation de carburant automobile d'un Français sur trois est remboursé à l'Etat par les ventes de matériels d'armement d'une seule entreprise française.

Restent les objections d'ordre moral. Elles sont nombreuses et à beaucoup paraissent fondées. Pour l'archevêque de Paris, ce serait là « une nécessité économique mal comprise ». Qu'il s'agisse des évêques de France ou de l'Eglise protestante, les élites religieuses y sont opposées. Sans grand réalisme d'ailleurs, elles réclament que la même activité continue d'être déployée, mais dans d'autres secteurs industriels. Les syndicats ont adopté la même attitude que les Eglises, mais en prônant en même temps le maintien de l'emploi, voire la possession par la France des moyens militaires de l'indépendance nationale. Il va de soi que ces prises de position, avancées à des fins démagogiques, ne sont guère cohérentes.

En conclusion :

— l'exportation d'armes de toute nature demeure indispensable au maintien de l'industrie nationale nécessaire à l'équipement des forces armées du pays;

— la liberté d'exporter des armes est une forme de l'indépendance du pays et un moyen de sa politique étrangère;

— tous les efforts de désarmement entrepris depuis l'après-guerre ont échoué. Ils ont même abouti à la prolifération verticale des armes nucléaires et à la prolifération horizontale des armes classiques. Il est douteux que, dans l'état actuel des choses, le monde revienne sur ses pas et adopte réellement des mesures de désarmement qui, pour la plupart, ne peuvent plus être contrôlés, et d'aucune façon :

— l'industrie aéronautique constitue un cas particulier. Dans l'état où se trouve le monde, elle ne peut alléger le fardeau qu'elle pourrait constituer pour la collectivité qu'en exportant largement vers l'extérieur. Ces exportations sont essentiellement militaires, le secteur civil devant demeurer, pour de nombreuses années, à la charge du contribuable. Les exportations militaires sont, en outre, génératrices d'assez de travail pour maintenir en activité une large proportion des personnels spécialisés dans l'aéronautique.

CHAPITRE VII

LES INSUFFISANCES DE LA RECHERCHE

Un Conseil des ministres affirmait, au début de 1979, l'intention du gouvernement de renforcer la politique de la recherche, et en particulier de la recherche agronomique. M. Jean Wahl, pour le secteur spécifique des industries agricoles et alimentaires, M. Bétolaud, pour celui de la « filière bois », soulignent toute l'importance de la recherche et de ses applications présentes et futures.

M. Jean Wahl préconise la constitution de structures collectives de recherche-développement réunissant, pour chaque filière alimentaire, les producteurs agricoles, les construteurs de l'industrie mécanique, les chercheurs des instituts publics comme des entreprises privées, les professionnels de l'alimentation, les opérateurs sur le marché international. Ces « plates-formes » doivent être des centres privilégiés pour le développement des applications industrielles de la recherche, pour la formation des personnels et pour la diffusion de l'information. Souvent très importantes à l'étranger, elles existent à peine en France; il en faudrait une douzaine, réparties sur le territoire national aux endroits les plus favorables, et ne pas oublier l'une d'entre elles, centrale et polyvalente, qui doit être consacrée au génie industriel alimentaire.

Il estime d'autre part souhaitable, par des procédures fondées sur l'enveloppe-recherche, mais aussi peut-être par des procédures nouvelles, d'inciter nos entreprises à accroître considérablement leur effort pour découvrir des produits nouveaux, ou de nouveaux procédés de fabrication : cet effort semble être actuellement de l'ordre de 0,1 % de leur chiffre d'affaires alors que, dans les pays qui sont nos principaux concurrents, les dépenses consacrées à la recherche représentent au moins 1 % du chiffre d'affaires si l'on comprend la part de ces dépenses qui est consacrée à la nutrition.

Pour trouver toute sa rentabilité, l'effort des entreprises doit être intimement lié à celui de nos instituts publics de recherche. La qualité des travaux de ces instituts n'est pas à démontrer. Mais si de nombreuses actions ponctuelles sont menées d'une façon complémentaire par les chercheurs de nos instituts publics et par ceux de nos firmes privées, mes contacts avec les dirigeants de ces firmes me montrent que les orientations centrales de notre politique de recherche ne sont pas vraiment prises en commun par nos entreprises et par nos instituts publics de recherche alors qu'ils devraient vivre dans un état de symbiose, qu'il faut s'efforcer de créer.

Dans le même esprit, il paraît souhaitable d'organiser la mobilité des chercheurs entre l'enseignement, le développement et la recherche pure, et d'établir des passerelles entre les instituts publics de recherche et les entreprises privées.

Aux yeux de *M. Fauroux,* président de Saint-Gobain Industries, le problème de la recherche est également fondamental : Certains industriels ont noté que nos exportations de biens d'équipement commençent à souffrir de l'insuffisance de *process* d'origine nationale. Nous devons relever en effet que la valeur ajoutée par tonne échangée est évaluée pour l'Allemagne fédérale à 340 dollars et pour la France à 130 dollars. Cette comparaison met en évidence les handicaps de l'industrie française. Bien que les dépenses privées et publiques de recherche atteignent un niveau comparable à celui observé dans les pays étrangers, on constate que les actifs techniques ne sont guère passés au stade de l'exploitation technologique.

M. Fauroux met plus loin en cause la mauvaise circulation entre les institutions de recherche et l'industrie. Par exemple, les contrats de recherche avec les universités sont beaucoup plus faciles à négocier et à mettre en œuvre à l'étranger qu'en France, en particulier en Allemagne fédérale...

M. Georges Pebereau, administrateur-directeur général de la C.G.E., plaide pour une revalorisation des efforts de recherche et développement (R. et D.) : Rien ne doit être négligé pour améliorer la prise de conscience en cours des pouvoirs publics et des industriels et aboutir à une revalorisation des efforts de recherche en France, notamment dans la perspective de la division internationale du travail où l'atout technique est un des éléments clés.

Vous savez ce que les frais de R. et D. représentent dans notre économie : 1,8 % du P.I.B. pour l'effort financé par l'Etat, contre 1,9 % au Japon, 2,2 % en R.F.A., 2,3 % aux Etas-Unis. L'effort est important aussi au niveau des industries : 3 % du chiffre d'affaires pour l'ensemble de l'industrie électrique, mais 10 % dans les secteurs de pointe, dont l'électronique et les télécommunications. Sachant que les masses en jeu resteront en France moindres qu'au Japon et en R.F.A. et incomparablement plus faibles qu'aux Etats-Unis, nous devons être très attentifs à en optimiser l'utilisation. Il convient d'abord d'éviter la dispersion et de concentrer les efforts sur un certain nombre de créneaux choisis en fonction des possibilités du marché et de la compétence de nos équipes. Les économies d'énergies et les énergies nouvelles sont certainement parmi les thèmes que nous devons développer. Aussi est-il regrettable que nous ne consacrions que le dizième de celui des Américains à la seule énergie solaire et ne fassions pas de plus grands efforts si nous voulons nous faire une place dans un domaine où nos chances sont réelles. Il est ensuite indispensable de favoriser l'articulation de la recherche sur son aval industriel : on se lance trop souvent en France dans des aventures où l'effort de conception et de pré-développement absorbe tous les crédits disponibles laissant des édifices inachevés et inachevables, sauf à dépenser cinq à dix fois plus que prévu. Une fois mise de côté la part indispensable de l'étude d'innovation et de conception (10 à 15 % du total probablement), pour laquelle il faut laisser la plus grande liberté créative aux chercheurs, le pré-développement (20 à 25 % du total) doit déjà comporter un dialogue suivi et étroit avec les commerçants internationaux et s'appuyer sur une investigation systématique du marché. Il faut enfin que la plus grosse part soit résolument consacrée au développement (60 % au moins) sur la base de cahiers de charges précis élaborés en accord avec les fabricants et les commerçants : ce fut une des erreurs françaises que de laisser les seuls techniciens piloter les programmes de développement sous couleur qu'il s'agissait de technique. Il s'agit en fait d'un élément essentiel de la fonction industrielle, dont le succès ou l'échec se mesure en aval au niveau de la fabrication et de la commercialisation. Au sein de l'entreprise, la mise en service de cette articulation relève non pas d'une organisation structurelle mais bien plus simplement de l'adoption de procédures appropriées.

Un mot de la politique des licences. Il faut savoir en *prendre,* je l'ai dit lorsqu'il n'existe pas de solution compétitive fondée sur une technique française. Il faut aussi savoir en *donner.* C'est un volet important de la stratégie internationale : moyen de se procurer des recettes supplémentaires et, donc, de contribuer au financement de l'effort de recherche sans doute, mais surtout moyen d'assurer le rayonnement du produit et sa diffusion à travers le monde, en le faisant fabriquer sous licence par des filiales étrangères, en vendant des usines clés en main à l'étranger ou simplement en concédant des licences de fabrication et de vente à des tiers.

Enfin, *M. Pierre Aigrin,* secrétaire d'Etat auprès du Premier ministre (Recherche), développe le point de vue des pouvoirs publics : Dans le cadre de l'équilibre de la balance française des paiements, la balance « recherche » ne constitue pas un problème majeur car les échanges dans ce domaine ne représentent que des sommes relativement faibles. Depuis quelques années, la balance « recherche » est positive et, en 1976, dernière année pour laquelle nous possédions des statistiques, ce solde positif dépasse légèrement un milliard de francs. Toutefois, le bilan des échanges de brevets et licences est fortement négatif et de plus en plus; heureusement que les ventes de recherche en tant que telles, compensent, et au-delà, le déséquilibre. Ainsi, nos ventes de recherche à l'étranger sont de l'ordre de 13 milliards de francs alors que nos achats n'atteignent que quelques centaines de millions de francs. A mon avis, ces chiffres ne veulent pas dire grand chose, parce que, en ce qui concerne les brevets et licences, on s'aperçoit qu'une part importante des dépenses est constituée par les redevances versées à leurs maisons mères par les filiales françaises d'entreprises multinationales dont le siège est situé à l'étranger. Il se trouve que la quasi-totalité des entreprises multinationales font effectuer la plus grande partie de leurs recherches dans leur pays d'implantation; c'est la politique la plus généralement pratiquée. Comme peu d'entreprises multinationales ont leur siège en France, il n'y a pas compensation en la matière.

Si l'on élimine du bilan les échanges de brevets et licences entre entreprises et leurs filiales, aussi bien pour les filiales étrangères d'entreprises françaises que pour les filiales françaises d'entreprises étrangères, on constate que notre balance des brevets et licences est légèrement positive. Il en est d'ailleurs de même pour l'Allemagne comme pour la plupart des pays industrialisés.

Il faut dire également que, parmi tout ce qui est classifié comme ventes de brevets et licences, figure une partie des contrats de fournitures d'usines « clés en main » comportant une assistance technique et où la part des brevets et licences est déterminée d'une façon tout à fait arbitraire. L'individualisation de la part des brevets et licences résulte plus des règles fiscales ou politiques qui règnent dans le pays d'implantation que d'une réelle analyse impossible à effectuer entre l'ingénierie de l'usine et le *know how* qui se trouve derrière cette activité. De même, il est quelquefois très difficile de distinguer, dans un marché de fournitures de produits ou de systèmes, ce qui ressort exactement de la vente de recherche.

Permettez-moi de citer un exemple dans un domaine que je connais bien, celui de l'électronique professionnelle. Les entreprises de haute technologie fournissent non seulement des radars et des faisceaux hertziens qu'elles vendaient déjà voilà vingt ans, mais encore des dispositifs de visualisation. Les ordinateurs traitent les données et accomplissent une part importante des recherches sur la manière d'implanter ces radars par exemple. Comment distinguer alors, dans un tel marché, ce qui est recherche, étude, et ce qui est fourniture de matériel, surtout dans un domaine où le prix de vente de ces matériels incorpore normalement 25 à 26 % de la recherche?

Recherche et développement peuvent conduire à des activités économiques compétitives sur le marché mondial. Mais pour être concurrentiel dans un pays où le taux de main-d'œuvre est élevé, il faut que la structure des coûts n'incorpore qu'une part relativement faible de matières premières importées. Nous ne pouvons pas, en effet, espérer raisonnablement disposer d'une totale indépendance pour certaines d'entre elles. Le cuivre et le cobalt ne poussent pas sur nos terrains! Les pays comme l'Asie du Sud-Est peuvent nous faire une concurrence extrêmement dangereuse grâce à leur main-d'œuvre de faible qualification. Prenons l'exemple des têtes à haute fréquence des récepteurs de télévision. Le taux de main-d'œuvre, s'il est de 30 F dans une usine de Beaune, sera divisé pratiquement par 12 dans une usine de Singapour. Si une part importante du coût est constituée par l'amortissement d'un très gros investissement de production, cela, sans nous désavantager considérablement par rapport à certains autres pays, ne nous met pourtant pas dans une bonne situation de disponibilité. Par contre, si la part du coût est constituée par de la matière grise, nous pouvons devenir parfaitement compétitifs. Je ne dis pas qu'elle est alors bon marché, mais elle n'est pas plus chère qu'en Allemagne, aux Etats-Unis ou même au Japon. Dans la majorité des cas, on peut le dire, les produits à fort contenu de matière grise sont aussi des produits à fort contenu de technologie.

Il existe toutefois — et en tant que secrétaire d'Etat à la Recherche, je suis obligé de le reconnaître — des cas particuliers d'activités qui ne sont pas technologiques. La haute couture par exemple. Dans le prix d'une robe d'un de nos grands couturiers, ce n'est ni le coût de la matière première ni le coût de la main-d'œuvre des petites mains qui intervient, mais bien la science, le pouvoir de création des artistes qui ont inventé le modèle, et leur capacité de le commercialiser qui est une forme de matière grise. Prenons deux exemples frappants.

Notre industrie chimique est très orientée vers la fabrication de grands intermédiaires. Pour fabriquer du phénol, nous partons du benzène importé alors qu'il s'agit d'une petite transformation, les chimistes le savent bien. Nous avons du mal à être compétitifs vis-à-vis des installations qui sont très souvent situées sur les lieux de production des matières premières.

Pourquoi un pays comme l'Allemagne a-t-il pu évoluer alors que nous n'avons pas encore su prendre le virage?

Les raisons, extrêmement variées, tiennent pour une part à l'attitude des entreprises, mais aussi peut-être à un certain caractère casanier de nos compatriotes. Il est difficile de trouver des volontaires pour aller travailler à l'étranger. Il n'est peut-être pas toujours agréable de se retrouver en Arabie saoudite, par exemple, où il fait chaud et où la vie culturelle francophone est certainement très réduite. Les Anglais, les Allemands ont beaucoup moins de mal à s'expatrier.

Notre recherche n'est-elle pas trop à dominante universitaire? J'inclus dans la recherche celle qui est poursuivie dans les universités, celle des organismes publics non universitaires et celle qui est poursuivie au C.N.R.S. extrêmement liée à l'université. Elle est trop universitaire si on entend par là une certaine volonté de ne pas déboucher sur des problèmes pratiques. Je ne prendrai toutefois pas à mon compte cela comme une définition du monde universitaire. J'y suis resté trop longtemps et j'en suis trop fier pour admettre qu'être universitaire signifie ne pas s'intéresser aux problèmes pratiques. N'est-elle pas plutôt trop académique, dans le sens que le mot avait en France au début du XIXe siècle? La recherche poursuivie dans le secteur productif, qu'il soit public ou privé, est dans l'ensemble comparable, je crois, à ce qui se fait dans d'autres pays. Toutefois, son rendement est réduit du fait que l'on n'utilise pas assez vite les résultats de cette recherche élémentaire et que l'on utilise mal ceux de la recherche fondamentale des autres pays qui donnent d'ailleurs lieu à de nombreuses publications. Mais entre lire un article de telle publication de physique et savoir si le résultat est sérieux, utilisable, il y a une énorme marge que, très souvent l'ingénieur, l'industriel ne peuvent pas franchir seuls. Les universités allemandes ou américaines jouent pleinement cette fonction de transducteur entre recherche fondamentale mondiale et recherche industrielle. Le système japonais, d'une extrême complexité, est un peu à part. Les universités françaises, quant à elles, le jouent d'une manière insuffisante.

J'ai parlé du système de la recherche universitaire et non pas de la recherche *stricto sensu.* Une part importante de cette recherche est faite grâce à des organismes — l'I.N.S.E.R.M. par exemple — organismes qui existent d'ailleurs dans tous les pays et — particularité du système français — qui emploient des corps importants de chercheurs, fort compétents en général, à plein temps et à vie. Loin de moi l'idée que la recherche ne doit pas être à plein temps, pour une certaine proportion de chercheurs en tout cas ou encore que l'impossibilité de carrière est utile aux chercheurs. Je ne le crois pas. Mais le fait d'avoir un poste à vie implique une disponibilité. Toutefois, ce n'est pas à l'administration centrale du C.N.R.S. par exemple, de dire aux chercheurs le détail de ce qu'ils doivent faire. Ils sont mieux à même de le savoir et ils devraient avoir la possibilité de mieux suivre les évolutions.

La recherche fondamentale, je dois le constater, n'a que très rarement, et presque toujours sous l'influence d'impulsions extérieures, réussi à prendre les grands virages. Pour la biologie moléculaire, par exemple, qui est une partie importante de la biologie moderne, il a fallu une intervention extérieure de la D.G.R.T.S. afin qu'elle puisse se développer en France. Une certaine routine, en effet, s'opposait à l'introduction de cette nouvelle discipline. Une fois qu'elle eut acquis le droit de cité, le C.N.R.S. a parfaitement su la reprendre et en assurer le développement ultérieur. Notre système de recherche universitaire est donc incontestablement trop routinier. Cela ne veut pas dire pour autant qu'il faut faire faire des développements industriels dans un cadre universitaire. A chacun son métier. Aux Etats-Unis, lorsque les universités se sont occupées de faire de la recherche industrielle, le taux de succès a été extrêmement faible.

La recherche industrielle implique une connaissance du marché. Si le client désire acheter une voiture de 4,5 mètres de long parce qu'il pourra se garer dans sa ville, rien ne sert de fabriquer des voitures de 4,80 mètres, même si elles sont meilleures. Pour cela, il faut que le système productif puisse assurer tant la fabrication que la commercialisation. Qu'il soit à capitaux publics ou privés, c'est secondaire. Mais il est très important que le système universitaire accepte le dialogue constant avec ce système productif. Cela suppose également que les jeunes chercheurs acceptent d'aller travailler dans les entreprises et que ces dernières acceptent de les engager.

Il existe d'autres problèmes, tels que ceux des transferts de retraite entre le secteur semi-public et le secteur privé qui ne sont résolus correctement en France que pour les personnes qui ont passé quinze ans dans le secteur public. Cette période de quinze ans devrait être tout à fait exceptionnelle. Les entreprises ont pris l'habitude de recruter principalement leurs cadres dans les écoles d'ingénieurs. Or, les écoles d'ingénieurs françaises se sont totalement désintéressées de la recherche, ce qui a encore compliqué et aggravé ce problème de scission entre recherche de type universitaire et recherche industrielle. Il existe à cela des raisons historiques et en particulier une certaine conception de la formation de l'ingénieur: un enseignement très théorique suivi d'une série de conférences destinées à décrire les technologies d'aujourd'hui dans le détail, mais qui ne préparaient guère à fabriquer les produits de demain. Une formation dont on pouvait être assuré par avance qu'elle était presque immédiatement périmée. Son seul intérêt, c'était qu'en sortant de cette école, l'étudiant pouvait travailler rapidement. S'il avait la capacité de travailler tout seul et de se former sur le tas, alors il finissait, au bout de quelques années de pratique, par être finalement un bon ingénieur, mais seulement dans ces conditions.

Le développement de la recherche dans les écoles d'ingénieurs est un phénomène récent et encore limité, qui se heurte à un certain nombre de difficultés pratiques très réelles. Les structures d'enseignement sont de petite taille. L'Ecole centrale, avec trois promotions, doit compter, je crois, 900 élèves en tout. Je ne connais pas une université technologique américaine, de quelque renom, qui ne compte que 900 élèves. La plus petite doit en avoir 3 000. D'autre part, le personnel enseignant, dans une telle école, est constitué pour une part non négligeable de personnalités extérieures et des praticiens. Ce n'est pas mauvais, mais cela veut dire aussi que le nombre d'enseignants permanents susceptibles d'assurer l'encadrement des laboratoires de recherche est toujours très faible. De plus, répartis sur un éventail de disciplines assez vaste, on s'aperçoit que, pour chaque discipline, il ne reste qu'une, parfois deux personnes, pour assurer cet encadrement. Certains laboratoires marchent pourtant bien, mais ce sont des cas particuliers. Il s'agit soit d'écoles qui se sont regroupées pour mettre en commun leurs moyens, soit d'écoles qui disposent d'un laboratoire de recherche indépendant, bénéficiant, comme à l'Ecole polytechnique, des crédits du ministère de la Défense, auquel je rends d'ailleurs ici hommage. Cela permet de faire de la bonne recherche à l'Ecole polytechnique. D'autres écoles, comme l'Ecole normale supérieure, ont réussi, avec l'aide du C.N.R.S., à être, *de facto,* chargées de diriger un laboratoire du système universitaire qui recrute parmi les anciens élèves de l'école une partie de leurs chercheurs et de leur encadrement, mais ce sont surtout des laboratoires de recherche de l'ensemble des universités de la région parisienne.

Les écoles d'ingénieurs, qui ont l'avantage de déboucher assez facilement sur l'emploi industriel, ne font pas de recherche et les universités qui font de la recherche ne débouchent pas sur l'emploi industriel. On a créé *de facto* un système de castes, castes qui se considèrent mutuellement comme des parias, ce qui ne fait que compliquer les choses. Un tel système est rarement favorable aux bons contacts.

Il va donc falloir, j'en suis conscient, procéder à certains changements de structures, de méthodes, et, ce qui est beaucoup plus difficile, de comportements.

En conclusion, je ne dirai pas que le système est à trop grande dominante universitaire, mais comme il y a scission entre le système universitaire et le reste, le rendement de ce point de vue du système universitaire est extrêmement faible.

CHAPITRE VIII

SYSTÈME BANCAIRE FRANÇAIS ET COMMERCE EXTÉRIEUR

Le comportement des banques françaises, les procédures qu'elles ont mises en place au service de leurs clients exportateurs, sont-ils de nature à favoriser l'expansion du pays sur les marchés extérieurs? Les points de vue varient, parfois, selon qu'on se trouve d'un côté ou de l'autre du « guichet ».

M. Mallet, P.-D.G. des Etablissements des Pompes Guinard, se plaint beaucoup du système bancaire français. Lorsqu'un banquier vient me voir, déclare-t-il, je lui dis : « Aidez-moi à l'exportation et je vous assure que nos affaires avec vous vont considérablement se développer. » A chaque fois, ce banquier m'envoie une espèce de fonctionnaire qui sort de son bureau pour me faire un cours du niveau de n'importe quel manuel. Cela ne va guère plus loin.

L'autre jour, je me suis ému de la lenteur des délais de rapatriement de nos devises. Ce délai est de deux mois au lieu de huit jours théoriquement. Il a suffi que quelqu'un de chez nous se déplace pour régler ce problème avec l'Arabie saoudite. Aucune des banques concernées n'avait fait quoi que ce soit. A la limite, je m'interroge : peut-être n'étaient-elles pas mécontentes de garder l'argent pendant deux mois pour réaliser quelques intérêts supplémentaires... Elles (les banques) font ce qu'elles peuvent, mais l'esprit fonctionnaire, au sens péjoratif du mot, règne dans ces organismes, en ce qui concerne les problèmes d'exportation, sauf quelques exceptions...

M. Essig, délégué à l'Aménagement du territoire, ne croit pas que le système bancaire français soit bien adapté à la création d'entreprises. D'ailleurs, le fait qu'il n'existe pas d'accident grave dans la gestion des banques — c'est heureux malgré tout — souligne la prudence de leur politique.

Ce qui me paraît plus grave, ajoute M. Essig, c'est que les banques publiques ou para-publiques spécialisées s'entourent des mêmes garanties que les banques privées. On a pu constater que les sociétés de développement régional qui avaient été créées pour intervenir dans des conditions de souplesse tout à fait exceptionnelles, agissaient en définitive sans manifester une audace exceptionnelle...

Nous n'avons plus de banques d'affaires dans notre pays, constate *M. de la Martinière,* directeur général de l'Institut de développement industriel. Sans doute reste-t-il Paribas qui s'occupe surtout des secteurs lourds. Mais sa propre capacité de financement est faible.

Quant à la question des prises de participation des trois grandes banques nationales, il faut bien voir que les responsables ne les admettent que pour capter le produit de l'escompte de certaines entreprises... Les prises de participation sont, dans ces conditions de véritables prises d'otages, et l'on assiste à des opérations de racket... Je pourrai vous citer des dizaines d'exemples à ce sujet.

Une idée louable avait cependant germé dans quelques services de la Banque de France : il s'agissait de maintenir l'encadrement du crédit mais de permettre le développement hors encadrement des encours des banques affectés au renforcement des capitaux permanents de l'industrie. Cette suggestion n'a pas eu de suite. Au demeurant, vous savez tous que le drame du système bancaire de la France est de n'être pas suffisamment régionalisé. Les responsables d'agences implantées sur le territoire cherchent à bénéficier des mutations, et dans ces conditions, pour être bien notés, ils ne doivent pas prendre de risques, ce qui implique une gestion par trop prudente de leurs établissements. Vous constatez combien tout ceci est générateur d'un dynamisme fabuleux...

Les représentants des banques mettent l'accent, eux, sur les risques courus par ces établissements, en particulier *M. Moussa,* administrateur directeur général de la Banque de Paris et des Pays-Bas : Nous sommes parfois terrifiés par les risques que nous sommes contraints d'accepter, la Coface ne couvrant, finalement, qu'une faible partie des sommes énormes que nous devons sortir. Il serait donc heureux — cela a été fait dans certains cas exceptionnels — que la Coface puisse garantir également les crédits financiers. Mais, dira-t-on, le gouvernement risque d'être submergé par l'excès de demandes de cette sorte. Je ne le pense pas, car même pour le crédit-acheteur, l'administration ne donne pas son accord automatiquement. Il y a étude préalabe du dossier, possibilité de dire oui ou non...

M. Chapelle, P.-D.G. de la Coface, répond à ce propos : Nous avons toujours refusé de garantir la partie des contrats concernant des projets trop confus, trop vagues ou trop dangereux, dans l'intérêt même des exportateurs et de l'exportation française dans son ensemble. Pourtant, certains industriels souhaiteraient que nous prenions de plus en plus de risques extraordinaires. Ainsi nous demande-t-on de créer une garantie pour les risques techniques, c'est-à-dire de faire face à l'incapacité du partenaire étranger associé à la réalisation du projet. Tout ceci équivaudrait à soulager l'industriel d'une partie des responsabilités qui lui sont propres.

M. Calvet, directeur général de la Banque nationale de Paris ajoute : Nous encourons en effet beaucoup de risques; regardez l'importance du montant de nos provisions pour créances douteuses et litigieuses... En second lieu, nous n'hésitons pas à aider les petites et moyennes entreprises et, à ce titre, nous parions volontiers sur l'issue de telle ou telle opération. En cas de succès, nous rencontrons la fidélité et l'appui certains des chefs d'entreprise que nous avons aidés...

M. Lauré, président de la Société générale : Quels sont les risques que courent les banques en matière de commerce extérieur? Je vais vous donner des chiffres de l'an dernier pour ce qui concerne la Société générale. Les préfinancements, c'est-à-dire les crédits que nous consentons à nos exportateurs avant qu'ils n'aient livré leurs marchandises, se sont élevés à 948 millions de francs. Nous prenons, dans ce cas, le risque sur l'exportateur lui-même car rien ne dit qu'il conduira son affaire jusqu'au bout. Quant aux créances nées à court terme — une fois l'exportation réalisée, les P.M.E. ont généralement recours au court terme — elles se sont élevées à 4 477 millions de francs. Le risque porte à la fois sur le client étranger et sur l'exportateur. Effectivement, si le client est insolvable, la charge nous incombe. De même, si l'exportateur nous a fourni des documents inexacts faisant croire qu'il a exporté de la marchandise alors qu'il n'en est rien, nous pouvons y perdre. Cela nous est arrivé à Castres avec un fabricant de textiles qui était dans une situation difficile. Il a tiré des effets avant même d'avoir exporté et nous avons perdu l'argent. Cependant, il faut reconnaître que, généralement, tout se passe bien. S'agissant des crédits à moyen terme, ceux qui ont été consentis aux fournisseurs se sont élevés à 2 965 millions de francs et ceux qui ont été accordés aux acheteurs à 5 298 millions de francs, alors qu'au titre de l'ancienne procédure nous avons prêté 340 millions de francs. Le total des crédits à terme s'élève donc à environ 8,5 milliards de francs, couverts à 85 % par la Coface et 15 % par le fournisseur français dans le premier cas; à 95 % pour la Coface et 5 % par la banque dans le second. Nous avons également des crédits financiers liés. Ils sont hors Coface. Celle-ci a des normes qui sont fonction du montant du produit exporté. L'acheteur étranger doit donc faire un effort, mais il n'est pas toujours disposé à le consentir. Pour que l'affaire soit tout de même conclue, nous lui accordons souvent un prêt. Nous assumons seuls, dans ce cas, le risque. Ces crédits se sont élevés à 1 207 millions de francs en 1977. Le concours global des banques, en matière de commerce extérieur, et l'action particulière de chacune d'entre elles, sont successivement exposés par les dirigeants de ces organismes.

M. Roche, directeur général du Crédit lyonnais, rappelle pour mémoire l'ensemble des services financiers traditionnels que les banques mettent au service des exportateurs : mobilisation de créances à court et moyen terme (crédit fournisseur), crédits de préfinancement, cautions diverses pour la bonne exécution des marchés ou la responsabilité financière de l'exportateur, ainsi que l'ensemble des opérations liées au règlement des transactions (transferts, domiciliation, crédit documentaire, couverture à terme, avances en devises, etc.).

Il est sans doute plus intéressant, poursuit M. Roche, de présenter ici un certain nombre de services nouveaux récemment mis à la disposition des exportateurs par le système bancaire, afin de mettre en application les objectifs de développement des exportations françaises. Vous voudrez bien m'excuser de faire dans ce domaine plus directement référence aux activités de l'établissement auquel j'appartiens.

La première ouverture fructueuse des banques sur l'exportation a été la mise en place de crédits nouveaux destinés aux financements des exportations d'un montant important, vers des clients généralement extra-européens. Ces opérations sont issues des vastes programmes d'industrialisation mis en place par les pays neufs, et dont le coût excède souvent largement leur capacité d'épargne.

Alors que dans les procédures traditionnelles de financement du commerce extérieur, l'exportateur était responsable de l'ensemble de l'opération, à la fois dans ses aspects techniques, commerciaux et financiers, et octroyait lui-même à son client des délais de paiement dont la banque assurait en aval la mobilisation, le *crédit-acheteur* permet une stricte séparation entre les activités industrielles et bancaires. L'exportateur conclut avec son client un contrat portant sur la vente de matériel, tandis que la banque en négocie directement avec celui-ci les conditions financières, et lui octroie un prêt qui permettra à son fournisseur de bénéficier d'un règlement comptant. Cette procédure présente des avantages pour l'exportateur : tandis que l'entreprise est déchargée du poids du crédit, du risque et du montage de l'opération financière, la banque doit examiner avec un grand soin la solvabilité du client, et accroître la sécurité de ces crédits [1], souvent par le biais d'une caution ou de la garantie d'une grande banque ou d'un organisme public du pays du client. Le succès du crédit-acheteur créé en 1966 a été très rapide, puisque de telles opérations représentent d'ores et déjà plus de la moitié de l'ensemble des crédits à l'exportation octroyés par le Crédit lyonnais. Simultanément, le montant moyen des opérations s'est considérablement accru. Certains crédits ont même atteint plusieurs milliards de francs et on peut citer à ce titre le mécanisme mis sur pied conjointement par le Crédit lyonnais et la Dresdner Bank afin d'assurer le financement des ventes d'Airbus.

Le développement spectaculaire des *eurocrédits* a également eu un impact très favorable sur le développement des exportations des pays industrialisés. Les crédits à moyen terme, financés sur les marchés d'eurodevises, sont généralement du type *roll-over,* c'est-à-dire que les conditions en sont réexaminées périodiquement, en fonction du taux du marché. Ils peuvent prendre la forme de *crédits financés d'accompagnement* des crédits exportation, pour le paiement des acomptes ou des dépenses locales; il faut signaler sur ce point que, sauf cas exceptionnels, la non-couverture de tels crédits par la Coface entraîne des risques très importants pour la banque, encore accrus par le fait que, libellés en devises, le coût d'une éventuelle défaillance du débiteur peut être plus élevé que le montant du crédit initial. Mais c'est surtout dans le *financement des grands projets indus-*

---

1. Pour lesquels 5 % du risque restent à sa charge.

triels que les eurocrédits jouent un rôle majeur, en contribuant ainsi à l'exportation de biens ou de services (ingénierie) de la part des entreprises françaises. Le montant considérable des prêts déjà accordés sous cette forme et la situation financière préoccupante de certains pays doivent cependant inciter à un examen approfondi des risques encourus. C'est présentement une de nos grandes préoccupations et il est bien certain que les montants atteints sur plusieurs Etats ne pourront pas être augmentés.

D'autres procédures peuvent aussi être mentionnées : ainsi la création des *lignes de crédit « grand acheteur »*, ouvertures de crédit mises à la disposition de certaines grandes sociétés de pays du tiers monde, assure à la France un flux continu d'exportations de biens d'équipement. Mon établissement a ainsi conclu de tels contrats avec des firmes brésiliennes (Pétrobras, Finame [1]) ou mexicaine (Pemex) notamment.

On peut citer dans le même esprit le développement des *protocoles financiers,* par lesquels sont organisées les ventes à un pays donné. Ils peuvent prendre la forme de protocole d'application de conventions intergouvernementales, les crédits bancaires venant alors en complément des prêts bonifiés du Trésor. Ils peuvent aussi être directement négociés avec une banque ou un organisme public : le Crédit lyonnais a ainsi mis en place une quarantaine de protocoles avec divers pays. Ces procédures présentent deux avantages pour l'exportateur : une assistance au stade de la négociation des contrats; la possibilité de bénéficier d'un financement à des conditions optimales.

Enfin, les possibilités qu'offre le *crédit-bail international* semblent prometteuses, même si ses caractéristiques restent assez peu adaptées à la spécificité du commerce extérieur.

Mais les efforts des banques ne se limitent pas à ces grandes opérations spectaculaires. Au contraire, le souci d'ouvrir à l'exportation un grand nombre de sociétés françaises explique les initiatives prises en faveur des petites et moyennes entreprises.

M. Lauré (Société générale) : Indépendamment de ma position de banquier, j'ai la conviction absolue que les exportateurs français sont les mieux servis, et par l'administration et par les banques. Je vais vous exposer nos modalités d'intervention en faveur du commerce extérieur.

La direction de l'étranger est chez nous la plus grande de toutes. Elle est très coûteuse, car elle compte des gens de bonne qualité. Elle met en œuvre de grandes quantités de services. Le service financier le plus important est le bureau central des changes : nos cambistes. La Société générale traite des montants énormes avec des différences d'un seizième l'an, mais qui nous lient quelquefois. Les bénéfices annuels sont de l'ordre de 150 millions de francs. Comme nous sommes un gros marché, nous pouvons prendre à faible intérêt, quitte à prendre une petite marge.

---

1. Agence pour le financement des achats de biens d'équipement industriels.

Nous faisons des bénéfices sur les variations d'intérêt entre le moyen et le court terme. Si le taux doit monter, nous prenons beaucoup d'argent à long terme; ainsi, il y a quelque temps, nous avons emprunté beaucoup de dollars bon marché à long terme et nous comptons les reprêter beaucoup plus cher à court terme.

Le service des financements internationaux prête à des gens du monde entier des dollars et aussi d'autres devises pour accompagner les exportations. De plus, quelquefois, pour s'introduire dans les pays, il faut participer à des émissions de bourse. Les solliciteurs sont très nombreux et, comme nous opérons en dollars, tout le monde a confiance en nous.

A un certain moment, en Angleterre, les banques ont payé une surprime sur l'eurodollar car la confiance n'existait plus dans les banques anglaises. Comme, afin de ne pas manquer de dollars inopinément un jour, nous payons une prime d'assurance auprès d'institutions américaines, nous prêtons le moins possible, mais nous devons le faire pour aider les exportations.

Les Allemands ne pratiquent pas de la même façon. Les banques accordent facilement des crédits, car elles ne s'interrogent pas pour savoir si elles manqueront un jour de dollars. D'ailleurs, les crédits sont également accordés en deutsche marks. L'activité bancaire est plus satisfaisante et rémunératrice que la nôtre. Nous avons quand même 1 500 millions de francs de risques dans ce secteur.

Notre service des crédits documentaires a un caractère financier. Le service des relations internationales comprend plusieurs catégories de services. Nous avons des bureaux de représentation dans tous les pays du monde pour aider les exportateurs mais, sur le plan parisien, ce service des relations internationales comprend cent vingt personnes qui centralisent toutes les connaissances du monde pour alerter nos services spécialisés et nos agences afin d'orienter les entreprises intéressées.

Ces services ne sont guère en contact avec les clients. Ils s'informent et passent ensuite les renseignements aux services spécialisés. Le service de financement du commerce extérieur est très intellectuel. Il passe des accords avec les clients étrangers. Il permet d'utiliser les crédits de la Coface.

Souvent, quand un banquier met sa signature sur un protocole, c'est un acte potestatif. Il a la bonne volonté de consentir ces crédits à des exportateurs pour passer des commandes en France. Ce service comprend donc des gens de bonne qualité. Pour les ensembles industriels ou les importantes exportations de matériel d'équipement, il appuie les exportateurs français, les accompagne à l'étranger pour discuter les modalités car les procédures sont très complexes en ce qui concerne la technique financière.

Le service des relations en France, qui comprend cinquante-cinq personnes, rend les mêmes services au tout venant des entreprises. Pour les exportations, petites et moyennes, nous utilisons dans nos agences des services spécialisés qui comptent quatre mille personnes.

Maintenant, grâce à une restructuration interne et à un système d'analyse de nos activités, nous connaissons le coût de chacune de nos activités, nous connaissons le coût de chacune de nos opérations. Ce service facilite des exportations de moindre envergure. Il est divisé en cinq cellules : produits agricoles, distribution - textile - équipement ménager - sports, loisirs - équipement léger.

Il effectue les enquêtes commerciales dans les deux sens, propose des affaires d'origine étrangère, diffuse des bulletins périodiques au coup par coup, délivre des lettres d'introduction pour guider les clients, donne des renseignements commerciaux sur les entreprises étrangères, délivre une assistance technique pour aider notre clientèle à souscrire des polices Coface, etc. Ce service est très actif.

Le dernier aspect de notre activité concerne les sociétés de commerce international, activité qui était peu courante en France.

Les sociétés françaises de commerce international ont des secteurs peu développés et sont un instrument peu courant de l'acte d'exportation ou d'importation : 40 % de nos importations, 18 % de nos exportations.

En Angleterre, elles représentent 70 % des importations et 30 % des exportations. C'est en Allemagne que ces sociétés ont le plus d'importance, mais je ne connais pas le pourcentage. Elles existent depuis plus d'un siècle et sont d'une qualité extraordinaire. Hambourg en compte 3 000, Brême et Lubeck 600. Elles réalisent 25 % du commerce extérieur allemand à l'exportation, dont 50 % du commerce extra-européen. Il s'agit de très grandes entités qui pratiquent une vraie activité de société de commerce international. Ce ne sont pas simplement des courtiers puisqu'elles vont jusqu'à fournir des usines clé en main. Elles pratiquent le commerce international pour son rapport. Le réseau allemand est donc le plus efficace.

L'activité de ces sociétés au Japon est très importante : 80 % des importations, 70 % des exportations. Leur caractère est différent. Ce sont des *shoshas,* c'est-à-dire très souvent (mais pas toujours) la partie commerciale de groupes japonais très puissants. Chaque grand groupe a sa *shosha* qui achète n'importe quoi, comme par exemple des tableaux, à une certaine époque. Elles n'ont pas le même type d'efficacité qu'en Allemagne où les sociétés créent et importent vraiment au coup par coup. Avec les *shoshas,* il s'agit pour une part d'un drainage de l'activité des groupes.

Quand M. Barre a dit qu'il fallait faire quelque chose dans le domaine international, j'avoue que je n'étais pas très optimiste, car le métier de commerçant est très difficile.

A mon avis, les banquiers sont capables de faire uniquement de la banque et non de l'industrie ou du commerce. A la demande, donc, du ministre du Commerce extérieur, j'ai lancé quelques sociétés. La première expérience remonte à quatre ans en Iran pour développer la culture des betteraves et créer des sucreries, mais elle n'a pas marché sous cette forme. Du coup la société s'est transformée en société de commerce, qui a beaucoup exporté de produits agricoles français sur l'Iran. D'autres exportations, depuis, ont été réalisées avec la Côte-d'Ivoire et la Nigeria.

Je peux vous citer un cas particulier de cette action. Comme mon représentant en Iran avait constaté que la population mangeait un fromage bleu, Roquefort a fabriqué une variété de fromage spécialement adapté au goût des gens. Des milliers de tonnes ont été ainsi exportées. Le problème est donc d'avoir des gens orientés vers certaines questions et de disposer de bons contacts.

Nous avons donc cherché à créer des sociétés très spécialisées pour exporter des produits français bien déterminés et généralement fournis par des entreprises petites et moyennes.

Ainsi, nous allons être à la tête de cinq sociétés dotées chacune d'un capital de 2,5 millions de francs. Nous avons donc couru un risque portant sur 12,5 millions de francs — ce n'est pas considérable — et nous avons déjà été récompensés par l'accueil que nous avons obtenu et par les perspectives qui s'offrent à nous. Je commence à croire sérieusement que nous allons susciter de nombreuses exportations.

Les autres banques agissent de la même façon. C'est ainsi que le Crédit lyonnais, la B.N.P. et Paribas ont créé ou détiennent des parts importantes dans des sociétés. L'ensemble des banques françaises se tourne vers le commerce international et c'est une attitude nouvelle.

Je ne dis pas que nous allons devenir des géants, mais peut-être pourrons-nous éviter, à l'avenir, des situations comme celles que nous avons connues dans le passé.

C'est ainsi qu'un jour les Allemands ont exporté du matériel d'équipement en Roumanie. Ils ont dû, pour ce faire, accepter une compensation qui consistait dans l'achat de lentilles. Que pensez-vous qu'ils en ont fait? Ils nous les ont vendues et ce sont donc les Français qui ont fait les frais de la compensation!

Je dois en vérité dire que, d'une certaine façon, nous nous sommes « rattrapés » puisque, par l'intermédiaire de la filiale spéciale que nous avons créée il y a un an, nous avons fait absorber par les Américains 25 milliards de francs de produits chimiques roumains, qui représentent la compensation de nos exportations vers la Roumanie.

Si les banques interviennent, c'est parce que personne ne le fait. Il nous manque la grande tradition commerciale que les Allemands ont dans le sang.

Pour M. François Giscard d'Estaing, président du conseil d'administration de la Banque française du Commerce extérieur, le point fort de l'activité commerciale française à l'exportation reste la constitution de réseaux à l'étranger par toutes les banques importantes. Dans la plupart des pays, six à sept représentants commerciaux de grandes banques — ils se font d'ailleurs concurrence — constituent un levier très puissant. Ce sont des gens très motivés et compétents qui peuvent jouer un rôle d'autant plus important dans le développement des exportations que, dans un pays comme la France, les banquiers doivent parfois défricher le terrain avant la venue des exportations.

Quant au rôle de la B.F.C.E., pratiquement, presque toutes les sociétés exportatrices ont eu la « sagesse » de mettre dans leur pool bancaire la B.F.C.E.

L'aspect le plus original de notre activité est évidemment constitué par les missions particulières qui nous ont été confiées par les pouvoirs publics et par les procédures originales que nous avons inventées pour répondre à certains besoins particuliers.

L'essentiel de la mission qui nous a été dévolue est le financement à moyen et à long terme des exportations de biens d'équipement. Toute exportation qui est accompagnée d'un crédit de plus de dix-huit mois est sujette à notre intervention.

Comme vous le savez, en matière de commerce extérieur, se posent un problème de garantie et un problème de financement. En effet, dès que l'on sort de ses frontières, on n'est plus protégé par les lois de son pays. C'est un risque politique que l'entreprise ne peut pas prendre et que les banquiers ne peuvent pas non plus assumer. Dès lors, il est pris en charge par une compagnie d'assurances, la Coface. Son équivalent existe dans tous les pays étrangers.

Une compagnie d'assurances est généralement un organisme d'Etat, ou soutenu par lui, accordant sa garantie à des opérations qui font l'objet d'une décision ou d'un examen de la part des Pouvoirs publics. Le risque politique sur un pays, c'est à l'Etat qu'il appartient de l'apprécier. Il faut savoir si les opérations sont intéressantes, si les garanties données sont convenables, ou encore si l'intérêt politique est suffisant.

Nous intervenons pour toutes les opérations auxquelles l'Etat a accepté de donner la garantie de la Coface, en facilitant le financement, soit directement, soit indirectement.

S'agissant des opérations à moyen terme, c'est-à-dire entre dix-huit mois et sept ans, nous donnons une signature qui a deux effets. Le premier, c'est que nous dégageons les banques du risque en donnant un aval; le second, c'est que nous leur donnons accès aux financements privilégiés de la Banque de France. Les exportateurs français et leurs banquiers peuvent ainsi offrir à leurs acheteurs étrangers un taux fixe et modéré pour toute la durée du crédit. Des enquêtes conjointes sont menées entre les pays exportateurs, afin qu'il n'y ait pas de concurrence désordonnée sur les conditions de crédit.

Le taux fixe est de 7,5 % sur sept ans. Les banques doivent donc trouver un financement et tel est le but de l'intervention de la Banque de France. Elle refinance les deux tiers environ à un taux fixe de 4,5 %, laissant le reste à la charge des banques, celles-ci acceptant, en contrepartie, de pratiquer un taux forfaitaire de 7,5 %.

Aucune banque ne finance les crédits à long terme, c'est-à-dire ceux qui dépassent sept ans. Seule la B.F.C.E. le fait, directement, sur ses propres ressources et à un taux fixe. Naturellement, pour agir ainsi, nous devons passer une convention avec le Trésor, c'est-à-dire que nous nous procurons des ressources sur le marché domestique français ou sur les marchés étrangers dans des conditions qui sont, chaque fois, définies avec lui. Nous faisons un décompte périodique des intérêts que nous versons et de ceux que nous recevons.

Nous payons suivant les conditions du marché, généralement au-dessus, quelquefois au-dessous du taux de nos propres prêts. Il se peut que l'un compense l'autre. Cela laisse un solde qui correspond à l'aide du Trésor au crédit export.

Nos emprunts ont été à ce jour de près de 11 milliards dont 6 en devises, principalement en dollars U.S.

Nous avons un deuxième rôle, celui de veiller à la qualité des contrats de crédit qui sont passés à l'étranger et à celle des garanties qui sont prises à l'appui de ces contrats.

Il est évident que ces contrats donnent à toutes les banques la possibilité d'offrir des crédits à des conditions identiques. Nous devons éviter que les banques ne se fassent concurrence en affaiblissant la qualité des contrats de crédit. Une doctrine constante doit être maintenue en ce qui concerne les taux des crédits, les conditions annexes, les clauses d'arbitrage, etc.

Il nous appartient donc de maintenir une unité de doctrine et de la faire respecter par les banques. Il importe que les garanties soient prises en bonne et due forme pour permettre à la Coface notamment d'exercer un recours en cas de sinistre. Les sûretés doivent être prises. De même que l'assurance contre le vol suppose la pose d'une serrure, un crédit sur un bateau devra être couvert par une hypothèque maritime. En l'absence d'une telle prise de sûreté, la Coface n'indemniserait pas un sinistre éventuel. En général, nous avons la responsabilité de ces prises de sûreté.

Autre exemple, avec les pays de l'Est : une commission mixte gouvernementale définit l'enveloppe des crédits, mais il nous appartient ensuite de faire un contrat de crédit-cadre prévoyant les modalités, de façon à le rendre opérationnel. Nous menons de telles négociations en relation avec toutes les banques.

Nous jouons également un autre rôle très important en matière de ventes d'équipements, qu'elles soient assorties ou non d'un crédit à long ou à moyen terme : nous assurons le préfinancement de telles opérations pendant la période de fabrication qui dure souvent trois ou quatre ans, surtout lorsqu'il s'agit d'opérations clés en main qui supposent des tranches successives de livraison.

Pour assurer le préfinancement, deux procédures ont été prévues en liaison avec le pouvoirs publics. Nous avons d'abord les préfinancements à taux stabilisés. Par cette procédure nous garantissons aux exportateurs le bénéfice d'un financement à un taux fixe pendant toute la durée de leur fabrication. Ce taux fixe est en général situé à un niveau légèrement préférentiel par rapport au marché intérieur. De telles mesures sont nécessaires de façon que l'entreprise, lors de l'établissement d'un devis, puisse connaître le coût du financement de l'opération. A l'heure actuelle les taux stabilisés sont fixés à 9 %. En outre ces crédits sont en dehors de tout encadrement du crédit (sauf un « réencadrement » partiel depuis le début de 1978). Nous avons une seconde formule de préfinancement qui est plus perfectionnée, c'est le paiement progressif. Il s'agit d'un système qui, lorsque l'acheteur étranger accepte de se reconnaître débiteur au fur et à mesure des livraisons, permet de financer les livraisons au taux de 7,5 %.

Nous sommes la seule banque à faire ces opérations.

A cela s'ajoutent certaines missions confiées par les pouvoirs publics. Ainsi, nous accordons pour le financement des investissements industrialisés français à l'étranger des prêts à long terme coordonnés avec le Crédit national.

En outre, nous assurons la gestion de l'essentiel du régime de la garantie des investissements industriels français à l'étranger contre les risques politiques. Cette activité un peu en marge nous a été confiée par les Pouvoirs publics.

La garantie contre les risques politiques s'est progressivement développée depuis cinq ou six ans. Elle permet aux investisseurs de couvrir le risque de l'expropriation ouverte et le risque de discriminations abusives à hauteur du montant de l'investissement initial et des bénéfices réinvestis.

Notre banque est spécialisée dans le commerce extérieur. Elle s'interdit toute une série d'opérations classiques avec la clientèle privée et dans une série de domaines comme l'immobilier, le crédit à la consommation, etc. Notre clientèle est étroite, elle est composée de 3 500 entreprises qui sont presque toutes exportatrices. Ces entreprises assurent 80 % des exportations françaises. Bien entendu ces entreprises ne travaillent pas exclusivement avec nous. Par exemple, nous sommes les banquiers de Renault, mais la Régie compte une douzaine d'autres banquiers. En fait, nous n'assurons pas plus de 10 % du commerce extérieur de la France.

Cela se manifeste essentiellement par une grande activité dans les créances à court et à moyen terme liées à l'exportation. Nous avons des facilités plus grandes que d'autres banques pour effectuer ces opérations grâce à un réseau de correspondants étrangers parfois supérieur à celui des grandes banques nationales. A travers le monde, plus de 2 000 banques correspondantes peuvent opérer par notre intermédiaire les paiements et les encaissements nécessaires.

Par ailleurs notre réseau de représentation commerciale à l'étranger est implanté dans une dizaine de grands pays. D'une certaine manière, il double le réseau des conseillers commerciaux. C'est un point important.

Les opérations de financement à l'exportation doivent être doublées par les crédits nécessaires pour assurer les financements liés à d'importantes dépenses locales, comme le génie civil, etc. Ces dépenses font de plus en plus souvent l'objet de demandes de financement. Il importe donc d'allouer des crédits parallèles, généralement en dollars, sans garantie de la Coface. Pour y parvenir, un établissement comme le nôtre doit être présent sur le marché où ces fonds se trouvent le plus facilement, c'est-à-dire sur le marché américain.

Enfin, notre rôle de banque spécialisée comporte l'existence de très importants services d'études économiques et financières sur l'étranger. Ce sont probablement les meilleurs existant en France.

CHAPITRE IX

L'IMPACT DE LA MONNAIE

Flottement des monnaies, déséquilibre monétaire international, évolution divergente des parités... autant de sujets de préoccupation pour tous les responsables de l'économie et du commerce extérieur. Le ministre de l'Agriculture, M. Pierre Méhaignerie, a souligné les inconvénients, dans le domaine dont il a la charge, des montants compensatoires monétaires rendus nécessaires par les écarts entre « monnaies fortes » et « monnaies faibles ». M. Olivier Philip a exposé le cas de la Bretagne où les « effets pervers » de ces M.C.M. se font particulièrement sentir, dans un secteur comme le porc. Plus généralement, l'importance de la politique monétaire française et de la situation internationale pour les échanges internationaux n'échappe à personne. Voici quelques témoignages.

La dévaluation : une solution dépassée

MM. Bertrand, directeur des Affaires financières et fiscales à l'O.C.D.E., Jean Boissonnat, rédacteur en chef de *L'Expansion,* de Lattre, président du conseil d'administration du Crédit national, Larrera de Morel, directeur des Relations économiques extérieures, Théron, sous-gouverneur de la Banque de France, Thèves, président de la Chambre de commerce de Paris, rejettent la procédure de la dévaluation.

M. Bertrand : la dépréciation du cours de notre monnaie est à exclure, car l'expérience des dernières années révèle l'inefficacité de cette technique. Je pense en particulier à la Grande-Bretagne et à l'Italie. Maintenant 80 à 90 % des incidences financières des dévaluations se traduisent par des hausses de coûts et des augmentations de prix. Un processus cumulatif est alors enclenché, favorisant l'inflation, et annulant les gains de compétitivité... L'incompatibilité entre une politique de dévaluation et la lutte contre l'inflation est évidente.

M. Boissonnat : pendant longtemps, nous avons pensé que notre monnaie pouvait être, à intervalles réguliers, dévaluée par rapport à d'autres, en vue de faciliter l'accès des produits extérieurs sans que cette opération ne pèse trop lourd sur le coût de nos importations. Les données étant modifiées, nous devons changer notre comportement. Si des pays comme l'Allemagne ou le Japon ont mieux réussi que nous le rééquilibrage de leur commerce extérieur après la crise du pétrole, c'est parce que leur monnaie surévaluée les a conduits à sélectionner leurs produits et à être très agressifs dans leur commercialisation. Là encore, nous avons l'exemple d'une contrainte extérieure qui, jouant comme un défi, oblige les structures internes à se réadapter rapidement.

M. De Lattre : je ne crois pas à la dévaluation. Vous trouverez toujours un pays avec des salaires inférieurs qui produira moins cher que vous. Ce n'est donc pas sur ce terrain qu'il faut se battre. Il faut s'avancer sur le chemin des productions de haut de gamme et de bonne qualité qui peuvent supporter le coût ou le handicap d'une monnaie forte. Prenez l'exemple de B.M.W. dont le prix moyen des voitures est de 100 000 francs et qui livre dans un délai de trois à quatre mois...

M. Larrera de Morel : le schéma classique de la dévaluation, qui diminue les importations au profit de la production nationale et accroît les exportations de produits qui peuvent ainsi être offerts à moindre prix en devises, n'est valable que pour les économies dont l'ouverture sur l'extérieur est relativement faible, comme aux Etats-Unis, par exemple, où elle n'est que de 4 % ou 5 %, ou en France il y a vingt ans. Mais dès que l'on atteint des pourcentages du type de ceux que nous connaissons actuellement, ce schéma ne peut plus s'appliquer. Le schéma classique selon lequel la dévaluation rend les produits extérieurs plus chers et décourage l'importation n'est plus valable. En effet, il existe des types d'importation qui sont très peu compressibles. Par exemple, si notre monnaie est dévaluée, nous n'importerons pas moins de pétrole pour autant; simplement, il coûtera un peu plus cher en francs.

M. Théron : je crois que la dévaluation compétitive est passée de mode, qu'elle ne constitue pas une procédure saine pour le rétablissement des équilibres car, comme le démontre l'exemple britannique, l'économie peut en supporter les conséquences. Mais par ailleurs, il faut bien voir que si jamais nous devions subir un rythme d'inflation supérieur de plusieurs points à celui de nos concurrents, il faudrait bien un jour ou l'autre « remettre le compteur à zéro », c'est-à-dire constater tout simplement cette évolution. Depuis 1974, le franc français a perdu 22,80 % par rapport au deutsche mark, mais il est resté stable vis-à-vis du dollar. En chiffres pondérés, c'est-à-dire compte tenu des dix-neuf monnaies de facturation de nos importations et de nos exportations, la variation globale du cours du franc depuis le début de 1974 est de l'ordre de moins de 4,60 %.

M. Thèves : des opérations de dévaluation déguisée constituent un moyen artificiel qui entraîne la sclérose de l'appareil de production. Alors, pour inciter à procéder à un indispensable effort de productivité et de rationalisation, il faut bien voir que dans un pays comme le nôtre, qui est terriblement tributaire des importations d'énergie, la chance de nos exportations est constituée par l'existence d'une monnaie forte. Sans doute, une analyse plus fine serait-elle nécessaire, mais la fermeté du cours de la monnaie nationale constitue un avantage. Les exemples des Etats-Unis et du Japon nous le rappellent tous les jours.

M. René Tendron, du *Nouvel Economiste,* se demande si, choisissant de renforcer notre compétitivité, on n'a pas oublié un facteur essentiel de celle-ci, le taux de change. Ou pire, si l'on ne s'est pas trompé de stratégie. Car il est tout de même frappant de voir que l'Allemagne et le Japon ont vu depuis 1973 leur balance commerciale se redresser malgré les pertes de marché alors que dans le même temps le mark s'appréciait de 42 % par rapport au franc et le yen de près de 20 %. Et, à l'opposé, on constate que la Grande-Bretagne, jusqu'il y a un an, et les Etats-Unis voient leur balance commerciale se dégrader avec une monnaie faible. N'est-ce pas là le signe qu'un pays industriel, par définition transformateur de biens acquis pour une plus ou moins grande part hors de ses frontières, a davantage intérêt à avoir un taux de change fort qu'un taux de change faible? Sans doute sommes-nous éloignés là des raisonnements du patronat français et d'une longue accoutumance à la dévaluation. Sans doute aussi s'éloigne-t-on de nos vieux principes d'économie qui veulent que le réajustement d'une balance commerciale s'opère par l'enchérissement des produits importés qui réduit la demande interne et par l'expansion des exportations résultant d'une plus grande compétitivité à l'étranger. Mais il existe des demandes de produits incompressibles — c'est le cas du pétrole et des matières premières et de certains produits d'équipement — et l'avantage de la dévaluation ne dure guère longtemps. Comment expliquer autrement le fait qu'à l'égard de l'Allemagne et du Japon, loin d'avoir amélioré notre balance commerciale, nous assistions à sa dégradation? Avec l'ouverture des frontières et son accession au rang des nations industrielles, la France, malgré son agriculture qui constitue un cas à part, est devenue un pays transformateur de produits importés. Moins que l'Allemagne et le Japon, mais dans une proportion qui n'a plus aucune mesure avec le passé. A-t-on bien calculé branche par branche ce que nous coûte une politique de dévaluation permanente? Car en suivant le dollar à la baisse, c'est bien de cela qu'il s'agit.

Mais il y a peut-être pire encore. C'est la politique de facilité industrielle que la dévaluation induit. Comment veut-on pousser les entreprises à davantage de compétitivité sur le marché international lorsqu'on les protège par la dévaluation? Et, ce faisant, ne détruit-on pas leur compétitivité interne, laissant ainsi progressivement l'étranger investir notre marché national? Peut-on vouloir la compétitivité, la spécialisation et protéger les entreprises déclinantes par la monnaie?

Ne faudrait-il pas examiner de près aussi les répercussions de cette politique sur la situation financière des entreprises? Qui nous dit que les rapports coûts-salaires, l'autofinancement et l'endettement n'en seraient pas modifiés? Qui nous dit que le retard de l'investissement dans certains secteurs de produits de consommation ne résulte pas pour une part de notre politique monétaire?

A l'exportation, au moment où nous devons faire un gigantesque effort d'implantation, de mise en place de réseaux commerciaux qui coûtent des centaines de millions de dollars, vaut-il mieux avoir une monnaie forte ou une monnaie faible? Le financement direct des exportations est-il facilité par une monnaie faible? Et comment ne pas mesurer le choc en retour de la diminution de la valeur d'échange du franc lorsqu'on sait que 77 % de nos importations sont payées en monnaies étrangères, dont 26 % en dollars et 15 % en marks, alors que 70 % de nos exportations sont réglées en francs?

Je ne voudrais pas, certes, que vous croyiez que je ramène toutes nos difficultés à l'exportation à notre politique monétaire. D'autant plus que je pose davantage de questions que je n'apporte de réponses. Mais comment ne pas être frappé par la comparaison de l'indice de notre compétitivité mesuré par le rapport de l'évolution du franc sur le différentiel d'inflation avec nos principaux partenaires commerciaux, en comparant cet indice avec le taux de couverture de notre commerce extérieur? C'est chaque fois en période de grande compétitivité, en 1974 et en 1976, que notre balance commerciale se dégrade.

M. de Larosière, directeur du Trésor, est convaincu qu'une politique monétaire vigilante est indispensable et qu'elle joue un rôle très important pour la réalisation de l'équilibre extérieur. Elle est un des maillons indispensables de toute politique économique centrée sur une meilleure performance à l'étranger. Si nous voulons améliorer le solde encore déficitaire de notre balance des paiements courants et atteindre l'équilibre, il ne faut certes pas fixer cet objectif pour l'année prochaine. Nous sommes confrontés à la nécessité dure d'exporter progressivement davantage de produits et de services à l'étranger. Nous devons sacrifier un peu la croissance de la consommation domestique au profit de la consommation extérieure. Une politique de ce type, c'est-à-dire de limitation de la demande interne, n'est possible que si elle s'accompagne d'une politique monétaire adaptée. En revanche, une politique monétaire n'est pas, à elle seule, capable de parvenir à cette restriction de la consommation intérieure.

Le fait de fixer un objectif à la croissance de la masse monétaire, comme on l'a fait depuis deux ans, et de s'y tenir est un élément important pour éviter les dérapages inflationnistes. De ce point de vue, la corrélation est nette entre la politique monétaire et les résultats globaux de la balance des paiements.

Cette corrélation est plus nette encore si l'on examine ce qui se passe en matière de taux d'intérêt. Notre politique en ce domaine est très dépendante des taux qui prévalent sur les marchés étrangers. Nous ne pouvons pas, en effet, aggraver nos résultats de balance des paiements par des sorties de capitaux que pourrait engendrer une politique de taux trop bas sur le marché intérieur français.

Nous avons également constaté que toute action sur la liquidité des banques ou sur la liquidité des entreprises avait des effets rapides sur la balance des mouvements de capitaux et en particulier des capitaux à court terme. Si nous pratiquions une politique un peu trop laxiste en matière monétaire — taux d'intérêt plus bas, plus de liquidités dans l'économie, plus de capacité d'accorder des crédits de la part des banques — nous aurions très vite moins d'emprunts à court terme de la part des résidents français auprès de l'étranger et moins de francs déposés en France par les banques étrangères, c'est-à-dire toutes choses indispensables pour maintenir le franc dans une situation convenable sur le marché des changes.

Tout cela est fondé sur le fait que nous ne nous désintéressons pas du cours du franc sur le marché des changes, sinon nous pourrions être beaucoup plus placides dans notre conduite monétaire. Mais cela serait une mauvaise politique. Il est en effet apparu que les pays qui s'étaient laissé tenter par cette facilité l'avaient regretté par la suite. En effet, une forte dégradation de la monnaie nationale sur le marché des changes ne se traduit pas par une surcompétitivité à l'exportation mais par un renchérissement des importations et donc par une tension sur les prix, une relance de l'inflation et un arrêt des investissements. Nous considérons qu'il y a une sorte de cercle vicieux dans les glissements de taux de change auquel s'oppose un « cercle vertueux » dans l'autre sens. En Allemagne, par exemple, l'appréciation du mark a joué un rôle favorable pour les exportations dans la mesure où cette appréciation, liée à un modeste taux d'inflation interne, a renforcé la compétitivité même des entreprises allemandes sur les marchés extérieurs. Nous ne croyons donc pas à la possibilité d'une politique négligente sur le plan du marché des changes.

M. Moussa, administrateur directeur général de la Banque de Paris et des Pays-Bas, pense que, d'un certain point de vue, il serait sage — sans toutefois le proclamer — de laisser se poursuivre la hausse des monnaies fortes et de bénéficier de cette chance qu'est la dépréciation du dollar, ce qui nous permet d'encaisser les avantages d'une dévalorisation sans en subir les inconvénients en termes d'approvisionnement. Je ne dis pas que c'est ce qu'il faudrait faire, mais simplement que, dans le cadre d'une réflexion sur notre politique monétaire, l'idée de coller au dollar ne serait peut-être pas tellement mauvaise du point de vue du développement de nos exportations.

M. Roche, directeur général du Crédit lyonnais, met, lui, l'accent sur les conséquences néfastes sur le commerce mondial du flottement largement erratique des monnaies, et en premier lieu du dollar. Les réticences des entreprises à se lancer sur des marchés où une brutale variation des taux peut annuler une marge bénéficiaire soigneusement calculée, les retournements rapides de compétitivité et les tendances protectionnistes entraînés par les fluctuations des cours, constituent un obstacle majeur à une politique de réduction ordonnée de notre dépendance envers l'extérieur. Si le gouvernement français n'a pas ménagé ses efforts au cours des dernières années pour avertir ses partenaires des dangers que présentait la situation actuelle dans les relations monétaires internationales, il est clair que le retour à un véritable système reste soumis aux aléas de la coopération internationale, et que la récente entrée en vigueur du second amendement aux statuts du

F.M.I. ne laisse guère présager un abandon prochain du flottement... Tout au plus peut-on espérer que, conformément à certaines opinions récemment émises, une certaine stabilité soit assurée sur les marchés par les interventions concertées des autorités monétaires nationales.

CHAPITRE X

LE COMPORTEMENT DES ENTREPRISES

Clef de voûte du commerce extérieur, les entreprises françaises sont souvent l'objet de critiques. Pour elles, dit-on parfois, exporter est une activité trop marginale. Le dynamisme commercial à l'étranger consiste souvent à chercher à écouler des surplus disponibles, sans qu'il existe une recherche permanente de l'expansion, dit *M. Théron,* sous-gouverneur de la Banque de France. Le ministre de l'Economie, *M. René Monory,* affirme : actuellement, lorsqu'un chef d'entreprise a envie d'exporter, il cherche en tout premier lieu à obtenir des facilités de l'Etat et nous vivons dans une économie d'assistance... Il faut se débarrasser dans les deux ou trois prochaines années de nombreuses responsabilités, traditionnellement assumées par les pouvoirs publics, en les transférant aux entreprises. D'autres critiques, plus graves peut-être, ressortent des témoignages ci-desous. La parole sera ensuite donnée aux entreprises, au travers de certains de leurs dirigeants.

La France, observe *Jean Boissonnat,* rédacteur en chef de *L'Expansion,* a eu à la tête de ses entreprises trop de techniciens et pas assez de commerciaux capables de sonder les marchés et d'abandonner la fabrication d'un produit si les résultats n'étaient pas satisfaisants. Nous sommes frappés par la souplesse de réaction, le non-entêtement des entrepreneurs américains. La General Motors sait perdre 20 milliards de francs pour renoncer à construire des ordinateurs. Notre protectionnisme technique, qui est à notre grand honneur, nous conduit à nous entêter dans certains domaines.

Le Français, renchérit *M. Chapelle,* P.-D.G. de la Coface, est avant tout un ingénieur et non pas un commerçant. Il est tellement sûr de son produit qu'il ne cherche pas à l'adapter au goût de son client. Ceci est tellement vrai qu'à l'occasion des arbitrages entre le point de vue du « commercial » et le point de vue de l'ingénieur, c'est généralement celui de l'ingénieur qui l'emporte.

Ces défauts structurels expliquent les insuccès au moment où l'on aborde les marchés étrangers. On s'en rend très bien compte lorsque l'on examine les modalités de cotation des offres françaises. A chaque atelier de production on accumule les marges de sécurité. Le résultat en est que nos prix sont anormalement gonflés. Il arrive alors que, pour emporter le marché, nous en sommes réduits à diminuer tout d'un coup de 30 à 40 % nos prix de vente, ce qui est du plus mauvais effet sur nos acheteurs. Ainsi, malgré une bonne compétitivité, somme toute, de notre industrie, nos habitudes de cotation nous jouent de mauvais tours. Cette attitude a d'autres conséquences : alors que les Japonais et les Allemands offrent généralement un produit simple, nous proposons souvent des équipements très sophistiqués et par conséquent très chers, sans considération des réalités locales du pays où ils seront implantés. Il faut également souligner un défaut : nous restons fondamentalement des « improvisateurs », c'est-à-dire que nous agissons en coup de vent, en nous fiant à notre astuce pour arranger les choses. En comparaison, les autres pays n'hésitent pas à envoyer des missions quasi permanentes dans les pays susceptibles de leur acheter des produits.

Le témoignage de *M. Froment-Meurice,* directeur des Affaires économiques et financières (ministère des Affaires étrangères) va dans le même sens; mais il relève des éléments positifs dans la politique commerciale des entreprises françaises. S'agissant des comportements, il y aurait beaucoup à dire, mais pas seulement des choses désagréables. L'exportateur français est moins installé en permanence sur place que l'exportateur japonais, allemand, anglais, voire italien. Il ne bénéficie donc pas d'un soutien constant sous forme d'une représentation permanente. Il procède par allées et venues. Probablement n'a-t-il pas les moyens financiers — il le prétend — pour pouvoir mener cette action permanente. Il ne fait pas le siège des bureaux, des ministères, des gouvernements intéressés. Il est un peu trop à éclipses.

Une autre observation fréquente est que l'exportateur français a peut-être tendance à gonfler exagérément les prix au départ pour consentir ensuite des rabais spectaculaires qui lui font souvent perdre sa crédibilité. Il vaut mieux être proche de son objectif final et n'accorder, pied à pied, que un, deux, cinq, voire 10 % de réduction, car accorder 30 ou 40 % quand on s'aperçoit que les concurrents sont meilleur marché n'est pas une bonne formule.

Se posent également le problème de l'après-vente et celui du « suivi » des exportations qui nous semblent souvent déficients. En ce qui concerne la prospection, je relèverai l'absence de catalogues et de prospectus bien établis en langues étrangères. Il faut enfin ajouter le manque d'autonomie des représentants locaux. Certaines firmes exportent néanmoins remarquablement, et mes observations doivent donc être corrigées par d'autres beaucoup plus positives. Ces firmes ont, si l'on peut dire, une mentalité exportatrice. Elles ont souvent réussi à développer un réseau en association avec des groupements d'intérêt.

M. Blum, président du Comité national des Conseillers du commerce extérieur de la France, estime qu'il faut que les chefs d'entreprise se sentent soutenus, compris et encouragés pour aborder l'exportation qui est un métier difficile et risqué. C'est pourquoi, d'ailleurs, nous ne partageons pas le point de vue officiel en ce qui concerne l'encouragement aux nouveaux exportateurs. Nous savons d'expérience que ceux-ci risquent de faire beaucoup de dégâts en abordant les marchés extérieurs sans préparation suffisante, dégâts à leur propre entreprise, bien sûr, mais aussi aux autres : car un marché perdu par une firme est souvent perdu pour la France. Il nous paraît donc beaucoup plus utile d'encourager plutôt à développer leur part de marché ceux des exportateurs qui ont déjà une sérieuse expérience des marchés étrangers et ne risquent pas l'échec d'une première tentative décourageante pour l'avenir.

La Fédération générale C.F.T.C. des syndicats chrétiens de fonctionnaires de l'Etat, des collectivités locales et assimilés considère que, contrairement à d'autres pays exportateurs, comme l'Allemagne fédérale par exemple, nous souffrons aussi bien d'un certain complexe dans notre action commerciale que d'un manque de suivi des ouvertures qui nous sont offertes. Il semble bien, d'ailleurs, que nous manquons de ce réflexe de vendeur qui a fait la fortune d'autres nations industrielles, et la situation actuelle du commerce international n'est pas faite pour atténuer les défauts d'un certain amateurisme. Certes, pendant très longtemps, notre pays n'a pas eu besoin de vendre à tout prix pour survivre, comme cela était le cas pour les industriels d'autres pays. Mais l'évolution des économies des divers pays et les reclassements qui se sont opérés pendant le dernier quart de siècle — et qui continuent de s'opérer — font que dès maintenant, cette attitude devrait inspirer les exportateurs français aidés par ceux dont c'est précisément le rôle de faciliter le développement de notre commerce extérieur.

CHAPITRE XI

LA « RÉPONSE » DES ENTREPRISES

Quels sont les problèmes que doit résoudre une moyenne entreprise qui veut sortir des frontières? Elle rencontre essentiellement un problème d'hommes, répond *M. Mallet,* P.-D.G. des Etablissements des Pompes Guinard.

Il faut trouver des gens qui non seulement aient envie de se « défoncer » — car j'ai insisté sur les qualités caractérielles qui me paraissent être les premières; surtout dans les pays arabes — mais qui ne soient tout de même pas fous. C'est un problème difficile, car on leur demande à la fois le caractère d'hommes de commandos et la prudence de gestionnaires. Je pourrais vous citer des cas précis pour lesquels nous avons essayé successivement quatre personnes. En effet, nous trouvions soit le type « prudent qui roupille », soit le caractère « commando qui est fou ». Nous pratiquons une gestion très décentralisée dont les résultats sont mesurés par le compte d'exploitation. Dans nos filiales étrangères, les dirigeants ont une grande liberté d'action, mais ils sont responsables de la tenue des objectifs. Il nous arrive souvent d'admettre des pertes pendant trois ou quatre années. Le compte d'exploitation est leur garde-fou. Ils peuvent prendre des marchés à perte s'ils peuvent les compenser par des marchés fortement bénéficiaires.

A la question : que consentons-nous comme risques? Selon mon point de vue, quand on a décidé de s'installer dans un pays, il faut y rester, quel que soit le coût, et cela finit par marcher. Si la filiale étrangère a des difficultés, ce n'est pas en général parce que le marché ou les produits sont mauvais, mais parce que l'on n'a pas trouvé les hommes valables. Il faut s'obstiner, changer les hommes, les méthodes, plutôt que de fermer dans ce pays et aller commettre les mêmes erreurs dans un autre pays.

M. Mantelet, président du directoire de Moulinex, et M. Saint-Martin, directeur général : La naissance de notre entreprise remonte à plus de cinquante ans. Nous avons débuté très modestement... Nous avons commencé en 1922 et dès 1923 nous exportions, mais timidement, dans des pays comme la Belgique et l'Espagne. Très vite nous nous sommes rendu compte que l'exportation permettait de fabriquer davantage et par conséquent de diminuer le prix de revient. A l'heure actuelle, notre industrie est l'une des plus concurrentielles dans le monde. Il est bien évident que nous sommes copiés pour les produits de grande vente. Maintenant, les Japonais s'y intéressent. Nous rencontrons ces fabricants non pas en France mais à l'étranger, notamment aux Etats-Unis.

Depuis plus de cinquante ans, nous avons suivi tous les stades de l'exportation, nous avons progressé très régulièrement, mais timidement. Les trois piliers de notre société sont la recherche, l'équipement industriel — nous sommes équipés comme on ne peut mieux l'être — et l'exportation. En volume, nous exportons actuellement 70 % environ de ce que nous fabriquons, c'est-à-dire près de 60 % en valeur. Nous exportons dans le monde entier, sauf dans les pays où l'économie est fermée : la Russie, les pays de l'Est. Notre progression a été très rapide dès qu'il nous a été possible d'installer des filiales à l'étranger.

C'est très important pour un exportateur, car la vente par de bonnes filiales permet d'éviter la marge bénéficiaire des intermédiaires, ce qui est capital. L'intermédiaire, en effet, ne croit pas toujours au produit que vous voulez vendre, c'est un commerçant qui recherche avant tout son profit immédiat et non pas un profit d'avenir, durable, pour l'entreprise, alors que nos filiales avaient mission, au départ, de vendre même sans profit s'il le fallait en vue de déboucher sur un marché important. Ces installations sont à la base de notre grande réussite en matière d'exportation. Mais il a fallu attendre plusieurs dizaines d'années... Notre effort est permanent, ce qui nous amène d'ailleurs à nous équiper, en ce qui concerne les moyens de production, en faisant appel très largement à des importations, puisque dans certains domaines l'industrie française n'est pas en mesure de nous fournir des moyens de production qui nous permettent la compétition avec des concurrents étrangers.

En 1965, lorsque M. Mantelet a commencé à s'intéresser à l'Espagne, la création d'une société mixte a été envisagée. Comme il n'était pas possible, alors, de créer une société avec une majorité de capitaux étrangers, c'est une entreprise avec une participation de 45 % de Moulinex qui a été installée. Cette société n'ayant pas vraiment réussi, à partir de 1972, nous avons commencé à négocier avec les Espagnols pour prendre la majorité. En juin 1975, nous étions majoritaires à 90 %. Depuis, le chiffre d'affaires a été multiplié par huit.

Un autre exemple récent est celui des Etats-Unis. Nous avons essayé de vendre la « Moulinette » par l'intermédiaire d'un agent. Celui-ci nous a affirmé que cela ne se vendrait pas. Il a essayé, et selon lui, ce fut l'échec complet. Alors, nous avons pris le mors aux dents et, après avoir étudié nous-mêmes le marché américain, nous avons décidé d'y pénétrer en montant une filiale. Très vite, nous avons été assaillis de demandes de participation, à 50 % chacun, bien entendu! Nous avons même reçu des propositions de General Electric dont les représentants nous ont tenu les propos suivants : la première firme d'électroménager dans le monde est Sunbeam; nous voulons être les premiers; vous, vous êtes la première firme européenne; si nous

nous associons, nous serons les premiers dans le monde. Nous leur avons répondu que cela ferait disparaître la compétition, ce que nous ne voulions pas. Ils furent très étonnés par ce raisonnement. Au départ, nous avons éprouvé de grandes difficultés, notamment pour obtenir les normes américaines qui sont assez protectionnistes. Finalement, nous avons réussi et nous avons commencé à produire, en France, dès juillet, des appareils conformes aux normes américaines. Au mois de septembre, les dockers ont entamé une grève qui était d'ailleurs prévisible, puisqu'elle intervient à peu près tous les trois ans, bien qu'il n'y en ait pas eu en 1974. Nous avons affrété une quarantaine d'avions gros porteurs. Cela nous a coûté un million de dollars supplémentaires, mais nous n'avons pas manqué notre entrée sur le marché américain.

Article premier du code non écrit de Moulinex : le directeur d'une filiale doit être un indigène. Nous n'avons besoin ni d'un financier, ni d'un gestionnaire, ni d'un administrateur. Ce qu'il nous faut, c'est un homme de marketing, car le premier problème à résoudre est celui de l'adaptation du produit à la stratégie et aux habitudes locales. Il nous faut une information directe et fiable; pour le reste, la maison mère peut toujours apporter son assistance. Pour toutes nos filiales, nous avons pratiquement toujours utilisé une source qui s'est avérée très efficace : celle des chasseurs de têtes ayant une implantation internationale... Pendant trois mois, l'équipe très réduite des personnes embauchées — ce sont tous nos salariés — s'est attachée à étudier l'adaptation de nos produits au marché américain, d'une part sous l'angle du marketing, d'autre part sous l'angle technique des normes, aidée en cela par nos services spécialisés dans les relations avec les différents bureaux de normes internationales. Ce point est fondamental, car même à l'intérieur du Marché commun, toutes les barrières contingentaires ou tarifaires qui ont disparu ont été remplacées par des barrières technologiques...

Voyons comment s'opère le financement. D'abord, par l'apport du capital qui, s'agissant d'une filiale de distribution, peut être faible. Ainsi, au Canada, pour toutes sortes de raisons, notamment le contrôle des investissements étrangers par le gouvernement canadien, nous avons créé une filiale au capital de 100 dollars. De ce fait, la perte d'exploitation de la première année a représenté mille fois le capital. Nous l'avons récupérée la deuxième année. Cette filiale canadienne est actuellement celle dont le capital est le plus faible. Le capital le plus élevé est celui de la filiale allemande avec 6 millions de marks. Aux Etats-Unis, nous en sommes pour le moment à 300 000 dollars.

En second lieu, nous accordons des tarifs de concession préférentiels à partir de la France à nos filiales, afin de leur faciliter le démarrage. Mais nous restons toujours dans la limite de ce qui est permis par la réglementation. Nous ne pratiquons pas le *dumping*. En outre, s'agissant du financement du fonds de roulement des stocks en particulier, il peut être relativement faible dans la mesure où la société-mère accepte de fabriquer et de gérer les stocks en France. Cela permet de minimiser les problèmes de financement au niveau de la filiale.

Enfin, pour le premier budget de publicité, nous faisons appel à des financements locaux, négociés en général avec l'aide des banques françaises avec lesquelles nous travaillons et qui ont le plus souvent des correspondants dans les pays où nous sommes implantés. Notre *pool* bancaire se compose essentiellement de la B.N.P. et de la Société générale. Ainsi, au Canada, il n'était pas question de démarrer avec 100 dollars. Nous avons obtenu un prêt d'un million de dollars par l'intermédiaire de la B.N.P. Je dois dire, d'ailleurs, que lorsque nous avons fait part de nos besoins d'argent, les banquiers se sont bousculés au portillon.

Les procédures mises en place par la Coface et la B.F.C.E. me semblent plutôt réservées aux investissements à plus long terme, aux préfinancements d'opérations importantes. Quant à nous, il est normal que nous perdions de l'argent sur une opération la première année, mais que nous le récupérions l'année suivante. Nous finançons donc nos opérations nous-mêmes avec l'aide de nos banquiers, sans avoir besoin de faire appel à des procédures qui sont, bien souvent, plus compliquées et plus lourdes.

Interrogé sur le recours à la compagnie Air France pour le transport des produits de son entreprise, *M. Saint-Martin* répond : Parmi les 40 avions que nous avons dû fréter entre octobre et le 10 décembre 1977, nous n'avons pas eu un seul avion Air France. Ce n'est pas une question de prix, c'est parce que cette société n'a pas été en mesure de nous fournir un appareil.

M. P. Blanc présente, tout d'abord, le bureau Veritas, dont il préside le Conseil d'administration, et qui a obtenu l'oscar de l'exportation en 1977 pour les sociétés de service : Le bureau Veritas est un organisme très particulier qui ne s'occupe que des contrôles techniques de sécurité et de qualité. Il ne pratique donc pas — et il s'en défend — l'ingénierie. Nous contrôlons les plans des autres sans en faire nous-mêmes. En outre, le bureau Veritas ne s'occupe que des questions techniques. Il n'a d'ailleurs pas d'homologue français et tous ses concurrents sont des étrangers : Lloyd's Register, American Bureau, Société générale de surveillance de Genève, etc. Le bureau Veritas est un organisme à la fois très diversifié et très spécialisé dans le contrôle. Il agit dans le domaine de la classification des navires en construction et en service.

Nous voyons, explique plus loin M. Blanc, les différences d'état d'esprit en ce qui concerne notre activité propre : la classification des navires et les contrôles industriels. D'une manière générale, il semble y avoir une bien moindre solidarité des entreprises françaises entre elles qu'il n'y en a entre les entreprises américaines, allemandes, britanniques. Une entreprise française pense se valoriser en faisant appel à un conseil américain ou à un contrôleur anglais. Les banques françaises qui donnent des crédits ne cherchent pas à imposer le tout français — en particulier le contrôle — alors que, lorsque c'est une banque américaine, elle exige que le contrôle soit fait par A.B.S. Même, parfois, les pouvoirs publics français ne cherchent pas à imposer, lorsqu'ils le pourraient, un contrôle bureau Veritas, et il arrive que des clients du tiers monde nous disent : « Pourquoi voulez-vous qu'on fasse appel à vous et qu'on vous fasse confiance alors que vos compatriotes ne semblent pas y tenir? » Cela n'arrive pas à nos concurrents qui sont soutenus par tous leurs compatriotes.

Autre constatation : il est bien plus difficile et plus coûteux d'envoyer à l'étranger du personnel français que du personnel d'autres nationalités. Je parle d'ingénieurs et de techniciens. Nous sommes très souvent contraints de prendre des ingénieurs et experts hollandais, britanniques, norvégiens ou allemands à la place de français pour les envoyer en mission ou en séjour de quelques années dans des pays du Proche-Orient, d'Extrême-Orient et d'Amérique du Sud. Les raisons en sont la langue, car l'anglais est indispensable partout; la répugnance du Français à l'expatriation et ses exigences plus grandes; les réglementations françaises (sécurité sociale, caisse de retraite...) qui ne s'adaptent pas aux expatriés; les difficultés d'adaptation des Français aux usages et à la mentalité des pays non européens (enfants, nourriture, etc.)...

M. Chavannes, P.-D.G. de la société Leroy-Sommer. Dans un groupe comme le nôtre, l'exportation est une priorité. Je crois que se recroqueviller sur le marché national, c'est périr. En outre, nous sommes conscients que c'est un devoir national d'exporter... J'ajoute que le meilleur moyen de progresser, c'est de se frotter à la concurrence internationale. Si l'on veut vendre aux Etats-Unis, c'est que l'on est compétitif sur le plan technique. Aussi est-il essentiel de pouvoir vendre dans les pays développés. Réussir à l'exportation c'est d'abord un problème de qualité des hommes. Tous nos échecs s'analysent en définitive comme des erreurs de choix. Il faut envoyer des hommes de valeur, et je tiens à signaler qu'il est tout à fait nécessaire de s'intéresser aux problèmes familiaux. Nous avons d'ailleurs toujours une conversation avec la femme du cadre que nous voulons envoyer à l'étranger, beaucoup de femmes rencontrant des difficultés à s'adapter à la vie dans les pays étrangers.

Il ne faut pas lésiner avec les moyens quand on veut exporter : il faut créer des sociétés sur place, dotées de moyens financiers importants leur permettant d'avoir des locaux convenables et de quoi financer leurs stocks. J'ai été ulcéré de me voir, il y a quelques années, imposer des pénalités de la part du ministère des Finances parce que j'avais tardé à rapatrier des devises. Ce retard est souvent inévitable, ne serait-ce que parce que les clients étrangers ne paient pas rapidement. En fait, après bien des débats, notre amende a été réduite de 90 %. Je signale en outre que, cette année-là, nous avions perdu au change.

Quant au problème des investissements, qui suppose l'immobilisation de sommes relativement importantes : la C.G.T. mène une campagne dans ma firme contre les investissements à l'étranger; mais ceux-ci sont indispensables pour la survie des emplois en France, et non pour leur suppression, comme certains nous accusent de vouloir le faire... Nous avons récemment créé une usine au Canada. Ce marché, comme celui des Etats-Unis, est très protégé, notamment par de multiples normes techniques. Quand il s'agit de produits assez simples, comme les alternateurs, il est inconcevable de faire attendre le client un mois pour lui livrer les pièces détachées. Aussi est-il préférable de procéder aux opérations de montage et de service après-vente à partir d'unités installées sur place. C'est ainsi qu'il y a trois ans, nous avons investi au Québec pour créer une usine de montage et de finition; le climat est rude, mais à cause de la langue, les épouses de nos cadres se sont bien adaptées. Je comprends que les syndicats s'opposent à la délocalisation, notamment dans les pays en voie de développement, bien que cette tendance me paraisse irréversible... Je suis allé récemment aux Etats-Unis; un client m'a passé de grosses commandes et m'a dit : « Maintenant que vous êtes chez nous, que vous vous êtes installés sur place, nous pouvons travailler avec vous. »

Ce qui fait notre compétitivité sur le marché américain, ce sont les larges séries de pièces élémentaires qui nous permettent d'avoir la productivité la plus élevée du monde, mais celle-ci ne suffirait pas à nous permettre d'exporter de France. En effet, les trois pays dominants, les Etats-Unis, le Japon et la R.F.A., sont parmi les pays les plus protectionnistes. Ainsi, les Japonais ont des normes particulièrement complexes; ils ont tendance à refouler nos produits sans dire ce qui ne va pas. Ils nous reçoivent de façon somptueuse mais on est obligé de déchanter quand on constate que les commandes ne suivent pas.

Au Canada, les seuls étrangers qui aient réussi à s'implanter, c'est Toshiba et nous. Nous nous battons actuellement pour nous implanter au Japon et cela coûte très cher. Sur ce pays, je dois dire que je ne serais pas surpris si disparaissaient certaines conditions exceptionnelles qui font la puissance de ce pays. Les jeunes vont probablement cesser de se laisser faire : actuellement, les cadres ne prennent pas de vacances; seuls les ouvriers prennent leurs quinze jours, mais cela pourrait ne pas durer.

Chez les Allemands, les obstacles tiennent à deux types d'intervention : les normes d'abord. Je prends un exemple. On peut glisser un tournevis quelque part dans la machine; cela veut dire que l'on peut se coincer le doigt et que la machine n'est pas conforme aux normes. Ces normes sont publiées et on peut arriver à les observer, mais très difficilement. Il y a aussi les positions monopolistiques des grandes firmes de construction de matériel électrique A.E.G. et Siemens. Les Allemands n'hésitent pas à pratiquer l'intimidation.

Enfin, aux Etats-Unis, c'est un véritable maquis technique...

Aujourd'hui, se demande plus loin M. Chavannes, quelle est la société privée qui peut assumer en même temps la fluctuation du cours du café et la fluctuation du dollar; lorsque la marge est à 2 % et que vous avez un coup dur sur la monnaie... Bientôt vous n'aurez plus de système de marchands, vous n'aurez plus que des entreprises qui prendront elles-mêmes le risque et qui s'engageront en tant qu'entreprises industrielles et non plus comme entreprises commerciales. C'est là une des causes de la naissance des sociétés de commerce international (S.C.I.) qui se servent d'un instrument commercial mais ne font plus de négoce.

Pour une entreprise moyenne, les S.C.I. sont indispensables. Prenons l'exemple de la société Leroy-Sommer : elle ne peut pas, financièrement, avoir une filiale en Egypte; par contre, je serais très content de pouvoir disposer d'un bureau et d'un téléphone...

M. Pierre Eelsen, secrétaire général adjoint de la Régie française des usines Renault, énumère les conditions de la compétitivité d'un secteur économique : la force d'un marché intérieur, un taux d'inflation permettant de rester dans des limites raisonnables de coût; enfin, le coût salarial par unité produite doit être compétitif. Et parmi les éléments jouant sur les coûts : la possibilité de réduire une partie suffisante de la fiscalité interne du prix des produits exportés.

En France, nous avons été des précurseurs dans la mesure où la taxe à la valeur ajoutée a permis d'éliminer dans le coût de l'exportation l'imputation des charges internes. Mais aujourd'hui, la plupart des grands pays exportateurs ont adopté des systèmes identiques. Parfois même, les autorités de ces Etats n'hésitent pas à aller plus loin. Vous savez qu'au Japon, aux Etats-Unis, des aides plus ou moins occultes sont accordées à l'industrie exportatrice. Nous vivons en France une situation exactement contraire. Après avoir bénéficié du régime de la T.V.A., l'industrie doit maintenant supporter des charges nouvelles qui se trouvaient auparavant déductibles... Je pense tout particulièrement à la réforme des impositions locales qui s'est traduite par une augmentation considérable des montants dus. Ainsi, le groupe Renault a versé 300 millions de francs en 1977 au titre de la taxe professionnelle. La charge fiscale que la taxe professionnelle représente pour la Régie Renault n'est peut-être pas encore insupportable, mais elle pèse de forte manière sur le coût des produits exportés sans déductibilité possible. Il faut donc être très prudent en ce domaine, et je souhaite attirer votre attention sur le danger de voir s'enfler de telles charges...

Au sujet de la politique de crédit, je voudrais signaler quelque chose qui, à mon avis, est très important. Le montant des encours ne peut pas être indéfiniment extensible, mais nous considérons, à la Régie, que le saupoudrage est parfois excessif. On ne concentre pas assez les moyens disponibles sur des opérations fondamentales pour les exportateurs français.

De plus, nous constatons parfois, pour des motifs politiques, une certaine réticence vis-à-vis d'opérations possibles vers certains pays. Ainsi, sans doute la Turquie est-elle actuellement en état de cessation de paiement. Le marché est cependant intéressant, nous rencontrons des difficultés financières pour nous y maintenir. De même, au Viêt-nam, les pouvoirs publics français refusent de favoriser un engagement financier significatif, de crainte d'une absence éventuelle de moyens de paiement. Mais la Suède, elle, n'hésite pas, par exemple, à accorder au gouvernement vietnamien des crédits à long terme à faible taux d'intérêt.

Nous sommes donc victimes d'une prudence excessive vis-à-vis de certains pays. Il serait illusoire de penser qu'on peut essayer de conquérir le marché japonais, mais nous pouvons nous attaquer à certains marchés d'Asie, comme la Corée, le Viêt-nam ou la Turquie. Nous aurions au Viêt-nam une chance de participer à la création d'une grande industrie du camion. En tout état de cause, il nous faudra des bases à l'étranger à partir desquelles nous pourrons rayonner dans certaines régions du monde. Même s'il existe des pays où le prix du ticket d'entrée (sous forme d'investissements) est très élevé, il peut être intéressant de le payer.

Pour renforcer notre « force de frappe » à l'exportation, il faut aussi assurer la synergie qui peut exister entre les industriels français. Les entreprises de travaux publics ne manifestent pas toujours un réflexe national au moment de leurs achats de biens d'équipement, camions par exemple, lorsqu'elles décrochent de gros contrats à l'étranger. D'ailleurs, nous avons dû nous battre pour que les ambassadeurs français utilisent des voitures de notre propre pays...

Autre objectif d'une action de développement de l'exportation : la formation et la préparation des hommes à des fonctions hors de France...

M. Georges Pébereau, administrateur directeur général de la Compagnie européenne d'Electricité, développe plusieurs points; en particulier :

— Notre marché intérieur de biens d'équipement est nettement plus réduit que celui de la R.F.A. et du Japon, et hors de proportion avec celui des Etats-Unis. De cette situation découle une faiblesse relative en ce qui concerne aussi bien notre capacité de recherche et d'investissement que notre potentiel humain et notre aptitude à faire face aux à-coups et donc à prendre des risques sur les marchés internationaux.

— Il existe un écart considérable entre nos prix intérieurs et ceux que pratiquent chez eux la plupart des grands pays industrialisés.

— Nos concurrents bénéficient d'aides qui sont souvent supérieures à ce que l'on pense généralement en France.

— Nos grands concurrents à l'exportation s'appuient sur un marché intérieur bien protégé et beaucoup moins perméable que le marché français.

— Il convient enfin de noter le handicap que constitue le rythme d'inflation trop élevé de l'économie française vis-à-vis de nos concurrents les plus forts.

CHAPITRE XII

POUR OU CONTRE L'IMPLANTATION — ET L'INVESTISSEMENT — À L'ÉTRANGER?

L'investissement à l'étranger a suscité, et suscite encore dans certains milieux français, quelque méfiance. Camouflage d'évasion de capitaux, extension hors des frontières au détriment de l'emploi en France, telles sont les critiques les plus courantes. Efficacité, complémentarité des activités (et des profits), présence indispensable des entreprises sur les marchés extérieurs qu'elles veulent conquérir et conserver, répondent les défenseurs de l'implantation à l'étranger. Ces arguments sont développés dans les témoignages qui suivent.

La *C.G.T.* dénonce l'accélération des exportations de capitaux à l'étranger. Dans le textile, on constate la pratique systématique des transferts d'activité à l'étranger. Dans le textile artificiel, le groupe Prouvost a choisi de faire travailler ses usines implantées à l'étranger pour ravitailler ses magasins et le marché au détriment des travailleurs et travailleuses en France. Par exemple, les articles Rodier sont réalisés à La Marsa en Tunisie (entreprise contrôlée par le groupe Prouvost) et expédiés par avion en France. Nous savons que le prix de revient total, grâce à une exploitation éhontée des Tunisiens et diverses aides de l'Etat, permet aux Prouvost une marge bénéficiaire bien supérieure à ce qu'elle serait à Cambrai ou à Elbeuf.

Dans le textile chimique, il est à peine besoin de mentionner la politique de Rhône-Poulenc qui, contrôlant 90 % du secteur, ferme ses usines en France pour en installer au Brésil ou en Thaïlande. Dans les industries de l'habillement, pour la première fois au cours du premier trimestre 1977, la balance commerciale est déficitaire. Des groupes ont déjà implanté une partie de leur production à l'étranger comme Biderman en Colombie avec une accélération de cette pratique dans la dernière période. Cacharel s'implante au Japon. Thivy Sivem oriente une partie de sa production en Tunisie, comme Lejaby, etc. Ainsi, à notre connaissance, plus de 2 000 emplois sont menacés.

Dans la machine-outil, les importations couvrent 60 % de notre consommation, et portent sur les machines les plus évoluées. Parallèlement, 3 000 emplois ont été supprimés, en liaison avec le plan machine-outil du gouvernement, apparu comme un véritable plan de liquidation. La production nationale qui était de 100 000 tonnes en 1974, est tombée à 85 000 tonnes en 1976. Là encore, la recherche de la rentabilité à court terme, combinée à la soumission aux rapports de force internationaux, ont conduit le gouvernement et le grand patronat à soutenir... la machine-outil allemande, grand bénéficiaire des différents plans de relance français.

Il est inutile d'allonger la liste, elle toucherait à pratiquement toutes les branches d'industrie.

La position de la *C.F.D.T.* est plus nuancée : la convergence des revendications pour un nouvel ordre économique international passe bien par la lutte des travailleurs des pays développés pour le maintien et la création d'emplois qui s'oppose à la restructuration capitaliste. Mais ce faisant, nous nous opposons à des créations d'emplois dans le tiers monde nécessaires pour réduire le chômage dans ces pays, assurer un revenu aux travailleurs du tiers monde, ce qui veut dire assurer de quoi manger et donc de vivre et au total participer au développement. La contradiction dans laquelle nous sommes placés, contradiction très concrète et que vivent aujourd'hui les travailleurs du textile, de la sidérurgie, et demain peut-être ceux de l'automobile et d'autres branches, ne peut être surmontée qu'en situant notre analyse à partir de la situation du tiers monde et aux revendications de non-alignés...

M. Fauroux, président-directeur général de Saint-Gobain Industries, soutient qu'il est important d'encourager les entreprises à investir à l'étranger. Ce propos peut paraître provocant en période de chômage, mais je ne citerai qu'un exemple qui met en évidence l'importance d'une telle politique.

Il y a quelques mois, une société britannique a inventé le *float-glass,* nouveau procédé de fabrication du verre constituant un progrès technologique considérable. Si cette société avait choisi d'investir, elle aurait absorbé la quasi-totalité du marché, mais tel ne fut pas le cas. Cette société britannique a préféré distribuer des licences. Ainsi, Saint-Gobain et B.S.N. ont pu acquérir des licences et les ont développées. Or, d'ici deux ans, la société britannique se trouvera privée de ses revenus, la période couverte par la licence étant terminée, et elle n'aura plus de place sur le marché.

Certes, il est plus facile d'investir, mais nous n'avons pas d'autre solution que de développer nos activités à l'étranger. En effet, notre société gagne plus à l'étranger qu'en France, et nous recyclons des flux financiers gagnés à l'étranger pour investir en France. C'est principalement aux Etats-Unis et en Allemagne fédérale que nous réalisons des profits qui permettent de maintenir des activités en France. De plus, ces investissements sont inducteurs d'exportations. Je citerai un exemple : au Venezuela, une société locale a décidé de fabriquer des tuyaux en fonte. Saint-Gobain s'est associé à cette société : en fournissant l'assistance technique pour la fabrication de certains tuyaux, nous avons pu développer les exportations françaises d'autres modèles de tuyaux.

Dans le même esprit, je pense qu'il serait souhaitable d'assouplir l'application du contrôle des changes et de faciliter l'accès au marché de l'eurofranc. Mais c'est l'aspect psychologique du problème qui est le plus important. Il faut vaincre les réticences qui existent encore à l'encontre des entreprises qui s'implantent à l'étranger.

M. Blum, président du Comité national des Conseillers du commerce extérieur de la France, rappelle que la doctrine des pouvoirs publics a longtemps été indécise dans ce domaine, et l'on a souvent soupçonné les investissements à l'étranger de camoufler des évasions de capitaux, et la création d'usines hors de France d'aggraver le chômage à l'intérieur des frontières. Or, on constate que les créations d'emplois l'ont emporté sur les suppressions et, d'ailleurs, les pouvoirs publics en ont certainement pris conscience puisque certaines procédures et certains crédits particuliers ont été accordés aux investissements à l'étranger, dans la mesure — prévoient les textes — où ils sont précisément multiplicateurs d'exportations.

Quoi qu'il en soit, nous pensons qu'une politique logique, cohérente et continue d'implantation industrielle et commerciale à l'étranger doit être facilitée. Il en est de même en ce qui concerne les problèmes humains, notamment ceux de la formation des jeunes en vue des carrières de l'exportation et aussi les conditions de vie des Français de l'étranger...

M. François Giscard d'Estaing, président du conseil d'administration de la Banque française du Commerce extérieur, dit toujours aux exportateurs les plus brillants que, s'ils ne disposent pas d'une forte implantation dans les pays du Marché commun ou aux Etats-Unis, ils se sont trompés de politique. Il s'agit de marchés riches et proches constituant une garantie contre les fluctuations, les aléas des marchés lointains qui peuvent se fermer du jour au lendemain et expliquent d'ailleurs les résultats très brillants et les échecs symétriquement significatifs de certaines petites entreprises. Si l'on veut avoir une politique volontariste, il ne faut pas faire n'importe quoi. Il est probablement possible d'augmenter de 10 %, voire de 15 % notre commerce avec un pays donné en s'appuyant sur ce qui existe déjà. Le développement de nos exportations sur l'Allemagne de 10 % correspond au centuple de nos exportations en Chine. Nous devons faire un effort pour augmenter nos exportations en Allemagne.

M. Roche, directeur général du Crédit lyonnais, fait remarquer qu'une conquête durable de parts de marché requiert aussi une implantation dans le pays client, généralement de caractère commercial, mais qui peut aussi remonter plus en amont (montage par exemple), et même entraîne le transfert de la production complète. Mais si une telle opération peut présenter de nombreux avantages pour l'entreprise, qui profite en particulier de coûts de production moins élevés, elle n'est pas sans danger pour l'équilibre extérieur de la France, dans la mesure où elle entraîne une diminution des exportations, voire une augmentation des importations, qu'équilibre difficilement un rapatriement partiel des bénéfices. Il convient donc d'apprécier avec discernement les avantages de ces implantations industrielles.

M. Jean-François Breton, qui, au moment de l'étude de la Commission sénatoriale, dirigeait la Société pour l'Expansion des ventes de produits alimentaires (Sopexa), considère que la recherche d'une implantation durable sur un marché étranger passe par une présence physique dans le pays, que ce soit sous la forme de bureaux techniques assurant le suivi des services après-vente, ou de filiales, bases d'un circuit commercial — ceci dans le but d'établir un courant régulier d'exportations. De même, l'exportation de technologie peut contribuer à la pénétration d'un marché autant par un effet d'entraînement — le procédé appelant le matériel et l'assistance — que par la création d'un environnement favorable à nos productions. Si la vente de procédés déplace la création de la valeur ajoutée vers l'étranger et peut porter concurrence à nos propres produits manufacturés, par un mouvement de retour, elle peut également aider, à travers une production locale, à introduire les habitudes de consommation souvent différentes d'un pays étranger, créant aussi un environnement ensuite favorable à l'exportation des hauts de gamme et des spécialités françaises destinées à un créneau de population à la consommation plus exigeante. Par ailleurs, la production locale permet une adaptation aux conditions du marché facilitant la commercialisation et, en évitant l'imitation pure et simple du produit français, il est possible d'éliminer le retour vers le marché intérieur.

Les efforts en ce sens prennent un intérêt tout particulier face à l'industrialisation des pays en voie de développement. Il y a, en effet, tout intérêt à participer à cette évolution inévitable. Si elle risque de fermer progressivement des débouchés pour nos produits manufacturés, un autre courant important peut être établi : assistance indirecte avec vente de savoir-faire et procédés, équipements d'usines « clés en main », ingénierie, enseignement-perfectionnement. Cette pénétration de la « manière » française doit contribuer à maintenir un marché réceptif à des produits français peut-être plus spécifiques et plus sophistiqués. Nos techniques de pointe dans les domaines de la brasserie, laiterie et spiritueux notamment, nous permettent d'envisager une telle entreprise déjà largement entamée en direction de l'Afrique méditerranéenne et francophone et du Moyen-Orient. La faiblesse de notre industrie dans le domaine des équipements agro-alimentaires est un frein à cette expansion.

M. Jean Wahl, délégué aux I.A.A., observe que dans le secteur des produits alimentaires l'implantation industrielle à l'étranger est nécessaire plus rapidement que pour les autres produits en raison des difficultés de pénétration des marchés étrangers dues aux différences de goûts, aux difficultés de transport ou aux barrières phyto-sanitaires. Il faut la favoriser, et d'autant plus qu'elle « tire » les exportations.

L'« observateur » *Jean Boissonnat,* rédacteur en chef de *L'Expansion,* note que, d'une façon générale, nous ne pouvons pas vivre sur notre seul marché intérieur, si nous voulons posséder des entreprises dont la rentabilité soit suffisante, non seulement pour résister à la concurrence étrangère, mais aussi pour améliorer le niveau de vie des Français. Ensuite, la présence de firmes françaises sur les marchés étrangers est absolument nécessaire pour la diversification de leurs risques.

La France est, dit-on, un pays dont les structures de production ne sont pas assez spécialisées, ce qui nuit à la pénétration sur les marchés extérieurs. Mais si, dans un certain nombre d'industries, nous voulons mener une politique dite de créneaux, il faut que les entreprises amortissent leurs risques sur un plus grand nombre de marchés. Il est possible de vendre beaucoup de produits sur peu de marchés ou peu de produits sur de nombreux marchés, mais pas peu de produits sur peu de marchés. Une firme comme la régie Renault a été contrainte de diversifier ses marchés pour faire face aux inévitables aléas de la conjoncture...

M. De Lattre, président du Crédit national, s'interroge : depuis trois à quatre ans, on constate que les grandes multinationales françaises ne gagnent leur vie qu'à l'étranger. C'est le cas de Pechiney, de Rhône-Poulenc, de Saint-Gobain et d'autres encore. Pourquoi?

Cela peut provenir des coûts salariaux, mais ce n'est pas toujours le cas. Cela peut résulter également du coût de l'énergie. Cela tient sans doute aussi au fait que les entreprises ont leurs unités les plus modernes, donc les plus productives, à l'étranger. *A contrario,* ce raisonnement est valable pour les entreprises étrangères installées sur notre territoire. Mais c'est un fait que depuis quelques années les entreprises importantes gagnent plus d'argent à l'étranger qu'en France. En même temps, ces progrès sont liés au maintien de leur activité dans notre pays. Michelin assure qu'il ne pourrait pas exporter de pneus aux Etats-Unis s'il n'était pas lui-même producteur d'autres types de pneus dans ce pays. Il y a donc une complémentarité entre les exportations du pays d'origine et ce que l'on fabrique dans les pays d'installation.

Je voyais récemment un petit transistor peu coûteux en vente en France. Celui-ci avait été « fabriqué par Gründig au Portugal ». Gründig pour autant n'a pas arrêté sa production en Allemagne, mais l'a réorientée vers des articles de plus haute qualité. Les entreprises installent donc des usines dans les pays à meilleure compétitivité. J'ajoute que le système bancaire s'y prête. Des facilités et des crédits de toute nature permettent ces installations...

M. Moussa, administrateur-directeur général de la Banque de Paris et des Pays-Bas, constate que l'Administration française réagit souvent comme si le développement des investissements étrangers en France et le développement des investissements français à l'étranger étaient deux maux qui s'additionnent. En fait, ce sont des facteurs très favorables.

Lorsqu'il s'agit d'investissements étrangers en France pour créer des activités nouvelles, l'Administration n'est pas trop sévère. Si Nestlé n'avait pas créé la Sopad en France, nos exportations de produits alimentaires seraient inférieures à ce qu'elles sont. Même lorsqu'il s'agit de l'acquisition, par l'étranger, d'une entité préexistante et non de la création d'une entité nouvelle, cela peut être bénéfique, soit parce que cela permet de faire subsister l'activité concernée, le groupe étranger contrôlant des marchés que nous ne contrôlons pas, soit par l'existence de brevets ou de licences qui pourront être exploités sur place et qui insuffleront une vie nouvelle à l'entreprise. Certes, ce n'est pas vrai dans tous les cas. Il faut exercer son jugement. Je suggère que la tendance de l'Administration soit, *a priori,* bienveillante vis-à-vis des propositions de ce genre lorsqu'elles permettent de donner un sang nouveau à des entreprises préexistantes.

Dans l'autre sens, le développement des investissements français à l'étranger peut également comporter des conséquences favorables sur les échanges extérieurs, non seulement par la rentrée future de dividendes, s'il s'agit d'activités rémunératrices, mais également par l'aide apportée au développement même de nos exportations. Dans certains cas, l'implantation à l'étranger représente, pour un groupe français, la possibilité d'accéder à une technologie de pointe qu'il ne possédait pas. Dans d'autres cas, c'est assurer la présence française sur des marchés étrangers que l'on connaissait mal. Beaucoup de pays émergeants n'admettent plus, par exemple, d'importer des produits qu'ils peuvent fabriquer eux-mêmes. Il peut donc se révéler profitable de fabriquer sur place une partie du produit afin de garder un courant d'exportation pour le reste du produit. De plus, n'oublions pas la consécration internationale que donne à une firme française le fait d'être connue comme ayant pris le contrôle d'une entité sise au Canada, en Grande-Bretagne ou aux Etats-Unis. Cette notoriété sert le commerce extérieur français. Enfin, l'investissement dans différents pays étrangers peut conférer à un groupe une plus grande solidité financière en compensant les effets des fluctuations de conjoncture. Et cela aussi, étant bon pour la santé du groupe concerné, est bon pour notre économie, et, en particulier, pour notre commerce extérieur.

CHAPITRE XIII

FAIRE PARTICIPER DAVANTAGE LES P.M.E. À L'EXPANSION FRANÇAISE SUR LES MARCHÉS ÉTRANGERS

Qui exporte? Essentiellement, les « grands », à quelques exceptions près. De l'avis général, les petites et moyennes entreprises françaises devraient participer davantage au commerce extérieur du pays. Cela suppose que soient surmontés certains handicaps, que soient exploitées certaines possibilités — et développées d'autres — et que sautent certains verrous.

En République fédérale d'Allemagne, fait remarquer *M. René Monory,* 50 % du commerce extérieur est réalisé par des P.M.E. contre 20 % seulement en France. Il est bien évident que les grandes unités de production doivent continuer à chercher à conquérir des parts de marché, mais les entreprises plus modestes doivent incontestablement prendre le relais.

M. Engerand, directeur général de l'Industrie, avance des chiffres, en précisant : Je n'oserai pas garantir leur crédibilité absolue, car les statistiques de l'I.N.S.E.E. ne permettent pas d'avoir des renseignements extrêmement fiables. Il ne s'agit donc que d'approximations. En France, 35 entreprises réalisent 40 % des exportations et 1 400 à 1 500 en réalisent 80 %, alors que, selon les estimations dont je dispose, 80 % des exportations allemandes sont le fait de 3 000 à 5 000 entreprises. Ces résultats me paraissent particulièrement significatifs. Or, les petites et moyennes entreprises représentent le tiers de la production industrielle. Elles sont au nombre de 60 000 ou 70 000. Je citerai quelques chiffres avec beaucoup de réserve, car ils m'ont surpris : 8 000 petites et moyennes entreprises participent au commerce extérieur en France, contre 25 000 en Grande-Bretagne et 13 000 en Belgique, ce qui me paraît ahurissant. Si c'est vrai, d'un côté, c'est consternant, de l'autre, c'est encourageant, car cela prouve que nous avons des capacités latentes de développement de nos exportations.

M. Plassard, directeur général de Rexeco, attire l'attention sur le fait que pour des P.M.E., le passage de la dimension nationale à la dimension internationale est une aventure risquée. C'est, dans la vie d'une firme, quelque chose d'exceptionnel. Je suis persuadé, bien que nous n'ayons pas de statistiques à ce sujet, que si on examinait les choses de plus près, on découvrirait que chaque année des petites et moyennes entreprises arrivent à faire le saut.

Prenons en exemple le secteur de l'électroménager : une entreprise d'électroménager n'ayant pas réussi à réaliser les performances qu'elle avait prévues sur le marché intérieur, s'est demandé ce qu'elle allait faire des stocks, et même, si elle n'allait pas être obligée de licencier. Et puis, quelqu'un a eu l'idée d'essayer de vendre en Allemagne. J'avoue qu'il n'est pas pensable de vendre de l'électroménager français en Allemagne. Et puis, les stocks se sont vendus. La gestion rationnelle d'une entreprise, petite ou moyenne, est complexe, et bien souvent, il faut reconnaître que les moyens humains pour réussir dans l'exportation n'existent pas, le risque est certain. Une entreprise moyenne occupant un créneau tout à fait particulier n'a pas les moyens de se lancer dans l'exportation, souligne lui aussi *M. Vidal,* directeur général des Douanes et Droits indirects, qui ajoute : le simple fait d'envoyer une lettre ou de téléphoner à l'étranger coûte cher; de plus, il y a l'obstacle de la langue. Une entreprise se doit de dépasser un certain niveau pour accéder au marché international. Seules de grandes sociétés de commerce international peuvent servir de relais aux moyennes entreprises et encore plus aux petites.

La Confédération générale des petites et moyennes entreprises du commerce, de l'industrie et des prestataires de services (C.G.P.M.E.), constatant l'absence « dans l'infrastructure des moyens mis à la disposition des P.M.E. d'un organisme qui, à l'image de l'organisation du commerce extérieur japonais, peut prendre en charge l'intégralité de l'acte d'exportation pour celles de ces firmes qui ne peuvent ou ne veulent exporter par elles-mêmes », a pris l'initiative : elle a pris les contacts nécessaires pour susciter la création d'un groupement de grandes entreprises qui offre chacune dans son domaine propre une prestation de services à l'emportation (emballage, transport, transit, assurance, financement, etc.). Ce groupement sera ainsi en mesure d'offrir un ensemble complet de services aux P.M.E. intéressées. Quant à l'assistance à l'investissement commercial et industriel à l'étranger, pour lequel il n'existe actuellement pas d'instruments disponibles, la C.G.P.M.E. a été amenée à mettre en place, avec l'aide d'un groupe industriel français puissant, l'ensemble des moyens qui permettent la prise en charge intégrale de l'assistance dans ce domaine.

Parmi les « moyens d'action mis en œuvre », la C.G.P.M.E. cite l'information et la sensibilisation par des réunions régionales, notamment dans les villes moyennes, les actions de coopérations et de jumelage, les missions de contact, l'assistance par des moniteurs spécialisés — les Consultants internationaux d'expérience —, le recours à des étudiants pour les études et recherches documentaires, la liaison avec les bureaux de rapprochements industriels créés en Europe par les pays en voie de développement.

Tout récemment, la Confédération a créé une association pour la promotion internationale des P.M.E. (A.P.I.-P.M.E.), et un organisme d'information et d'assistance technique, commerciale et financière à l'exportation pour les P.M.E. (E.S.S.O.R.-P.M.E.)... De telle sorte que les petites et moyennes entreprises soient « les fantassins qui tisseront des milliers de liens entre les entreprises de toutes les régions du monde, créant de la sorte une trame serrée des relations interentreprises dont la caractéristique politico-économique sera celle de l'économie de marché, c'est-à-dire celle d'une certaine forme de société à laquelle nous sommes profondément attachés ».

CHAPITRE XIV

LE ROLE DES SOCIÉTÉS DE COMMERCE INTERNATIONAL

Le développement des sociétés de commerce international est souvent associé à celui des petites et moyennes entreprises à l'exportation. Toutefois, les points de vue exprimés sur les compétences et le rôle des S.C.I. sont parfois nuancés...

M. Chavannes, le P.-D.G. de la société Leroy-Sommer, estime qu'il faut développer les S.C.I. La France est dramatiquement pauvre dans ce domaine. Comment, aujourd'hui, une société française peut-elle se payer un agent de ventes au Nigeria, par exemple? C'est absolument impossible. Nous avons calculé qu'il fallait un million de francs pour implanter un agent à Lagos. Les Nigérians exigent, par exemple, qu'on leur paie cinq ans de loyer à l'avance... Un représentant d'une société de commerce peut servir aux P.M.E., ne serait-ce qu'en laissant à leur disposition un local permettant à l'industriel de s'occuper de ses propres affaires.

M. Fauroux, président de Saint-Gobain Industries, considère lui aussi que la création de S.C.I. devrait être encouragée. Actuellement, la France n'a qu'un très petit nombre de sociétés d'une telle taille et de ce type, dont les activités sont essentiellement concentrées sur l'Afrique.

Certes, note le délégué aux I.A.A., M. Jean Wahl, le rôle des sociétés de commerce international doit être accru; il faut développer celles dont nous disposons et acquérir le savoir-faire de partenaires étrangers; mais ces sociétés ne doivent pas perdre de vue la production et ses problèmes et doivent permettre d'appeler à l'exportation les productions de la France « des profondeurs », ainsi que provoquer l'adaptation de ces productions aux nécessités de l'exportation.

M. Moussa, administrateur général de la Banque de Paris et des Pays-Bas, évoque l'activité de son groupe dans ce domaine. Qu'il me soit permis de mentionner ici que le groupe Paribas, auquel j'appartiens, s'est depuis longtemps rendu compte du caractère essentiel de ce secteur. Paribas a pris un intérêt très important dans la S.C.O.A., vaste groupe commercial primitivement axé sur l'Afrique noire. L'intervention de Paribas lui a donné des moyens financiers accrus, l'a aidée à se diversifier vers le Pacifique, vers l'Asie (par la prise de contrôle de la compagnie Olivier) et, tout récemment, a facilité son entrée dans le vaste domaine de l'ingénierie (rapprochement de la S.C.O.A. avec le groupe Heurtey). J'estime que des initiatives de ce genre peuvent aider, de façon substantielle, à la restauration de notre balance des paiements.

M. de la Martinière, directeur général de l'Institut de développement industriel, fait remarquer que ces sociétés ne peuvent fournir un gage réel à leurs banquiers à cause de la faiblesse du montant de leurs fonds propres. L'ancien empire colonial n'a pas favorisé les initiatives tendant à créer de telles sociétés. Enfin, les administrations publiques manifestent une réelle hostilité face à ces organismes. Des membres du Conseil d'administration de l'I.D.I. ont demandé que l'étude entreprise sur les S.C.I. ne soit pas diffusée; le corps des conseillers commerciaux est méfiant vis-à-vis des S.C.I., car ses membres craignent d'éventuelles atteintes à leurs privilèges. Des projets de l'I.D.I. ont rencontré trois veto successifs des deux censeurs, et seul un lit de justice tenu à l'Hôtel Matignon a pu nous permettre d'agir en faveur des S.C.I.

En fait, poursuit M. de la Martinière, il est difficile de bien comprendre la nature de l'activité d'une société de commerce international. Si je prends l'exemple de la S.C.O.A., je constate que cet organisme réalise la moitié de son chiffre d'affaires africain au Nigeria, possession autrefois britannique et non pas française. Néanmoins, la S.C.O.A. n'hésite pas à acheter des actions à d'autres sociétés et je pense, quant à moi, que c'est la seule société dont l'activité soit satisfaisante. Ces organismes devraient avoir pour but d'acheter des sociétés implantées dans les pays étrangers... En fait, je connais l'exemple d'une grande maison de commerce international qui a un capital tellement dispersé que l'on pourrait parfaitement envisager d'en acquérir une partie. Mais si j'ai rencontré des difficultés majeures pour faire investir l'Institut de développement industriel dans le réseau du Pacifique de la S.C.O.A., je ne manquerais pas de me faire révoquer si je proposais d'acheter des parts de cette société de commerce international, qui est une grande maison à vocation mondiale installée dans l'Extrême-Orient.

M. *René Monory* craint que nous ne puissions échapper à leur création; mais, ajoute le ministre de l'Economie, ces établissements ne doivent pas posséder uniquement un caractère financier; ils doivent avoir également une activité commerciale et industrielle. Pour les P.M.E., la création de sociétés de commerce international susceptibles de regrouper leurs firmes spécialisées est tout à fait nécessaire... Il faudra leur donner des possibilités accrues en créant un profil d'hommes particulièrement compétents...

Pour *M. Roche,* directeur général du Crédit lyonnais, il ne convient pas de considérer ces sociétés comme une panacée, en voulant suivre trop aveuglément l'exemple japonais : les fameux *shoshas* tirent en effet une grande part de leur efficacité de leur appartenance à des groupes largement intégrés, caractéristique de la structure industrielle japonaise. Il n'est pas certain que de tels intermédiaires soient totalement adaptés au tissu industriel français : les S.C.I. existantes assurent au demeurant une part non négligeable de nos exportations et doivent se développer grâce notamment à la poursuite de leur reconversion géographique, le poids de l'Histoire expliquant la part importante prise par l'Afrique et, à un moindre degré, par l'Amérique latine dans leurs activités.

M. Jacques Lallement, directeur général de la Caisse nationale de Crédit agricole, est très réservé sur les S.C.I. : elles sont à la mode. Les plus hautes instances nous pressent d'en créer. Je suis pour ma part réservé. D'abord nous n'avons guère les moyens. Ensuite, créer une société de commerce suppose des années de préparation...

On pourrait pour gagner du temps s'assurer le cas échéant le contrôle d'équipes étrangères existant, répond *M. Fauroux.* Il faut vingt ans pour constituer une société de commerce international. Or, le Danemark, les Pays-Bas, la Grande-Bretagne ont de telles sociétés. Pourquoi ne pas racheter des outils de ce type?

CHAPITRE XV

POLITIQUE DE L'EMPLOI ET DES REVENUS

Le débat sur la politique de l'emploi et des revenus dépasse largement le cadre des relations commerciales internationales, pour aboutir parfois à de véritables choix de sociétés et de nouvelles conceptions des relations globales entre les Etats. Différents aspects de ce débat sont ici analysés.

Pour *M. Michel Albert,* commissaire adjoint du Plan, ce qui fait aujourd'hui la faiblesse de l'industrie française, c'est que ses activités, pour une trop grande part, ne survivent que grâce à un coût de main-d'œuvre bas. Derrière le débat relatif au S.M.I.C. qui se déroule actuellement en France, il convient de ne pas négliger la supériorité dans la compétition internationale. En France, le S.M.I.C. est largement supérieur à la moitié de ce qu'il est en Hollande. Ainsi toute une fraction de notre industrie se trouve directement en concurrence avec les pays en voie de développement. Cela n'existe plus dans la plupart des autres pays de la Communauté, sauf en Italie, et, hélas, de plus en plus en Grande-Bretagne et en Irlande. S'il existe un principe fondamental pour l'adaptation de notre économie au nouveau défi né de la crise de l'énergie, c'est ce que j'appellerai le « théorème » de l'O.S.

Dans un pays comme la France, à niveau de vie élevé, toute entreprise soumise à la concurrence internationale, qui emploie un pourcentage élevé d'O.S., de main-d'œuvre peu qualifiée, est vouée à la faillite, soit au départ, soit à la délocalisation vers les pays du tiers monde. Je veux dire par là que beaucoup plus importante que toutes les considérations de caractère sectoriel, que toutes les déclarations sur le manque de fonds propres des entreprises, sur la fiscalité, m'apparaît la prise de conscience par le pays que la France est une nation bizarre, avec un niveau de vie moyen élevé et une base de population ouvrière appartenant à des entreprises qui n'ont survécu qu'en raison de la mauvaise rémunération d'une catégorie de travailleurs qui, dans ces conditions, doit bien être appelée la classe ouvrière.

Tout doit être fait pour que les conditions de travail soient adaptées aux jeunes Français qui vont à l'école jusqu'à 18 ans. Tel est le chemin du progrès social dans notre pays. C'est la condition de notre développement économique et de notre accession à la qualité de démocratie industrielle... Des secteurs entiers de l'industrie devront faire face à des conversions. Ne croyez pas que c'est en accordant des subventions aux entreprises condamnées que nous résoudrons le problème à long terme. La tentation consiste à donner de l'argent; mais les problèmes industriels ne sont presque jamais des problèmes d'argent. La faillite d'une entreprise dépend souvent de la fabrication de mauvais produits, trop chers, de l'incapacité de ses dirigeants. Tel est le message qu'il faudrait adresser aux Français.

Le rapport du C.E.R.C. du deuxième semestre 1974 est, à mon sens, merveilleux. Il s'agit, pour la première fois, de comparer les industries françaises et allemandes. Cette analyse a été réalisée sur sept entreprises françaises et sept entreprises allemandes, de même dimension, choisies dans les mêmes secteurs. On a constaté que si, en France, les résultats étaient moins satisfaisants qu'en Allemagne, c'était parce que les chefs étaient trop bien payés et les ouvriers moins nombreux et moins bien payés. En Allemagne, ce sont les meilleurs qui deviennent chefs. En France, les deux voies d'accession au pouvoir, ce sont les diplômes ou l'héritage...

M. Jean Boissonnat, rédacteur en chef de *L'Expansion*, note que dans l'état actuel de l'économie mondiale que nous ne commandons pas, le taux de croissance qui nous permet de nous rapprocher de l'équilibre de notre commerce extérieur à structure constante est sensiblement inférieur à celui qui serait nécessaire pour faire face à un rétablissement suffisant du plein emploi en France. Le rapport entre ces deux taux peut être discuté, mais il n'est pas loin d'être de un à deux. En conséquence, le taux de croissance grâce auquel nous pouvons, à court terme, sans modification de nos structures, équilibrer notre commerce extérieur représente la moitié de celui qu'il faudrait atteindre pour résorber d'une manière spécifique le chômage en France... La stratégie du développement industriel de la France depuis la Seconde Guerre mondiale a été largement fondée sur un certain nombre de caractéristiques dont certaines nous ont joué un mauvais tour, constate plus loin M. Boissonnat. Je commencerai par l'énergie à bon marché dont nous n'avons pas abusé. Parmi tous les pays de niveau de vie comparable, nous avons été les plus économes dans ce domaine. Ensuite, nous avons eu recours à une main-d'œuvre bon marché que nous nous sommes procurée dans deux réservoirs. Le premier est interne, c'est l'agriculture. N'oublions pas que les transferts des populations du secteur agricole au secteur industriel ont été un élément fondamental du développement industriel de la France. Le second réservoir est externe, il s'agit des immigrés. Dans les deux cas, nous avons fait appel à des personnels que nous pouvions rétribuer dans des conditions relativement avantageuses, mais qui ne possédaient pas toujours la formation technique nécessaire. Il en est résulté que nous avons opéré peu de diversifications et que notre développement du genre tous azimuts était fondé sur des éléments artificiels ou risqués. Cette stratégie n'est plus possible, à supposer même qu'elle soit encore souhaitable. D'une part, les prix des produits de base ont considérablement augmenté. D'autre part, les problèmes de l'emploi nous obligent à reconvertir en main-d'œuvre nationale une partie de l'appareil de production qui est actuellement traitée par une main-d'œuvre immigrée...

M. René Tendron, du *Nouvel Economiste,* évoque les problèmes de mobilité d'emploi et des perspectives ouvertes aux jeunes. Les Français ne sont pas aussi allergiques qu'on le prétend à la mobilité professionnelle. Il est vrai cependant que les personnes peuvent difficilement se décider à changer de région. S'il s'agit de les envoyer à l'étranger pendant une ou deux années, le problème de leur réinsertion par la suite dans la vie nationale se pose avec acuité. En réalité, la mobilité de l'emploi peut n'être pas ressentie comme une contrainte intolérable si on facilite l'implantation des hommes. Pourquoi refuserait-on un traitement meilleur pour faire quelque chose de plus agréable sous des cieux plus cléments? Parce que tout le monde demeure attaché à sa maison individuelle... Un phénomène me paraît inquiétant quand on examine le nombre des jeunes apparaissant sur le marché de l'emploi avec toutes les difficultés que cela représente. Quelles sont les possibilités offertes? Pour les biens intermédiaires, il y en a peu. Pour les biens d'équipement, il s'agit simplement de quelques petits postes. Pour le bâtiment et les travaux publics, il ne faut pas s'attendre à grand-chose. Pour l'agro-alimentaire, peu d'emplois nouveaux seront créés. Au total, on constate qu'il n'y a nulle part de réelles possibilités de créations d'emplois, alors que si les entreprises se décidaient à chercher de nouveaux créneaux, on en trouverait facilement. Je pense que parmi les jeunes sortant de l'Université on pourrait trouver des cadres susceptibles de participer aux opérations de vente sur les marchés extérieurs. Toute cette main-d'œuvre potentielle pourrait être employée à constituer des réseaux commerciaux plutôt qu'à permettre aux sociétés de commerce — qui n'ont de commercial que le nom — de continuer une existence hypothétique...

Selon *M. Christian Sautter,* chef du service des programmes à la direction des synthèses économiques de l'I.N.S.E.E., on peut démontrer — c'est une question de méthodologie — qu'une répartition différente des investissements sur la période 1977-1983 peut transformer profondément le système productif français et modifier de façon sensible les problèmes de l'emploi et des échanges extérieurs. Avec l'instrument que nous utilisons actuellement et qui ne comprend que dix branches d'activité, nous nous en apercevons déjà. Avec un instrument plus fin, on pourrait le confirmer. Bien sûr, quarante branches, ce n'est pas opératoire. En effet, dire qu'il faut développer l'industrie de la construction électrique n'a pas beaucoup de sens, car à l'intérieur de cette construction figurent des milliers de produits. Il se pose un problème de passage de ce niveau d'analyse très global au niveau où se prennent véritablement les décisions d'investissement. C'est le problème de la planification décentralisée. Il ne semble pas que ce soit le planificateur central qui puisse conseiller de se diriger sur tel ou tel créneau. Néanmoins, nous savons quelles branches il faudrait stimuler. Ce sont *grosso modo* celles à haut contenu en recherche et à hauts salaires. Cela recouvre en grande partie les biens d'équipement et certaines fabrications de biens de consommation durables, mais pas tous. En fait, dans toutes les branches, existe ce que l'on appelle familièrement le haut de gamme qui comprend plus de développement et davantage de hauts salaires que la moyenne.

La difficulté réside dans le fait que les Allemands, les Japonais et les Américains se dirigent dans les mêmes directions. L'astuce consiste à trouver dans ces grandes branches un produit sur lequel on puisse obtenir un avantage sur nos concurrents. Parler de branches d'industrie « d'intelligence », comme disent les Japonais, n'est pas très original, mais il faut se convaincre que de telles activités existent, qu'elles sont à haute productivité, qu'elles sont efficaces, créatrices d'emplois, et qu'elles rapportent des devises. Le problème est qu'elles ne sont pas très faciles à trouver dans la pratique. Le deuxième domaine dans lequel il est souhaitable de travailler, est celui de la répartition des revenus. Nous sommes actuellement dans une situation assez paradoxale où, pour payer la facture pétrolière, la seule solution que l'on ait trouvée consiste à ralentir la croissance du revenu national. Il eût été plus séduisant, d'un point de vue intellectuel, à croissance rapide donnée, de dégager une épargne supplémentaire permettant de financer cette facture pétrolière.

Dans nos travaux se confirme une très grande rigidité d'évolution des revenus nominaux. Jusqu'en 1983, subsiste une sorte de conflit entre les salariés et les sociétés. Les premiers veulent maintenir une progression de leur pouvoir d'achat de l'ordre de 4 % par an, ce qu'ils ont toujours obtenu de 1960 à 1976. Les sociétés, les entreprises en général, cherchent quant à elles à retrouver leur taux de rentabilité d'avant 1973. Il résulte de nos études que ces projets sont incompatibles, à moins que d'autres parties prenantes au niveau national ne cèdent une part de leur revenu : entrepreneurs individuels et entreprises publiques, et prélèvements obligatoires. Il est obligatoire, si l'on veut dans de telles conditions assurer le partage du revenu national entre 1980 et 1985, de plafonner la progression de la part des cotisations sociales, ce qui crée un énorme problème d'équilibre de la sécurité sociale qui serait financée pour partie sur déficit budgétaire, et également de plafonner quelque peu la part des prélèvements de l'Etat et des collectivités locales. En un mot, la répartition actuelle des revenus, si elle se prolonge jusqu'en 1983, rend très difficile la décélération de l'inflation, ce qui tend évidemment à aggraver la contrainte extérieure, si, comme il est probable, la hausse des prix en France est supérieure à la hausse des prix à l'étranger à partir de 1979-1980. Il faut donc modifier la répartition des revenus si l'on veut obtenir une situation économique globale plus satisfaisante à moyen terme. Comment faire? Un des gros défauts de la planification actuelle est de considérer les ménages comme un tout. L'I.N.S.E.E. est en train d'élaborer un instrument qui permette de séparer les ménages en un certain nombre de catégories socioprofessionnelles : les agriculteurs, les salariés agricoles, les ouvriers, les employés, les cadres moyens, les cadres supérieurs et les indépendants. Grâce à cet instrument, il sera possible d'étudier diverses répartitions des revenus et de la fiscalité.

La raison d'une modification de la répartition n'étant pas seulement économique, cela permettra également de tirer des conséquences économiques d'un certain nombre de redistributions éventuelles en matière de revenus.

Le dernier domaine est celui de la durée du travail. Il semble impossible, avec une croissance nettement ralentie, comme cela est prévisible d'ici à 1983, de revenir au plein emploi ou d'arrêter la dégradation de la situation de l'emploi si l'on ne pose pas le problème de la diminution de la durée du travail. Au vu des études déjà entreprises, et qui sont loin d'être achevées, c'est un problème très compliqué. Il ne suffit pas de dire que l'on va répartir un nombre total d'heures de travail entre un nombre total d'activités. Deux questions complexes se posent. La première est financière : doit-on réduire la durée du travail en maintenant le revenu antérieur? La seconde est de nature plutôt technique : comment faire en sorte que cette réduction de la durée du travail se traduise par une embauche plutôt que par une diminution de la production? Là encore, dans une perspective à moyen terme, les études peuvent permettre de trouver des modalités adéquates d'une réduction de la durée du travail (principalement de la durée hebdomadaire du travail) qui n'aient pas trop de conséquences financières et qui ne provoquent pas une baisse de la production.

M. G. Oheix, délégué à l'Emploi : les liens entre l'emploi et le commerce extérieur n'ont fait pendant longtemps l'objet d'aucune étude particulière, et il faut bien reconnaître que nous manquons encore beaucoup d'informations précises sur le sujet. La crise de 1974 a profondément modifié la répartition internationale des échanges et par conséquent la répartition internationale de l'emploi.

Dans le passé, la croissance des exportations contribuant alors au fort accroissement de la production nationale produisait des effets bénéfiques sur l'emploi, et la situation du marché du travail se caractérisait plus par une pénurie que par une pléthore de main-d'œuvre. Les problèmes de conversion des travailleurs liés à la concurrence de certains produits d'importation étaient finalement résolus grâce à la formation professionnelle et à l'appel de la main-d'œuvre étrangère.

Mais la crise de 1974 a brusquement enrayé ce mécanisme et a accentué certains problèmes structurels liés au commerce extérieur. Le renchérissement du coût des matières premières importées a créé une situation de déficit important ne pouvant être comblé que par une croissance similaire des exportations. Parallèlement, la concurrence des importations se faisait plus vive, entraînant des difficultés sérieuses pour certains secteurs de l'économie et des problèmes d'emploi importants. Dès lors, certains n'ont pas hésité à accuser le commerce extérieur d'être dans une large mesure à l'origine du chômage que connaît notre pays et l'on voit resurgir les vieux démons du protectionnisme, ce qui est paradoxal dans un pays où un salarié sur trois travaille directement ou indirectement pour l'exportation.

A l'égard du problème de l'interdépendance entre commerce extérieur et emploi, il faut demeurer prudent et considérer tout d'abord les informations de nature générale dont nous pouvons disposer.

1. Parmi les treize millions de salariés du secteur privé, combien ont été touchés ces dernières années par des licenciements pour cause économique pouvant être expliqués (à tort ou à raison) par l'aggravation de la concurrence internationale? La question de la part des travailleurs étrangers dans les licenciements est traitée en annexe :

En 1975 : 260 000 licenciements pour cause économique ont été opérés (53 454 entreprises concernées).

En 1976 : 212 100 salariés, dont 61 980 après règlement judiciaire ou liquidation (52 615 entreprises).

En 1977 : 290 727 personnes, dont 84 695 après règlement judiciaire (71 518 entreprises).

Sans nier la forte croissance des licenciements économiques de 1976 à 1977 et la gravité du problème humain qu'ils entraînent, force est de constater néanmoins qu'ils ont présenté une faible part des demandes d'emploi : 11,6 % des 2,4 millions des demandes enregistrées en 1976 et 13,3 % des 2,6 millions de 1977.

Mais dans certains secteurs d'activités, le pourcentage des effectifs licenciés pour raison économique (après règlement judiciaire ou liquidation) par rapport au total des licenciements en 1976 est fort important, et illustre la crise que traversent ces secteurs.

Cuir et chaussure........................	67 %
Habillement	49 %
Bois et ameublement.....................	48 %

2. Les chiffres globaux du commerce extérieur traduisent quant à eux les forces et les faiblesses structurelles du commerce extérieur français qui se répercutent naturellement sur l'emploi :

a. Déficit global de 11,4 milliards de francs du commerce extérieur (20,4 milliards en 1976).

b. En ce qui concerne *les importations,* la dépendance française se situe essentiellement, mais pas uniquement, au niveau des matières premières, les principaux postes déficitaires étant en effet :

— l'énergie : — 65 milliards;
— les minerais et métaux non ferreux : — 6,5 milliards;
— les industries agro-alimentaires : — 7 milliards;
— le papier-carton : — 4,3 milliards;
— le textile, habillement, cuir, chaussure : — 0,7 milliard.

c. En ce qui concerne *les exportations,* les secteurs « porteurs » apparaissent assez dispersés puisque les principaux postes excédentaires sont :

— l'automobile : + 17,5 milliards;
— les constructions mécaniques : + 7 milliards;
— l'armement : + 6 milliards;
— la construction électrique et électronique : + 3 milliards.

Ces indicateurs concernant aussi bien l'emploi que le commerce extérieur conduisent à la double question suivante : quels effets sur l'emploi ont entraînés les évolutions des soldes des échanges de produits industriels?

Observe-t-on une concordance entre amélioration du solde commercial et une situation satisfaisante de l'emploi?

— la balance des biens intermédiaires est restée aussi bien en valeur qu'en volume durablement déficitaire de 1973 à 1976. Ce déficit s'explique par le relèvement du prix des matières premières et la reprise économique pendant cette période. Cette évolution s'est accompagnée par une perte de 35 000 salariés de 1973 à 1976 (— 2 % de l'effectif 1973);

— les biens de consommation sont traditionnellement excédentaires (5,8 milliards en 1973, 4,3 en 1975). Cependant ce poste est devenu négatif en 1976 (— 1 milliard) et le demeurera probablement en 1977. Or, de 1973 à 1976, les industries de biens de consommation ont perdu 112 000 salariés, soit 7 % de l'effectif 1973;

— les biens d'équipement ont plus que doublé leur solde positif (en valeur) de 1973 à 1976 (de 10,5 à 26,5 milliards), alors que dans le même temps les industries produisant ces biens ont employé 12 000 salariés supplémentaires (+ 6,6 % de l'effectif 1973).

Même si ces résultats semblent indiquer qu'une industrie plus compétitive préserve ainsi son emploi, il convient pourtant de les nuancer [1]. Les effectifs de l'ensemble de l'industrie ont baissé chaque année de 1974 à 1977 (sauf en 1975 : + 0,5), alors même que le solde commercial global de l'industrie a doublé en valeur de 1974 à 1976.

Une analyse plus fine s'impose et doit conduire notamment à s'interroger sur les effets de la concurrence dite « sauvage ».

Sur une période longue (1970-1977) et même en tenant compte des années de crise (1974-1975), le bilan global de l'emploi lié au commerce extérieur, c'est-à-dire les créations d'emplois découlant de la croissance des exportations diminuées des suppressions (supposées) d'emplois résultant de l'augmentation des importations est positif. En ce qui concerne plus spécialement les échanges avec les pays en voie de développement, les récents travaux d'un groupe d'experts réuni à l'initiative du commissariat général du Plan (« rapport du groupe chargé d'étudier les économies du tiers monde et l'appareil productif français », janvier 1978) estiment cet effet positif à plus de 100 000 emplois (129 000 emplois théoriques créés résultant de l'accroissement des exportations et 19 000 emplois supprimés en raison de la croissance des importations).

Une autre étude a montré que le nombre d'emplois liés aux ventes de produits industriels aux pays en voie de développement est quatre fois plus important que le nombre d'emplois théoriquement supprimés du fait des importations en provenance de ces pays. Enfin, il ne faut pas oublier que vis-à-vis des pays dits d'exportations sauvages, notre solde commercial est positif.

---

1. Il apparaît que les entreprises qui ont créé des emplois en France ces dernières années sont celles qui ont amélioré leur compétitivité sur *le marché intérieur et extérieur.*

Mais c'est au niveau de la branche qu'il faudrait analyser la relation commerce extérieur-emploi. On observe alors des évolutions plus complexes et plus nuancées. L'exemple du textile-habillement est révélateur. La concurrence « sauvage » a conduit à une pénétration brutale de certains produits (ouvrages textiles en files, produits de la bonneterie), mais en même temps on a observé une progression sensible des exportations d'autres productions plus élaborées. Mais surtout on trouve une très grande hétérogénéité dans la situation des entreprises d'une branche donnée : alors que certaines parviennent à faire face avec succès à la concurrence internationale, d'autres sont confrontées à des difficultés qui, à terme, se répercutent sur l'emploi.

Face à ces redéploiements, qui vont conduire les branches à se tourner encore plus franchement sur l'extérieur car c'est là une condition pour mieux résister à la concurrence internationale, l'emploi restera sans doute confronté à d'assez graves difficultés. Une politique active de l'emploi doit donc être poursuivie.

Celle-ci s'exercera dans un environnement économique soumis à un certain nombre de contraintes :

— structure fragile de notre commerce extérieur : du fait du déséquilibre de notre balance des biens de consommation, toute relance se traduit immédiatement par un accroissement des importations aggravant encore le déficit commercial et se révèle inefficace pour stimuler la production nationale et donc l'emploi;

— marge de manœuvre étroite de la politique économique qui doit assurer une croissance suffisamment créatrice d'emplois pour absorber l'accroissement de la population active, tout en évitant une aggravation du déficit commercial. Or les perspectives de croissance de toute la zone O.C.D.E. restent modestes : de l'ordre de 3 % de 1978 à 1980.

La politique de l'emploi se heurte elle-même à plusieurs difficultés :

— difficultés ponctuelles des secteurs menacés par la concurrence internationale et notamment celle des pays membres de la C.E.E.

Cette dégradation touche particulièrement le textile-habillement, le bois, meubles et industries diverses, le cuir et la chaussure.

— difficultés géographiques de l'emploi. En effet, les secteurs en régression sont souvent localisés dans des zones peu diversifiées industriellement, comme le montre par exemple le problème actuel du textile dans les Vosges;

— faibles perspectives de créations d'emplois dans l'industrie du fait des gains de productivité;

— maintien dans les prochaines années d'un afflux important de jeunes sur le marché du travail.

Malgré un environnement économique difficile, la politique de l'emploi doit s'efforcer de répondre à ces difficultés en développant notamment ses instruments de conversion en faveur des secteurs en crise ou menacés. Les grandes orientations de cette politique sont :

— l'aide au premier emploi des jeunes;
— l'intensification de la formation professionnelle;
— l'aide à la conversion des secteurs en difficulté grâce au Fonds national de l'emploi [1].

L'aide à la conversion n'est pas sans poser d'assez redoutables problèmes :

— elle nécessite de disposer de bons instruments de prévisions des difficultés des entreprises afin d'agir suffisamment tôt;
— elle doit disposer de bons instruments de prévisions des secteurs et des qualifications vers lesquels orienter les effectifs nécessitant une conversion. Nous disposons de deux instruments : le Centre d'études et de recherches sur les qualifications (C.E.R.E.Q.) et le Centre d'études sur l'emploi (C.E.E.) dont les moyens méritent d'être renforcés.

Dans la pratique, les processus de conversion sont donc difficiles à mettre en œuvre. La concurrence touche en effet de façon très fine certains produits : une politique efficace de conversion consiste à remplacer des produits « bas de gamme » par des produits « hauts de gamme », à valeur ajoutée plus importante, grâce à une modernisation des équipements; la formation professionnelle permet alors à la main-d'œuvre de s'adapter à ces nouvelles techniques. Une intervention efficace ne peut donc se faire au niveau sectoriel, mais doit avoir lieu au niveau des entreprises. A cet égard, le rôle joué par le C.I.A.S.I. (Comité interministériel pour l'aménagement des structures industrielles) apparaît extrêmement important et pourrait être amélioré à l'avenir, de manière que les mécanismes de sauvegarde puissent être enclenchés de façon suffisamment précoce et bénéficier à des entreprises viables.

Ces actions de conversion doivent être relayées par une politique sectorielle offensive afin de développer les secteurs clés du commerce extérieur.

L'objectif doit être double.

a. En premier lieu, il importe de supprimer certaines déficiences structurelles et de « reconquérir » les marchés intérieurs anormalement pénétrés par les importations. L'effort devrait porter plus particulièrement dans cetaines branches où le taux de couverture des importations par les exportations apparaît nettement inférieur à 100 :

— machines-outils (85 %);
— mécanique de précision (69 %);
— machines de bureau et électronique médicale (79 %);
— équipement ménager (75 %);
— électronique grand public (60 %);
— transformation des matières plastiques (86 %);

1. Voir tableau en annexe des secteurs faisant appel aux conventions de chômage partiel.

— ameublement, literie (37 %).

b. En second lieu, il importe de développer nos exportations dans les secteurs de pointe, à haute technologie nécessitant une main-d'œuvre très qualifiée, essentiellement dans le domaine des biens d'équipement (construction mécanique, nucléaire, ingénierie).

Ces exportations qui ne se limitent pas à des produits mais comprennent une part de plus en plus grande de « savoir-faire », doivent s'accompagner d'une politique spécifique visant à favoriser l'emploi des travailleurs français à l'étranger, politique d'ailleurs déjà engagée avec la création du S.E.F.R.A.N.E. (Service pour l'emploi des Français à l'étranger) au sein de l'A.N.P.E. et la recherche d'amélioration des garanties sociales accordées aux travailleurs expatriés. Toutes ces mesures devraient entraîner à terme une amélioration structurelle de nos échanges extérieurs, qui seule pourra permettre une croissance saine et créatrice d'emplois. D'autre part, cette stratégie de redéploiement nécessite une coordination plus étroite entre la politique industrielle et la politique de l'emploi.

En conclusion, M. Oheix insiste :

— sur les dangers d'un réflexe protectionniste aux difficultés actuelles de l'emploi. Le rapport Berthelot déjà cité est sans ambiguïté. « A l'échéance 1985, l'industrialisation du tiers monde constituera pour la France une chance de développement et aura des effets globalement positifs en terme de valeur ajoutée, de débouchés et même, probablement, en terme d'emplois à créer, dans l'agriculture, l'industrie et les services. Cependant, du fait de sa structure, l'appareil productif français paraît insuffisamment préparé à tirer pleinement parti du développement prévisible des échanges avec ces pays »;

— sur la responsabilité des entreprises dans la poursuite d'une plus grande compétitivité : étude des marchés, stratégie commerciale, rigueur de gestion, etc. Face à cet impératif de compétitivité, le rôle de l'Etat est à la fois fait de stimulation et d'accompagnement mais ne peut se substituer aux acteurs économiques.

Dans la suite d'une réflexion sur le commerce extérieur et l'emploi, il n'est pas sans intérêt de s'interroger sur l'incidence de la présence d'un million et demi d'actifs étrangers dans l'économie française. Comment ces emplois peuvent-ils en particulier être influencés par le redéploiement industriel lié à la recherche d'une plus grande compétitivité extérieure? Le délégué à l'emploi se demande :

Dans quelles activités économiques se trouvent le plus de travailleurs étrangers (non C.E.E.)?

Il est nécessaire de distinguer les hommes (80 % des actifs étrangers) et les femmes. On constate une très grande concentration de la population active étrangère. Cinq activités regroupent 80 % des hommes actifs : B.T.P., industrie des biens intermédiaires, industries des biens d'équipement, industries des biens de consommation et services marchands. En ce qui concerne les femmes, 49 % sont employées dans les services marchands et non marchands. Géographiquement, on constate également une concentration au bénéfice de la région parisienne. La répartition par tranches des salariés précise que ce sont : les B.T.P., l'hygiène, la construction automobile, la production et la première transformation des métaux qui emploient le plus grand nombre de salariés étrangers.

Quels sont les facteurs explicatifs de la présence des travailleurs étrangers dans certaines activités?

Deux explications sont le plus généralement avancées :

— les travailleurs étrangers sont employés dans des branches à bas salaires. Si cette affirmation se vérifie en ce qui concerne la branche « hygiène et services domestiques », on constate en revanche que les autres branches à bas salaire n'ont pas un pourcentage de salariés étrangers supérieurs à la moyenne. C'est le cas notamment de l'habillement, des cuirs et peaux, du bois et ameublement, etc.;

— liée au niveau des rémunérations, se pose la question des différences de gain entre travailleurs français et travailleurs étrangers. La seule statistique dont on dispose est malheureusement ancienne (I.N.S.E.E., structure des salaires 1972). Elle fait apparaître selon les critères des différences de 14 à 20 % au détriment des ouvriers étrangers. Cependant, une enquête plus récente portant sur le B.T.P. fait apparaître des différences beaucoup plus réduites. Des éléments défavorables expliquent néanmoins ces taux : faible ancienneté, faible qualification et faible taux de mensualisation, absentéisme. Ces handicaps peuvent être en partie compensés par la concentration des actifs étrangers, dans des régions industrialisées à salaires plus élevés, l'importance des heures supplémentaires, l'emploi dans des grandes entreprises (B.T.P., construction automobile);

— une autre explication relie la présence de travailleurs étrangers aux conditions de travail. On note en effet que la construction automobile emploie de nombreux étrangers et connaît la proportion la plus forte d'ouvriers à la chaîne (80 % contre 40 % dans les autres branches). L'importance des conditions de travail se trouve confirmée à la lecture du tableau VI sur les accidents du travail qui montre à la fois l'importance des accidents du travail dans les branches qui utilisent de nombreux étrangers et la plus grande exposition de ceux-ci aux risques graves.

Les activités économiques utilisant le plus d'étrangers ont-elles des effectifs en croissance ou en décroissance?

Il est intéressant dans la ligne de la réflexion sur l'emploi et le commerce de distinguer les branches protégées de la concurrence internationale et les branches soumises à celle-ci. Pour les premières, la situation est contrastée : le B.T.P. a perdu 80 000 emplois en sept ans tandis que les services et l'hygiène n'ont cessé d'accroître leurs effectifs. Pour les secondes : situation aussi contrastée puisqu'on trouve aussi bien la construction automobile en croissance que la sidérurgie en crise en 1977.

Cette analyse montre que les conséquences prévisibles d'une plus ou moins grande exposition à la concurrence internationale sur l'emploi des travailleurs étrangers sont diverses et contrastées.

Comment évolue l'emploi des travailleurs étrangers?

Puisqu'une analyse au niveau des branches ne nous apporte que peu d'enseignements sur les perspectives de l'emploi étranger, on peut avoir recours aux statistiques du marché du travail. Elles montrent que le pourcentage d'étrangers dans les demandeurs d'emploi s'est stabilisé depuis trois ans à 10 % du nombre des demandeurs d'emploi. Leur pourcentage dans les licenciés pour motif économique a augmenté cependant : de 12,2 à 13,1 % de 1976 à 1977.

En ce qui concerne l'emploi, il est extrêmement difficile de répondre, tant les réponses dépendent de nombreuses hypothèses, qu'il est nécessaire d'envisager. Les experts s'accordent à penser que le nombre d'emplois devenus libres pour les travailleurs nationaux serait inférieur au nombre des travailleurs immigrés rentrés dans leur pays.

En ce qui concerne l'impact sur les échanges extérieurs, on pourrait s'attendre à une diminution des transferts d'économie des salaires qui ont atteint 6,5 milliards de francs en 1976 (Portugal, Espagne, Maghreb). Mais la balance commerciale favorable à la France de 7,2 milliards de francs pourrait être influencée défavorablement (rétorsions possibles).

En conclusion, les relations entre l'emploi étranger et le commerce extérieur sont complexes, nombreuses et contradictoires. Il s'agit en effet d'un sous-ensemble de la relation plus vaste emploi-commerce extérieur elle-même difficile à cerner. Nous ne disposons pas encore d'un recul suffisant pour évaluer l'impact sur les structures industrielles de l'arrêt de l'immigration de septembre 1974. Mais il est probable que cette mesure a déjà eu et continuera d'avoir des effets positifs sur la modernisation et la compétitivité de notre économie.

La *C.G.T.* redoute le piège dans lequel il ne faut pas tomber : ce qui est recherché, c'est un alignement par le bas des conditions d'exploitation des travailleurs sur le plan international.

Pour sa part, la *C.F.D.T.* expose quelques-uns de ses principaux thèmes de revendication, dans un cadre international et national :

La réduction des inégalités : elle passe, pour la C.F.D.T., par la réduction de la hiérarchie des salaires et des revenus (une forte augmentation des bas salaires et des bas revenus et un blocage du pouvoir d'achat des revenus les plus élevés), et la suppression des disparités salariales en fonction du sexe, de la nationalité, de la région. Cette réduction de la hiérarchie a pour conséquence la redistribution du revenu national dont les catégories les plus défavorisées doivent être bénéficiaires; elle permet de satisfaire les besoins de ces catégories et de limiter les consommations de luxe socialement inutiles, elle crée les conditions d'une réorientation de la production par l'émergence d'une demande solvable nouvelle. La satisfaction des besoins et la réorientation de la production sont des éléments significatifs d'un nouveau type de développement. Mais comment s'inscrivent-ils dans un nouvel ordre économique international?

L'émergence d'une demande solvable, nouvelle issue de la somme des augmentations individuelles des salaires ou des revenus les plus faibles, se traduira par un accroissement des consommations individuelles de produits manufacturés divers. Pour satisfaire cette demande finale, les entreprises devront accroître leur production et donc l'utilisation de matières premières provenant, pour l'essentiel, du tiers monde. La réduction des inégalités que nous pourrions obtenir au plan national se ferait alors sur la base d'une exploitation plus intensive des ressources du tiers monde et irait à l'encontre de la volonté des non-alignés d'assurer leur développement à partir de la maîtrise de leurs ressources naturelles.

L'hypothèse d'une réduction des inégalités sur la base de transferts des revenus individuels au plan national n'est pas en soi susceptible de modifier les conditions de l'échange et la division internationale du travail. La convergence avec les revendications des non-alignés ne passe-t-elle pas par un approfondissement de notre revendication de réduction des inégalités notamment dans le sens d'un nouvel équilibre entre consommations individuelles et consommations collectives? Les consommations collectives par les économies d'échelle qu'elles contiennent, par le contrôle collectif sur l'utilisation et le choix des biens qu'elles supposent, sont facteurs d'économie de ressources naturelles.

Plus largement, sommes-nous aujourd'hui en mesure d'appliquer notre revendication nationale de réduction des inégalités de revenus au niveau des pays du tiers monde, sachant qu'une augmentation du niveau de vie du tiers monde passe par une augmentation substantielle du prix de l'ensemble des matières premières? Si nous avons pu faire comprendre la nécessité de l'augmentation du prix du pétrole pour garantir les termes de l'échange par rapport à ce produit particulier, quelle serait la réaction des travailleurs si tous les biens dans lesquels entrent des matières premières importées du tiers monde augmentaient pour que soit globalement garanti le pouvoir d'achat du tiers monde?

En tout état de cause, la mise en œuvre d'une réduction des inégalités au niveau international passe par des changements structurels au niveau national. Notre seule action revendicative syndicale ne suffit pas à une telle transformation. Mais elle peut y participer, d'une part en créant par nos luttes les conditions du changement dans le sens d'un socialisme autogestionnaire, d'autre part, par l'action commune bilatérale ou multilatérale avec les organisations syndicales d'autres pays sur la base de revendications concrètes touchant notamment au pouvoir d'achat des travailleurs du tiers monde dans les F.M.N. et la réduction de la hiérarchie des revenus à l'intérieur même des pays du tiers monde.

Le droit à l'emploi. Dans la phase de restructuration internationale, les revendications de la C.F.D.T. sur le maintien de l'emploi et la création d'emplois sur le territoire national percutent, au moins apparemment, la nécessité de développer l'emploi dans le tiers monde. C'est sans doute le point sur lequel notre réflexion doit être la plus approfondie, sachant que sur le terrain de l'emploi, plus directement que sur d'autres axes revendicatifs, les suggestions, les propositions que nous pourrions faire, nous obligeront à nous situer par rapport aux courants qui traversent le tiers monde et leur application dans certains pays avec l'appui des organisations syndicales de ces pays.

La logique de la restructuration actuelle du capitalisme est la spécialisation de la production au niveau international : technologie avancée et productions à haute valeur ajoutée dans les pays développés, industries de main-d'œuvre et productions à faible valeur ajoutée dans les pays sous-développés. Cette « division internationale du travail » est néfaste à la fois pour les travailleurs des pays développés, le redéploiement du capitalisme suppose, dans un premier temps et pour une longue période, une mutation des tissus industriels et donc un chômage important et dans un deuxième temps, une adaptation continuelle des qualifications aux nouveaux emplois disponibles. Pour les travailleurs des pays sous-développés les conséquences de la nouvelle D.I.T. seront des emplois déqualifiés, la parcellisation des tâches, pour une production ne répondant pas nécessairement aux besoins des populations locales...

Ce qu'il faut aujourd'hui au tiers monde, c'est satisfaire immédiatement des besoins vitaux notamment en matière d'alimentation, de santé, de logement et d'éducation et développer les infrastructures de base nécessaires au progrès économique et social. La lutte contre la faim dans le tiers monde, si elle nécessite une aide de pays riches, repose surtout sur la mobilisation des masses rurales pour la réorientation de la production des terres cultivables vers des cultures vivrières. Il y a là un facteur de maintien de l'emploi pour de nombreux petits agriculteurs des pays du tiers monde qui aujourd'hui produisent pour l'exportation alors que le revenu de leur production ne leur permet pas d'acquérir les denrées nécessaires à leur nourriture. Ces agriculteurs sont obligés de quitter leur terre pour joindre les masses de sans-emploi rassemblées dans les bidonvilles qui entourent toutes les villes du tiers monde. La réorientation de la production agricole c'est aussi la possibilité de création d'emplois nombreux pour atteindre un niveau de production agricole suffisant. Quant au développement des infrastructures de base, dans le respect des équilibres naturels, il nécessite la mise en œuvre de grands travaux d'irrigation, de canalisation et de réserve d'eau potable, de communications... là l'aide technique et matérielle de l'extérieur est indispensable, dans le cadre de nouvelles modalités des termes de l'échange, ce qui renvoie à la question du pouvoir d'achat des matières exportées ou de l'endettement.

Le droit à l'emploi des travailleurs du tiers monde passe, pour créer les conditions d'un nouveau type de développement, par la satisfaction de ces deux revendications. Or, les conditions actuelles de l'emploi dans le tiers monde, largement dépendantes de la politique suivie par les F.M.N., ne permettent pas, à la fois, d'assurer le plein emploi et d'offrir des productions utiles au développement du tiers monde. La convergence d'une action et des revendications pour le droit à l'emploi des travailleurs des pays développés et des travailleurs des pays sous-développés, emploi qui doit satisfaire dans les deux cas une production adaptée aux besoins et donc significative d'un nouveau type de développement, peut se concrétiser dans la revendication d'un emploi socialement utile pour tous.

Cet axe revendicatif commun trouverait son application dans des modalités concrètes :

— action concertée au niveau des F.M.N. pour obtenir des garanties sociales sur la durée du travail, les conditions de travail, le niveau des rémunérations. Cette action vise à réduire les inégalités entre salariés du tiers monde et salariés des pays développés et donc à limiter les marges différencielles selon le lieu d'implantation;

— action commune auprès des gouvernements et des institutions internationales pour obtenir des clauses compensatoires à l'implantation des firmes tant sur les emplois à créer que sur les productions à mettre en œuvre;

— action commune pour obtenir l'alignement des coûts de production et la répartition du surplus entre travailleurs et Etats.

Vivre et travailler au pays, c'est une revendication qui s'attaque de plein fouet à la logique du développement capitaliste.

— Cela veut dire le maintien des emplois sur place et la création d'emplois nouveaux. Ceci afin d'éviter le déracinement et les mutations lourdes de conséquences pour les travailleurs et les travailleuses, et de créer les conditions d'une possibilité réelle pour les jeunes de rester au pays. Maintien et création d'emplois suffisants dans les régions s'opposent à la politique de restructuration du patronat et permet un développement nouveau et nécessaire à l'ensemble des zones rurales atteint par la désertification.

— Cela veut dire une autre politique des salaires qui donnent aux populations un niveau de vie leur permettant de satisfaire leurs besoins. Les disparités de salaire entre ville et campagne, entre petites villes et grandes métropoles, entre secteurs économiques sont un facteur important des départs vers les centres urbains. Une autre politique des salaires, c'est d'abord un rattrapage important des bas salaires et notamment la satisfaction des revendications sur le S.M.I.C. et la suppression des discriminations en fonction du sexe, de l'âge ou de la nationalité.

— Cela veut dire aussi le développement des équipements collectifs sur place : écoles, hôpitaux, crèches, transports, lieux d'animation et de loisirs qui permettent la prise en charge collective de la satisfaction des besoins des travailleurs. Cette prise en charge collective des besoins suppose une autre distribution de revenus au niveau national entre investissements publics et investissements privés : c'est-à-dire une réappropriation des profits et de l'accumulation du capital par la collectivité, mais aussi une mutation entre consommation individuelle et consommation collective et donc du rapport entre pouvoir d'achat direct et pouvoir d'achat indirect.

— C'est aussi le « droit à la ville ». Les travailleurs des grandes métropoles subissent, souvent plus que les autres travailleurs, la désarticulation de leur vie : un endroit pour travailler, un endroit pour se reposer, pour consommer, un endroit pour se détendre. Il faut décloisonner ce mode de vie imposé par le capitalisme et insérer les lieux de travail, d'achats et de loisirs dans les lieux d'habitation. Certes les luttes sur ce terrain sont difficiles, mais la revendication du paiement du temps de transport par les patrons ou l'inclusion du temps de transport dans le temps de travail est, si elles sont satisfaites, susceptible de créer les conditions d'implantation industrielle plus proche des lieux d'habitation.

Les luttes menées sur ces éléments de la condition de salariés : le maintien et la création d'emplois, les salaires, les équipements collectifs sont autant de facteurs qui participent à la définition et à la mise en œuvre d'un type de développement nouveau et dont le thème « vivre et travailler au pays » synthétise l'aspiration. Mais la satisfaction de ces revendications, si elles sont nécessaires pour assurer un nouveau type de développement, ne sont pas suffisantes. Il faut aussi créer les conditions de la discussion et permettre une large diffusion du pouvoir au niveau de la localité et de l'entreprise pour en finir avec le centralisme et la technocratie.

L'ensemble des revendications contenues dans le thème « vivre et travailler au pays » s'inscrivant dans un rééquilibrage du développement entre « régions riches » et « régions pauvres ».

C'est ce rééquilibrage que souhaitent les pays du tiers monde au niveau mondial. Si le développement inégal trouve souvent ses raisons premières dans la répartition inégale des ressources, les progrès techniques réalisés aujourd'hui peuvent servir le rééquilibrage de l'affectation des ressources.

CHAPITRE XVI

LA RECONQUÊTE DU MARCHÉ INTÉRIEUR

Pour obtenir de bons résultats sur le plan interne, il faut disposer de positions solides sur le marché international, affirme *M. René Monory.* A l'inverse, on ne dira jamais assez que la solidité de la position d'un industriel sur les marchés extérieurs est en grande partie liée à la dimension, à la stabilité et à la rentabilité de son marché intérieur, souligne *M. Georges Pebereau,* administrateur directeur général de la Compagnie européenne d'électricité. Tous les témoignages recueillis vont dans le même sens.

L'existence d'un marché national suffisamment large et stable, et normalement rémunérateur constitue un atout essentiel lorsqu'il s'agit de conquérir de nouveaux marchés ou d'asseoir et stabiliser des marchés récemment acquis, poursuit *M. Pebereau.* On dira que cela revient à faire payer l'effort à l'étranger par le consommateur français; c'est une double erreur :

— pour conquérir un nouveau marché, on y vend en effet à un prix au moins égal au coût marginal, et ce prix n'affecte donc pas, dans un premier stade, le prix français;

— en outre, une fois le marché conquis, un équilibre s'établit, par lequel le marché français bénéficie à plein (comme le marché étranger) d'un effet de série abaissant les prix.

Pour *M. Pierre Eelsen,* secrétaire général adjoint de la Régie française des Usines Renault, la première condition de la compétitivité d'un secteur économique réside incontestablement dans la force d'un marché intérieur, ce qui implique évidemment une surveillance particulière à l'occasion de toutes les opérations de régulation de la demande : mesures correctives en matière de crédit, par exemple... Dans le domaine du machinisme agricole, la France cumule tous les handicaps. Renault assure 17 % du marché français en tracteurs. Avec deux autres sociétés françaises, la part nationale atteint 50 %, mais il faut bien voir qu'à la Régie nous sommes passés de 12 à 17 % avec l'ambition d'arriver à 25 %. Nous devons atteindre un certain pourcentage du marché national si nous voulons combattre efficacement à l'extérieur. Il est possible aujourd'hui d'envisager l'achat d'usines en R.F.A., mais la reconquête du marché intérieur est une étape prioritaire. L'industrie de la machine-outil est confrontée à des problèmes de même nature...

Il faut d'abord inciter le consommateur à ne pas négliger les productions françaises. Nous devons reconquérir le marché intérieur là où il a été anormalement envahi, estime *M. Fauroux,* président de Saint-Gobain Industries; et *M. Thèves,* président de la Chambre de commerce de Paris : il y a toute une œuvre de longue haleine à accomplir en ce domaine : ainsi, pour la télévision, 31,6 % pour le noir et 20 % pour la couleur des ventes en France sont assurés par les entreprises françaises. Ce pourcentage est très faible. Pour le vêtement masculin, la part des importations par rapport à la consommation a augmenté de moitié en deux ans; elle a presque doublé pour le vêtement féminin. Il y a là une évolution très préoccupante.

M. Roche, directeur général du Crédit lyonnais, explique : la reconquête du marché intérieur est un objectif essentiel pour les produits où l'insuffisance de notre production nationale ne peut s'expliquer par des conditions trop défavorables. On retrouve ici le souci de développer la plupart des secteurs dont nous avons déjà signalé les insuffisances : industrie agro-alimentaire, biens d'équipement ménager (ameublement en particulier), machines-outils, industries de pointe, etc. Ceci requiert peut-être également l'abandon de certaines pratiques tendant par exemple à faire bénéficier les revendeurs de marges supérieures sur les produits importés que sur leurs concurrents français, ainsi que le souci d'affaiblir dans l'opinion publique un certain « snobisme » entourant les produits d'origine étrangère. Il faut toutefois reconnaître que ceci ne peut être qu'une œuvre de longue haleine et qu'il convient de se garder d'actions brutales susceptibles d'entraîner des mesures de rétorsion de la part de nos partenaires commerciaux.

C'est dans un esprit analogue que peut être envisagée l'instauration temporaire d'un « protectionnisme de reconversion » sur certains produits, autorisant une réduction ou une mutation ordonnée des activités dorénavant prises en charge par le tiers monde (textiles naturels par exemple, et plus généralement des industries dites de main-d'œuvre). De telles actions doivent être entreprises dans toute la mesure du possible en étroite coopération avec les pays fournisseurs; de plus, étant donné la similitude de situations et les engagements mutuels, elles semblent plus adaptées à une action communautaire que strictement nationale.

Il est enfin nécessaire de reconsidérer dans son ensemble la structure géographique de nos échanges avec l'étranger afin de s'interroger sur les possibilités d'« importer mieux pour exporter plus », suivant la formule récemment avancée par le ministre du Commerce extérieur du précédent gouvernement [1].

M. François Giscard d'Estaing, président du Conseil d'administration de la B.F.C.E., estime qu'il faudrait revivifier les organismes qui existent, comme les ministères du Commerce, de l'Industrie et de l'Agriculture.

---

1. *Le Monde* du 19 novembre 1977 (article de M. Rossi).

Ce dernier devrait commencer par réfléchir pour savoir s'il est vraiment nécessaire d'importer des champignons de Taiwan. Bientôt les herbes de Provence viendront des Etats-Unis! Il faut aussi doper les industriels, mais une campagne est difficile à organiser. Cela pourrait être le rôle du ministère de la Consommation. Il faut également créer un réflexe chez l'acheteur. Mais il n'existe pas de ministère du consommateur. Une sensibilisation devrait intervenir au niveau des grands acheteurs. On pourrait imaginer le ministre du Commerce extérieur leur donnant des directives et leur demandant de participer à l'effort de rééquilibrage du commerce extérieur de la France. Ils ne sont pas obligés d'acheter 7 000 téléviseurs japonais pour une vente promotionnelle dans une « grande surface »...

La tentation du protectionnisme « tout court » est rejetée de façon générale. *M. Roche :* la prospérité dont a bénéficié notre pays depuis près de vingt ans résulte en grande partie de la stimulation apportée à l'industrie française par l'ouverture des frontières dans le cadre du Marché commun; toute tentation de retour à un protectionnisme que la France a trop longtemps connu ne pourrait qu'entraîner une dégradation de notre niveau de vie. Par ailleurs, toute politique visant à alléger la contrainte extérieure par la réduction de l'activité et des importations est à rejeter, eu égard en particulier à l'acuité du problème de l'emploi; il faut ici s'associer aux conclusions de la commission spécialisée du VIIe Plan, qui « recommande fermement d'écarter toute politique allant délibérément dans ce sens ». C'est donc d'autres voies qu'il convient d'emprunter... Ainsi, la définition d'une stratégie des importations peut nous permettre d'améliorer sensiblement notre position extérieure. Il convient en premier lieu de poursuivre nos efforts afin de limiter nos importations d'énergie; ceci suppose le développement de notre potentiel électronucléaire, et la recherche des applications industrielles susceptibles d'être engendrées par l'exploitation des énergies nouvelles. De même semble-t-il indispensable d'approfondir le programme d'économie et de recyclage des matières premières importées, ainsi que la réorganisation de notre industrie nationale pour certains produits de base comme le bois. Pour tous ces produits, il convient par ailleurs de s'assurer une diversité et une stabilité suffisantes de nos sources d'approvisionnement...

M. Larrera de Morel, directeur des Relations économiques extérieures (ministère de l'Economie et des Finances) : en matière de politique commerciale, les chiffres montrent de façon évidente que tout recours à un protectionnisme assez généralisé est impossible. Il ne s'agit point, ici, de faire de la théorie pour savoir si le libre-échange est bon ou mauvais ou si le développement autonome est préférable, mais simplement de considérer les faits. A tort ou à raison, l'économie française s'est engagée délibérément dans une division et une spécialisation du travail et dans une ouverture sur l'extérieur. Or, un protectionnisme généralisé est impossible et ce pour deux raisons essentielles.

La première raison, qui a été soulignée assez souvent, est que, pour faire tourner notre économie, nous avons besoin d'importer du pétrole, des matières premières, des minéraux, etc., pour environ 100 milliards de francs par an. Or, pour payer ces importations, il faut exporter.

La seconde raison va un peu plus loin. Un protectionnisme assez généralisé supposerait un remodelage dramatique de l'économie française. En effet, un tiers environ de nos activités sont tournées vers les marchés extérieurs, qui se fermeraient évidemment à nous dans l'hypothèse d'un retour au protectionnisme. Il serait donc nécessaire non seulement de remodeler de façon très importante les activités importatrices, mais encore de créer plus ou moins artificiellement des unités de production afin de faire face à la demande qui, auparavant, était satisfaite par les importations. C'est pourquoi il paraît impossible, en l'état actuel de notre économie, d'avoir recours à un retour au protectionnisme.

Jean-Claude Paye, conseiller technique auprès du Premier ministre : l'ébranlement causé par les événements monétaires puis pétroliers a provoqué à partir de 1970 — c'est mon sentiment personnel — un réflexe assez naturel de repli sur soi, au moment précis où tous les pays européens étaient déjà extrêmement engagés dans le commerce international. Par exemple, la France vend à l'étranger un tiers de sa production exportable. Un repli sur soi est donc, à terme, suicidaire. Il faut maintenir — autant que faire se peut — la libération des échanges qui a provoqué la croissance et l'augmentation du niveau de vie pendant les dernières années. Mais il est regrettable que la Communauté économique européenne ne se trouve pas actuellement en état d'agir comme un véritable acteur sur la scène internationale...

M. Moussa, administrateur directeur général de la Banque de Paris et des Pays-Bas : pour améliorer la balance des échanges extérieurs, la mesure globale par excellence serait la protection douanière du marché français, mais je déclare tout de suite que je n'y crois absolument pas. Même en faisant totalement abstraction de nos engagement internationaux, le jeu des réciprocités ferait d'une politique protectionniste quelque chose d'extrêmement défavorable pour la balance des échanges extérieurs français.

M. Michel Albert, commissaire adjoint au Plan : dans bien des domaines, être plus économe sur le plan des importations reviendrait à s'exposer à des mesures de rétorsion, j'irais même jusqu'à dire — l'expression n'est pas trop forte — à l'angine de poitrine, c'est-à-dire à la situation dans laquelle on ne peut plus ni expirer ni inspirer. Si un pays aussi développé que le nôtre, aussi imbriqué dans les relations internationales, décidait d'importer beaucoup moins, il éprouverait de grandes difficultés pour exporter autant qu'il le fait; par conséquent, il serait un peu comme le malade frappé par l'angine de poitrine.

En fin de compte, le néo-protectionnisme progresse-t-il, à l'heure actuelle? *M. Tendron,* du *Nouvel Economiste,* expose le point de vue du journaliste : il faut nuancer la réponse que l'on peut apporter à cette question en fonction de la situation particulière de chaque secteur. Les industries les plus exposées à la concurrence internationale ont une prédilection manifeste pour le protectionnisme : sidérurgie, meuble, chaussure;

mais en définitive, aussi bien quelques grands patrons habitués à la concurrence internationale que de jeunes chefs d'entreprise estiment que la solution à nos difficultés ne réside pas dans l'adoption de mesures protectionnistes. Pour les syndicats, en revanche, la résurgence des vieilles idées, des vieilles habitudes, reste dominante bien que certains représentants demeurent très favorables à la discussion en ce domaine.

La position de *la Confédération générale du travail-Force ouvrière* est que tout modèle d'action fondé sur une stratégie offensive du « chacun pour soi », ou défensive de type protectionniste, conduit à la régression du progrès social, à la faillite économique et à l'exacerbation du nationalisme. Dans un cas comme dans l'autre, la politisation accrue des relations économiques internationales renforce les positions dominantes et creuse les écarts d'un inégal développement. Si le libre-échange constitue le cadre dans lequel nous pensons que les modalités pour sortir de la crise présentent le moins de « risque », ce n'est pas pour autant que nous méconnaissions les effets pervers de son intense développement. Mais, conscients de l'ampleur des ajustements à réaliser, nous affirmons qu'une redéfinition du rôle de l'exportation et du commerce international ne remet pas en cause les acquis positifs de la politique d'ouverture des frontières.

CHAPITRE XVII

LE CADRE DU MARCHÉ COMMUN

La Communauté économique européenne est le cadre principal des échanges commerciaux de la France, même si, dans certains secteurs, sa part tend à diminuer. Cadre idéal? Le ministre de l'Agriculture, *M. Pierre Méhaignerie,* en est convaincu. L'examen des balances commerciales agricoles et de la situation des pays en voie de développement qui n'ont que l'agriculture pour équilibrer leur balance des paiements montre qu'il nous faut être très prudents lorsque nous parlons de réexaminer la politique agricole commune de fond en comble parce que l'entrée de nouveaux Etats ne pèserait pas beaucoup en notre faveur. L'examen de ces échanges montre que la politique agricole commune reste pour l'agriculture française le fondement nécessaire à son développement. Quant à ceux qui seraient tentés par une ouverture « au grand large », je dois rappeler que nous n'avons pas les grands espaces du Brésil ou des Etats-Unis. Ces derniers ont la même production agricole que l'Europe des Neuf avec trois fois plus d'espace et des coûts de matières premières — engrais et machinisme agricole — moins élevés. Nous n'avons pas non plus les bas salaires de certains pays en voie de développement. A mon avis, l'avenir repose sur la politique agricole commune — même si nous devions trouver, à un certain moment, une autre évolution —, sur un démembrement plus rapide des montants compensatoires monétaires et sur un blocage des prix agricoles en unités de compte...

A la question : quelles sont les difficultés rencontrées pour la défense des intérêts français au sein des instances de la C.E.E. lors de la définition de la politique des échanges extérieurs? *M. Froment-Meurice,* directeur des Affaires économiques et financières au ministère des Affaires étrangères, répond : ces difficultés sont quotidiennes. Je vous citerai deux ou trois cas pour montrer quels résultats nous avons pu avoir. Nous avons obtenu le renouvellement de l'accord multifibres grâce à des efforts considérables de la France et de la Grande-Bretagne. Nous avons réussi à obtenir un certain plafonnement des importations de textiles. Pour la sidérurgie, vous avez vu la mise en place — là encore, la France a été le fer de lance de l'affaire — d'un système de prix à l'intérieur de la Communauté et de droits compensateurs sur ces prix. Ce sont des manifestations de ce que nous appelons la croissance ordonnée des échanges qui est une façon d'éviter, au niveau européen et au niveau mondial, de tomber dans le protectionnisme purement national et unilatéral.

Pour quelles raisons rencontrons-nous des difficultés? Certains pays qui se portent mieux que nous, pays chez lesquels les ajustements industriels se font plus naturellement, n'ont pas hésité à abandonner un certain nombre de secteurs où ils estiment que désormais il n'y a plus place pour une compétitivité dans un pays européen. C'est tout le problème. Je constate que tout de même, c'est un signe de la gravité de la situation, la Commission et nos partenaires s'engagent dans la voie de la croissance ordonnée des échanges. Je le répète, il vaut mieux s'organiser à neuf. Pour ce qui est du secteur agricole, nous avons des problèmes colossaux. Sommes-nous entendus quand nous voulons protéger nos productions méditerranéennes? Je répondrai : un peu plus aujourd'hui qu'hier. J'ai l'impression que la Commission et nos partenaires sentent, notamment en fonction de l'élargissement possible de la Communauté, qu'il est vraiment nécessaire de faire des efforts. Ainsi, sans que cela soit vraiment satisfaisant, la Commission s'est décidée sur le problème du vin à faire des propositions qui sont meilleures qu'auparavant. Dans cette bataille de tous les jours, les Français paraissent toujours proposer l'adoption de mesures protectionnistes, ce qui n'est pas vraiment le cas. Autre exemple : lors des négociations de Genève, la France a également bataillé pour obtenir que l'on ne procède pas à une réduction tarifaire exagérée. De même, quel pays bataille pour conserver des exceptions sur certains secteurs? C'est la France. Quel pays bataille pour l'harmonisation des tarifs? C'est la France. Nous essayons d'obtenir que la politique commerciale de la Communauté, tout en restant ouverte, ne soit pas sans défense et ne conduise pas à la ruine de nos industries et de certains secteurs de notre agriculture.

La Communauté va-t-elle continuer à s'intéresser aux dérèglements qu'elle a été obligée d'institutionnaliser (montants compensatoires, par exemple), ou va-t-elle avoir des tendances nouvelles comme la prise de conscience des problèmes méditerranéens?

M. Froment-Meurice note une prise de conscience dans le domaine industriel. Nous avons un commissaire, M. Davignon, qui a fait beaucoup depuis un an pour que dans certains secteurs s'instaure une concertation afin d'éviter des situations totalement anarchiques dans le textile, la sidérurgie, la construction navale, les engrais, la pâte à papier, les fibres synthétiques. Dans ces secteurs une concertation étroite est en train de s'établir entre la Communauté, les responsables des orientations industrielles et les industriels. La Communauté est-elle en mesure de combattre efficacement par une politique qui lui soit propre la grande anarchie monétaire? Sur ce point, je suis beaucoup plus sceptique. Je pense que dans le domaine monétaire, le « serpent » est une chose et que le dollar en est une autre. Le flottement des monnaies est une question qui nous a beaucoup intéressés. Sans être un grand économiste, je crois pouvoir dire que la Communauté pourrait se donner des moyens accrus de cohésion monétaire par une mise en commun plus accentuée de ses moyens de défense...

Après avoir souligné que « le marché européen est aujourd'hui désorganisé par le régime des montants compensatoires monétaires et par le système des changes flottants », *M. Cortesse,* directeur de la Prévision au ministère de l'Economie et des Finances, constate que « la R.F.A. supporte de moins en moins bien le coût élevé de la politique agricole, et, d'autre part, la Grande-Bretagne conserve la nostalgie des marchés internationaux sur lesquels elle pouvait acheter ses produits alimentaires à des prix nettement moins élevés que sur les marchés européens ». M. Cortesse aborde ensuite les relations entre la Communauté et le reste du monde. La politique commune est attaquée par les Etats-Unis qui reprochent à la Communauté, d'une part, de subventionner fortement un certain nombre de productions et, par conséquent, de se livrer à une concurrence déloyale, d'autre part, de développer artificiellement l'offre d'un certain nombre de produits et donc de peser en permanence sur les cours mondiaux. Dès lors, on peut dire que la politique agricole commune est menacée à la fois par les Etats-Unis et la République fédérale d'Allemagne qui, par ailleurs — il ne faut pas se le cacher — serait assez disposée à abandonner un certain nombre d'éléments de cette politique et à se servir de cet abandon comme monnaie d'échange pour obtenir une diminution des tarifs américains.

Ce que l'on constate actuellement, c'est une certaine détérioration de la cohésion communautaire (elle s'est manifestée notamment à l'occasion du « Tokyo Roubd ») et un certain nombre de divergences de vues entre les pays européens à l'occasion de plusieurs négociations. Cela a été le cas, notamment, au moment des négociations sur les importations de produits textiles en provenance de pays tiers ou sur la réglementation de l'importation des produits sidérurgiques. Les Allemands ont manifesté une attitude beaucoup plus temporisatrice que la nôtre. Cela a été le cas également pour l'application de la Convention de Lomé, les Allemands marquant leur attachement aux mécanismes libéraux alors que les Anglais voulaient obtenir un élargissement pour les pays de l'ancien Commonwealth.

Quant aux conséquences prévisibles de l'élargissement de la C.E.E. sur l'économie et le commerce extérieur de la France, elles sont extrêmement différentes selon qu'il s'agit de l'Espagne, du Portugal ou de la Grèce, et selon, également, que l'on parle de produits industriels ou alimentaires.

En ce qui concerne les produits agro-alimentaires, le taux de couverture avec ces pays est très faible et il ne cesse de se dégrader. Il était de 50 % en 1970, il n'était plus que de 25 % en 1976. C'est l'Espagne qui, à elle seule, explique ce phénomène puisque, sur le total de nos importations en provenance de ces trois pays, elle représente 80 %, contre 12,5 % au Portugal. On peut distinguer trois catégories de produits. D'abord, ceux pour lesquels la concurrence est vive, c'est-à-dire les cultures méditerranéennes. Il n'est pas douteux que l'entrée de l'Espagne dans le Marché commun poserait de redoutables problèmes à cet égard. Il en est de même pour la Grèce dont les produits, notamment les vins, sont de qualité, et dont la main-d'œuvre est payée à bas prix.

En ce qui concerne la viande et le lait, il ne semble pas que nous puissions espérer une augmentation de nos exportations vers ces pays, en raison notamment de leur niveau de vie et de leurs habitudes alimentaires. En revanche, il n'est pas exclu que, dans quelques années, la production de bovins espagnols nous concurrence à l'intérieur même du Marché commun.

Enfin, troisième catégorie de produits, les céréales. Nous ne devons pas, là encore, nourrir de trop grands espoirs. En effet, il est vraisemblable que l'Espagne demandera à bénéficier, comme la Grande-Bretagne, d'une période transitoire pendant laquelle elle pourra se procurer des céréales sur le marché mondial. D'autre part, la production espagnole est en très forte augmentation et il n'est pas évident que nous bénéficierons, dans cinq ans, d'un marché plus important.

Le problème des produits industriels est beaucoup plus important. En effet, nous exportons dans ces trois pays pour 10 milliards de francs de produits industriels contre 500 millions de francs de produits alimentaires. Or, notre taux de couverture se détériore régulièrement. Il était de 275 % en 1970; il n'était plus que de 140 % en 1976. Nous continuons à avoir un excédent vis-à-vis de la Grèce et du Portugal, mais il se dégrade profondément vis-à-vis de l'Espagne qui représente 70 % des exportations industrielles françaises vers les trois pays. Or, de 1970 à 1976, les importations industrielles françaises en provenance d'Espagne ont augmenté de 35 %. Nous sommes donc un marché privilégié pour les exportations de biens industriels espagnols.

En résumé, il est clair que l'entrée de la Grèce et du Portugal dans le Marché commun ne poserait à la France que des problèmes mineurs et marginaux. En revanche, celle de l'Espagne présente des difficultés incontestables, tant du point de vue agricole — elles sont bien connues et limitées — que du point de vue industriel. Ce pays dispose d'atouts importants sur les marchés des principaux produits industriels que nous fabriquons. Il faut néanmoins atténuer quelque peu le pessimisme de ce tableau. D'une part, la détérioration de notre solde avec l'Espagne n'a été, en six ans, que de 600 millions de francs, ce qui n'est pas considérable en valeur absolue. Par ailleurs, le tarif douanier espagnol est plus élevé que le tarif communautaire. Par conséquent, un desserrement tarifaire serait défavorable à l'Espagne. Enfin, le processus actuel de démocratisation de ce pays se traduit par une très forte inflation et l'on constate une réduction importante de la part du profit dans la valeur ajoutée depuis trois ans qui laisse planer un doute sur l'avenir de la compétitivité espagnole.

Pour *M. Vidal,* directeur des Douanes et Droits indirects (devenu directeur du Budget), la grande difficulté réside dans le fait que la Communauté n'a pas de véritable politique commerciale commune. Cette situation s'explique d'ailleurs assez bien par la divergence des intérêts économiques : l'exemple de la France et des Pays-Bas au regard des difficultés que connaissent les industries textiles européennes est tout à fait probant. L'industrie textile française compte 600 000 ou 700 000 personnes, alors que les Pays-Bas n'ont aucune industrie comparable. Par conséquent, ils vont réagir en tant que commerçants et faciliter l'arrivée de produits textiles sur le territoire de la Communauté, alors que nous réagirons comme des producteurs menacés dans leur activité en essayant de nous protéger contre ces importations. Or, à partir du moment où un pays tiers a « acquitté » les droits auxquels sont soumises ses productions, ses produits circulent librement sur le marché européen. Si des taxes n'ont pas été intégralement payées ou si des restrictions diverses ont été tournées, ces produits pourront concurrencer de manière déloyale nos productions nationales.

J'assiste deux fois par an, avec mes collègues du Marché commun, à une réunion présidée par le commissaire chargé de la gestion de l'Union douanière, au cours de laquelle sont examinées les questions de nature communautaire qui posent des problèmes. Mais nous abordons le plus souvent des questions de réglementation douanière générale, rarement des dossiers ponctuels. Deux fois par an également, au cours d'une réunion des directeurs généraux des Douanes du Marché commun, à laquelle prennent part les Turcs et les Grecs, en vertu d'une convention dite « de Naples » (qui a été signée en 1967), est étudiée la manière d'améliorer la collaboration des services douaniers entre eux dans tous les domaines qui dépassent la compétence communautaire. Dans le cadre de ces discussions peuvent se nouer des liens personnels permettant, lorsque des sujets deviennent particulièrement brûlants, de régler à l'amiable des questions qui n'auraient pu l'être autrement.

CHAPITRE XVIII

L'ÉVEIL DES PAYS EN VOIE DE DÉVELOPPEMENT

L'apparition des pays en voie de développement sur les marchés mondiaux constitue un des faits majeurs de ces dernières années. La C.F.D.T. y fait largement référence dans sa plate-forme revendicative. La nécessité de tenir compte de ce phénomène dans la définition d'une stratégie commerciale est analysée par les responsables nationaux et internationaux.

La France et les pays voisins souffrent d'une lourde dépendance vis-à-vis du tiers monde, constate *M. Claude Cheysson,* membre de la Commission des Communautés européennes. C'est vrai pour les importations : la Communauté importe 75 % de ses matières premières, alors que les Etats-Unis, avant la crise du pétrole, importaient 15 à 16 % et l'U.R.S.S. 7 à 8 %. C'est également vrai pour les débouchés. Si on considère les chiffres de 1977, on s'aperçoit que 37,6 % du commerce extra-communautaire est dirigé vers le tiers monde; 18 % vers les pays en voie de développement pétrolier et 19,6 % vers les pays en voie de développement non pétrolier. Ces statistiques doivent être comparées avec celles des exportations de la Communauté vers les Etats-Unis — 12,5 % — et vers le Japon — 1,9 %. Le tiers monde est le grand marché de l'exportation. Qui plus est, on peut constater un accroissement régulier des échanges avec ces pays : les exportations vers le monde arabe ont été multipliées par 4,50 en valeur depuis sept ans (je rappelle que les exportations extracommunautaires correspondent aujourd'hui sensiblement aux échanges intracommunautaires, soit 1 000 milliards de francs français).

La croissance rapide des ventes de produits manufacturés vers les pays du tiers monde est également un fait positif. 8,5 % des exportations de la Communauté vers le monde arabe et vers les A.C.P. sont des produits manufacturés. Une étude de la Banque mondiale publiée il y a un an et demi décrit le calcul théorique de ce qu'aurait représenté, pour le monde industrialisé, une politique stricte de la part des pays du tiers monde non pétrolier, à la suite de l'augmentation du prix du pétrole. La nécessité, pour ces Etats, de couper les autres importations pour réaliser les économies correspondant à la hausse du pétrole aurait provoqué l'apparition de 3 millions de chômeurs supplémentaires en Europe. Le tiers monde, dans nos rapports commerciaux, est donc fondamental.

Rappelons-nous ce qu'a représenté l'ouverture du marché à la classe laborieuse dans les économies développées au XXe siècle... Il est concevable, alors, de considérer qu'il existe une capacité de croissance économique globale considérable due aux potentialités offertes par les marchés du tiers monde s'ils peuvent se développer audacieusement.

Dans les discours officiels, on affirme que la relance viendra de l'investissement; c'est vrai; mais les sociétés industrielles n'appellent plus l'investissement. Ainsi, en Allemagne fédérale, à un moment où les crédits sont abondants et peu coûteux, l'investissement ne se fait pas. Les capacités de consommation, d'investissement dans le tiers monde peuvent jouer un rôle décisif pour la reprise de la croissance économique. En contrepartie, les Etats du tiers monde devront, bien sûr, pouvoir augmenter leurs exportations; c'est la condition de leur équilibre. Selon une étude de la Banque mondiale réalisée en 1977, les exportations de produits manufacturés du tiers monde vers les pays industrialisés devraient passer de 150 milliards de francs en 1975 à 210 en 1977, et à 500 ou 600 en 1985.

Sans doute faut-il affiner quelque peu l'analyse : la Communauté économique européenne est le premier exportateur du monde à partir des pays en voie de développement (les exportations des Etats-Unis atteignent seulement 85 % des ventes de la Communauté). Pour les produits manufacturés, nous réalisons le double des exportations américaines (fondées largement sur des produits alimentaires); mais notre position relative s'affaiblit continuellement... La Communauté est également le premier client des pays en voie de développement, mais elle n'est que le deuxième en produits manufacturés. On voit donc que la pression pour les importations de produits manufacturés en provenance du tiers monde sera de plus en plus forte. D'autre part, si la Communauté importe environ 40 dollars par tête en produits manufacturés du tiers monde chaque année, les chiffres sont, pour les Pays-Bas, l'Allemagne et la France, de 68 dollars, 61 dollars et 31 dollars respectivement; derrière nous, ne se trouve que l'Italie avec 19 dollars. D'autre part, on sait que le tiers monde est fondamental dans la stratégie commerciale française : par exemple, la France exporte près du tiers du matériel ferroviaire qu'elle produit vers le tiers monde. Elle doit donc accepter l'importation croissante de ses produits. Voici les faits. Donnons-leur cependant leur juste proportion : le tiers monde ne représente que 9 % de la production industrielle mondiale. Ceci est admirablement exposé par le rapport du Commissariat au Plan.

Compte tenu de ces données, que peut-on proposer pour aménager les rapports entre l'Europe et les pays du tiers monde? Nous avons conduit des négociations avec les Etats du Sud de la Méditerranée et avec les « pays A.C.P. ». Plus de 14,5 % de nos exportations vont vers ces pays avec lesquels nous avons des relations commerciales préférentielles. Nos importations en provenance de ces pays croissent moins vite que nos exportations; cela facilite l'expérience très particulière que l'Europe fait avec eux. Quels ont été les principes retenus? D'abord, la Convention de Lomé regroupe tous les moyens de coopération financière, commerciale, industrielle. Les différentes formes d'action sont intégrées, conjointes. En second lieu, nous avons voulu à Lomé assurer une plus grande sécurité dans les rapports avec ces pays du tiers monde. Il y a la procédure « Stabex » qui prévoit, par exemple, que, lorsque le revenu de l'exportation de cacao diminue pour un de nos partenaires, nous couvrons la différence avec la moyenne des quatre années précédentes. Il y a surtout le fait que « Lomé » est un traité, un contrat. C'est le passage à un régime de droit par opposition à celui de la concession unilatérale. Enfin, nous avons négocié avec un groupe de pays. Nous avons conclu une seule convention avec tous les Etats, ignorant les conflits diplomatiques, voire militaires entre eux, nous mettant dans l'impossibilité d'intervenir dans ces conflits, respectant l'identité et l'orientation propre de chacun. Cette démarche correspond à la nature même de l'Europe : celle-ci se construit afin de permettre à chacun des Etats membres de préserver son identité, tout en donnant la possibilité de prendre, en cas de besoin, une dimension supérieure à celle, parfois trop étroite, de chaque pays. Comment peut-on prévoir l'avenir de ce type d'opération? Nous sommes soucieux de la diminution des investissements à long terme, notamment dans les secteurs minier et énergétique. Les grandes entreprises minières, Pechiney, Rio Tinto, réduisent leur exploration dans le tiers monde, faute de sécurité à long terme. Il serait donc nécessaire d'adjoindre à la Convention de Lomé des clauses relatives à la protection des investissements souhaitables, clauses complémentaires de celles qui sont convenues bilatéralement. La commission propose aussi l'introduction dans la Convention de Lomé d'une disposition obligatoire de concertation, portant sur les secteurs industriels où un développement important de l'exportation par nos partenaires est prévisible au cours des prochaines années. Si on peut disposer de quelques années pour faire la place à l'accroissement d'importations en provenance du tiers monde, les évolutions seront possibles et faciles; une telle consultation — à laquelle nos forces économiques et sociales seront associées — doit le permettre.

Au-delà des pays de la politique de Lomé, examinons aussi ce qu'il convient de faire pour améliorer nos positions à l'exportation et à l'importation. Une des conclusions du rapport sur la division internationale du travail, actuellement en cours d'élaboration à la commission, est que les pays en voie de développement seront l'arène principale de l'affrontement entre les pays industrialisés. Nous devons concerter, conjuguer nos efforts dans la Communauté, utiliser nos atouts communs, notre force commerciale. Nous avons pu, en trois mois, conclure avec des pays en voie de développement trente-deux accords d'autolimitation pour les importations de produits textiles. Cela montre notre force. Tous les domaines d'exportation doivent être examinés systématiquement. Les possibilités du tiers monde en achats de produits agricoles sont très grandes; par exemple, pensons aux céréales. Mais nous ne progresserons que si la politique agricole commune a une dimension extérieure, si nous disposons de la possibilité d'offrir des crédits, de conclure des contrats à long terme, etc. Ce ne sont là que des exemples. A l'importation, nous savons que nous devons accepter une croissance des ventes de produits industriels du tiers monde. Mais ceci ne s'impose que si l'industrialisation correspondante a une valeur de développement dans le pays concerné, si le marché s'y développe en conséquence. Or, parfois, l'industrie dans le tiers monde est fondée sur une exploitation abusive de la main-d'œuvre. C'est un fait particulièrement net dans des pays d'Extrême-Orient, ceux de la diaspora chinoise. Or, sur les 500 à 600 milliards de francs de produits exportés par le tiers monde en 1985, 370 milliards de francs proviendront de Hong Kong, de Taiwan et de la Corée du Sud. Vis-à-vis de telles industries, non développantes, nous n'avons aucune raison d'apporter une aide à l'industrialisation. Celle-ci, financière et commerciale, devrait pouvoir être suspendue si des normes élémentaires de travail ne sont pas respectées. Le Bureau international du travail est prêt à procéder, à notre demande, à une enquête lorsque ces normes sont violées. Nous pourrions donc imaginer une clause suspensive des textes accordant l'accès préférentiel à nos marchés. Cette manière de faire posera évidemment des problèmes par rapport aux multinationales : 45 % des exportations du tiers monde sont réalisées par elles; leur rôle est donc déterminant. Une négociation sera nécessaire avec ces entreprises; le poids de la Communauté devra être mis dans la balance.

Enfin, je voudrais vous soumettre une idée : c'est dans le tiers monde qu'existent le plus évidemment les marchés potentiels permettant la relance par l'investissement que j'ai évoquée précédemment. Il faut donc améliorer la protection des investissements privés, miniers par exemple, dans le tiers monde; la participation de la Banque mondiale dans le capital des sociétés y contribuerait. En outre, les capacités sous-utilisées de notre appareil de production portent sur les biens d'équipement lourds. Or, les pays du tiers monde ont des besoins considérables de ces produits pour leur développement (agricole, d'infrastructure). Je pense qu'il serait raisonnable d'envisager un effort financier exceptionnel dans ces domaines du développement, pour le plus grand bien du tiers monde et pour celui de certaines industries en crise. L'augmentation de l'aide publique au développement y sera nécessaire. Mais il serait intéressant de tirer sur les sommes considérables actuellement placées à court terme, stérilisées pour l'investissement et le développement (110 à 130 milliards de dollars au moins). M. Mac Namara m'a indiqué qu'il ne devrait pas y avoir de problème à porter le montant des opérations de la Banque mondiale de 8 milliards de dollars par an à 12 ou 13 milliards de dollars. Des sommes importantes pourraient donc être affectées au financement de projets de développement bien choisis dans le tiers monde. La relance correspondante devrait être mise au service de la restructuration de certaines branches industrielles. Une telle approche rappelle le Plan Marshall qui a joué un rôle considérable dans la reconversion de l'économie américaine après guerre. La dimension européenne est nécessaire, de bien des manières. Mais il faut une Europe bien différente de celle qui est née du traité de Rome. La crise nous oblige à adopter une attitude volontariste, là où il y avait laisser-faire. Cette Europe-là associera toutes les forces intéressées à l'économie; c'est ainsi qu'une meilleure intégration des syndicats s'imposera par le biais de la Confédération européenne des syndicats. Une Europe volontariste et indépendante se heurtera à des objections, des oppositions de pays tiers. En matière énergétique, la volonté américaine de contrôler, au cours des prochaines années, son approvisionnement en uranium enrichi donne une idée des difficultés. Et puisque j'évoque notre indépendance décisionnelle, je m'arrêterai aux problèmes monétaires. Depuis la déclaration d'indépendance du dollar en août 1971, les pays européens et en voie de développement paient le déficit de la balance commerciale des Etats-Unis. Ceci est intolérable. L'instabilité du dollar empêche tout calcul de rentabilité de l'investissement...

M. Froment-Meurice, directeur des Affaires économiques et financières au ministère des Affaires étrangères, s'interroge : dans quelle mesure pouvons-nous continuer d'ouvrir indéfiniment nos marchés aux pays en voie de développement dont les coûts de main-d'œuvre sont très inférieurs aux nôtres? Ces pays estiment qu'en raison de leur sous-développement ils ont en quelque sorte un droit à la présence sur nos marchés. Le problème est grave. Nous devons évidemment ouvrir nos marchés, mais nous avons des industries qui doivent s'adapter et qui ne peuvent pas purement et simplement céder la place aux industries très compétitives du tiers monde. Au sein même de ce dernier, il faut bien voir qu'apparaît maintenant une différenciation entre les pays. Certains sont pratiquement industrialisés et ils ne me paraissent pas devoir recevoir éternellement les mêmes avantages que la Haute-Volta, par exemple, ou des pays très pauvres d'Asie. De plus, ces pays, comme le Brésil ou le Mexique, sont hautement protectionnistes... L'intégration progressive des pays en voie de développement dans le système des échanges économiques mondiaux s'effectue progressivement. Il n'y a pas séparation entre les mondes. Cependant, c'est incontestable, l'absence de capitaux entrave le développement de certains pays, et l'insuffisance des investissements y entraîne trop souvent une certaine stagnation. Comment serait-il possible de stimuler le développement de ces pays?... Pour ce qui est des investissements directs, prenons le cas de toute la région de l'Afrique centrale et australe : le climat politique, souvent très incertain, rend très difficile les investissements dans cette zone pourtant très riche. Il faudrait que nous arrivions à créer une situation suffisamment stable pour que les flux financiers puissent se diriger avec sécurité dans ces pays et qu'en retour nous puissions de plus en plus absorber les marchandises de ces pays. Parallèlement à ce mouvement d'absorption par nos marchés de produits en provenance des pays en voie de développement, nos industries devraient s'ajuster sur des créneaux technologiques plus élevés. Dans un mouvement général chacun devrait se situer sur le barreau de l'échelle le plus approprié à ses capacités. La réalisation progressive d'une telle évolution n'est pas impossible. Toutefois, depuis deux ou trois ans, les choses ne vont pas dans ce sens; d'où les tensions qui en résultent...

M. Jean Boissonnat, rédacteur en chef de *L'Expansion,* considère qu'il faut réviser les accords du G.A.T.T. Nous devons accepter que certains pays, aujourd'hui sous-développés, notamment les pays d'Asie et demain ceux de l'Amérique latine, soient des fournisseurs. Au cours des vingt prochaines années, nous devons acheter, dans des proportions non négligeables et de façon durable, une partie des produits dont nous aurons besoin en Asie et en Amérique latine. Mais ces importations ne peuvent être réalisées dans n'importe quelles conditions, des retraites ordonnées doivent être prévues; ce qui nécessite une modification des bases actuelles des accords du G.A.T.T. A long terme, l'ouverture des frontières sera d'autant mieux défendue que des clauses de sauvegarde plus précises auront été prévues. Jamais, en effet, un pays ne prendra les risques d'ouvrir ses frontières s'il n'a pas la sécurité qu'il peut faire jouer les clauses de sauvegarde sans être mis au ban du commerce international. L'amélioration de la qualité des clauses de sauvegarde constitue donc une des conditions du maintien de l'ouverture des frontières.

Deuxièmement, pour que les pays du tiers monde deviennent non seulement nos fournisseurs, mais aussi nos clients, une aide doit être accordée à ceux qui, bien que représentant de grands marchés, rencontrent de grandes difficultés de développement. L'idée d'accroître l'aide à l'industrialisation de ces pays, alors que tout aujourd'hui va dans le sens contraire, s'applique aux dix années qui viennent. A ce sujet, on peut imaginer des formes inédites de discussion et de concertation. La Communauté européenne est, dès maintenant, concernée, car la Convention de Lomé arrivant à expiration dans les prochaines années, la question se pose de savoir si elle devra être reconduite dans sa forme actuelle ou si une modification doit être prévue, notamment si une plus grande concertation doit avoir lieu pour les investissements de ces pays. Il convient également d'envisager sous quelle forme la Communauté européenne pourrait accorder une aide pour le financement d'investissements dont le rythme de réalisation doit permettre au marché intérieur européen d'évoluer en conséquence. Si des crédits sont accordés pour implanter une industrie textile dans certains pays africains, peut-on se mettre d'accord avec ces derniers en vue de débloquer ces crédits à un rythme permettant à nos propres secteurs, qui seraient alors concurrencés, d'opérer une retraite ordonnée?

Troisièmement — ce point est le plus important et sans aucun doute le plus difficile, ne serait-ce que parce qu'il nous échappe largement — je soulignerai la nécessité de la reconstitution d'un système monétaire relativement stable. Il est pour le moins curieux de négocier, comme on le fait actuellement au G.A.T.T., sur des abaissements de tarifs douaniers de 5 à 7 %, alors que la première monnaie du monde accuse une baisse sensible. En résumé, doivent être prévues la révision des accords du G.A.T.T., une aide financière aux pays en voie de développement et la reconstitution d'un système monétaire international. Il est clair qu'une telle action n'est pas à la dimension d'un pays comme la France. Elle est, au mieux, à celle d'une Communauté européenne qui aurait retrouvé son autorité et son autonomie politiques.

M. Roche, directeur général du Crédit lyonnais, estime lui aussi que le rétablissement des économies industrialisées ne pourra pas être atteint sans une révision profonde de leurs relations avec les pays du tiers monde. Ceci passe par la poursuite des efforts tendant à assurer une stabilisation suffisante des cours des matières premières (notamment pour les produits d'origine agricole) ou des recettes des pays exportateurs, cependant que le développement des pays les plus pauvres du tiers monde implique que les pays développés acceptent progressivement de renoncer à certaines fabrications pour lesquelles ils présentent un « désavantage comparatif » trop grand. Les exportations qui pourront ainsi en résulter pour ces pays du tiers monde leur permettront d'accroître en retour leurs achats et de commencer à résoudre le problème préoccupant de leur dette extérieure. Mais les mutations que l'avènement de ce « nouvel ordre économique mondial » induira dans nos sociétés requièrent aussi la mise en place d'une coopération étroite entre tous les pays, que leur industrialisation soit récente ou plus ancienne.

M. Piganiol, ancien délégué à la Recherche scientifique et technique, examine l'évolution probable du tiers monde qui n'est d'ailleurs ni tiers ni monde. Il apparaît à l'évidence que nos méthodes d'industrialisation ne correspondent peut-être pas aux besoins de certaines sociétés. Il faut alors s'adapter à un milieu humain en modifiant le mode d'emploi de nos technologies. Cela peut vouloir dire, par exemple, la recherche d'une nouvelle forme d'organisation sociale. En opérant cette recherche, on rejoint une fois de plus ce qu'ont tenté de faire les Japonais. Le problème est celui de l'adaptation des technologies qui doit être réalisée sur le plan des conditions physiques. Un exemple : la France, grâce au doyen Masson, le directeur de l'Institut de technologie de Dakar, avait mis au point un groupe solaire pour chercher de l'eau dans le Sahel. L'exploitation de cette découverte aurait permis de sauver, au moment de la sécheresse, de nombreuses populations. Mais il s'agissait d'un groupe de haute technologie qu'il s'est avéré impossible de vendre. Par la suite, de nombreux concurrents sont apparus. La notion d'adaptation aux conditions de vente locales n'a cependant pas été aperçue assez rapidement. Je signale tout de suite l'existence d'un défaut majeur dans notre système de commercialisation : si la qualité des produits français est meilleure que celle des produits concurrents, elle demeure superflue au détriment de la robustesse.

Il me faut également mentionner d'autres exemples de caractère humain que l'on peut rapprocher des enseignements livrés par un ouvrage récent du directeur de l'Institut des sciences du Bureau international du travail, M. Tevo-Edjre, qui s'intitule *La pauvreté, richesse des peuples.* Que dit M. Tevo-Edjre? Notre monde industrialisé n'est peut-être pas le meilleur. Il importe en effet assez peu à un Africain d'améliorer sa situation matérielle, mais en tout état de cause, toutes les autorités favorisent une urbanisation galopante dans des conditions très contestables. Ainsi, j'ai pu constater que le développement de Bogota était dirigé par un bureau américain qui ne connaissait pas les données exactes de la réalité locale. En ce sens, il est certain que des structures d'industrialisation mal reliées à un plan d'aménagement du territoire peuvent conduire à des catastrophes. Il n'existe cependant aucune raison de grouper en un même Etat une multiplicité d'unités de production. Cela suppose de la part de nos agents du commerce extérieur une liaison assez étroite des études de sciences humaines et de techniques. On n'a pas non plus assez réfléchi au fait suivant : il n'est plus possible d'exporter si l'on ne crée pas les conditions culturelles de vente. Les solidarités sociales ont été détruites en Afrique, notamment parce qu'on a développé un peu trop rapidement le salariat. Il faut bien réfléchir, en groupe avec des Africains, pour tenter de trouver une solution. Peut-être pourrait-on, au moins pour les emplois subalternes, conclure des contrats de travail avec toute une famille ou toute une ethnie. En effet, l'expérience prouve que ces pays bénéficient d'une expérience humaine très efficace.

Puisque j'ai été conduit à aborder cette question, je voudrais mentionner certaines recherches japonaises. On se pose la question suivante à Tokyo : quand on fabrique une pompe dans une entreprise, tout le monde a vocation à participer au processus de production. Depuis l'ère Meiji, les Japonais disposent d'une bonne formation de culture au moins élémentaire mais ils conçoivent parfaitement que les individus peuvent être bacheliers sans pour autant être absents, par exemple, d'une chaîne de montage d'automobiles. Le Japon n'hésite pas, par ailleurs, à procéder à des efforts pour adapter l'industrie aux conditions de vente. En France, il existe un système de prise de participations de la délégation générale à la recherche scientifique et technique qui répond en partie à cet objet, mais, trop souvent, les petites et moyennes entreprises doivent modifier elles-mêmes, sans aucune aide, leur système d'appareillage.

Un autre sujet que je désire évoquer, c'est la nécessité d'accepter les contraintes de l'industrialisation. Il faut défendre la notion de profit, sans cela on ne dispose ni d'un critère de validité de l'industrie, ni d'une légitimité suffisante, ni d'une motivation correcte. Or, la défense de ce profit, notamment en Afrique, est quelque chose de difficile. Pour prendre l'exemple de la Côte-d'Ivoire, il n'y a pas de problème si cet Etat désire s'industrialiser — au moins au plan des structures gouvernementales — mais il faut bien voir qu'au niveau des Africains eux-mêmes, il existe une perte d'autonomie et de décision. Dans ces conditions, il faut parvenir à dissocier le rôle du capital et d'une certaine forme de travail pour donner plus de place aux pays d'accueil. Le poids du capital est fourni par les machines, mais il existe également des équipements — ou des produits — complémentaires d'importance plus modeste : les stocks, les matières premières. L'autorité demeure attachée à la totalité de ce que représente une entreprise. Ne pourrait-on pas, veux-je dire, dissocier ces deux formes d'actifs? Un Africain pourrait ainsi trouver le fonds de roulement, les réserves, le stock, sur place; il lui suffirait de louer les machines nécessaires pour pouvoir exercer son activité. La création de sociétés de leasing permettrait d'implanter des usines chargées de satisfaire les besoins locaux. Il y aurait un excellent créneau de vente des produits français : la location du matériel de boulangerie. Cette solution permettrait d'obtenir des recettes qu'on ne peut acquérir actuellement, car les pays africains ne peuvent pas acheter les équipements nécessaires. Il y a là, incontestablement, toute une stratégie à mettre en œuvre. Or, pour l'instant, nous envisageons uniquement la fourniture de grands ensembles. Nous avons trop tendance actuellement à favoriser des actions spectaculaires, et sans doute bénéficions-nous de l'atout de la qualité : nos installations sont très fiables, mais il faut bien voir que cet état de fait entraîne un surcoût indéniable. Je pense, pour ma part, qu'il ne faut pas sous-estimer les grandes opérations : la réalisation du Concorde nous a rapporté des marchés, mais il serait maladroit de négliger la vente ou la location d'une boulangerie à Dakar ou à Abidjan.

TROISIÈME PARTIE

DES FAITS AUX IDÉES

CHAPITRE PREMIER

CRISE DE CONFIANCE ET CRISE DES IDÉES

Le monde a, pendant vingt ans, donné le sentiment d'obéir à une loi non écrite mais rigoureuse qui permettait à la fois la croissance généralisée des P.N.B. et la croissance surproportionnelle des échanges internationaux. Et l'idée avait cours que grâce à l'intervention de quelques mécanismes anticrise, ayant pour objet d'éviter la surchauffe ou l'essoufflement, tous les pays connaissaient ou allaient connaître une prospérité sans cesse croissante. L'idée avait cours, trop de forces avaient intérêt à ce qu'elle s'impose à tous. Pourtant des doutes étaient émis et des critiques articulées. Le tiers monde démontrait que l'indépendance acquise par les nations les plus pauvres n'avait permis ni leur autonomie culturelle vraie, ni l'autonomie de leur modèle de développement, ni la diminution du retard qu'elles avaient à l'égard des pays développés, ni la non-détérioration de ce qu'elles appellent les termes de l'échange.

Le Club de Rome et des économistes du Massachussetts Institute of Technology alertaient les responsables sur les conséquences que pouvait avoir à long terme la surexploitation des richesses naturelles non renouvelables et le déséquilibre grandissant entre la croissance de la ressource et la croissance de la population. Et parmi les richesses naturelles, le fragile équilibre de l'éco-système semblait être le plus précaire, menacé qu'il était par l'encombrement et la pollution.

Des calculs étaient faits qui tendaient à démontrer qu'une croissance à un taux de 4,5 ou 6 % l'an était inimaginable à long terme : en deux cents ans — et deux siècles ne représentent rien à l'aune de l'histoire —, une croissance de 5 % l'an représente la multiplication par 1 000 ou plus, de la richesse ou des consommations ou des voitures, ou des... mais de quoi, au juste? Dans tous les cas, ni du bien-être, ni du bonheur, ni sans doute des libertés.

Qui plus est, les orientations choisies par les pays non développés à économie essentiellement agricole laissaient prévoir qu'en dépit des discours et des efforts, des luttes engagées contre la faim — rappelons la *Géopolitique de la faim* de Josué de Castro aux environs de 1950 — le fléau n'était pas écarté et que la dépendance alimentaire des pauvres à l'égard des riches allait croissant. Des experts financiers osaient dire que les gains en productivité étaient de plus en plus gourmands en capitaux au moment même où, parvenus à un certain niveau de vie, les peuples exigeaient que fût prise en compte la qualité de la vie et que fussent multipliées les aménités qui exigeaient elles-mêmes la multiplication des activités non rentables et des équipements collectifs. Le général de Gaulle, avec une fermeté et un entêtement dignes d'une meilleure audience, proclamait les risques que comportait le système monétaire international dominé par le dollar, et l'intérêt que tous les pays avaient, Etats-Unis compris, à en revenir à des pratiques plus saines et plus rigoureuses. 1968 venait dire en France, après Berkeley, mais aussi, mais d'abord, à Prague, à Rome et ailleurs, le mal d'être d'une génération que ni les services du Plan ni celles du marché ne pouvaient satisfaire. En plein été 1971, Richard Nixon, président des Etats-Unis, renonçait au rôle traditionnel du dollar et, reprenant son autonomie, livrait le monde au désordre.

Rien n'y faisait : il a fallu attendre 1973 et la hausse, imprévue et pourtant prévisible, du pétrole, pour que l'on parle de crise et que le bel optimisme d'une génération entière fasse place à une nouvelle approche, plus lucide, des réalités. En fait, la crise de 1973 n'a été que le révélateur d'un très profond déséquilibre qui aurait pu éclater à un autre moment, ailleurs ou sous une autre forme, mais qui ne pouvait pas ne pas éclater. Ce qui fait la gravité de la crise d'aujourd'hui, c'est qu'elle est la conjonction, ou plutôt la résultante, de tensions diverses qui concernent tous les pays, tous les aspects de l'économie et de la société, tous les systèmes de pensée.

« La menace qui pèse actuellement sur le commerce international s'inscrit dans une crise plus générale dont elle est en même temps une conséquence, une crise de confiance dans l'aptitude de l'économie mondiale à recouvrer la santé et à reprendre son essor », disait le 6 février 1978 le directeur général du G.A.T.T., Olivier Long, dans une conférence prononcée à Londres. Ce propos résume les voix qui, un peu partout dans le monde, commencent à s'élever pour prôner une nouvelle approche de la réalité.

Face à la crise concrète des échanges internationaux, face à un marché qui, comme le dit Jean Boissonnat, « a montré les limites de son aptitude à réaliser un optimum économique », la doctrine en effet vacille, et — sauf exception — les politiques hésitent : « Dans une situation neuve, un libéralisme obtus ne réussirait pas mieux qu'un socialisme archaïque. » En fait, tant qu'il n'aura pas découvert de nouveaux principes et de nouvelles règles, le monde vivra dans l'incertitude et aussi dans l'angoisse.

Il ne peut s'agir de tout dire ici de ce problème immense, qui relève de l'historien; il ne s'agit même pas d'esquisser un schéma d'analyse exhaustif et parfaitement cohérent — c'est la tâche du théoricien —, mais seulement de fournir quelques éléments de réflexion. Nous les puiserons tout d'abord dans la crise monétaire, et dans ce que l'on ne peut pas ne pas appeler la « guerre économique ».

La crise monétaire

Le désordre monétaire international mériterait une étude spéciale, d'autant plus nécessaire que les spécialistes s'enferment volontiers dans un langage impénétrable et tentent d'entourer leur domaine d'on ne sait quel mystère. Ils ont tort, car si elle est le reflet de la réalité économique, la monnaie est aussi l'expression d'une confiance et d'une volonté. Mais le lieu n'est pas d'en disserter. Bornons-nous à mettre en lumière quelques faits. Le désordre monétaire international est l'un des facteurs importants de la détérioration des échanges de biens et services, car il introduit un élément d'incertitude qui dépasse de très loin les limites du risque que les entreprises sont capables d'assumer. Lorsque le système monétaire était maîtrisé, en effet — fût-ce au prix d'un désordre d'une autre nature —, les entreprises jouaient ou spéculaient, anticipaient sur les seules fluctuations des cours des produits. Elles étaient dans leur domaine propre, elles avaient à faire face aux aléas d'un marché qui était de leur compétence, dont elles prétendaient avoir la maîtrise. Elles se dotaient de la capacité financière d'y faire face. Depuis qu'à l'incertitude des cours des produits et services s'ajoutent les fluctuations des monnaies, l'ampleur des inconnues est considérablement accrue. Et cela a trois conséquences qui nous intéressent ici :

1. Les entreprises sont contraintes de privilégier leur fonction financière, leur appareil financier au détriment de leur fonction économique productive; elles doivent spéculer autant sur les monnaies que sur les produits;

2. Seules les entreprises les plus puissantes et les mieux implantées dans les différentes zones monétaires peuvent assurer valablement cette fonction, et la tendance à la concentration se développe au détriment des entreprises moins ambitieuses;

3. Les gouvernements que la stabilité de leur monnaie ne protège pas contre les variations des taux de change cherchent à en tirer parti mais en sont parfois les victimes. Le désordre monétaire est « autodéséquilibrant ».

La guerre économique : et après?

Témoins d'un désordre aussi grave que celui que nous analysons, il faut tenter d'en prendre la juste mesure. L'affrontement est dans l'ordre des échanges économiques internationaux. Deux bons « auteurs » l'ont dit ou écrit bien avant la crise actuelle. Adam Smith en 1776 : « Le commerce qui, naturellement, devait être pour les nations comme pour les individus un lien de concorde et d'amitié, est devenu la source la plus féconde des haines et des querelles. Pendant ce siècle et le précédent, l'ambition capricieuse des rois et des ministres n'a pas été plus fatale au repos de l'Europe que la sotte jalousie des marchands et des manufacturiers. » Et Bismark, en 1887, devant le Reichstag : « La guerre de l'avenir sera la guerre économique, le combat au grand jour, être ou ne pas être. Que mes successeurs gardent toujours cela devant leurs yeux et qu'ils s'inquiètent afin que nous soyons armés quand le jour du combat arrivera. » Ainsi ne devons-nous pas nous étonner de voir la concurrence dégénérer en conflit. Ainsi faut-il prendre au pied de la lettre la déclaration que François Ceyrac, président du C.N.P.F., faisait au début de 1975 en pleine crise pétrolière : « Nous sommes en état de guerre économique. »

La guerre économique est-elle inévitable? se demande Roger Priouret dans une étude publiée dans *Le Nouvel Observateur* du 29 avril 1978. Il constate d'abord qu'elle est déjà un fait, au moins pour certaines entreprises et pour beaucoup de salariés, et qu'elle implique donc une capacité de résistance qui suppose une entente entre gouvernements, organisations patronales et syndicats. « La guerre économique c'est le protectionnisme et l'utilisation du chaos monétaire » dont il répertorie les différentes formes. Roger Priouret analyse ensuite les trois facteurs qui poussent aujourd'hui vers un retour au protectionnisme abandonné progressivement depuis les années 50 :

1. La persistance et l'amplification du chômage. Non seulement le chômage n'a aucune raison de se réduire, mais deux éléments tendent à l'aggraver : d'une part, il y a plus de jeunes qui arrivent sur le marché du travail que de personnes qui le quittent; d'autre part, les dépenses d'équipement que la concurrence contraint les entreprises à décider se traduisent par des suppressions de personnel. Les mesures, notamment en faveur des jeunes, ne peuvent avoir qu'un effet limité. La réduction simultanée de la durée du travail et du temps d'activité sans réduction des salaires, préconisée par les syndicats, augmenterait les prix de revient et conduirait donc au protectionnisme, sans probablement créer d'emplois durables, car seule l'activité appelle l'activité.

2. Le prélèvement pétrolier. La plupart des pays voient augmenter chaque année le montant des dettes en devises fortes qu'ils doivent contracter pour couvrir leur facture pétrolière. Viendra, plus ou moins vite selon les cas, un moment où ils tenteront de combler leur déficit extérieur en vendant leurs produits à bas prix sur les marchés étrangers.

3. L'attitude des sociétés multinationales et des grandes banques... Dans cette guerre économique que l'on voudrait éviter alors qu'on y est déjà sans doute, la « menace » vient en particulier du tiers monde avec son sous-développement, ses bas salaires, son besoin de devises, son instabilité politique; du tiers monde où, même dans les pays les plus libéraux, la place de l'économie publique échappant aux rythmes et aux

lois du marché est considérable. Elle vient sensiblement plus du tiers monde pour nous que pour la plupart de nos partenaires européens, parce que, pratiquant des bas salaires dans certaines branches, nous nous sommes dispensés d'un effort de spécialisation pourtant nécessaire. Et pourtant, ce n'est point contre le tiers monde que nous pouvons « guerroyer », mais contre les pays développés pour prendre une part du marché des produits les plus élaborés, marché qu'ils détiennent et défendent.

Ce tiers monde, il nous faut non seulement accepter, mais vouloir qu'il trouve sa place dans l'économie mondiale : il nous faut l'arracher à la misère absolue dans certaines de ses régions, lui donner partout les moyens techniques, organisationnels, financiers, humains de son développement, l'encourager à élaborer un modèle culturel et un modèle de croissance qui correspondent à son génie et non à nos besoins. Il nous faut accepter que le tiers monde, dans son infinie diversité, soit autonome, totalement, sans pour cela lui refuser notre solidarité. Il nous faut ne pas faire de lui, de ses richesses, de ses territoires et de ses hommes les enjeux de nos querelles de riches en quête de puissance. Avec la Convention de Lomé, la C.E.E. a esquissé le schéma d'une coopération exemplaire et, autant que faire se peut, dépourvue d'ambiguïté. Elle doit poursuivre, préciser, amplifier et approfondir, avec l'espoir que cet effort conjure le sort qui semble nous menacer. Au surplus, le vocable « tiers monde » est par trop simpliste. On a dit très justement que le tiers monde n'est ni tiers, ni monde; son manque de cohésion reflète la variété des situations qu'il recouvre. Pour être adaptables aux conditions physiques et humaines locales, nos méthodes d'industrialisation doivent être révisées. Or, en général, nous nous rendons compte trop lentement des impératifs de cette adaptation.

L'exemple de la pompe solaire est à cet égard significatif. La France a mis au point, au Sénégal, il y a plus de dix ans, grâce au dynamisme du doyen Masson, une pompe solaire fort précieuse pour alimenter en eau le Sahel. Mais la commercialisation n'a pas suivi. La pompe est restée toujours sophistiquée, expérimentale, coûteuse à fabriquer. Nous ne nous sommes décidés à l'adapter à la production en série et aux conditions locales que lorsque la concurrence eut largement envahi ce marché, où nous aurions pu être les premiers. En fait, la conception de matériels correctement appropriés relève d'une analyse « multicritères » à laquelle peu de nos industries sont bien entraînées.

Mais, au-delà de l'adaptation aux conditions physiques locales, il y a plus important : l'adaptation aux besoins réels des hommes de sociétés en pleine évolution, dont les modèles ne seront pas éternellement ceux des pays industrialisés, qu'ils soient de l'Ouest ou de l'Est. A cet égard, le livre de M. Tevo-Edjre, directeur de l'Institut des sciences du travail, créé par le B.I.T. à Genève, est riche d'enseignement. Sous le titre *La pauvreté, richesse des peuples,* il insiste sur les valeurs traditionnelles que risque de détruire l'industrialisation classique, et recherche des solutions plus harmonieuses. Il est probable que ces solutions naîtront de la conjonction des efforts de réflexion des hommes de bonne volonté, des pays industrialisés et des pays en voie de développement. Ainsi :

— l'industrialisation, par le système du salariat, détruit les solidarités sociales traditionnelles. Une réflexion en groupe avec des Africains a suggéré que le salariat soit parfois remplacé par des formules de contrats passés avec des familles, avec des villages... Le poste de travail serait successivement occupé par des individus différents, mais la continuité serait assurée par la traditionnelle et efficace communication orale. Et le sens de la responsabilité serait accru, voire créé, dès lors que le travail prendrait une dimension sociale et collective dépassant largement le cadre étroit de l'atelier;

— l'arrivée du capital étranger s'accompagne inéluctablement de contraintes et d'une perte d'autonomie parfois mal supportées. Or, le capital sert, d'une part à l'achat des matériels, d'autre part à la construction des bâtiments, la création du fonds de roulement, etc. La première part est le plus souvent la plus lourde. Pourquoi ne pas dissocier ces deux formes d'actifs, en recourant pour la première au *leasing?* Un Africain pourrait ainsi trouver sur place de quoi assurer le fonds de roulement, les réserves, le stock..., l'équipement étant fourni par des sociétés de *leasing,* qui pourraient être bi- ou multinationales. Cela suppose, bien entendu, des systèmes de garantie à plusieurs niveaux, allant de la simple mutuelle des sociétés similaires aux garanties gouvernementales ou d'organismes internationaux. De même, des méthodes originales de garantie d'entretien du matériel pourraient être conçues;

— quant à l'urbanisation... Celle de Bogota, orchestrée par un bureau de conseil américain dont le défaut évident est un abus de technocratie, est proprement monstrueuse. Ce danger guette la plupart des villes des pays en développement;

— il faut imaginer des formes décentralisées pour certaines industries. Si cela est impossible dans des secteurs tels que la chimie — qui d'ailleurs emploie peu de main-d'œuvre —, cela est, en revanche, parfaitement concevable pour le textile, par exemple : la centralisation de la politique de vente et de fabrication n'exclut pas la décentralisation des métiers à tisser. Il n'y aura de bonne industrialisation, donc de bon marché d'exportation, que dans la mesure où l'industrie ne sera pas plaquée sur, mais assimilée par le milieu social. Notre commerce extérieur dépendra autant de la clairvoyance de nos spécialistes des sciences humaines que de la qualité de nos produits.

Force est de reconnaître qu'en l'état actuel de la situation, tous désordres et tous appétits accumulés, tous points chauds entretenus, tous arsenaux inventoriés, tous discours lus, toutes négociations vues, le combat est déjà bien engagé. Il ne s'agit pas ici de faire, avec l'humour noir de

Galbraith et Lewine, un « rapport sur l'utilité des guerres », ni même une étude sur les conditions dans lesquelles seul un recours aux armes peut mettre un terme — mais lequel? — aux enchevêtrements chaotiques et à l'instabilité économique.

Nous voulons souligner que ce recours aux armes n'est plus tout à fait exclu. Que l'humanité ferait bien de ne pas laisser s'engager des fatalités irréversibles. Que dans un monde aux multiples dangers, on peut « mobiliser », la mobilisation économique — nécessaire — n'étant pas « la guerre ». Et qu'enfin elle ne nous dispense pas, après M. Valéry Giscard d'Estaing, de militer pour un « nouvel ordre économique mondial » : « L'action extérieure de la France, disait le président de la République dans une conférence tenue à l'Ecole polytechnique à Paris le 28 octobre 1975, est naturellement une action qui doit viser à défendre, partout où ceux-ci se manifestent, nos intérêts; mais elle doit être aussi une action qui vise à apporter une contribution intellectuelle et politique aux problèmes que se pose le monde de notre temps. »

Défendre nos intérêts et contribuer à la solution des problèmes de notre temps, savoir combien, parmi d'autres pays, la France a besoin, réellement besoin, que s'instaure un nouvel ordre économique mondial — elle est privée de matières premières, elle a pris quelque retard, elle n'est pas une puissance dominante; le savoir, et tout mettre en œuvre pour que progressent les idées et se développent les accords; mais en même temps, agir comme si le désordre devait durer, comme s'il devait s'amplifier, afin d'y faire face parce que nous devons y survivre : tels sont les objectifs. Mais survivre avec quels atouts et quels handicaps? C'est à cette question que cherche à répondre l'analyse des données nationales.

CHAPITRE II

LE « COMPLEXE » FRANÇAIS

Sans doute la France n'a-t-elle pas eu la chance de naître et de se construire sur un immense gisement de charbon, de fer ou de pétrole et sans doute cette malchance pèse-t-elle très lourd sur ses équilibres extérieurs. Mais là n'est pas toute l'explication qu'il convient de donner de nos faiblesses au moment où nous intégrons nos relations économiques avec le monde comme une variable stratégique lourde de toute politique. Nous sommes largement responsables de notre déficit. D'autres pays aussi mal dotés que nous en ressources minières et plus mal dotés que nous en agriculture ont élaboré une économie prospère, une monnaie forte, une balance excédentaire. Ne nous en prenons pas à des dieux cruels, prenons-nous-en à nous-mêmes et, pour faire bonne mesure, évitons la dérisoire recherche qui tendrait à dire qui est responsable de quoi; nous sommes tous responsables parce que nous sommes ce que nous sommes. A moins d'accuser la nature de nous avoir frappés deux fois : une première fois en notre sous-sol pauvre, une seconde fois en notre sol trop riche, trop harmonieux, trop équilibré. Oui, la France réunit sur son territoire les climats et les paysages méditerranéens, atlantiques, montagnards, bocagers et ces vastes plaines du Nord. Aussi toutes les denrées tempérées nous sont offertes en suffisance. Si le peuple a connu des famines, il le doit aux accapareurs ou à la mauvaise organisation des approvisionnements. En son hexagone, la France dispose de tout. En quoi a-t-elle besoin du monde? Et que peut lui enseigner le monde? Faite de réalités différentes les unes des autres et d'abord étrangères les unes aux autres, elle a inventé un système de pensée et de gouvernement qui lui permet d'assumer cette diversité, de lui donner commun langage. Descartes aidant, elle croit que « son » langage est la chose du monde la mieux partagée. Elle ignore le monde et, s'il lui arrive de tenter quelque conquête, quelque expédition, elles sont le fait du prince et la nation leur demeure étrangère. La mer elle-même lui est indifférente. Bordée d'un littoral développé, divers et riche, les marins ne sont pas la chair de sa chair, ils font toujours l'effet d'enfants prodigues. Elle est continentale.

Tout un temps, cette continentalité lui a suffi, ce jusqu'à l'aube de l'ère industrielle. La France est de bonne taille. Construite à partir de la séduisante diversité de ses paysages et de ses populations, elle est fille d'une volonté politique et chez elle la vie publique se résume longtemps en un dialogue à la fois cocasse et dramatique, entre un pouvoir central facteur d'unité et une vie multiforme porteuse de contradictions. Irréversiblement le centre s'impose. Mais à quel prix! Il abolit les cultures locales, rogne progressivement l'autonomie des collectivités à mesure que l'intervention administrative s'accroît du fait des transformations économiques. Il impose à tout ce qui vit les disciplines d'un ordre pyramidal où la volonté vient du sommet, où la base exécute... et proteste. Ce qui est vrai dans l'ordre des institutions l'est aussi dans l'ordre de l'économie. On pourrait citer bien des exceptions à la règle et de fort spectaculaires mais la France n'est pas le pays des entreprises et des entrepreneurs, il est celui des manufactures, des boutiquiers, des fonctionnaires, des ingénieurs d'Etat. Ce n'est pas que le Français se désintéresse de l'argent, loin de là! mais tout se passe comme si certaines manières d'en gagner lui répugnaient. C'est peut-être pourquoi il y a encore tant d'étudiants en lettres et pourquoi les épargnants fuient la Bourse... Quoi qu'il en soit, l'économie et ses disciplines n'ont guère droit de cité chez nous. Le droit triomphe. Et la politique. Et aussi l'économie mais devenue spéculation intellectuelle! Loin d'atténuer les choses, la Révolution, les révolutions viennent les aggraver d'un esprit égalitaire qui, singulièrement, est assez fort pour empêcher le progrès mais pas assez pour créer la justice. Car il tente de ramener l'homme à la seule quantité en ne le considérant que numériquement.

Parce qu'elle n'est pas l'Etat, parce qu'elle est profit et parce qu'elle est patron, l'entreprise n'a pas chez nous la place qu'elle mérite. Et l'Etat a fait de nous des mendiants : mendiants d'honneur, mendiants de subsides, mendiants de soutiens divers. La récompense est moins chez nous dans le succès objectif que dans le succès que l'Etat consacre.

Tout cela fait le pays le plus amène du monde. Si bien que nous réalisons ce miracle d'être à la fois les plus grognons et les plus casaniers. Rien n'est plus intéressant en effet que d'entendre le double discours qu'implicitement chacun de nous tient, qu'explicitement beaucoup d'entre nous prononcent : la France est le pays le plus ceci et le moins cela... pourtant l'on est mieux chez soi qu'ailleurs. Aucun pays développé n'a autant de difficulté que le nôtre à recruter des hommes pour aller travailler à l'étranger. Notre présence hors frontières est gravement inférieure à celle de la plupart de nos partenaires et concurrents. L'Empire français n'a été qu'un alibi : à la différence des Anglais, nous ne nous sommes pas contentés de créer des îlots de confort et de sécurité, nous avons voulu recréer la France partout. Et là où il n'y a pas la France, il n'y a pas de Français. L'école et l'université n'arrangent rien, qui cultivent notre impérialisme linguistique, notre goût des concepts, des catégories, notre horreur des faits concrets.

Et tout cela favorise notre goût de l'idéologie. Le socialisme lui-même est chez nous plus doctrinaire, moins gestionnaire qu'ailleurs, plus casanier aussi. La pente de l'esprit a ici quelque chose de sublime : nous ne sommes pas contents de ce qui existe chez nous, mais, somme toute, cela vaut mieux que tout le reste; alors ce qui est le mieux n'existe pas et ne peut exister. Nous versons dans l'utopie. Ainsi ne progressons-nous pas d'une démarche assurée et calme : nous procédons par bonds, par conquêtes. Le progrès a chez nous plus qu'ailleurs ses vainqueurs et ses vaincus; il n'est pas construction, il est rupture.

Ainsi notre « complexe » n'est-il favorable ni à l'aventure extérieure en quoi consiste l'exportation, ni à l'entreprise sans laquelle il n'est point d'économie dynamique et prospère. Mais à leur tour, les chefs d'entreprise, le patronat doivent être « épinglés » dans ce portrait-caricature que personne ne pardonnera à son auteur et où pourtant chacun sans doute trouvera sa part de vérité. Il est vrai que l'environnement culturel a toujours été en France peu propice à l'entreprise, nous l'avons dit, mais il est vrai que le comportement des milieux d'affaires a amplifié les insuffisances du corps social. Il se caractérise par plusieurs traits qu'il faut mettre en lumière : le caractère personnel et institutionnel, non strictement fonctionnel, que les patrons ont toujours voulu donner à leurs relations dans l'entreprise : l'analyse moralisante, non fonctionnelle encore, qu'ils donnent de la responsabilité, chacun se prenant un peu, à l'image du roi de France, comme l'oint du Seigneur; la tendance que beaucoup manifestent à étendre les attributs fondamentaux de la propriété foncière à la propriété de l'entreprise, avec toutes les conséquences que cela a pu avoir sur la « confusion » entre profits de l'entreprise et revenus de ses détenteurs, ainsi que sur le rythme des investissements. Aussi certains de ces traits s'atténuent-ils au niveau de la grande entreprise en particulier mais l'image et le droit demeurent qui ont été dessinés en d'autres temps et dont il est difficile de se défaire.

Faisons le point : la France est pauvre en matières premières, elle est riche d'un équilibre qui a toujours fondé son autosuffisance, elle est stable, centralisée et, de ce fait, conservatrice et révolutionnaire. Les Français sont casaniers et insatisfaits, ils versent dans l'utopie; l'entreprise comme créatrice de richesses n'a pas dans la société la place qui lui convient; le patron considère qu'il est un initié, un propriétaire autant qu'un acteur. Toutes ces réflexions peuvent paraître relever ici de la philosophie mais en réalité ce sont autant de bonnes raisons bien concrètes de n'être pas à égalité de chances sur le marché international avec l'Allemagne, le Japon, la Hollande et la Suisse aujourd'hui, l'Angleterre hier. D'où notre constante tentation de revenir à nos bonnes vieilles pratiques et de redevenir hexagonaux pour de bon! Nous ne le pouvons plus et ce pour plusieurs raisons :

— nous sommes obligés d'importer l'essentiel de l'énergie et des matières premières dont nous avons besoin. Et ces biens, nous sommes obligés de les payer, et pour y parvenir nous sommes obligés d'exporter au moins leur contre-valeur;

— pour un certain nombre de productions plus élaborées, notre marché intérieur est trop étroit. Il nous faudrait dans l'isolement, soit les produire à des prix exorbitants, soit nous en passer. Nous n'envisageons ni l'un ni l'autre, nous ne pouvons envisager ni l'un ni l'autre.

— le monde moderne est celui de la communication, celui de la fluidité des informations, des techniques et des hommes. Une économie isolée (aboutissant à des décalages technologiques de plus en plus marqués entre l'intérieur et l'extérieur, à des différences de niveau et de genre de vie de plus en plus visibles) entraînerait une évolution de plus en plus catégorique tant des relations diplomatiques avec le monde que des institutions et des pratiques politiques intérieures : aucun régime démocratique, aucun régime de liberté n'a survécu dans l'histoire à la fermeture des frontières. Cela ne veut pas dire, et nous y reviendrons, que les frontières n'existent plus et qu'il n'y a plus de distinction acceptable entre marché intérieur et marché extérieur, cela veut dire qu'il faut organiser son ouverture au monde pour ne pas avoir l'impossible tentation de se replier sur soi.

Nous ne pouvons pas cultiver notre « complexe », il nous faut trouver d'autres voies. Il nous faut nous réinventer, sinon la sanction vient vite comme dans le domaine alimentaire où notre complexe de meilleur cuisinier du monde n'a pas empêché l'industrie spécialisée allemande de nous tailler de solides croupières.

La lecture des témoignages recueillis inspire une première réflexion fondamentale : il n'y a pas contradiction, à la condition qu'on le veuille et que d'abord on s'y prépare, entre la recherche de nos équilibres extérieurs, la restauration de nos équilibres naturels et le retour à un peuplement harmonieux de l'espace rural. Rien ne nous sera donné, et c'est souvent contre nous-mêmes qu'il nous faudra agir, mais le mieux est possible dans ces trois directions à la fois.

Une approche plus directement économique et commerciale de cette analyse ne contredit en rien les conclusions des chercheurs, elle les complète.

1. Aborder les productions agricoles dans une vue globale correspond à une évidente nécessité. Pourtant les produits agricoles obéissent à des lois économiques et à des règles commerciales fort différentes de l'un à l'autre. Ils répondent à des besoins eux aussi fort différents. Les céréales, le sucre, les oléagineux liquides, la poudre de lait sont nécessaires à la survie des hommes. Compte tenu de l'évolution démographique du monde, notre génération ne connaîtra pas, à l'échelle du monde, la suffisance, même si des crises de surproduction apparaissent, car ces crises ne confronteront pas l'offre à la demande globale mais à la demande solvable. Il faut produire et réguler les marchés par des systèmes convenables de stocks de report. Et ces denrées sont éminemment stockables. Les viandes fournissent des protéines riches mais elles détruisent, dans un rapport surproportionnel, les ressources caloriques, nécessaires à

l'homme et qui entrent dans la composition des aliments du bétail. Si le malheur prévisible des temps voulait que des centaines de millions d'hommes continuent à souffrir de la faim, le problème devrait être posé du développement de l'élevage, spéculation pour populations riches. Les fruits, les vins, le beurre, sont des denrées spécifiques, à marché fort limité. Toute surproduction pose un problème dramatique. Il n'est pas de politique agricole qui n'aie pour objet de développer les productions, dont les marchés sont pratiquement illimités, et de tenter de réguler offre et demande dans les secteurs sensibles.

2. Cette politique, et il n'en est pas d'autre, pose des problèmes de reconversion souvent cruels. Le débat sur l'élargissement de la Communauté économique européenne en apporte la preuve [1]. Il est contre nature, contre les principes de la solidarité nationale, contre l'intérêt national même que les mutations que provoque cette évolution des besoins, et donc des productions, soient livrées au hasard des initiatives et des ajustements « naturels. Seule une politique déterminée de recherche, de reconversion culturelle et structurelle, seule une politique régionale globale peuvent permettre aux régions ou microrégions concernées de trouver un nouvel équilibre entre leur héritage et les nécessités de l'économie.

3. A côté des problèmes de reconversion, il est des problèmes de développement. Un secteur de production surprend par sa faiblesse, le secteur porcin. Il est lourdement déficitaire puisqu'il pèse sur notre balance annuelle pour plus de 2 milliards de francs, alors que tous les éléments semblent réunis pour qu'il en soit autrement. Sans doute, toute action conduite dans ce domaine devra-t-elle avoir l'aval de nos partenaires de la Communauté. Mais il est inacceptable qu'un effort déterminé ne soit pas entrepris alors que notre balance est gravement en cause et que le développement rationnel et organisé d'un élevage porcin de type familial pourrait éviter que, dans certaines régions particulièrement sensibles, des exploitations nombreuses disparaissent. Les montants monétaires compensatoires ont longtemps constitué un obstacle, l'environnement pose problème, la taille de l'élevage familial de rentabilité satisfaisante doit être étudiée, comme doit être étudiée la dimension organisation et l'équilibre combiné des forces, de grands ensembles porcins structurés autour d'unités de naissage, d'alimentation, d'abattage et de transformation. Il peut s'agir d'un milliard de francs ou plus qui corrige nos déséquilibres extérieurs.

4. La politique agricole commune peut se targuer d'un bilan positif. Mais ce bilan est incomplet et inégal. Elle doit redéfinir ses objectifs et s'enrichir, sous peine de sombrer un jour dans l'incohérence, d'un volet

---

1. Voir, à cet égard, le rapport d'information Sénat, n° 259, seconde session ordinaire de 1976-1977, présenté par MM. Edgard Pisani et Michel Sordel, « sur les répercussions agricoles de la politique méditerranéenne de la C.E.E. pour les régions du Sud de la France ».

essentiel que l'on pourrait appeler « politique du commerce agro-alimentaire de la communauté ». Par cet instrument, l'Europe doit non seulement parvenir à mieux vendre ce qu'elle produit mais elle doit prétendre à contribuer, mieux qu'elle ne l'a fait, à une meilleure organisation des marchés mondiaux : marchés dont la fonction ne saurait être que commerciale, dont la loi de l'offre et de la demande ne saurait constituer la seule loi dès lors que les hommes ont faim et que les variations de production dues aux climats favorisent d'inacceptables spéculations. N'oublions pas qu'en un temps le peuple de Paris s'est insurgé contre les affameurs.

Au moment où se discutent les voies et les objectifs d'un nouvel ordre économique international, devraient être mis en exergue, dans l'ordre de la politique autant que de l'économie, les objectifs, les voies et les moyens d'un « nouvel ordre alimentaire mondial » qui ne saurait être un ordre exclusivement marchand.

CHAPITRE III

L'ÉNERGIE

La « littérature » consacrée depuis quelques années au problème de l'énergie est si abondante qu'on ne peut plus suivre les livres et articles qui paraissent. Mais ceux qu'on lit ont un caractère commun, mais un seul : le ton péremptoire, sans appel que chacun utilise pour présenter sa thèse comme si l'argumentation ne suffisait pas. Optimistes ou pessimistes, les énergéticiens sont catégoriques et l'homme politique risque de s'y perdre. Une seconde constatation s'impose : il y a fort peu d'énergéticiens généralistes ou, pour utiliser une autre expression, d'économistes de l'énergie. La plupart de ceux qui écrivent sont des ingénieurs ayant une spécialité qui sollicite toutes leurs forces et, de ce fait, rétrécit le champ de leurs investigations. Comme, de surcroît, le débat énergétique est devenu politique, qu'il passionne l'opinion, que des camps semblent s'être organisés, celui du tout nucléaire et celui du rien nucléaire, il est fort difficile de raison garder.

Toutes les anticipations se sont montrées peu exactes; en outre, la stratégie des puissances jouant un rôle important dans l'équilibre des marchés énergétiques, et cette stratégie étant souvent... imprévisible, nul reproche ne semble pouvoir être honnêtement fait aux prévisionnistes qui nous ont induits en erreur. La prévision exacte était quasiment impossible. Les Cassandre ont eu tort (nous le verrons tout à l'heure); et pourtant!...

Au Sénat, un groupe d'étude des problèmes de l'énergie, sous l'impulsion de M. Pintat, a fourni des documents de très haute qualité. Aussi nous contenterons-nous ici de rappeler des données connues.

Pour camper l'environnement international et le faire en des termes très frappants, il suffira de citer la déclaration qu'a faite en novembre 1977 M. Pierre Desprairies au colloque organisé à Québec par le « Groupe de recherche en économie d'énergie ». S'il est président de l'Institut français du pétrole, M. Desprairies n'est pas ingénieur, il est conseiller référendaire à la Cour des comptes. Il fait pourtant autorité. Il présentait à Québec une synthèse des travaux connus dont nous tenterons de restituer l'essentiel dans les pages qui suivent.

Le problème des trente ou quarante ans dans lesquels nous entrons est celui d'une transition de l'énergie fossile bon marché vers l'énergie renouvelable d'un prix raisonnable vers le milieu du siècle prochain. Pour y parvenir, il nous faudra traverser le désert de l'énergie fossile chère, sans nous laisser détourner de la piste par le mirage d'une énergie renouvelable abondante qui serait à portée de main, accessible avant la fin du siècle au prix de quelque argent et de quelque volonté. La génération qui nous suit devra ajouter ses efforts aux nôtres pour faire des énergies nouvelles une réalité industrielle et commerciale. Notre tâche, aujourd'hui, est claire : assurer la continuité des approvisionnements énergétiques jusqu'aux premières décennies du siècle prochain et éviter la pénurie qui entraînerait pour tous les pays du monde des désordres économiques et sociaux décisifs. Vers 2010-2020, nous aurons probablement traversé le plus dur de la période d'épuisement de l'énergie fossile à bon marché. Mais comment passerons-nous ces vingt ou trente années délicates? C'est cela notre problème. Il n'est en rien insurmontable ou même exagérément difficile, si nous savons le voir et l'attaquer à temps. L'énergie ne représente guère plus de 6 % de la valeur de nos produits nationaux bruts (P.N.B.). Tout au long de ces années difficiles nous trouvons le pétrole : il sera là, au premier rang. Nos usines, nos moyens de transport ont été construits pour l'utiliser et l'utiliseront. Il représente en 1977 45 % de la consommation mondiale d'énergie, et il y a aujourd'hui bien des chances pour qu'en 2000 il représente encore 35 à 40 %.

Y a-t-il assez de pétrole sur la terre pour faire tourner l'économie mondiale d'ici 2020?

— La réponse est *non* si nous parlons du pétrole brut *conventionnel* à bon marché, dont nous avons fait depuis vingt-cinq ans la bonne à tout faire de l'énergie : ce pétrole là, même avec une croissance modérée des consommations, nous n'en aurons pas assez avant la fin du siècle pour un usage identique à celui d'aujourd'hui.

— La réponse est *oui* si nous incluons également dans le mot pétrole tout le pétrole brut *non conventionnel,* qui coûte à produire environ deux fois plus cher que le pétrole n'est actuellement vendu, c'est-à-dire trois ou quatre fois plus cher que coûte à produire le pétrole de la mer du Nord et trente ou quarante fois plus cher que le pétrole du Moyen-Orient. En clair, aux alentours de 20 à 25 dollars le baril; et la technologie pour le produire est encore inexistante ou très imparfaite. Mais comme l'électricité nucléaire ou le charbon sont actuellement disponibles pour nous fournir l'énergie de base à des coûts qui devraient rester sensiblement inférieurs au prix où nous payons actuellement le pétrole brut, il y a toutes raisons de penser que vers l'an 2000 le pétrole ne sera plus utilisé que là où il sera nécessaire et vraiment justifié de le faire, c'est-à-dire principalement pour les transports terrestres et aériens, et la chimie; le nucléaire et le charbon seront devenus ou redevenus les bonnes à tout faire de l'énergie. Nous aurons deux niveaux de prix de l'énergie, le niveau élevé étant celui du pétrole, réservé à ses usages spécifiques.

En fait, et nous aurons l'occasion d'y revenir, le vrai problème du pétrole n'est pas celui de la quantité physique existant dans l'écorce terrestre, qui est probablement suffisante pour tout le siècle prochain, c'est celui de la quantité maximale que nous pourrons découvrir et produire *chaque année :* c'est l'obstacle grandissant de la technologie, du temps, de l'argent constitué par l'épuisement des réserves abondantes et faciles que nous avons exploitées jusqu'ici. C'est ainsi que les choses se passeront dans les trente prochaines années, bien ou mal, mais qu'elles se passeront. Il n'y a là-dessus guère de doute possible.

Comment pourraient-elles se passer mal? Comment pourrions-nous faire qu'elles se passent bien ou moins mal? Nous allons d'abord supposer que les choses se passent mal, et essayer de décrire l'avenir, en trois épisodes :

Premier épisode. — Supposons qu'à la fin de cette année 1978 le monde se réveille d'un cauchemar. L'opinion publique avait été trompée par les experts. Il n'y avait pas de vrai problème de l'énergie, ou si lointain qu'il ne valait pas d'en alarmer l'opinion. On n'a donc pas entrepris de programmes sérieux d'économies de consommation; on a réduit tous les programmes nucléaires mondiaux de moitié. Plus question de surrégénérateurs. Les écologistes ont obtenu qu'on diffère l'ouverture de la plupart des mines de charbon à ciel ouvert. Ils portent désormais leurs efforts vers les barrages hydro-électriques qui ont le défaut de noyer des villages. Le Congrès américain a réduit de moitié les objectifs du programme Carter. Le pétrole du Moyen-Orient arrive à flots dans nos ports, à un prix à peine augmenté. L'Aramco poursuit son programme de développement. La reprise économique s'est confirmée, mais la consommation de pétrole est à peine supérieure à celle de 1973. L'horizon est limpide.

Deuxième épisode. — 1983, cinq ans plus tard. La situation n'est au fond pas tellement différente qu'en 1978, ni même franchement mauvaise. La reprise économique mondiale est bonne. La croissance des consommations d'énergie et de pétrole dépasse 5 % par an. Certains commencent quand même à se demander si les mauvais augures n'avaient pas partiellement raison. Le conflit du Moyen-Orient s'est ravivé. Le gouvernement de Jérusalem a repoussé tous les plans de réinstallation des Palestiniens sur un territoire qui soit leur pays. Devant la colère du monde arabe, le roi d'Arabie Saoudite n'a pu se montrer aussi conciliant qu'il l'aurait souhaité vis-à-vis de ses alliés des pays occidentaux. Depuis deux ans déjà, il a fait arrêter les investissements de développement de l'Aramco, dont la production va se trouver plafonnée dans un an ou deux à la capacité existante de 700 millions de tonnes par an. Les pétroles bruts légers d'Afrique, qui permettent aux raffineurs d'éviter les coûteux investissements de conversion qu'imposent les pétroles bruts lourds, ont dépassé 20 dollars le baril. Il y a un peu de tension sur le marché mondial. La consommation a crû plus peut-être qu'on ne le pensait, notamment aux Etats-Unis. L'Alaska, la mer du Nord, le Mexique produisent maintenant à peu près à leur maximum de capacité, mais le brut arabe léger, le brut de référence, n'est encore qu'à 15 dollars le baril. Les experts continuent à clamer l'imminence de la pénurie. Mais il ne faut pas prêter trop d'attention à leurs cris; ils exagèrent, comme d'habitude.

Troisième épisode. — Nous voici en 1990. Si les choses se sont passées comme nous l'avons décrit jusqu'ici, nous sommes en pleine crise. Le pétrole est vendu aux enchères comme à la fin de 1973, et on n'en trouve pas à moins de 35 dollars (de 1976) le baril pour les qualités les plus médiocres. Seuls peuvent s'en procurer les pays les plus riches. Le rationnement a été institué dans la plupart des pays, occidentaux et en voie de développement. L'électricité est coupée de huit à dix heures par jour, sauf pour les hôpitaux et les frigorifiques. Les usines travaillent trois jours par semaine. Il ne circule plus qu'un taxi, un métro et un train sur deux. Les ménagères disposent de trois heures de gaz par jour. La croissance économique est nulle. Le chômage frappe 20 % de la population active dans les pays industriels et bien davantage dans le tiers monde.

Le commerce international, et notamment les exportations des pays en voie de développement sont réduits des deux tiers. Des programmes d'urgence ont été lancés un peu partout pour reprendre la construction d'usines nucléaires, la production de charbon, l'extraction des sables bitumineux, mais on n'en attend pas d'amélioration sensible avant cinq à six ans. L'écologiste généreux et bien intentionné comme il l'est par nature voit la taille matinale de sa barbe ou le concerto italien de Bach sur sa chaîne stéréo interrompus par des coupures de courant. Il voit compromis l'espoir des pays pauvres de sortir du sous-développement. Il dit : « Nous n'avons pas voulu cela », mais il est trop tard. La pénurie est là, quoi qu'on fasse désormais, pour quatre ou cinq ans, le temps de relancer les machines à produire l'énergie sous toutes ses formes.

Il est inutile, n'est-ce pas, de poursuivre sur ce thème. Notre description est-elle de la science-fiction? Non. Nous rappelons simplement ce qui s'est passé en Europe pendant la guerre, il y a trente ans, ou en Grande-Bretagne, il y a cinq ans, lors de la grève des mineurs. C'est ce qui se passera à nouveau si l'opinion publique reste quelques années encore aussi indifférente qu'aujourd'hui et si l'on se borne pendant quelques années de plus à parler de la nécessité des investissements énergétiques et de la coopération internationale, sans prendre l'affaire plus au sérieux.

Un certain nombre de causes qui sont en train de faire naître la pénurie sont dès maintenant apparentes.

1. La première est *l'épuisement des réserves de pétrole convention-*

nel, c'est-à-dire du pétrole classique produit avec les technologies et au coût que nous connaissons actuellement.

2. La deuxième source d'inquiétude est la *lenteur de la mobilisation du pétrole non conventionnel,* qui assurera la relève du pétrole conventionnel.

Les réserves récupérables de ce pétrole non conventionnel, encore très mal inventoriées, sont certainement égales et probablement trois ou quatre fois supérieures à celles du pétrole conventionnel. Mais le liquide dont il s'agit est difficile à produire; son coût de production est de cinq à six fois plus élevé que celui du coût moyen du pétrole classique. Sa technologie de production est balbutiante ou encore très imparfaite. Les pétroles non conventionnels sont normalement les pétroles du XXIe siècle. Quelque effort que nous devions faire pour les développer, notamment par les méthodes de récupération assistée, qui débloqueront aussi les pétroles lourds et les sables asphaltiques exploités *in situ,* ils ne nous apporteront qu'un faible appoint pour la période qui nous préoccupe le plus : celle de la soudure de la fin du siècle, entre 1985 et 2000, quand la croissance annuelle des réserves de pétrole conventionnel risque de ne pas suivre celle de la demande. D'autre part leur coût élevé les réservera aux emplois spécifiques du pétrole;

3. *L'électricité nucléaire et le charbon.* L'épuisement des réserves de pétrole conventionnel, les délais d'apparition du pétrole non conventionnel amènent à conclure qu'il est absolument nécessaire, d'ici 1990, que la demande de pétrole diminue si nous voulons éviter une crise des approvisionnements en énergie qui serait, pour l'économie mondiale, l'équivalent d'une guerre ou de la crise de 1929-1938. Cette diminution peut résulter d'un ralentissement de la demande globale d'énergie, du fait du ralentissement de la croissance économique; ou d'économies de consommation particulièrement vigoureuses; ou du relais du pétrole par d'autres formes d'énergie qui est l'hypothèse principale à retenir.

L'inventaire des énergies de substitution est vite fait. D'ici 1990-2000, seuls l'électricité nucléaire et le charbon peuvent nous permettre de boucler les bilans énergétiques, avec un appoint quelque peu renforcé de gaz naturel. Il n'y a pas d'autre alternative au pétrole. Le développement de ces deux énergies de base de la période de transition se heurte aux obstacles qu'on connaît :

— *l'électricité* peut être produite à un coût du kWh nettement moins élevé dans des centrales nucléaires que dans des centrales à fuel ou à charbon, et à un coût d'investissement raisonnable. Tout compte fait, d'un bout de la chaîne énergétique à l'autre, de la mine à l'utilisateur final, le coût d'investissement des filières pétrolières, charbonnières et nucléaires n'apparaît pas fondamentalement différent. La construction des centrales est une affaire de six à dix ans, ce qui n'est pas non plus un délai de réalisation fondamentalement différent des deux autres voies. Mais ces usines suscitent dans une partie des opinions publiques, minoritaire mais active, des craintes irraisonnées et des oppositions passionnelles. Les réserves mondiales d'uranium, si elles sont utilisées dans les centrales actuelles qui ne brûlent qu'une très faible partie de l'énergie contenue dans le métal, sont faibles. Elles représentent probablement moins ou beaucoup moins de la moitié des réserves de pétrole conventionnel. Les surrégénérateurs qui assurent une bonne utilisation de l'uranium et qui seront nécessaires, soulèvent des appréhensions liées à la manipulation du plutonium, à son vol par des terroristes, à la prolifération des armes nucléaires. Il semble toutefois que la Conférence mondiale de l'Energie d'Istambul, en septembre 1977, ait marqué un tournant au moins dans l'information de l'opinion;

— le *charbon* existe en quantités immenses, notamment aux Etats-Unis, en Union soviétique et en Chine. Une grande part de ces réserves est exploitable à très bas prix et peut fournir de l'énergie à des coûts inférieurs ou très inférieurs aux prix de vente actuels du pétrole; et de l'électricité à un coût voisin de celui de l'électricité nucléaire. Mais personne ne se décide à lancer les chaînes d'investissement que réclament sa production et son utilisation, car le charbon aujourd'hui ne trouve pas d'acheteurs. Il n'a en effet que trois grands débouchés possibles qui réclament des investissements, donc un choix durable : les centrales électriques, la vapeur pour l'industrie et surtout, dans l'avenir à quinze ou vingt ans, quand la technologie sera améliorée, le pétrole et le gaz synthétiques. Ces installations sont coûteuses. Elles ne seront construites que si une option politique décidée est prise en faveur du charbon. Le charbon n'a donc pas actuellement de débouché. D'autre part, pour le produire il faut de grands investissements également, et cinq à dix ans avant que le combustible ne commence à sortir de la mine. Il faut construire des lignes de chemin de fer et des wagons, ou des pipelines spéciaux, bâtir des ports : c'est en vérité toute une industrie de production et d'utilisation, tout un commerce international qui n'existent pas et qu'il faut créer de toutes pièces. Jusqu'ici, les chefs d'entreprises ont reculé devant la taille et la durée du risque industriel. Il ne fait aucun doute que ces investissements seront entrepris avant dix ans d'ici, mais probablement seulement quand le risque de pénurie d'énergie sera tellement évident que l'opinion publique admettra son existence.

Nous allons supposer néanmoins que les décisions de construction de centrales nucléaires et d'ouverture de mines de charbon ont été prises en temps utile. Comment se passerait la soudure à la fin du siècle? Sommes-nous assurés que vers 1900 nous pourrons ajouter chaque année aux ressources mondiales prouvées les 4 à 5 milliards de tonnes de pétrole conventionnel — et non plus 6 — qu'il nous faudrait pour passer le cap, avec une croissance des consommations pétrolières réduite à 3 % grâce à la production nucléaire et charbonnière? En fixant le chiffre de production de 4 à 5 milliards de tonnes en 1990, nous avons supposé qu'il n'y avait ni frontières, ni Etats souverains, ni O.P.E.P., et que les investissements d'exploration, de production et de récupération assistée étaient effectués dans chaque pays dans la proportion approximative des réserves qu'il détient. Tel n'est pas le cas. Depuis les événements de 1973-1974, les investissements de recherche et de production de pétrole se dirigent préférentiellement vers les pays industriels et tendent à délaisser les pays producteurs traditionnels des régions en voie de développement, et notamment les pays de l'O.P.E.P. Il y a à cela trois raisons faciles à comprendre :

a. — les Etats producteurs des régions en développement qui ont vu leurs revenus augmenter fortement estiment le plus souvent que ceux-ci doivent être employés par priorité aux besoins généraux de développement et non à augmenter la production pétrolière;

b. — les entreprises préfèrent investir dans les pays industriels, même si les chances d'augmentation des réserves sont moindres parce qu'elles redoutent en cas de succès de leurs prospections une autre vague de nationalisation ou des difficultés dans l'exécution du contrat. Il vaut mieux pensent-elles être assuré de garder un petit gisement dans un pays industriel que de courir le risque estimé important d'en perdre un gros dans un pays en développement;

c. — en cas de succès, les pays producteurs proposent des revenus de 25 à 30 cents, dans les meilleurs cas de 50 cents par baril, alors que dans les pays industriels la chance de gain est de l'ordre de 1 ou 2 dollars, et permet la poursuite des investissements d'exploration. Le mouvement dans ce sens est fort. Le programme Carter, en alignant en trois ans le prix du nouveau pétrole à découvrir aux Etats-Unis sur le prix mondial, ne peut que susciter l'investissement d'exploration sur le territoire américain.

Il n'y a pas de plaisir à annoncer l'orage quand le temps commence à revenir au beau.

Tous les pays du monde, quels qu'ils soient, souhaitent la reprise du développement économique et s'efforcent de l'encourager autant qu'ils le peuvent. Cette reprise s'accompagnera inéluctablement d'une augmentation de la demande d'énergie. Même en supposant des sérieux efforts d'économies d'énergie, d'importants efforts d'investissement dans tous les secteurs — pétrolier, gazier, nucléaire, charbonnier — sont nécessaires pour assurer la continuité des fournitures dans la période critique qui s'étend jusqu'à la fin du siècle. Actuellement, ces investissements ne sont pas faits à l'échelle qui serait nécessaire, et ceux qui le sont dans le domaine essentiel du pétrole ne le sont pas dans les pays où ils produiraient les approvisionnements nécessaires pour assurer la soudure. L'échec de la Conférence Nord-Sud en juin 1977 a montré que les pays industriels et les pays en voie de développement ne se représentent pas encore aujourd'hui la coopération comme une nécessité, pas plus dans le domaine énergétique que dans les autres. Le risque est donc actuellement très grand de voir apparaître, probablement plusieurs années avant la date critique de 1990, des difficultés d'approvisionnement en pétrole qui provoquent de la part des pays producteurs des réflexes de rétention et de hausses des prix, et la répétition à bien plus grande échelle des hausses de 1973.

La crise pétrolière de 1990 serait celle d'une pénurie physique réelle et durable d'énergie, sans réserves rapidement mobilisables de capacité de production de pétrole, de charbon ou d'électricité nucléaire.

Pour contourner le cap des tempêtes, il faudrait utiliser les ressources de l'économie de marché et de la politique, aux plans nationaux et internationaux. Ce sont les règles de l'économie de marché qui commandent toute solution. Sauf pour les pays socialistes qui ont leurs ressources sur leur sol, la disponibilité de l'énergie et son prix sont établis par la loi de l'offre et de la demande, sur un marché international où interviennent des entreprises multiples. Qu'elles soient privées ou publiques, elles investissent, produisent, achètent ou vendent en fonction de la règle du meilleur profit, et on ne voit pas bien comment il pourrait en être autrement, dans toutes les hypothèses imaginables. Toutefois, l'intervention de la politique, c'est-à-dire des autorités gouvernementales est nécessaire. Elle existe déjà à une large échelle au plan national aussi bien dans les pays industriels que dans les pays producteurs et a obtenu des résultats non négligeables. Mais elle constitue un échec total au plan international, et c'est surtout sur l'analyse et les remèdes à apporter à cette situation que nous voudrions insister dans cette deuxième partie de notre exposé. Les raisons qui rendent indispensable l'intervention des gouvernements, appuyés sur les opinions publiques, parallèles à celle des entreprises publiques et privées, aidant et guidant ces entreprises mais sans se substituer à elles, peuvent être rappelées, car certains peuvent mettre encore en doute l'opportunité d'une telle intervention.

a. — Le problème des approvisionnements énergétiques a été faussé dans les pays industriels par trente ans d'abondance et de bas prix de l'énergie, qui sont aujourd'hui considérés comme la situation normale, comme une espèce de droit civique. Nous avons été quasiment drogués par cette abondance à bas prix, d'autant qu'elle a facilité une croissance très rapide des économies occidentales. Il faudra une volonté persévérante des gouvernements pour mener la tâche de désintoxication des opinions publiques, d'autant que l'abondance et des prix relativement bas dureront probablement quelques années encore sur le marché mondial. Ils sont devenus artificiels et dépendent aujourd'hui du bon vouloir du gouvernement de l'Arabie Saoudite, mais ils suffisent à maintenir l'illusion.

Beaucoup de pays producteurs vivent de leur côté dans une illusion. Pas plus que les pays industriels, ils n'acceptent l'idée d'une dépendance de leur prospérité; les pays producteurs n'arrivent pas à concevoir que le pétrole est une richesse limitée en volume et dans le temps, qui n'est considérable que pour un très petit nombre de pays (péninsule Arabique).

Pour les autres, c'est une ressource moyenne à l'échelle de leurs besoins de croissance, et durable seulement si l'on sait la ménager. Enfin, pour prolonger la ressource pétrolière, il faudrait investir, et beaucoup de pays ne paraissent pas encore voir que c'est à eux que cette tâche revient normalement maintenant qu'ils détiennent les actifs et les recettes du pétrole.

b. — Deuxième raison de l'intervention gouvernementale : il n'est pas possible à une entreprise seule d'exécuter un programme important d'investissements à très long terme, aux objectifs aléatoires, dans des domaines neufs, et à la technologie incertaine ou inexistante, si elle ne veut pas se mettre dans une situation désavantageuse vis-à-vis de ses concurrents.

C'est au gouvernement de fixer à toutes les entreprises les objectifs à long terme, dès lors qu'ils excèdent les normes de l'économie de concurrence, et de donner les encouragements financiers et fiscaux nécessaires pour que ces objectifs soient effectivement recherchés par les entreprises.

c. — De tels encouragements sont indispensables pour les investissements de recherche technologique ou de mise au point des grandes unités pilotes.

d. — L'augmentation du prix de vente de l'énergie nécessaire à financer les investissements de production doit être autorisée par les gouvernements dans la plupart des pays. Elle entraîne une certaine diminution de la croissance du niveau de vie. Elle réclame une acceptation de l'opinion publique qui ne peut être demandée que par les gouvernements. L'apparition d'une énergie d'un prix de revient élevé pose des problèmes financiers, économiques et sociologiques.

e. — Il ne peut appartenir aux entreprises seules de fixer le niveau de production du pétrole brut, dont dépendent la croissance du niveau de vie, les surplus monétaires, l'inflation, l'investissement, l'immigration, etc., dans la plupart des pays exportateurs.

L'intervention gouvernementale dans la politique énergétique est aujourd'hui un fait universel. Elle est le fondement de l'existence de l'O.P.E.P. et de l'action de ses membres. Dans les pays industriels, groupés dans l'Agence internationale de l'Énergie, l'O.C.D.E. ou la C.E.E., ou isolés, elle inspire des plans d'approvisionnement et de consommation. Elle offre par contre le spectacle d'un échec quasi total au plan des relations entre les deux groupes de pays, malgré les tentatives diverses lancées depuis 1973 au sein de diverses instances. La conclusion sans résultat significatif de la Conférence pour la coopération économique internationale (C.C.E.I.), dite dialogue Nord-Sud, en juin 1977, à Paris, après deux ans de travaux, illustre cette impasse.

La gravité d'une pénurie mondiale d'énergie, le caractère universel du dommage qu'elle causerait à tous les pays, riches et pauvres, producteurs et industriels, devraient, dès que la réalité du péril ne pourra plus être contestée, amener le dialogue et la coopération à se nouer. Si l'on veut être franc, il est difficile d'être optimiste. La taille du problème fait qu'on s'en détourne ou qu'on ne l'abordera qu'avec des moyens insuffisants, jusqu'au jour où une répétition de la crise de 1973-1974 fera hurler la sirène d'alarme tellement fort que les sourds les plus déterminés devront bien l'entendre. L'homme au demeurant n'a-t-il jamais rien fait d'important et de difficile autrement que sous la contrainte de la nécessité? Souhaitons donc l'accident d'approvisionnement comme le moindre mal. Souhaitons qu'il fasse bien sûr le moins de dégâts possible, c'est-à-dire qu'il survienne le plus tôt possible.

La situation de la France? Nous retiendrons, pour en donner une image parlante, un document d'étude qui nous a été communiqué :

BESOINS, RESSOURCES, PERSPECTIVES FRANÇAISES (1975-2000)

Les consommations

Comme toute prévision, celle de la consommation d'énergie est conditionnelle. Liée notamment à celle relative à l'évolution de l'activité économique (rythme et contenu), de la population, des disponibilités en énergie (quantités et prix), des progrès techniques dans l'emploi de l'énergie. Cela étant, à titre comparatif, le tableau ci-dessous récapitule les perspectives de consommation totale d'énergie en France d'ici 2000 :

— telles que prévues dans les travaux du VIIe Plan;

— telles qu'elles résulteraient de la pure et simple extrapolation du rythme constaté entre 1960 et 1973.

Évolution des consommations d'énergie (1960-2000).

Mtep.

	1960	1973	1985	2000	*Accroissements absolus* 1973-1985	*Accroissements absolus* 1985-2000
Perspectives du VIIe Plan ...	85,7	175	232	390	+ 57	+ 158
Extrapolation du passé			340	780	+ 165	+ 440

La lecture du tableau suffit à montrer le caractère « normatif », volontariste, des objectifs et prévisions retenus dans le VIIe Plan. Elles se fondent en effet :

— d'une part, sur un certain ralentissement de la croissance économique;

— d'autre part, sur une très forte cassure du coefficient d'élasticité de la variation de la consommation d'énergie à la variation de l'activité économique (de 1 à 0,7), autrement dit sur des progrès, des économies considérables, dans l'emploi de l'énergie.

Bref, rien qui permette dans ces conditions de parler de subordination au « modèle américain ». En effet, en l'an 2000, la consommation d'énergie par tête serait de 6,6 tep, contre 8,8 aux Etats-Unis actuellement, étant noté par ailleurs que l'on ne serait pas loin d'une asymptote maximale de consommation. Dans ce cadre d'hypothèses, la consommation cumulée d'énergie primaire en France d'ici l'an 2000 s'élèverait environ à 6 500 mtep.

Les ressources

En face, comme ressources proprement nationales (hors nucléaire), nous disposons au maximum de :

— 1 300 mtep en ressources combustibles fossiles (500 mtep, si l'on s'en tenait aux réserves charbonnières économiquement récupérables);

— 400 mtep sous forme hydro-électrique (72 tWh en moyenne par an et 333 mtep si l'on restait au niveau équipé aujourd'hui, soit 60 tWh/an);

— 200 mtep sous forme d'énergie nouvelle, en prenant l'hypothèse extrêmement flatteuse de 20 mtep produites annuellement à l'an 2000, soit au total 1 900 mtep au maximum. Resterait donc à assurer le complément :

— sous forme d'énergies importées;

— sous forme de nucléaire.

La précarité du bilan énergétique français

Avec 175 mtep, la consommation totale d'énergie de la France — non compris le pétrole utilisé à des fins non énergétiques (10 Mtonnes) — représentait quelque 3 % de la consommation mondiale d'énergie en 1976. Avec 40 mtep, sa production d'énergie primaire — y compris hydraulique et nucléaire (14 mtep) — seulement 0,8 %. Le reste est donc importé, soit environ :

— 99 % du pétrole consommé;

— 66 % du gaz consommé;

— 50 % du charbon consommé.

L'ensemble de ces importations correspond à 6 % du commerce énergétique mondial et à près de 10 % si l'on tient compte du seul trafic intercontinental.

Moins d'un millième des réserves prouvées mondiales :

— 2/10 000 pour le pétrole, avec 14 millions de tonnes sur 81 milliards de tonnes;

— 1/1 000 pour le charbon, avec 1 400 millions de tonnes techniquement récupérables (dont 5 à 600 millions de tonnes « économiquement exploitables ») sur 1 300 milliards de tonnes (dont 400 économiquement exploitables) et 8 à 9 000 milliards de réserves ultimes;

— 2/1 000 pour le gaz, avec 135 milliards de mètres cubes sur 65 000 milliards de mètres cubes.

Bref un potentiel en énergies fossiles qui permettrait de couvrir à peine cinq à six ans de consommation d'énergie au niveau de 1976. A quoi il faut ajouter, au titre des ressources renouvelables (hydraulique), un potentiel annuel maximal de l'ordre de 20 mtep.

En fait, la ressource la plus intéressante est sans conteste l'uranium naturel, soit (avec 96 000 tonnes sur le sol national) l'équivalent de 1,5 milliard de tep, lorsque ce dernier est brûlé dans des centrales à eau-uranium enrichi, et de près de 100 milliards de tonnes d'équivalent pétrole, s'il est brûlé dans des surrégénérateurs, autrement dit plus que l'ensemble des réserves mondiales prouvées de pétrole.

Une évolution de la balance extérieure préoccupante

(En dizaines de milliards de francs courants.)

	1970	1973	1974	1975	1976
Importations	*Importations (caf).*				
Pétrole brut	9,31	15,77	48,56	40,53	55,12
Produits finis	1,10	1,48	3,24	3,48	4,79
Gaz naturel	0,22	0,57	0,90	1,92	2,75
Charbon	1,96	2,38	4,61	5,27	5,47
Électricité	0,15	0,15	0,14	0,23	0,50
Importations énergétiques	12,74	20,35	57,45	51,43	68,63
Importations tous produits et services	117,59	185,50	280,78	259,24	339,23
Part de l'énergie dans les importations totales (pourcentage)	10,8	11	20,4	19,8	20,2
Solde des échanges importations-exportations					
Énergie	— 10,86	— 17,67	— 52,18	— 46,33	— 61,80
Total	+ 2,13	— 6,39	— 18,89	+ 10,61	— 18,59

Le bilan est éloquent. Depuis 1973 :

— la part des importations énergétiques dans les importations totales a doublé;

— le déficit de la balance des importations-exportations énergétiques a triplé,

tandis que la part des importations d'énergie par rapport au produit intérieur brut marchand est passée de 2 % à 4,7 % de 1973 à 1977 (de l'ordre de 10 % de la part du P.I.B. ouverte au commerce extérieur).

Le bilan est en effet éloquent. Le problème est d'une telle importance que votre groupe de travail et son rapporteur ont voulu donner à leurs conclusions le plus de rigueur possible.

La ressource en énergie est pour la France un problème de survie avant d'être un problème d'équilibre de sa balance des comptes. Ce problème doit d'abord être posé en termes de sécurité. La sécurité exige qu'à la hâte on consente en ce domaine plus qu'en tout autre un effort résolu et cohérent de recherche, d'économies, d'investissements et la quête d'une diversification technique et géographique qui atténue sa dépendance.

Les disciplines que cet effort impose, les modifications qu'il peut entraîner dans certains modes de production et certains modes de vie ne peuvent être celées à l'opinion qui doit connaître les enjeux et les causes. Qui doit non seulement accepter mais vouloir les solutions retenues pour que chacun y prenne sa part.

Tous éléments pris en compte, il n'apparaît pas possible d'éviter le recours à l'énergie de fission et plus précisément à la technique de surgénération. Les risques de pénurie sont tels et leurs conséquences sont si réellement incalculables que nul n'a le droit de faire le jeu en quoi consisterait le refus du nucléaire. Mais en même temps tout doit être tenté qui réduise la nécessité où nous sommes d'y avoir recours. Les risques de tous ordres que comporte l'énergie nucléaire nous interdisent de la considérer sous son seul aspect technique et économique. Si elle est une nécessité, l'énergie nucléaire ne saurait nous dispenser de tout mettre en œuvre pour y échapper.

Les économies d'énergie méritent plus d'attention qu'elles n'en ont jusqu'ici retenu. Le financement des investissements générateurs de ces économies et les disciplines capables d'y conduire doivent être favorisés dans l'habitat, l'industrie, les transports et l'agriculture, et toute source nationale d'énergie doit être exploitée. Le calcul de sa rentabilité ne doit pas être calculé sur la base des prix actuels mais sur la base des prix probables de l'énergie importée dans un délai de cinq ans. Il en est en particulier ainsi en matière d'exploitation systématique de l'énergie hydraulique de basse chute, en matière de géothermie, mais aussi en matière de charbon comme en matière de mise en valeur des ressources actuellement non exploitées telles que : énergie solaire, gazéification souterraine du charbon, récupération des déchets (incinération, pyrolyse, fermentations, etc.), exploitation des rejets thermiques industriels pour lesquels l'effort doit être simplifié.

Au-delà des problèmes de recherche et d'investissement, la mise en œuvre de ces énergies diffuses exige que soit trouvée une nouvelle définition plus souple, plus compréhensive de la mission d'Electricité de France et de Gaz de France qui, l'une et l'autre, ont su assurer les grands équipements mais qui doivent apprendre comment favoriser... les petits [1].

Contrainte avant et beaucoup plus que d'autres pays d'aborder en des termes nouveaux, à certains égards dramatiques, le problème de l'énergie, la France doit prendre une avance, en techniques et en organisation, qui peut devenir matière d'exportation. C'est à court et moyen terme le seul aspect positif que puisse comporter notre balance énergétique dont le déficit constitue une donnée lourde et contraignante de nos équilibres extérieurs.

Mais la France ne saurait s'isoler de l'Europe avec l'espoir de résoudre seule son problème. La dimension communautaire lui est nécessaire au niveau de certaines recherches, de la plupart des négociations, des investissements sans doute les plus décisifs. La France ne saurait s'isoler du monde, car l'énergie est bien l'un des dossiers ombreux du débat sur le nouvel ordre économique international. Elle introduit un déséquilibre qui le rend nécessaire.

---

1. Signalons à cette occasion l'intérêt qui s'attache à une étude sur les possibilités d'installations de mini et microcentrales au fil de l'eau. Certains affirment qu'elles pourraient représenter l'équivalent de deux tranches nucléaires (2 000 mW). Les électriciens contestent ce chiffre, EDF est réticente pour des raisons diverses. Des problèmes de prix de revient se posent. C'est pourquoi une étude objective s'impose. Les hommes qui en seront chargés devront avoir présent à l'esprit le scénario que nous avons exposé.

CHAPITRE IV

L'INDUSTRIE

Nous avons, dans un chapitre précédent, tenté de décrire le « complexe français » pour y trouver quelques lumières tout autant pour l'analyse que pour la solution de notre problème. Nous présentons dans cette perspective et successivement une analyse des tendances de l'économie industrielle mondiale, un diagnostic sur notre propre industrie, quelques orientations possibles tenant compte de l'un et de l'autre.

C'est le secteur industriel tel que l'a constitué la croissance rapide depuis la Seconde Guerre mondiale, qui se trouve le plus profondément mis en cause par la crise internationale qui le place dans des conditions auxquelles il n'a pas la capacité de s'adapter spontanément. La mutation concerne toutes les parties du monde. Le tiers monde s'industrialise et accède au marché mondial des produits manufacturés. Dans le cadre d'une planification systématique, les pays de l'Est reçoivent des pays occidentaux les moyens d'accélérer leur effort industriel non sans en faire supporter à leurs fournisseurs les conséquences financières et commerciales. Les pays industrialisés, enfin, ne voient d'issue à leur confrontation avec la fatalité des rendements décroissants et des coûts croissants et avec la permanence d'une insatisfaction sociale que dans une exacerbation de leurs efforts pour conserver leur avance technologique et commerciale. La participation au jeu d'une économie de moindre croissance est rendue d'autant plus difficile pour chaque nation que ses moyens d'orientation de l'industrie perdent de leur efficacité à mesure que la maîtrise du rapport international échappe aux gouvernements nationaux. Seules les firmes transnationales, dispensées des sujétions de la responsabilité d'une collectivité, s'adaptent au désordre et en tirent profit.

Dans ces conditions, le concept économique de nouvelle division internationale se plaque sur une réalité faite de sous-emploi, de tensions sociales, de rivalités entre nations; cette réalité fait échec aux efforts de solidarité et rend trop lointaine et donc illusoire une perspective de rapports économiques harmonieux entre pays de niveaux de développement différents. Dans cet environnement, les efforts très substantiels de la France ont nécessairement un caractère partiel. Circonstance aggravante, l'Europe, milieu naturel de la France, n'a pas su, malgré ses éléments de puissance, se constituer en force dans plusieurs domaines stratégiques : aéronautique, informatique, électronique pour partie, spatial. Nous rencontrons d'ailleurs, en matière industrielle, la même contrainte angoissante que pour l'énergie : les choix industriels portent sur le long terme par la nature même du cycle technologie-investissement-production-marché. Nous verrons plus loin comment mettre en œuvre les choix accomplis. Essayons maintenant de discerner à quoi ils doivent répondre.

Techniquement parlant, la croissance industrielle est bloquée à la fois par l'offre — par les conditions de production — et par la demande — saturée ou insolvable. En effet, les coûts de production s'alourdissent sous la pression de plusieurs facteurs :

— un coût croissant des matières premières (et de l'énergie) résultant, d'une part, du recours obligé à une exploitation à rendements décroissants et, d'autre part, de la prise de contrôle par les pays neufs exportateurs de leur production;

— la prise en compte des coûts sociaux jusqu'à présent négligés (pollution, urbanisation, risques sociaux, etc.);

— la baisse de productivité du capital qui exige une épargne croissante.

Du côté de la demande, on observe à la fois la saturation de certains marchés de biens de consommation dans les pays industrialisés et la non-solvabilité des besoins évidents des pays en développement. Cette dernière apparaît nettement à travers les constatations qu'on peut faire de l'endettement (175 milliards de dollars) des pays neufs, la dégradation de leur niveau de vie, même dans des pays à bonne croissance comme le Brésil où la demande ne se diffuse pas dans l'ensemble de la population par manque de pouvoir d'achat. Dans les pays de l'O.P.E.P., la limitation de la demande ne résulte pas évidemment d'une insolvabilité monétaire, mais de blocages physiques dus à l'insuffisance des structures.

Ces blocages des conditions de production et d'écoulement des produits posent un redoutable problème aux dirigeants industriels. Une décision d'investissement s'accompagne d'une série de risques financiers, commerciaux, monétaires, économiques et politiques dont l'ampleur déborde les limites raisonnables dans lesquelles peut se déployer l'esprit d'entreprise. Autrement dit, mis à part le cas des multinationales et celui des entreprises relevant de grands ensembles économiques dominants dont nous parlerons plus loin, il est devenu nécessaire que les gouvernements interviennent pour restituer aux entreprises un espace de libre activité conforme à leur vocation. Mais cette action des gouvernements doit être commandée par une stratégie de choix à long terme et un infléchissement de la croissance vers un équilibre plus satisfaisant ou mieux, une complémentarité harmonieuse entre l'intérêt privé et l'intérêt collectif. S'il n'en était pas ainsi, cela reviendrait à mener une politique nationale calquée sur celle des firmes transnationales, ce qui serait contradictoire et politiquement absurde.

Le problème consiste donc pour un pays moyen comme le nôtre, à concevoir un mode de développement qui tienne compte à la fois de la disparition des conditions de croissance rapide d'hier et des conditions nouvelles du double affrontement entre pays neufs et économies dominantes, d'une part, et, d'autre part, entre ces dernières et les puissances industrialisées moyennes.

Cet affrontement, ce conflit d'intérêts mérite analyse. En effet, l'émergence industrielle des pays neufs suscite nécessairement des réactions de la part des pays industrialisés, encore qu'il ne s'agisse pas de deux blocs homogènes. Il y a donc un scénario possible où les plus forts domineront à la fois les pays neufs et les pays industrialisés de taille moyenne. C'est celui qui se dessine actuellement. L'autre scénario est celui d'un « contrat social » international pour un développement moins inégal entre les divers types de pays, c'est-à-dire plus fort pour les peuples pauvres que pour les autres.

Voyons d'abord ce qu'il en est de l'industrialisation des pays neufs, premier terme de l'opposition. Cette industrialisation résulte d'un « mythe de développement » conçu à l'occidentale et auquel s'attache une idée de puissance qui entre dans la logique propre des P.V.D. : souveraineté politique implique base économique garante de l'autonomie, de l'identité nationale et des choix sociaux. Il en résulte que la décision industrielle — la décision d'investir — non seulement se déplace dans l'espace mais aussi obéit à des motivations psychologiques et politiques qui outrepassent les critères économiques classiques.

Cette analyse explique l'ambition de la conférence de l'Organisation des Nations unies pour le développement industriel (O.N.U.D.I.) de Lima qui, en 1975, prévoyait que la part de la croissance industrielle du tiers monde passerait de 7 % en 1973 à 25 % à la fin du siècle. Cet objectif politique et volontariste impliquait un effort de très grande ampleur sur tous les plans et notamment une croissance industrielle de 10,6 % l'an. Mais cet objectif idéal a subi le choc des faits : concernant la localisation des activités, modifiée par les stratégies des firmes du Nord, par des rivalités régionales et par des options nationales; concernant aussi les déceptions causées par des politiques industrielles insuffisamment réfléchies (problèmes d'emploi, de dépendance économique, inadaptation des technologies, exode rural, insuffisance des productions vivrières, etc.). Aussi la recherche de nouveaux modèles du type « autosuffisance » individuelle ou régionale est-elle à l'ordre du jour.

Mais quel sera l'impact de l'industrialisation des P.V.D. sur l'économie mondiale? C'est difficile à prévoir. Il ne semble pas que globalement l'économie des pays industrialisés puisse être avant longtemps profondément perturbée. En revanche, des raz de marée sectoriels sont à craindre en l'absence de toute concertation qui, malgré leur caractère partiel, peuvent déclencher des conséquences sociales majeures dans les pays qui n'auraient pas veillé à anticiper les évolutions des productions.

Phénomène limité pour le moment, l'industrialisation du tiers monde n'en met pas moins en cause le principe de l'ordre économique en vigueur surtout en tant qu'il est l'expression centrale d'une domination. De plus, il faut se garder de la considérer uniquement sous l'aspect d'une menace de l'équilibre des pays industrialisés. Les besoins potentiels du tiers monde sont déjà une voie de solution aux problèmes des pays industrialisés comme le montre, par exemple, l'importance des exportations de biens d'équipement dans le rééquilibrage de la balance française. En outre, à plus long terme et après normalisation, on peut en escompter un commerce international plus actif.

Plus grave dans l'immédiat est le phénomène de la réduction de la croissance qui exacerbe les concurrences et qui place les pays industrialisés dans la double obligation de maintenir et plus encore d'accélérer le rythme de leur avance technologique et de réduire leurs dépendances nouvelles. Et c'est ici qu'apparaît le scénario de l'inacceptable qui est en train de se réaliser sous nos yeux. De nouvelles armes font leur apparition : domination monopolistique sur certains produits, arme alimentaire, protectionnisme. A l'opposé du souhaitable et du proclamé, la crise économique a accentué l'écart de puissance entre les pays déjà forts et les autres. On trouve d'un côté ceux qui disposent de vastes ressources naturelles, d'un espace continental ou d'une avance en technologie et en organisation : Etats-Unis, U.R.S.S., Canada, R.F.A... Mieux armés que les autres, ils sont en mesure de négocier la modération de l'agressivité commerciale de leurs concurrents (accords U.S.A.-Japon sur les téléviseurs, ou U.S.A.-Corée sur les chaussures), aussi bien que de remettre en exploitation leur réservoir de matières premières ou encore d'assigner à leur industrie une stratégie d'avance technologique ayant toute chance de réussir.

D'un autre côté on trouve le groupe des puissances moyennes — le nôtre — dont la vulnérabilité commerciale et la fragilité industrielle ont été mises au jour : Grande-Bretagne, France, Italie, pays scandinaves, pays de l'Est, etc. Entre 1974 et 1977, sur 80 milliards de dollars de déficit O.C.D.E., 68 incombaient à ce groupe. Leur situation est d'autant plus précaire que leur accès privilégié aux sites de produits primaires des pays neufs tend à disparaître.

On pourrait dire que le Japon constitue un troisième groupe à lui seul : condamné à exporter et à avoir accès aux zones productrices de produits primaires, son dynamisme obligé le conduit à exercer une pression considérable tant sur l'accès aux matières premières que sur la production de biens intermédiaires. Son association économique avec la Chine vient de lui ouvrir de nouvelles perspectives de puissance surtout s'il est amené de surcroît à réactiver son industrie d'armement.

En conclusion, on peut dire que globalement le système industriel des pays riches reste dominant malgré sa coloration défensive actuelle. Mais toute une série de pays — les moyens — pris en tenaille entre les puissants et les nouveaux industrialisés du tiers monde, sont confrontés à une situation qui leur impose d'inventer une autre politique industrielle et sans doute d'abord une nouvelle structure industrielle. Comme de surcroît leurs populations ne sont pas conscientes de l'état de crise et aspirent à la poursuite de l'élévation de leur niveau de vie, il ne paraît pas douteux que cette invention ne pourra se faire qu'avec l'adhésion de ceux qui participent le plus directement à l'effort de construction économique et qui déjà en supportent les risques de façon cruelle dans leur vie personnelle. Mais cette invention pourra se faire avec eux — les salariés des libres entreprises — s'ils ont l'assurance de la volonté de la nation, de l'Etat et des entreprises d'éviter qu'ils ne soient les victimes des inévitables mutations.

Evidemment, mieux vaudrait mettre en place un scénario de concertation, mais il faut bien reconnaître que les perspectives ne sont guère encourageantes à cet égard. En effet, nous sommes en présence d'une « économie sans frontières » où cent quarante-neuf nations prétendent conduire leur propre politique industrielle en l'absence d'une planification mondiale ou simplement de règles collectives de concertation et de coopération et alors que le système mondial de décision a été pulvérisé. Il faut pourtant tendre à cette concertation, mais il faut bien constater que la recherche d'outils nouveaux dans les conférences internationales ne dépasse pas le stade des bonnes intentions. C'est pourquoi il faut regretter l'échec des politiques industrielles des groupements régionaux, que ce soit la C.E.E., le Pacte andin, l'A.S.E.A.N. (Association des Etats du Sud-Est asiatique) en Asie ou la C.E.A.O. (Communauté économique de l'Afrique de l'Ouest). En attendant, les outils anciens de régulation subsistent : contrôle des circuits de financement et de commerce, jeu des grandes firmes.

Survivance ou anticipation, le jeu des firmes transnationales favorisé à la fois par les pays industrialisés — qui en attendent le maintien de leur influence et de leur domination — et par les P.V.D. — dont certains font alliance étroite avec elles — conduit à une délocalisation inspirée de la stricte logique de leur profit. Le coût social — qu'il serait intéressant de chiffrer — de cette stratégie retombe d'ailleurs aussi bien sur le pays d'accueil que sur le pays industrialisé.

Bref, le scénario de l'inacceptable est celui du désordre proliférant : souffrances humaines des plus modestes, coûts accrus, incertitude de l'avenir, coûts sociaux, gaspillages d'investissements générateurs de surcapacités, comportements inflationnistes, *dumping* commercial, *dumping* social, spéculations, protectionnisme, etc.

Dans le même temps, les tâches positives (équipement des sites productifs et reconstitution des patrimoines d'environnement) restent en attente alors que sont inemployées les ressources humaines, techniques, financières des P.V.D. et des pays industrialisés. Cette circonstance est d'autant plus grave qu'un effort devra en tout état de cause être consenti sru une croissance en décélération. Dans ces conditions, la justice sociale et économique — pourvu qu'elle ne soit pas conçue de façon purement quantitative — doit être considérée comme un facteur productif de première importance.

Encore faut-il dégager les voies d'une nouvelle croissance compensant par son contenu qualitatif la baisse du taux qui ne pourra être évitée. Mais il faudra limiter ce tassement du rythme de croissance dans deux directions : à l'intérieur par la mise en valeur des secteurs industriels porteurs, au triple plan de l'emploi, du niveau technique et du bilan devises, à l'extérieur en développant les nouveaux champs de croissance des pays neufs, qui feront de ceux-ci des partenaires dans le cadre d'échanges croissants. Cet effort appelle la mobilisation des sociétés sur une perspective de reconstruction économique à long terme. Il impliquera des mises de fonds et des disciplines au départ; et son effet positif ne se fera pleinement sentir que progressivement. Mais peut-on donner un avenir à la croissance actuelle, telle qu'elle est conçue et gérée, sans imaginer et conduire une croissance qui ne soit pas fondée sur des marchés saturés, des besoins non solvables et des coûts croissants?

Pour prolonger cette réflexion sur « les tendances de l'économie industrielle mondiale » et comme pour mettre en valeur les convergences et les divergences qui peuvent exister entre des analyses nécessairement différentes, nous ne pouvons mieux faire que de résumer quelques-unes des principales conclusions du rapport du « Groupe d'études sur les perspectives de la balance commerciale française au cours des dix prochaines années ». Nous y voyons, pour notre part, la confirmation de la réalité de ce que nous avons appelé le scénario de l'inacceptable et dont la description technique peut se résumer dans les propositions suivantes :

— les tensions économiques et politiques entre pays industrialisés pourraient remettre en cause le système d'échanges libéraux;

— le déséquilibre entre niveaux de vie des pays industrialisés et des P.V.D., en se perpétuant, constituera une menace et un risque sérieux pour les relations et les échanges internationaux;

— l'Europe soumise à une concurrence plus vive devra consentir un effort soutenu pour maintenir son poids relatif;

— la concurrence des pays exportateurs du tiers monde imposera aux entreprises à la fois une spécialisation dans les hauts de gamme et la délocalisation d'une partie de leurs activités.

Toutefois, le phénomène n'aura pas une ampleur suffisante pour mettre en cause les structures industrielles des pays industrialisés. En particulier, ce n'est pas avant plusieurs années que les pays en voie d'industrialisation majeure menaceront l'existence même de certains secteurs dans les pays industrialisés;

— l'industrialisation du tiers monde, tout en étant source de difficultés pour l'économie française, lui apportera, au total, des possibilités accrues;

— en revanche, les échanges avec les pays de l'Est ont des chances de créer de fortes perturbations dans certains secteurs;

— les concurrents les plus difficiles continueront d'être les pays industrialisés et notamment les Etats-Unis, la R.F.A. et le Japon qui risquent d'affirmer leur domination dans de nombreux secteurs, cependant que la concurrence des puissances moyennes soumises aux mêmes pressions s'accroîtra;

— la technique de la dévaluation cessant d'être praticable, la France ne peut plus disposer, comme dans le passé, d'une marge de compétitivité et d'un différentiel de croissance.

Le paysage industriel, en France, présente dix caractères particuliers :

— l'industrie est rebutante;

— les rémunérations y sont souvent insuffisantes;

— les activités sont mal réparties sur le territoire;

— la structure des groupes est irrationnelle;

— la majeure partie des entreprises n'est pas reliée au marché international;

— la fiscalité pénalise l'emploi et la qualification;

— l'industrie n'est pas administrée;

— les structures et les pratiques bancaires ne sont pas adaptées à ses besoins;

— le contrôle des prix comporte, à son égard, des conséquences absurdes;

— les choix stratégiques des branches et des entreprises sont insuffisamment concertés.

L'industrie n'attire pas les jeunes Français. Plus que le niveau de rémunération, la cotisation ouvrière est affectée par le caractère parcellaire des tâches de production, et l'existence d'une hiérarchie très lourde qui tend souvent à faire respecter une discipline à laquelle certains reprochent d'avoir conservé la marque des structures et des méthodes conçues, au siècle dernier, pour employer une main-d'œuvre banale et à peine alphabétisée.

Ces constatations donnent à penser que la réconciliation des Français et de leur industrie passe nécessairement par un enrichissement réel des tâches, par un développement des responsabilités assumées au niveau de la production, par un allégement corrélatif de la hiérarchie et, chaque fois que cette innovation sera possible, par l'élargissement des marges de liberté dont les travailleurs peuvent disposer en ce qui concerne la gestion de leur temps de présence dans l'entreprise.

Ces orientations doivent être complétées par une participation effective des travailleurs qui la désirent, et notamment des cadres, aux décisions qui les concernent. C'est dire qu'un partage du pouvoir entre la hiérarchie gestionnaire et l'anti-hiérarchie syndicale, dont la tendance naturelle est de confisquer le pouvoir ou d'en contrarier l'exercice plus que de le partager avec les travailleurs, ne répondrait pas aux véritables besoins. C'est dire, enfin, que des structures décentralisées seraient mieux à même de permettre un véritable épanouissement du monde du travail.

Les rémunérations y sont souvent insuffisantes. La hiérarchie des salaires favorise les travaux de bureau et les emplois du secteur tertiaire, mieux rémunérés, dans l'ensemble, que les activités ouvrières, plus pénibles, plus astreignantes, plus dangereuses et plus exposées aux risques économiques. Cette anomalie résulte, pour partie, des pressions exercées par la persistance de l'exode rural et l'abondance d'une main-d'œuvre immigrée peu exigeante. Elle doit aussi être attribuée au caractère rudimentaire des instruments de gestion de la plupart des entreprises, qui contrôlent plus attentivement leurs coûts directs que leurs frais généraux. Elle ne s'observe pas dans les pays les plus évolués, et notamment aux Etats-Unis. Sa correction, de toute évidence, est nécessaire.

Les activités sont mal réparties sur le territoire. La géographie industrielle de la France oppose entre elles trois zones bien distinctes.

Dans un certain nombre de régions, dont les plus caractéristiques sont celles du Nord et de la Lorraine, le déclin des activités traditionnelles, et notamment du textile, de la sidérurgie et des mines, crée un risque d'effondrement.

Dans le Bassin parisien, en Alsace et dans le Sud-Est du pays, ce risque existe pour certaines branches ou pour des entreprises particulières, mais se trouve limité par l'existence d'activités beaucoup mieux diversifiées et la présence d'un très grand nombre de travailleurs immigrés.

La situation de l'Ouest et du Sud-Ouest est toute différente. Dans ces régions, les industries sont récentes et ne constituent qu'un réseau très lâche. Les établissements implantés par les groupes importants ne sont pas particulièrement dynamiques. Les affaires d'origine locale souffrent d'une insuffisance chronique de fonds propres. Or cette partie du territoire national connaît plus que toute autre, en matière d'emploi, un drame qui peut devenir tragique dans le moyen terme en raison de la forte natalité d'après guerre, de la persistance, plus marquée d'ailleurs, de l'exode rural, et du désir, de la part des jeunes filles ou jeunes femmes, de ne plus se consacrer, comme leurs mères, aux tâches familiales et domestiques.

Un meilleur équilibre des activités et de l'emploi paraît donc commandé, de toute évidence, par une action vigoureuse tendant, dans le Nord et l'Est, à assurer un redéploiement efficace et, à l'Ouest, à poursuivre une industrialisation indispensable.

La structure des grands groupes n'est pas adaptée aux besoins. A l'inverse de ce qui peut être observé dans les autres pays industriels, notamment en Allemagne et au Japon, où la croissance des entreprises dominantes a été principalement interne, en ce sens qu'elle a procédé de l'affectation d'une fraction des ressources d'autofinancement à des diversifications volontaires, les opérations de fusion et d'apports réalisées par les principaux groupes français, depuis deux décennies, se sont traduites par l'accumulation plus ou moins désordonnée, à leur périphérie, de filiales dont la synergie n'est pas évidente.

La majeure partie des entreprises n'est pas reliée au marché international. Si les conglomérats sont peu efficaces sur leurs frontières, en effet, les firmes petites ou moyennes, qui constituent une large part de notre tissu industriel ne disposent pas d'une surface suffisante pour aborder la grande exportation. A cet égard, quelques données doivent être rappelées : 80 % des ventes à l'étranger sont le fait de 1 350 entreprises. Relativement forte en Europe, la présence de nos produits est faible, sinon négligeable, dans les deux Amériques, dans la majeure partie de l'Afrique, au Moyen-Orient, en Asie du Sud-Est et au Japon. L'analyse des trafics maritimes confirme, au surplus, que les exportations françaises, liées à la réalisation de grands projets, présentent un caractère discontinu, sauf dans le domaine très particulier des armements : la France peut prendre en charge le métro de Mexico, mais n'est pas présente, en Amérique centrale, sur les marchés de produits de consommation et des biens d'équipements légers. Tout se passe comme si notre industrie avait su se redéployer de notre ancien empire sur l'Europe, mais n'était pas parvenue, à l'inverse de celle de l'Allemagne et du Japon, à occuper des positions stables sur les pays lointains. Or c'est sur ces destinations que se jouera son avenir.

Pour améliorer cet état de choses, il convient d'élargir la surface des entreprises moyennes performantes, qui peuvent prospérer dans l'Hexagone et vendre dans ses prolongements européens, mais ne sont pas encore en mesure d'exposer les dépenses aléatoires qu'exige une présence technico-commerciale permanente dans des pays lointains. Cette préoccupation devrait conduire à privilégier les regroupements tendant à accroître le nombre des firmes se situant dans la tranche haute des entreprises moyennes. Elles sont en effet suffisamment importantes pour occuper une place significative sur leurs marchés, pour assurer toutes les fonctions qu'exige la gestion de centres de décision authentiquement autonomes et pour participer au commerce international, sans atteindre les dimensions à partir desquelles deviennent impossibles tout à la fois la circulation des informations, la rapidité des réactions et une gestion participative. Ces restructurations nécessiteraient, non seulement un élagage des conglomérats actuels, mais aussi la reprise par les éléments les plus aptes des petites affaires en déshérence. Elles exigeraient, dans de nombreux cas, que puissent être résolus les problèmes posés par la substitution d'un actionnariat ouvert et diversifié à un pseudo-capitalisme de caractère familial et fermé.

Ici se pose le problème des sociétés de commerce international (S.C.I.). Il apparaît bien que, faute de tradition commerciale, la France ne dispose pas des instruments dynamiques dont bénéficie par exemple l'Allemagne. Mais remonter ce handicap serait une œuvre de longue haleine. La création *ex nihilo* d'une S.C.I. à vocation générale suppose des moyens de tous ordres, financiers et humains notamment, très longs à réunir et à rendre opérationnels. De plus, les réticences des industriels à leur égard et l'absence d'un cadre juridique propre à assurer la protection des contractants constituent des obstacles non négligeables. Le groupe d'étude a constaté, à ce sujet, un partage très net des opinions favorables et défavorables à l'institution des S.C.I. Il lui est apparu que si l'on se prononce en faveur de la promotion de S.C.I. la voie la plus courte consisterait à acquérir des sociétés déjà existantes pour n'avoir pas à subir tous les aléas du manque d'expérience.

La fiscalité pénalise l'emploi et la qualification. L'imposition des entreprises françaises se singularise par trois caractéristiques essentielles : elle privilégie la consommation patronale aux dépens d'une rémunération franche et honnête du capital; elle incite les firmes à s'endetter plutôt qu'à renforcer leurs fonds propres; elle avantage les processus capitalistiques par rapport aux activités créatrices d'emplois qualifiés.

En dépit des apparences, la société industrielle française n'est pas véritablement capitaliste. Directement ou par l'intermédiaire de *holdings* constitués à cet effet, la majeure partie des entreprises est contrôlée par des familles dont l'objectif est de perpétuer l'hérédité de leur pouvoir. De ce point de vue, la gauche s'est trompée d'adversaire en prenant pour cibles les grands gestionnaires qui ont secoué la tutelle stérilisante de ces groupes fermés et malthusiens.

Impressionnée par la présentation maladroite de l'avoir fiscal, d'autre part, l'opinion française n'est pas consciente des conséquences que comporte un système qui incite les entreprises à s'endetter plutôt qu'à augmenter leur capital. Or ces conséquences ne sont pas négligeables. Sur le plan social, ce système se traduit par un enrichissement sans cause au profit du capital préexistant, dans la mesure où la dépréciation de la monnaie enrichit les entreprises et les familles qui les contrôlent.

Du point de vue économique, dans un pays où les opérations de crédit sont fondées sur des opérations ponctuelles, c'est-à-dire sur des investissements matériels déterminés, ce système pénalise le risque technologique et commercial et privilégie les activités dont l'exercice exige l'emploi d'équipements importants, c'est-à-dire, dans la plupart des cas, les processus capitalistiques qui s'accommodent d'une main-d'œuvre peu nombreuse ou peu qualifiée, disposée à prolonger les machines sur des chaînes exclusives d'une maîtrise du produit par les agents de production.

Cet état de choses n'est pas étranger à l'évolution qui tend à accentuer une division du travail concrétisée, en Allemagne et aux Etats-Unis, par la progression des véritables industries de pointe, où l'ouvrier traditionnel fait place, de plus en plus, au technicien professionnel capable de participer à l'élaboration des biens d'équipements évolués demandés par le marché international. Pendant ce temps, la France s'obstine à fabriquer, avec des O.S. d'origine rurale ou des travailleurs immigrés, des produits de consommation fabriqués en grande série et menacés par l'industrialisation du tiers monde.

Pour corriger cette tendance, il faudrait, une fois assurée la liberté des prix, réviser les mesures fiscales applicables aux entreprises de façon à décourager des pratiques de gestion nuisibles au dynamisme de l'entreprise, atténuer les avantages attachés à la déductibilité des intérêts, supprimer la double imposition des bénéfices distribués, autoriser une véritable revision des bilans, mais en tenant compte de l'enrichissement sans cause créé par l'endettement, reviser le système d'amortissement dans un sens favorable au développement des activités fondées sur l'emploi de travailleurs nombreux et hautement qualifiés.

L'industrie n'est pas administrée. Le ministère de l'Insdustrie fait irrésistiblement penser à la cour des Miracles. Il ne se penche guère que sur les problèmes difficiles, qu'ils soient le fait de branches sinistrées, comme la sidérurgie, le papier, le textile et la machine-outil, ou d'entreprises en difficulté dont il cherche à assurer la survie. Son personnel est insuffisamment informé des réalités internationales et des techniques financières. Les informations dont il dispose, pour remplir sa mission, lui sont fournies par les syndicats professionnels patronaux et sont donc le plus souvent orientées.

Les pouvoirs essentiels, au demeurant, ne sont pas exercés rue de Grenelle mais rue de Rivoli. Alors que les crédits dont le ministre de l'Industrie peut disposer librement sont de l'ordre de quelques dizaines de millions, les prêts du F.D.E.S., cinquante fois plus importants, sont gérés par la Direction du Trésor, qui ignore tout des réalités industrielles. La même direction décide, en dernier ressort, des investissements étrangers. La Direction générale du Commerce intérieur et des Prix est seule compétente lorsqu'il s'agit de réprimer les ententes illicites, de réglementer les conditions de concurrence ou de fixer les prix dont dépendent les capacités de financement des entreprises. Les Directions du Trésor et des Relations économiques extérieures se partagent la gestion des aides à l'exportation. Le président du Crédit national anime la section du F.D.E.S. qui répartit les ressources affectées à la recherche appliquée. Les crédits destinés à faciliter les implantations industrielles dans les régions insuffisamment développées ou déprimées, enfin, sont administrés par la D.A.T.A.R.

Les actions intéressant l'industrie dépendent donc, en définitive, de négociations complexes, arbitrées par *l'establishment* financier et les groupements patronaux. Les entreprises intéressées n'ont aucune chance de peser sur les décisions, sauf de façon marginale, ou dans la mesure où leur importance leur donne accès aux éléments utiles de la technostructure politico-administrative. La mise en œuvre d'une politique industrielle passe donc par une véritable révolution administrative.

Il faut, en premier lieu, que le ministre de l'Industrie dispose des pouvoirs dont il a besoin pour assurer ses missions. A cet effet, il conviendrait :

— de lui confier la gestion de l'ensemble des fonds publics intéressant l'industrie, quels qu'en soient la nature ou l'objet;

— de lui laisser le soin, au sein de l'enveloppe fixée par le gouvernement, de proposer les arbitrages tendant à répartir les ressources entre les procédures adaptées aux objectifs généraux fixés par le Plan.

C'est à ce prix qu'il sera possible de garantir la rationalisation des choix publics et d'assurer leur cohérence. Mais il faut, aussi, renforcer l'instrument mis à la disposition du ministère, et en améliorer la qualité. A cette fin, il serait hautement souhaitable que les agents des grands corps techniques reçoivent une formation complémentaire avant d'être apppelés à servir au sein des services centraux. Tant pour améliorer leur connaissance concrète des réalités industrielles que pour garantir la fiabilité des informations réunies par l'intermédiare des organisations professionnelles, il serait également utile qu'ils soient temporairement rattachés à l'Inspection générale, et que celle-ci soit habilitée à vérifier ces informations sur pièces et sur place.

Les structures et les pratiques bancaires ne sont pas adaptées aux besoins de l'industrie. A cet égard, la situation française se distingue fâcheusement de celle qui peut être observée en Allemagne, aux Etats-Unis et au Japon. Notre appareil financier, en particulier, est centralisé à l'extrême.

De ce point de vue, l'encadrement du crédit, qui a obligé à réduire, plus encore que par le passé, les pouvoirs de décision délégués à ses échelons excentrés, a révélé le caractère de plus en plus bureaucratique de ses procédures.

Cet état de choses est l'un des facteurs qui contribue le plus à la concentration à Paris des sièges sociaux des affaires industrielles qui présente nombre d'inconvénients.

La situation est la même en ce qui concerne la distribution des prêts à long terme. Pour l'essentiel, en effet, celle-ci est le fait du Crédit national, qui, en raison des contraintes créées par ses statuts, ne dispose guère des moyens dont il aurait besoin pour adapter ses concours aux demandes très variées qu'il doit satisfaire. Les sociétés de développement régional auraient pu remédier à cet état de choses, si elles n'étaient pas soumises à une tutelle très étroite. Limitée par la structure de leur capital et de leur conseil d'administration, au sein desquels les banques parisiennes occupent une place prépondérante, leur autonomie, en effet, est réduite à peu de chose du fait des procédures qui les régissent. Paradoxalement, les délégations régionales du Crédit national disposent d'une marge de liberté plus grande que les S.D.R., le montant des engagements qu'elles peuvent prendre, à leur niveau, étant sensiblement plus élevé que celui à partir duquel les concours de ces dernières sont subordonnés à un accord préalable de la Direction du Trésor.

Les opérations de crédit courantes et les prêts à moyen ou à long terme présentent, au demeurant, une caractéristique commune : la grande majorité de ces concours procèdent d'une démarche analytique, en ce sens qu'ils tendent à assurer le financement de créances déterminées ou d'investissements individualisés, et ne prennent qu'accessoirement, ou exceptionnellement, en compte l'ensemble des problèmes financiers des entreprises. La prédominance de ces procédures, complétée, le plus souvent, par des prises de garanties spécifiques, est génératrice d'un comportement bancaire caractérisé par une forte dose d'indifférence, voire d'irresponsabilité économique. Cet état de choses est aggravé par la pratique des *pools,* qui consiste à partager les crédits alloués à une même firme entre un nombre plus ou moins grand de banques, et limite donc l'importance de leurs risques, étant observé que, lorsqu'une difficulté survient, le retrait d'un membre, même mineur, du *pool* suffit souvent à donner naissance à des situations conflictuelles qui mettent en cause le crédit, sinon même la survie de l'entreprise.

La combinaison d'une réforme décentralisatrice et de mesures tendant, d'une part, à pénaliser la pratique des pools, d'autre part, à privilégier les financements globaux et synthétiques, modifierait profondément le comportement des banques envers les entreprises. Contraintes d'associer leur fortune à celle de leurs clients industriels, et appuyées sur des S.D.R. renforcées et effectivement régionalisées, elles seraient conduites, comme en Allemagne, aux Etats-Unis et au Japon, à prendre en charge l'ensemble de leurs problèmes financiers et, par voie de conséquence, à assumer pleinement leurs responsabilités à l'égard de l'économie nationale.

Le contrôle des prix a comporté des conséquences absurdes au niveau de l'industrie. De ce point de vue, il faut souligner que la France, qui est le seul pays d'Europe à avoir maintenu jusqu'à une période récente, sous des formes diverses, un contrôle permanent des prix industriels, a connu, dans l'ensemble, des hausses plus importantes que ses partenaires, alors que l'Allemagne, qui a renoncé à cette pratique depuis trente ans, a enregistré une stabilité exemplaire. Ces évolutions divergentes ne sont pas le fait du hasard.

Ce contrôle, pratiqué suivant des procédures administratives, a pris nécessairement des formes bêtes et méchantes, quelle que soit la qualité des hommes qui l'exerçaient. Il a donc incité les entreprises à rechercher des innovations, souvent purement formelles, pour échapper à ses conséquences, et à privilégier les dirigeants habiles ou bien introduits, plutôt que les gestions efficaces. Il a pénalisé les industries de base, dont les produits sont aisément définis, et constitue, notamment, l'une des principales causes des difficultés auxquelles se heurtent aujourd'hui la sidérurgie, les fabricants de papier et certaines branches de la chimie. Il a affecté fâcheusement l'équilibre extérieur : à court terme, dès lors que les marges appliquées en pourcentage, au niveau de la distribution, ont encouragé les commerçants à préférer des articles chers, d'origine étrangère, aux produits nationaux. A moyen terme dans la mesure où il a interdit aux entreprises françaises de constituer des réserves pendant les périodes de haute conjoncture et les a conduites par voie de conséquence, soit à renoncer à des investissements qui auraient amélioré leur compétitivité, soit à supporter des charges financières anormalement élevées.

Au-delà des inconséquences anecdotiques qu'il comporte, c'est cette incidence financière du contrôle des prix qui en est sans doute la plus grosse. Soumise à des pressions très fortes sur les éléments de ses coûts, en raison de la hausse des rémunérations, des charges sociales, des prix des matières premières et de celui de l'énergie, l'industrie n'a pas pu préserver ses marges étant donné les contraintes administratives exercées sur ses prix de vente. L'atonie actuelle des investissements est due à cet état de choses plus qu'à tout autre facteur. Il serait illusoire de penser que les conséquences qui en résultent pourraient être compensées par des apports de fonds propres d'origine externe, la logique économique et financière conduisant ceux qui les décident à les réserver, précisément, aux entreprises dont les perspectives sont attractives. On peut douter, par ailleurs, que les moyens mis en œuvre aient contribué de façon efficace à modérer la hausse du niveau général des prix. Dans le long terme, son effet a été entièrement négatif. A court terme, il faut souligner que cette hausse a toujours trouvé son origine principale dans les évolutions observées au niveau du commerce, des services et des produits d'origine agricole.

La simple vérité oblige à approuver la politique de libération des prix industriels décidée par le gouvernement. Elle oblige aussi à souligner avec vigueur que les hausses de prix les plus lourdes et les plus constantes sont rarement imputables aux secteurs productifs en tant que décisions délibérées, mais qu'elles sont régulièrement le fait des prestataires de services et des circuits de distribution. Il n'est que de considérer la prospérité du secteur des activités de vente au consommateur : la multiplication des intermédiaires, leur puissance et leur rente de situation, la fréquence des investissements de modernisation, l'ampleur des rabais consentis dans les ventes soldées ou promotionnelles, l'évolution des prix dans le secteur de la restauration, l'écart entre l'importance des hausses conjoncturellement justifiée et celle de la baisse, après normalisation, le jeu des marges, l'incitation systématique à la consommation la plus coûteuse, etc., pour se convaincre que, dans ce domaine, la liberté théoriquement surveillée n'a d'autre limite que celle de l'âpreté au gain. Il n'apparaît point qu'on y rencontre, d'une manière générale, la moindre conscience d'une responsabilité économique ou sociale. Il est juste aussi de dire que le consommateur, souvent bénéficiaire d'un certain revenu discrétionnaire, étouffé par le respect humain, n'a plus le courage et bien souvent même l'idée de contester les prix demandés. Il serait donc souhaitable de mener une action visant, d'une part, au redéploiement des moyens de contrôle sur les services et les circuits commerciaux et, d'autre part, à l'information du consommateur.

L'insuffisante concertation du choix stratégique des branches et des entreprises. Ce phénomène est particulièrement net dans les activités d'exportation. Là où leurs concurrents étrangers se présentent avec une stratégie préétablie masquée par une multiplicité de soumissions des entreprises d'un même pays pour enlever un marché, les entreprises françaises tentent individuellement leur chance. Aussi sont-elles souvent prises de court par le retrait des firmes étrangères concurrentes au bénéfice de l'une d'entre elles. Les rabais importants qu'elles consentent alors tardivement ne font que nuire à leur crédibilité. Les industriels français auraient le plus grand intérêt à faire l'apprentissage d'une concertation qui ne relève que de leurs instances professionnelles, quitte à solliciter ensuite sur la base de l'accord intervenu l'assistance des services officiels.

Peut-être trouvera-t-on ce paysage industriel français un peu sévère, injuste à la limite. Il l'est en effet, consciemment, car il avait pour objet d'accuser les traits. On peut reprocher aussi à ce paysage d'avoir mis en évidence les caractéristiques générales et de n'avoir pas précisé les choses secteur par secteur. Il est évident, en effet, qu'à vouloir rester au niveau le plus général on court le risque de n'être exactement adapté à la situation d'aucune branche. Ce risque a été accepté. Croit-on vraiment qu'à prendre la nomenclature de nos indusrties et à tenter d'entrer dans le détail on aurait mieux éclairé le problème qui est ici en question?

Il n'existe aucun pan de notre industrie qui ne « mérite » à un degré ou à un autre chacun des « reproches » retenus. Il serait injuste de ne pas porter au crédit de nos industriels que malgré tous ces « vices », l'industrie française a assez bien réagi aux mutations brutales auxquelles elle a été soumise. Il faut seulement qu'elle aille plus loin, car aucune épreuve ne lui sera épargnée alors qu'il nous faut nous développer : le danger n'est pas pour la France d'accumuler des déficits importants de sa balance des paiements; elle ne le pourra pas, son crédit y succomberait. « Le danger est de n'équilibrer notre balance des paiements qu'au prix d'une croissance insuffisante » avec les conséquences que cette insuffisance pourrait avoir sur l'emploi et le niveau de vie, avec le risque immense de voir notre pays s'engager dans une voie de sous-développement relatif croissant, ce qui mettrait en cause notre indépendance vis-à-vis du monde et de l'Europe et notre équilibre intérieur. Il nous faut trouver les chemins de la croissance.

Nous verrons dans la troisième partie du rapport les aspects les plus généraux politiques et « méthodologiques » d'une stratégie économique nationale; voyons sans plus tarder les actions à engager dans le secteur industriel.

Pour définir cette politique industrielle, il faut prendre ou reprendre une vue précise des caractéristiques de nos échanges industriels actuels :

— les produits nécessaires à notre industrie sont, dans une très large proportion, importés;

— nos échanges industriels avec les pays industriels sont régulièrement et fortement déficitaires;

— notre balance dans le domaine des demi-produits s'est améliorée mais de graves inquiétudes demeurent;

— dans le domaine des biens de consommation, la situation des échanges avec les pays industriels s'est récemment détériorée;

— notre position est bonne dans le secteur des véhicules sur un marché difficile qui demande vigilance;

— c'est à propos des biens d'équipement que notre balance avec les autres pays industriels est le plus lourdement et le plus gravement déficitaire;

— nos échanges de biens industriels avec les pays de l'Est et les pays en voie de développement laissent un solde positif substantiel mais, d'une part, la place qu'y occupent les grands équipements exceptionnels est trop forte lorsqu'on la compare à la place qu'y occupent les équipements faisant l'objet de courants de vente et, d'autre part, on risque fort d'aboutir très prochainement à des surcapacités importantes de production dans de nombreux secteurs. Ainsi peut-on s'attendre à une baisse du rythme des exportations d'équipement et à un accroissement de la concurrence au niveau des produits industriels de consommation. Les marchés mondiaux des produits du bas de gamme seront de plus en plus difficiles et tourneront au profit des pays qui ont les coûts salariaux les plus bas ou, mais ce sont maintenant souvent les mêmes, les unités de production les plus modernes.

Pour préciser la nature des opérations positives par lesquelles pourrait s'exprimer une véritable politique industrielle, il convient d'appeler spécialement l'attention sur les dix points suivants :

1° les objectifs généraux de cette politique doivent être définis au niveau politique, et le premier de ces objectifs est la spécialisation;

2° l'éventail des salaires doit être restreint et le travail manuel mis à sa vraie place;

3° le dégagement des secteurs en déclin devrait être organisé et d'abord concerté;

4° le développement des branches porteuses d'avenir gagnera à être soutenu; certaines doivent être suscitées;

5° les facteurs qui font obstacle à la création d'entreprises devraient être corrigés;

6° les investissements extérieurs doivent avoir leur place dans notre stratégie;

7° la politique industrielle devrait intégrer les préoccupations relatives à l'aménagement du territoire;

8° une doctrine équilibrée permettrait de concilier la coopération internationale et la sauvegarde de notre indépendance;

9° la mise en œuvre de cette stratégie suppose l'intervention d'organismes adaptés à celle-ci;

10° ces organismes ne pourront atteindre leurs objectifs que s'ils peuvent consacrer l'épargne à leur action.

Une étude remarquable, élaborée au niveau relativement fin de 600 secteurs ou sous-secteurs par deux hauts fonctionnaires du ministère de l'Industrie, a analysé de façon approfondie les critères à partir desquels un gouvernement pourrait arrêter une stratégie industrielle. Ces critères comprennent essentiellement :

— la capacité d'absorption du marché, qui dépend elle-même de l'évolution de la demande intérieure ou extérieure et de la compétitivité actuelle des entreprises;

— l'aptitude de celles-ci à suivre le marché, compte tenu des contraintes physiques, financières et économiques qui s'imposent à elles;

— les objectifs de caractère national retenus par les pouvoirs publics, notamment en ce qui concerne le volume de l'emploi et le niveau de dépendance toléré en matière militaire, économique ou industrielle;

— l'aptitude des secteurs à être mobilisés au service d'une politique déterminée, en raison de leur situation à l'égard de l'Etat et des entreprises publiques, de leur degré de concentration ou d'organisation et de la capacité d'adaptation des équipes dirigeantes.

Cette étude montre que les pouvoirs publics peuvent adopter trois stratégies principales suivant l'importance relative qu'ils attachent à ces critères, mais que les choix arrêtés par leurs soins ne seraient pas cohérents si les objectifs visés n'étaient pas compatibles. Plus précisément, la France peut soit chercher à tirer parti de la spécialisation qu'elle a acquise, soit s'attacher à réduire sa dépendance à l'égard des échanges internationaux, soit, au contraire, s'inspirer des exemples allemand, japonais et hollandais et adapter son appareil productif aux tendances lourdes de la division du travail internationale.

La première de ces politiques se situerait dans le prolongement des pratiques suivies au cours des dernières années et conduirait à améliorer de façon non sélective la compétitivité des entreprises existantes; elle pourrait permettre, à court terme, de rétablir l'équilibre des échanges extérieurs, mais aggraverait la situation présente qui fait de la France l'un des pays les plus exposés aux conséquences de l'industrialisation du tiers monde.

La deuxième orientation faciliterait la solution du problème de l'emploi et réduirait la sensibilité de notre économie à l'égard de son environnement, mais tendrait à créer un équilibre médiocre, caractérisé par une réduction progressive du niveau de vie des Français et de la puissance nationale.

Plus difficile, la politique tendant à développer, par priorité, les secteurs appelés à bénéficier d'une demande croissante, et comportant une part relevée de technologie évoluée, paraît aussi la plus riche des promesses à long terme; elle obligerait notre pays à se dégager d'activités traditionnelles dont l'avenir n'est plus assuré mais pourrait lui permettre de renforcer sa participation au développement du tiers monde, d'assurer une promotion collective des travailleurs par un relèvement de leurs qualifications, et de rejoindre le groupe des puissances qui réévaluent leurs monnaies au lieu de les déprécier. Cette politique, en définitive, est la seule qui puisse concilier la grandeur de la France et la prospérité des Français.

En Allemagne fédérale, ce sont les relations très intimes existant entre les entreprises, les banques et les sociétés de commerce international qui ont permis aux firmes de connaître et de prévenir les besoins du marché mondial et d'obtenir les financements nécessaires par le redéploiement de leurs ressources. Au Japon, le scénario a été plus complexe, dans la mesure où il a compris un autre acteur, le M.I.T.I., qui exerce dans ce pays des fonctions analogues à celles qui sont dispersées, en France, entre le ministère de l'Industrie, la direction générale de la Concurrence, celle des Relations économiques extérieures et la direction du Trésor. Ces constatations confirment les conclusions avancées plus haut en ce qui concerne la rationalisation de notre appareil administratif, la réforme de notre système bancaire et le rôle potentiel des sociétés de commerce international. Elles donnent, par ailleurs, à penser que, pour rattraper le temps perdu, des interventions sélectives très vigoureuses devraient être engagées en addition aux mesures de caractère général définies précédemment.

L'éventail des salaires doit être restreint, et le travail manuel mis à sa juste place. Cette formulation n'aborde que partiellement le problème des rémunérations beaucoup plus complexe que ne le laisse supposer une présentation purement quantitative des données. Nous ne l'envisageons donc ici que dans le cadre de l'entreprise et en tant qu'il s'agit d'adapter l'éventail des salaires à la fois à la mentalité nouvelle et à l'utilité économique et sociale. Ce point a déjà été évoqué précédemment. Si l'on veut restreindre l'éventail en réduisant la rémunération supérieure et en relevant la rémunération inférieure, il faut bien préciser en vertu de quelles considérations on l'estime souhaitable.

Est-ce parce que la rémunération élevée de ceux qui exercent une responsabilité qui occupe la majeure partie de leur vie est injuste en soi? Certainement pas si l'on exclut du raisonnement les sinécures et les emplois parasitaires, sortes de rentes sans cause, qui, eux, devraient être pourchassés sans merci. En effet, même si elle convient à l'individu concerné, la disponibilité du cadre — source d'ailleurs de bien des drames familiaux — n'est pas possible sans qu'il soit soulagé des tâches que ceux dont le temps est moins compté peuvent accomplir eux-mêmes, ce qui signifie que sa liberté d'esprit implique la disposition de moyens matériels plus importants. A quoi il faut ajouter — pourquoi ne pas le dire? — que psychologiquement il est dans la nature humaine qu'une certaine réussite sociale — c'est-à-dire pécuniaire — soit une incitation majeure à l'effort.

Dans ces conditions, réduire la rémunération de la responsabilité devrait s'accompagner d'une mutation de la mentalité des intéressés, faute de quoi on risque d'aboutir aux anomalies du système suédois où certains préfèrent des postes subalternes moins rémunérés à des postes supérieurs pas tellement plus favorisés mais bien plus absorbants, sans parler de l'évasion des cerveaux. L'on voit par là que, si l'on demande à l'élite de renoncer à une part importante de ses avantages matériels, on met en cause la philosophie même sur laquelle est fondée la société moderne, savoir le primat du niveau de vie matériel.

Mais si l'on prend le problème dans l'autre sens, on constate que le travailleur manuel industriel voit sa capacité humaine directement limitée et subordonnée par la machine, ce qui est bien pour un homme libre le sort le moins enviable. Et il le devient d'autant plus que la société s'est efforcée de le faire accéder à une rationalité et à une ouverture d'esprit qui, la plupart du temps, ne font que lui rendre plus sensibles les conditions anti-humaines de l'activité machiniste. Et l'on conçoit que, outre la transformation de ces conditions, il serait légitime de lui donner des compensations dont la première consisterait à relever son standing matériel — en fait seul critère de valeur sociale dans notre civilisation — de façon à le situer différemment par rapport aux autres travailleurs.

Ce rééquilibrage serait en outre d'autant plus légitime que les travaux qu'il effectue ont un caractère physiquement pénible lequel pousse les jeunes à la fuite vers les emplois de bureau. Car, entre le cadre et le manuel, prolifère, en effet, toute une catégorie d'emplois économiquement improductifs mais auxquels s'attache une considération qui relève du mythe de l'instruction. Nous en reparlerons, mais disons tout de suite que le rééquilibrage des rémunérations présente deux aspects : il concerne les hautes rémunérations des responsables en tant que ceux-ci doivent être conscients de leur solidarité humaine avec les plus humbles et les plus indispensables de leurs collaborateurs; il concerne également, et sur un autre plan, les rémunérations des emplois tertiaires en tant que ceux-ci usurpent une dignité que rien ne justifie.

L'erreur qui lie la valeur humaine à l'instruction est si profondément ancrée dans les esprits et si soigneusement entretenue par le monde scolaire qu'une sorte de hiérarchie naturelle s'impose à la mentalité moderne selon laquelle le travail manuel professionnel est d'une valeur inférieure à toute activité non manuelle. Ce qui n'empêche pas tous les Français, du P.-D.G. à l'aide-comptable, de lui rendre l'hommage inconscient de leur bricolage du week-end.

On voit qu'en dernière analyse c'est la valeur sociale du travail manuel qu'il faut absolument retrouver, et à travers elle — ce qui est beaucoup plus important — la dignité du travailleur industriel. Cette tâche ne peut être menée à bien qu'à plusieurs conditions :

— corriger la hiérarchie des rémunérations entre travail de bureau et travail manuel;

— faire accepter par les titulaires de plus hauts salaires la modération de leur avantage absolu comme une expression d'une solidarité humaine profonde;

— déployer les plus grands efforts pour l'amélioration des conditions du travail industriel, de façon à adapter les emplois au niveau intellectuel des jeunes;

— réformer l'idéologie et les pratiques du monde scolaire pour dissiper l'erreur qui consiste à considérer l'activité abstraite du mental comme supérieure à son activité concrète, laquelle, en réalité, est beaucoup plus véridique.

Il faudrait ajouter — mais ce n'est pas propre au travail manuel — la recherche de nouvelles formes de solidarités communautaires contre les méfaits humains du chômage, au niveau, en particulier, des collectivités locales.

Ce que l'on doit bien voir, c'est que la revalorisation du travail manuel, habituellement considérée comme un moyen de résoudre des difficultés économiques et sociales, va beaucoup plus loin en ce qu'elle amorce une attitude qui pourrait être un des fondements de ce qu'on appelle encore une nouvelle croissance et qui serait mieux dénommé une nouvelle civilisation.

La situation des entreprises qui doivent leurs difficultés à leur appartenance à des secteurs dont la compétitivité est compromise par les ruptures caractéristiques de l'évolution récente et prévisible de la division internationale du travail crée des tentations auxquelles il faut avoir le courage de résister. Le maintien en activité de ces firmes, en effet, ne permet guère que de retarder des échéances inéluctables, et nécessite des moyens financiers qui seraient plus utilement affectés au développement de secteurs porteurs. Il se traduit toujours, au demeurant, par un gaspillage de ressources matérielles et humaines. Dans les secteurs dont il s'agit, les deniers publics devraient donc servir exclusivement à résoudre les problèmes sociaux posés par leur dépérissement.

Nous renvoyons ici à l'analyse de M.O. Long, directeur du G.A.T.T., selon laquelle la protection des secteurs en déclin entraîne une cascade de difficultés nouvelles.

Il est bien connu que les secteurs régressifs comportent tous des créneaux susceptibles d'engendrer des perspectives d'avenir. C'est ici que l'innovation anticipatrice prend toute sa portée. C'est vrai pour le textile menacé par les producteurs du tiers monde. Mais il est aussi des cas où le défaut de compétitivité provient de phénomènes correctibles : c'est le cas de l'industrie du bois (*cf.* chapitre II) et de l'industrie papetière. Il est une troisième figure où ce sont les mesures protectionnistes et les pratiques de *dumping* de certains Etats qui altèrent les conditions de concurrence. Dans cette hypothèse la France devrait exiger de la C.E.E. qu'elle s'oppose à ces pratiques ou qu'elle en compense les incidences et, en cas de refus, appliquer elle-même des mesures de sauvegarde.

Les branches porteuses d'avenir doivent être soutenues et suscitées. La situation actuelle de l'emploi conduirait même à souhaiter que le développement de ces branches précède le dégagement des secteurs en déclin. C'est à ce prix, en effet, qu'il serait possible de concilier le redéploiement offensif de l'industrie et la régression du chômage. De ce point de vue, il paraît utile de rappeler ici les branches que l'analyse multicritère effectuée par le ministère de l'Industrie conduit à considérer comme particulièrement intéressantes, en raison de l'existence de moyens déjà disponibles, ou de l'évolution de la demande intérieure ou extérieure. Il s'agit, notamment, des activités suivantes :

— péri-informatique, composants électroniques, instrumentation scientifique, appareils de mesure industrielle et électronique professionnelle;

— électro-acoustique et télécommunications;

— filières papetières et ameublement;

— chimie fine, chimie organique de base et biopharmacie;

— véhicules industriels, matériels de travaux publics, machines agricoles, appareils de manutention et matériels ferroviaires roulants;

— machines-outils, équipements pour les industries alimentaires ou chimiques, pour la transformation des plastiques;

— sidérurgie et équipements pour la sidérurgie;

— équipements automobiles et moteurs à combustion interne;

— équipements électriques pour l'industrie;

— matériels aérauliques et thermiques;

— pompes, transmissions hydrauliques et transmissions pneumatiques;

— économie d'énergie, environnement;

— équipement agro-alimentaire.

Dans la plupart des cas, le développement de ces secteurs serait assuré si une priorité leur était reconnue en ce qui concerne l'allocation des ressources disponibles, qu'il s'agisse des participations en fonds propres, des prêts à long terme et des aides apportées en matière de recherche, de développement et de formation professionnelle. Il faut, néanmoins, souligner que le rattrapage du retard à combler justifierait, en ce qui les concerne, une altération des pratiques habituelles. Plus précisément, il serait souhaitable que les prêts consentis comportent un délai de franchise substantiel, en vue de majorer la capacité de financement des entreprises concernées dans les années qui viennent. Certaines de ces entreprises, néanmoins, connaissent des difficultés, qui sont parfois sérieuses, en dépit de leur appartenance à des secteurs porteurs. Celles-ci peuvent être attribuées, suivant le cas, à des gestions laxistes, aux inconséquences du contrôle des prix, à des causes structurelles, ou à une combinaison de ces facteurs. La modicité des parts de marché contrôlées par les firmes françaises est souvent due au fait que leurs dimensions ne leur permettent pas de soutenir un effort suffisant en matière de recherche et de développement, d'assurer le plein emploi d'un réseau commercial adapté aux besoins du marché, et d'entretenir à l'étranger une représentation comparable à celles de leurs concurrents. En pareil cas, il convient de préserver les outils existants, même au prix d'une aide temporaire, et de provoquer des restructurations susceptibles de donner naissance à des ensembles viables, en s'appuyant sur des pôles de développement préalablement reconnus. Des secteurs tels que la filière papetière, le machinisme agricole, les équipements automobiles ou les équipements mécaniques spécialisés, par exemple, appellent des interventions de cette nature. Cela dit, il convient d'observer que ces opérations sont presque toujours subordonnées à des apports de fonds propres importants et comportent des risques élevés, notamment lorsque les investissements qui les accompagnent consistent à renouveler les produits, ou à constituer les prolongements commerciaux dont l'existence commande le plein emploi des facteurs de production. L'exploitation des opportunités suppose donc soit l'intervention d'investisseurs disposés à prendre des risques, donc une rémunération des succès à la mesure de ces derniers, soit une limitation des pertes en cas d'échec. Une procédure tendant à allouer des avances remboursables ou incorporables au capital à des conditions prédéterminées pourrait donc contribuer, dans le cadre de véritables contrats de croissance, à la solution des problèmes financiers posés par la restructuration et le développement des secteurs d'avenir. Il existe, enfin, des cas caractérisés par l'absence de toute base industrielle préexistante. Une situation de cette nature peut être observée dans le domaine de l'électro-acoustique, dont le marché connaît une croissance exponentielle et n'est alimenté, pour l'essentiel que par des importations. En pareil cas, on pourrait envisager des créations dont les chances sont toujours aléatoires, sauf à s'appuyer sur un partenaire étranger.

Les facteurs qui font obstacle à la création de nouvelles entreprises devraient être corrigés. Cette orientation ne répond pas seulement à la préoccupation de caractère sectoriel qui vient d'être exposée plus haut. Elle est commandée par les exigences plus générales du redéploiement des activités productives, qui supppose lui-même un renouvellement du tissu industriel, un développement de l'emploi dans les régions critiques, et un renouvellement des équipes dirigeantes. Sur le plan humain, elle permettrait, aussi, de libérer des énergies et des capacités d'initiatives étouffées au sein de grands groupes, et de satisfaire les ambitions des techniciens et des cadres les plus dynamiques.

A cet effet, il conviendrait, notamment, de prendre trois mesures essentielles. La première concerne le statut des salariés qui acceptent de s'exposer aux aléas de l'aventure industrielle. Au moment même où ils prennent ce risque, en effet, les intéressés perdent le bénéfice de leur protection sociale et des abattements qui atténuaient le niveau de leurs impositions personnelles; cette double rupture exerce un effet de dissuasion à l'encontre des vocations latentes; pour éviter cet inconvénient, il faudrait les autoriser à conserver leur statut antérieur, sous des conditions à déterminer, tout au moins pendant une période transitoire. En deuxième lieu, l'application de l'impôt sur les sociétés aux parts de commandite, s'il procède d'une analyse juridique parfaitement fondée compte tenu des risques limités auxquels s'exposent les commanditaires, fait obstacle à la création d'entreprises personnelles fondées sur l'association d'un homme ou d'une équipe et des épargnants qui sont portés à les seconder en raison de leurs attaches locales, familiales ou personnelles; les conséquences de cette disposition, dont l'incidence budgétaire est pratiquement nulle, mériteraient d'être corrigées.

Dans les zones qui connaissent des difficultés majeures en matière d'emploi, il serait souhaitable que les établissements publics régionaux, sinon les collectivités locales, soient autorisés à participer à des commandites de cette nature pour encourager la création de nouveaux centres d'activités par les artisans ou les salariés chez lesquels se révèle une vocation d'entrepreneurs.

Nous traiterons des investissements à l'étranger dans le chapitre suivant. Rappelons seulement ici, qu'effectués au sein des économies dominantes, les investissements extérieurs offrent le quadruple avantage :

— de rendre possible l'exportation dans des pays solvables;

— de créer en conséquence des emplois induits en France;

— d'intégrer l'entreprise au cœur du circuit du progrès technologique;

— de donner à l'entreprise une référence internationale utile pour la conquête de nouveaux marchés.

L'implantation de nos entreprises dans le tiers monde constitue également là où elle est possible une préparation utile dans une perspective de développement des pays considérés. Il importe donc qu'une doctrine officielle favorable à ces opérations soit arrêtée, que son application en soit régulière, souple et rapide — il faut parfois prendre sa décision très vite — et non sujette à des considérations conjoncturelles de politique intérieure.

La politique industrielle doit tenir compte des préoccupations relatives à l'aménagement du territoire. La nature de ces préoccupations a été précisée plus haut. Il convient, néanmoins, de formuler deux observations complémentaires ici.

Les efforts consentis pour sauvegarder l'emploi dans les régions et les secteurs où les travailleurs immigrés constituent une fraction importante de la force de travail consolident des activités dont l'avenir est généralement menacé par la concurrence du tiers monde et absorbent des moyens qui pourraient être affectés plus utilement au développement d'entreprises d'avenir, dans des régions moins industrialisées. Cette politique ne permet donc pas d'assurer une affectation optimale des ressources disponibles.

D'autres part, le caractère spectaculaire, parce que massif et discontinu, des accidents dont sont victimes certaines entreprises, conduit l'opinion et les pouvoirs publics à privilégier les actions tendant à permettre leur survie. Par voie de conséquence, on a tendance à négliger le chômage auquel donnent naissance des phénomènes plus continus et plus diffus mais, au total, plus importants : par exemple, la conjonction dans les pays de l'Ouest de mutation des structures agricoles, de l'arrivée à l'âge du travail d'un grand nombre de jeunes et de l'évolution de mœurs. Du point de vue social, l'allocation des ressources n'est donc pas davantage optimale. Cette constatation devrait conduire à prendre ou à renforcer des mesures spécifiques. Il conviendrait, notamment :

— d'inciter les grands groupes à localiser une fraction de leur développement dans les zones déprimées ou insuffisamment industrialisées;

— d'améliorer le régime des primes attribuées pour les créations d'emplois dans les régions prioritaires;

— d'attribuer une priorité aux prêts à long terme destinés à financer des investissements dans ces régions;

— dans la mesure où l'implantation d'activités nouvelles dans des zones excentrées et caractérisées par la faiblesse du tissu industriel comporte des risques spécifiques, de compléter ces aides par des avances remboursables en cas de succès, qui permettraient, par ailleurs, d'atténuer la modicité des fonds propres disponibles.

Il serait également concevable, dans le même dessein, de réserver aux zones dont il s'agit le bénéfice de certaines des mesures suggérées plus haut, en vue de combler les lacunes de notre appareil industriel et de promouvoir les créations d'entreprises nouvelles. Les collectivités locales ou les établissements publics régionaux intéressés pourraient être autorisés, plus largement qu'ailleurs, à prendre des initiatives susceptibles de faciliter et de seconder les créations d'activités et d'emploi.

Enfin, une voie prometteuse à tous égards est celle qui correspond au thème « Small is beautiful » qu'un Français avait déjà appelé « les usines à la campagne » et non seulement appelé mais réalisé. Il n'est pas douteux qu'elle se relie étroitement d'une part à l'humanisation du travail à la machine, d'autre part à la création d'un tissu industriel plus serré et géographiquement mieux réparti. Sans en faire une panacée, le petit modèle peut être un élément déterminant d'une compensation au gigantisme industriel et urbain ainsi qu'un facteur d'équilibre humain.

Une doctrine équilibrée permettrait de mieux concilier la coopération internationale, le développement de notre économie et la sauvegarde de notre indépendance. Cette coopération est indispensable, nous l'avons dit. Les positions occupées en France par les intérêts étrangers sont trop importantes pour que notre pays puisse consacrer à leur rachat des moyens qui doivent être affectés, par priorité, au redéploiement de son industrie. En outre, dans certains secteurs, les éléments dont nous disposons sont trop faibles pour que leur développement puisse être assuré sans des apports étrangers, notamment sur le plan technologique. Enfin, une stratégie économique offensive ne peut être adoptée avec succès que si une priorité est donnée à la mise en place à l'étranger de bases à partir desquelles nous pourrons, de notre côté, diffuser plus largement nos produits et notre savoir-faire. Une conception hexagonale de notre destin industriel ne serait pas cohérente avec cette stratégie.

Cela dit, l'importance du marché français est loin d'être négligeable, compte tenu de ses prolongements européens et africains, et constitue un atout qui devrait permettre de négocier des accords plus équilibrés avec nos partenaires étrangers. Notre politique, dans ce domaine, a été inspirée par des préoccupations de caractère défensif et s'est bornée, le plus souvent, à limiter la quotité des participations extérieures ou à rechercher des solutions françaises alternatives des offres étrangères. Il serait préférable de s'appuyer sur celles-ci pour obtenir des contreparties tangibles concernant, par exemple, le développement des activités et de l'emploi, l'implantation de nouveaux établissements dans les régions déprimées, la localisation des centres de recherche, la création de capacités exportatrices et l'ouverture de nouveaux marchés. Il serait également opportun, dans certains cas, de chercher à obtenir des partenaires étrangers qu'ils acceptent une participation française à leur propre capital et à leurs organes de décision.

Une importance particulière devrait être accordée à nos relations avec les pays producteurs de pétrole, et notamment avec les Etats de la péninsule Arabique qui disposeront, pendant de longues années, de ressources considérables. L'établissement de liens privilégiés avec ces pays permettrait, non seulement de contribuer à la solution des problèmes posés par le déficit de nos paiements extérieurs et le financement de notre redéploiement industriel, mais encore de faciliter le développement de nos exportations. Pour une part croissante, en effet, les moyens financiers de ces pays seront affectés à la réalisation dans le tiers monde d'investissements qui sont à la mesure de notre industrie. Il serait logique et conforme à l'ensemble de nos intérêts, tant économiques que politiques et culturels, de chercher à tirer tout le parti possible de cette synergie, qui pourrait permettre de combiner les capacités financières des pays arabes, les aptitudes industrielles de la France et les chances inexploitées du tiers monde.

La mise en œuvre d'une politique industrielle active suppose l'intervention d'organismes financiers adaptés à ses finalités. Nous ne nous dissimulons pas les difficultés d'une telle politique. Raison de plus pour concevoir sans tarder les mécanismes et les procédures nécessaires et veiller à ne pas être devancés.

Si les grands groupes sont, le plus souvent, en mesure d'assurer eux-mêmes et par leurs propres moyens le redéploiement de leurs ressources, il n'en va pas de même des entreprises de dimensions plus modestes, qui constituent une part très importante de notre tissu industriel et dont le développement commande, non seulement le rétablissement des équilibres souhaités en matière d'échanges extérieurs et d'emploi, mais encore l'épanouissement d'une société qui parvienne à concilier l'efficacité économique et un véritable humanisme industriel. Or ces entreprises, qui constituent des centres de décision autonomes, et au niveau desquelles il faut donc descendre pour transformer en actions opérationnelles les orientations de caractère général définies par les pouvoirs publics, ne disposent pas en leur sein de tous les éléments dont elles auraient besoin pour participer de façon efficace à la mise en œuvre de cette politique. En outre, ce rôle de médiateur ne peut pas être rempli par l'Administration, qui ne possède pas les instruments nécessaires et doit se ménager un recul suffisant par rapport aux opportunités, aux péripéties et aux intérêts.

Notre organisation financière devrait donc être complétée par la mise en place d'institutions spécialisées, qui pourraient s'inspirer de l'expérience acquise par l'Institut de développement industriel. Les apports de fonds propres de nature à faciliter et à accélérer la réalisation des objectifs sectoriels constitueraient la mission essentielle de ces organismes, qui pourraient aussi, le cas échéant, assurer la gestion opérationnelle des titres remis en paiement des droits de succession et des avances remboursables consenties par l'Etat pour promouvoir le développement des zones déprimées et des activités prioritaires.

Situant ces interventions au niveau des entreprises, maintenant un contact étroit avec leurs animateurs, et conduites par l'exercice de ces missions à réunir le plus grand nombre possible d'informations sur les secteurs appelés à bénéficier de leurs investissements, ces organismes s'attacheraient tout naturellement à résoudre les difficultés correctibles. Ils veilleraient à s'appuyer sur les gestionnaires les plus dynamiques, à promouvoir les restructurations susceptibles d'optimaliser notre tissu industriel, à doter celui-ci des prolongements commerciaux nécessaires au développement des exportations, et à rechercher les partenaires étrangers susceptibles de participer, dans des conditions équilibrées, à la mise en œuvre des objectifs visés.

L'attention doit, néanmoins, être appelée sur le fait que l'exercice de cette mission est soumis à des contraintes spécifiques.

En premier lieu, les diagnostics concernant les secteurs ou les entreprises comportent toujours une large part d'aléas; s'il faut donc reconnaître un droit à l'erreur à ceux qui s'en chargent, il convient aussi de ne pas confier cette tâche à ceux qui ne s'en acquittent que médiocrement. Le personnel des sociétés d'investissement doit donc être exposé à un certain risque de mobilité; c'est une des raisons qui donnent à penser que cette mission ne peut pas être remplie dans des conditions satisfaisantes par des établissements au sein desquels le personnel est normalement appelé à développer une carrière de longue durée, et notamment par les banques commerciales ou le Crédit national.

En deuxième lieu, l'investisseur ne prend des positions parfaitement rationnelles que s'il a pour seul objectif de valoriser son apport, et ne peut établir des relations parfaitement confiantes avec ses partenaires industriels que si leurs intérêts sont identiques; or tel n'est pas le cas lorsqu'une participation est prise par un établissement de crédit qui se préoccupe principalement de préserver ses créances ou de se créer une clientèle captive pour se réserver des retombées bancaires.

Enfin, l'exercice de cette activité suppose que soient maintenues des relations personnelles et des communications rapides, voire même instantanées, entre les chefs d'entreprise, les spécialistes qui traitent leurs dossiers et la hiérarchie qui arrête les décisions ou les propositions soumises aux organes délibérants. L'expérience donne à penser que cette condition n'est plus remplie lorsque l'effectif des cadres opérationnels excède la trentaine. Or une part importante du temps de ces cadres est absorbée par le suivi des affiliés. L'idée suivant laquelle la mission dont il s'agit pourrait être confiée à un organisme unique, au sein duquel la circulation des informations et la préparation des décisions prendraient nécessairement un caractère formaliste et bureaucratique, est donc absurde.

Cette analyse conduit, au contraire, à suggérer la mise en place d'un système pluraliste comprenant un certain nombre d'organismes autonomes auxquels pourraient être reconnues des vocations dominantes. Mais entre ces organismes il serait préférable de laisser subsister des plages de recouvrement pour préserver, avec une concurrence suffisante, la liberté de choix des entreprises et une information parfaitement fiable des administrations intéressées. Pour ce faire, il conviendrait de rétablir la spécialisation des banques, telle qu'elle existait avant les réformes de 1967, et de promouvoir des regroupements tendant à rationaliser la répartition des portefeuilles détenus par les établissements des secteurs public ou semi-public. Complétée par un renforcement des moyens dont disposent les sociétés de développement régional, cette mesure permettrait de doter notre pays d'un réseau capable de transformer en décisions opérationnelles les orientations arrêtées par les pouvoirs publics, même au niveau des petites et moyennes entreprises.

Ce réseau pourrait être alimenté en ressources par le Trésor, étant observé que les moyens budgétaires que celui-ci peut consacrer à la politique industrielle exerceraient un effet de levier nettement plus important que les prêts traditionnels du F.D.E.S. s'ils prenaient la forme d'apports de fonds propres ou d'avances remboursables sous des conditions définies par des contrats de croissance. Il pourrait, également, recevoir des concours des banques commerciales, dont ses interventions conforteraient les créances. En particulier, la création d'une obligation d'emploi déterminée en fonction de l'augmentation de leurs crédits, c'est-à-dire des risques générés par leurs prêts, permettrait de combiner l'alimentation de l'industrie en fonds propres et le contrôle de la masse monétaire. Mais ces ressources pourraient n'être nécessaires que pendant une période transitoire, le système devant se donner pour objectif d'assurer la rotation des capitaux mis à sa disposition et de rentabiliser ses apports.

Du point de vue de l'association de l'épargne au redéploiement industriel, l'attention doit être appelée sur l'évolution inquiétante des placements. Les cours de bourse ont connu un véritable effondrement et portent sur les chances de nos entreprises des appréciations excessivement pessimistes; cet état de choses fait pratiquement obstacle aux augmentations de capital, les épargnants n'étant guère disposés à investir leurs disponibilités dans des valeurs dont le rendement net, compte tenu de la dépréciation monétaire et des moins-values subies, a été largement négatif au cours des dernières années. Ce phénomène ne concerne pas seulement les particuliers : les compagnies d'assurances affectent à l'achat ou la souscription d'actions françaises moins de 10 % de leurs ressources. Cette situation n'est pas compatible avec le maintien d'une économie de marché et compromettrait gravement le redéploiement de notre industrie, qui exigera des fonds propres importants, si cette tendance n'était pas renversée ou si l'Etat ne se substituait pas à une épargne défaillante.

La correction de cet état de choses passe nécessairement par la mise en œuvre d'une politique qui conduise l'opinion à faire confiance à l'avenir de la monnaie et de l'industrie nationale. Mais cette condition ne saurait suffire. L'épargne ne peut participer utilement aux risques des activités productives que si elle peut être informée de leurs chances. Or les investisseurs institutionnels, qui réunissent la part la plus importante des ressources susceptibles d'alimenter le marché financier, et qui assurent, en tout état de cause, son animation, ne sont en mesure de suivre qu'un nombre limité de valeurs. Ce facteur explique, plus que tout autre, pourquoi l'essentiel des transactions porte sur quelques titres et pourquoi les entreprises moyennes, même performantes, ne peuvent qu'exceptionnellement bénéficier des facilités procurées par la Bourse.

Pour remédier à cette carence, il serait souhaitable que les organismes d'intervention évoqués plus haut soient prolongés par des sociétés de portefeuille dont ils partageaient la gestion avec des investisseurs institutionnels. Cette formule leur permettrait d'assurer le reclassement des opérations qu'ils auraient lancées et dont le succès aurait été vérifié, et d'affecter les ressources ainsi dégagées au financement de nouvelles initiatives. Elle faciliterait les apports dont ont besoin les entreprises moyennes, ou la solution des problèmes posés par le caractère familial de leur capital. De façon plus générale, elle assurerait la participation de l'épargne au redéploiement industriel.

Une politique de cette nature, bien entendu, n'est concevable que si l'épargnant peut obtenir une rémunération à la mesure des risques auxquels il s'expose. De ce point de vue, deux mesures paraissent nécessaires. Il faut reconsidérer, tout d'abord, la pratique habituelle des sociétés françaises, qui consiste à tout mettre en œuvre pour dissocier la rémunération de l'actionnaire des résultats de l'entreprise. Cette pratique, qui permet aux dirigeants de ne pas mettre en pleine lumière les incidences de leur gestion en distribuant des réserves pendant les années difficiles, soumet l'épargne aux décisions arbitraires de la technostructure dominante. Elle prive les placements en fonds propres des motivations ludiques qui incitent les Français à soutenir l'élevage des chevaux de course plutôt que le développement de leur industrie. D'autre part, la rémunéraiton des fonds propres est pénalisée par la double imposition dont elle est l'objet. L'effacement pur et simple de celle-ci serait contestable, dans la mesure où il ferait bénéficier d'un enrichissement sans cause les détenteurs de capitaux existants. Il serait normal, en revanche, d'assurer la transparence des sociétés à l'égard des nouveaux apports, en vue de doter les épargnes nouvellement investies d'un statut équitable. Cette innovation devrait être combinée avec des dispositions tendant à effacer les conséquences de l'inflation, pour éviter la distribution de dividendes fictifs.

Les mesures récemment votées par le Parlement — notamment la création d'actions sans droit de vote — étaient tout à fait souhaitables. Il n'est cependant pas certain qu'elles aient toute l'ampleur et la souplesse nécessaires pour obtenir un déplacement significatif de l'emploi de l'épargne.

La France ne pourra préserver ses chances, son niveau de vie et ses ambitions que si elle participe avec succès aux échanges qui ne cessent d'accroître l'interdépendance de tous les pays du monde. La médiocrité de ses ressources naturelles, au demeurant, ne lui laisse pas le choix : pour se procurer l'énergie et les matières premières dont elle a besoin, elle devra exporter des produits auxquels elle aura ajouté une valeur par son travail. Les ressources financières qu'elle pourra obtenir pour compenser l'insuffisance éventuelle de ses exportations seront, nécessairement, temporaires et limitées, et l'exposeront toujours au risque d'aliéner sa liberté d'action.

Considéré de ce point de vue, ce qu'il était convenu d'appeler l'impératif industriel revêt une dimension qu'il convient de méditer. Le progrès humain ne s'accommode ni de la régression ni de la soumission. Notre pays ne pourra réaliser ses ambitions sociales, faire disparaître les injustices et réduire les inégalités inutiles que s'il se dote des moyens de cette politique. Ce qui est en cause, c'est la possibilité, pour notre peuple, d'exercer un choix de société parfaitement libre.

Au terme de ce long examen de l'industrie française, par-delà la multiplicité et la complexité des actions à mener, une impression fondamentale se dégage. Si le premier objectif de la politique française — équilibrer la balance commerciale — est pour le moment atteint dans les conditions et sous les réserves que nous avons énumérées, le second — mettre l'économie française en état de soutenir la compétition internationale — reste devant nous. Il implique une reconversion douloureuse et parfois cruelle pour les entreprises, pour les salariés et pour certaines régions. Dès lors, ce qui est fondamental c'est de bien distinguer la nécessité pressante des opérations de sauvetage du redéploiement qui, lui, est affaire de stratégie fondamentale pour l'avenir et non de tactique ponctuelle pour l'immédiat. On ne pourra mener avec succès une politique de reconversion qu'en anticipant les évolutions possibles, en devançant les difficultés de façon à ce que ses mécanismes soient en place et fonctionnent avant que la concurrence ne nous mette au pied du mur.

Tout cela suppose un système de recherche capable de se porter massivement et vite sur un secteur « utile ». Dépourvus de matières premières, nous n'avons d'autres choix que de devenir des innovateurs, des découvreurs, des transformateurs, des anticipateurs. Il faut y consacrer « l'essentiel » de nos moyens. D'où l'importance de l'innovation et au premier chef du renouvellement de sa conception :

— elle n'a pas à rechercher uniquement des technologies massives : de petites découvertes, de petites adaptations sont susceptibles de développements exploitables avec succès;

— elle doit être décentralisée dans ses décisions et ses moyens financiers : elle se manifeste souvent au niveau de la petite ou de la moyenne entreprise;

— elle doit anticiper les besoins de la société postindustrielle où coexisteront sans doute deux formes, l'une de technologie sophistiquée, l'autre de décentralisation agraire;

— elle a un rôle capital à jouer pour l'époque où le gaspillage ne sera plus possible;

— elle doit être rendue possible en dehors des voies ouvertes et privilégiées des grands laboratoires;

— elle doit enfin bénéficier de procédures — financières notamment — plus souples.

Il serait étonnant que les Français dont l'ingéniosité s'est longtemps accommodée d'une extrême pauvreté de moyens pour faire tant de découvertes individuelles, ne sachent pas, moyennant un climat favorable, exceller dans l'innovation d'aujourd'hui et de demain.

CHAPITRE V

AUTRES ASPECTS DU COMMERCE EXTÉRIEUR

Ayant consacré au « complexe agricole », au secteur énergétique et à l'industrie de longs développements, ce rapport devrait faire une place substantielle à plusieurs secteurs dont on ne saurait sous-estimer l'importance : la main-d'œuvre qui joue dans nos équilibres extérieurs un rôle fort important, les services, banques, assurances, transport qui constituent l'une de nos faiblesses, le tourisme qui se développe et auquel notre pays, fort bien doté par la nature pourtant, n'a pas consacré une suffisante attention, l'ingénierie, la réalisation de grands travaux dont l'influence à terme est plus grande encore que leur contribution immédiate à l'équilibre, le commerce extérieur enfin, en tant qu'activité spécifique, qu'on l'aborde sous l'angle de l'intervention publique ou au niveau des entreprises.

Tourisme, assurances, transports, ingénierie, grands travaux, balance commerciale en matière de brevets... Tous ces aspects mériteraient d'être étudiés de façon plus approfondie. Les impératifs de temps... et d'espace n'ont pas permis de le faire ici. Ce pourrait être l'objet d'études ultérieures, pour la contribution qu'apportent ces différents secteurs à notre équilibre général et à celui de nos échanges extérieurs.

L'emploi et le commerce extérieur. Au moment de la constitution du groupe de travail, auteur du présent rapport, la présence de membres de la Commission des Affaires sociales en son sein a surpris. C'était ignorer trois phénomènes importants : l'effet sur le niveau d'emploi que peuvent avoir certaines importations en provenance en particulier du tiers monde, le rôle que joue chez nous une main-d'œuvre étrangère qui exporte une partie de ses gains, mais plus fondamentalement encore l'arbitrage difficile que le pays doit faire et fait tous les jours entre développement de l'emploi et maintien ou plutôt consolidation des équilibres extérieurs. Sans prétendre traiter ici les trois sujets comme il aurait fallu le faire, nous allons tenter d'en donner les éléments les plus significatifs.

1. — Préoccupé par le déclin de certains secteurs particulièrement sensibles et exposés, le Commissariat général du Plan a constitué un groupe d'études et l'a chargé « d'étudier l'évolution des économies du

tiers monde et l'appareil productif français ». En janvier 1978, le groupe, animé par M. Yves Berthelot, a présenté ses conclusions :

« Par un certain nombre de gestes, la France a montré qu'elle avait l'intuition des changements inéluctables en cours dans les relations avec les pays du tiers monde. Par certaines décisions, elle a marqué sa crainte du changement et le risque existe que les réactions de peur ne s'étendent. Ce rapport a montré que jusqu'ici les aspects positifs des relations avec le tiers monde l'emportaient sur les aspects négatifs même en terme d'emploi. Il estime que, pour le moyen terme, ces relations seront favorables ou défavorables selon l'attitude adoptée dès maintenant. Il marque la nécessité d'articuler étroitement politiques extérieures (commerce et coopération) et politique économique intérieure. Les décisions à prendre embrassent de nombreux domaines et leur cohérence ne peut être assurée que par une vue claire des évolutions en cours et des buts à atteindre; elles exigent surtout une volonté courageuse, car les pressions immédiates sont contradictoires, et une action d'information car les esprits n'y sont pas préparés. Ce rapport appelle un débat avec l'ensemble des forces économiques et sociales. La mise en place d'un dispositif permanent d'observation, d'analyse et d'information qui suivrait l'évolution du tiers monde et ses conséquences pour l'économie française répondrait aux exigences d'une situation en constante évolution. »

Ces conclusions ont été confirmées devant le groupe de travail du Sénat par notre compatriote M. Claude Cheysson, membre de la Commission des Communautés européennes, particulièrement chargé d'animer la politique de soutien contractuel que ces communautés conduisent à l'égard de cinquante-trois pays en voie de développement de l'Afrique, des Caraïbes et du Pacifique. Ces conclusions ont une particulière importance au moment où s'est engagée la négociation pour la seconde convention de Lomé.

Parmi les neufs pays du Marché commun, la France est sans doute celui qui jusqu'ici a fait la plus petite part dans sa consommation aux produits, textiles en particulier, en provenance de pays moins développés. Mais, en même temps, elle est, à terme, nous l'avons vu, l'un des plus menacés pour l'avenir : le niveau relativement bas de ses salaires dans les secteurs concernés la met en effet en concurrence directe avec les pays sous-développés et ne la contraint pas à relever son niveau technologique. En sens inverse, il faut être attentif au fait que ce relèvement du niveau technologique a tendance à accroître l'investissement et à diminuer l'emploi pour un chiffre d'affaires constant et qu'il a pour résultat de nous mettre en concurrence directe avec des partenaires européens et avec l'ensemble des économies industrielles développées. Ainsi la voie est fort étroite et le groupe de M. Yves Berthelot avait raison de souligner la nécessité d'articuler étroitement politique extérieure (commerce et coopération) et politique économique intérieure et de dire que des décisions à prendre « exigent surtout une volonté courageuse ».

Nous avons évoqué le problème dans le chapitre consacré à l'industrie. Nous y reviendrons au moment où nous évoquerons en conclusion des moyens de pilotage de l'économie nationale. Nous ne pouvons pas ne pas dire ici avec force que tout semble montrer que l'articulation entre les exigences de l'emploi et celles de l'équilibre extérieur est cruellement difficile. Mais elle peut être obtenue surtout à condition qu'on le veuille suffisamment à l'avance, qu'on prenne enfin le soin d'associer à l'étude, à la prévision, à la décision, à l'action tous ceux que le problème concerne : travailleurs, entreprises, responsables locaux aussi, puisque dans les reconversions dont il s'agit la survie de certaines régions est en balance. Prenons-y garde, l'opinion n'acceptera pas longtemps que l'emploi et l'aménagement du territoire soient sacrifiés aux exigences de nos équilibres extérieurs : vouloir cet équilibre, c'est vouloir l'adhésion du corps social tout entier à une politique qu'il aura comprise parce qu'on la lui aura expliquée.

2. — Parmi les réactions que suscite la crise de l'emploi, il en est une dont il convient de se méfier plus qu'on ne l'a fait jusqu'ici. La xénophobie, une xénophobie doublée parfois d'un odieux racisme, nous guette au moment où le chômage s'accroît, alors que deux millions de travailleurs étrangers sont chez nous. Les dommages moraux de comportements xénophobes doivent être évoqués d'un mot : ils avilissent ceux qui les adoptent. Les dommages politiques que provoquent de tels comportements doivent être soulignés aussi.

Mais soyons lucides : cette main-d'œuvre a été nécessaire à notre développement économique et, si pendant les vingt-cinq ou trente ans qui ont suivi la Seconde Guerre mondiale, nous n'en avions pas disposé, comme nous avons disposé des migrants agricoles, notre appareil industriel aurait été paralysé faute de bras. Cette main-d'œuvre étrangère, dont l'éventail professionnel est très dissymétrique puisqu'elle occupe 90 % des échelons les plus bas de la hiérarchie, nous est de surcroît aujourd'hui encore indispensable : bien des emplois occupés actuellement par des travailleurs immigrés ne trouveraient pas « preneurs » parmi les Français s'ils étaient désertés. Il est des branches entières qui seraient frappées de paralysie si elles devaient compter sur la seule main-d'œuvre nationale. Elles n'en sont pas menacées dans la mesure où les pays d'origine des travailleurs immigrés connaissent des difficultés économiques supérieures aux nôtres : Portugais, Algériens, Espagnols ou Tunisiens risqueraient fort de connaître chômage et pauvreté s'ils rentraient chez eux. Ceux-là le savent bien qui osent s'en prendre aux étrangers et osent ainsi satisfaire leurs haines raciales. Ils s'attaquent à des hommes sur lesquels ils savent que l'économie française pourra encore compter demain.

A cette vérité, deux « politiques » mises en place depuis quelques années ont tenté de faire face : la première tend à faire aux immigrés la place qu'ils méritent que nous suggèrent les principes de civilisation auxquels nous tenons. Devenue moins accueillante depuis quelques années, la France tente de réserver meilleur sort à ceux qu'elle emploie. Le chemin est encore long à parcourir, qu'il s'agisse d'hébergement, d'éducation ou de salaire. L'amélioration de ces conditions nous garantira l'afflux des travailleurs dont nous avons besoin.

La seconde politique se développe sous la dénomination de « valorisation du travail manuel » que nous avons longuement évoquée dans le chapitre précédent. Elle a un objectif immédiat : permettre — par la formation, le salaire et les conditions de travail — aux « cols bleus » de n'être pas moins considérés que les cols blancs. A terme, elle prétend, cette valorisation étant enfin inscrite parmi nos données sociologiques et culturelles, provoquer un renversement de nos tendances et faciliter l'orientation d'un flux croissant de jeunes vers les travaux directement productifs de l'industrie, de l'artisanat, des métiers agricoles et para-agricoles. La valorisation du travail manuel n'est pas substantiellement amorcée. Le lieu n'est pas d'en analyser les raisons mais seulement d'indiquer que cette politique est d'intérêt national évident. Et que pour atteindre les objectifs que l'on se propose il sera sans doute nécessaire de changer de méthode et de mobiliser davantage de moyens. Il ne s'agit point de contester la tendance de nos systèmes de travail à développer le secteur tertiaire au détriment du primaire puis du secondaire. La tendance est irréversible et positive. Il s'agit que nous trouvions nous-mêmes en nous-mêmes un meilleur équilibre et que nous fassions enfin que tout travail soit considéré.

A côté de ces considérations culturelles, sociales et politiques, il nous revient de souligner l'importance des sommes que les étrangers travaillant en France exportent dans leur pays. Sans doute contribuent-elles à équilibrer la balance de ces pays vis-à-vis de la France. Il demeure que sous cette réserve, tout travailleur étranger « économisé » contribue à nos équilibres (le montant des transferts d'économies de salaires est annuellement de 6 à 8 milliards de francs par an).

On ne saurait quitter cet aspect du problème de l'emploi sans faire allusion au problème central du déclin de la démographie française. Il n'est plus un seul responsable politique français qui ne considère avec inquiétude les conséquences graves qu'il comporte à terme. A l'extérieur sans aucun doute, mais aussi au niveau de nos équilibres intérieurs : nos avantages sociaux, notre niveau de vie et notre compétitivité seraient gravement menacés si, faute d'un redressement démographique, le déséquilibre population active-population totale se dégradait.

3. — Le troisième aspect du problème de l'emploi que ce chapitre entend aborder est de tous le plus important : il constitue à la vérité la matière du rapport tout entier. Il s'exprime en trois chiffres dépourvus d'ambiguïté : toutes choses égales d'ailleurs, 1 % de croissance en plus

c'est 100 000 chômeurs en moins et c'est 5 milliards de francs de déficit complémentaire de notre balance des paiements!

Toutes choses égales d'ailleurs, il faudrait choisir entre l'équilibre et l'emploi. L'objet du présent rapport est de dire que les choses peuvent être autres et d'esquisser les voies de ce « New Deal », de ce nouveau pacte, de cette nouvelle donne.

De tous les « services » qui contribuent à nos équilibres extérieurs, la banque est de très loin le plus significatif et le plus déterminant. Ayant renoncé à traiter du tourisme, des transports, des assurances, des brevets, de l'ingénierie et de la conduite des grands travaux, nous nous contenterons ici de présenter quelques remarques. L'importance et la difficulté des problèmes que pose le système bancaire français sont au demeurant telles que le ministre de l'Economie a décidé récemment de confier à un très haut fonctionnaire, avec la collaboration d'un groupe de travail l'étude de la réalité bancaire française et des orientations qu'il est souhaitable de lui donner. Dans le volume des contributions joint au présent rapport, le lecteur trouvera quatre analyses fort utiles. Il apparaîtra pourtant que « l'optimisme » qu'elles manifestent ne concorde pas avec les propos tenus par telle ou telle autre personnalité entendue et qui, elle, avait la charge d'une entreprise industrielle.

L'on peut dire que depuis quelques années les banques françaises ont fait un effort important pour apporter une assistance « technique » différenciée adaptée aux entreprises travaillant à l'étranger. Elles y ont multiplié leurs implantations, créé de véritables réseaux d'information et des procédures efficaces. Comme elles l'ont fait sur le territoire national. La concurrence aidant, l'ingéniosité est venue aux banquiers. Et c'est méritoire. Mais s'agit-il seulement de cela? Il serait tout simplement absurde de l'affirmer. La banque est plus que toute autre entreprise le révélateur, l'acteur du développement économique. Nous en avons traité dans le chapitre précédent. Revenons-y en quelques lignes. Tant que le banquier considérera que son activité a pour seul objectif son profil direct et que son intervention doit être entourée de toutes les garanties, tant qu'il n'attendra pas son profit du profit des entreprises auxquelles il fournit les moyens nécessaires, tant que les vieilles structures industrielles très patrimonialisées auront sa préférence; tant que les équipes d'hommes et leur savoir technique et leur connaissance du marché ne constitueront pas cautions suffisantes, tant que nous aurons des banques riches et des entreprises pauvres, notre économie n'aura pas trouvé les moyens de son expansion. Ne peut-on rêver que dans l'avenir les banques puissent faire preuve d'autant de créativité et de compétitivité dans leur action économique qu'elles ont fait preuve de perspicacité et d'habileté dans la détection des « bons coins » pour multiplier leurs guichets et se tailler mutuellement des croupières?

Le portrait est sévère. Il a moins pour objet de porter accusation que de permettre à des non-spécialistes comme le sont les membres du groupe de travail de discerner les directions dans lesquelles il semble qu'un effort doit être accompli. Bien révélatrice de tout un système de pensée est la pratique « bien de chez nous » qu'on appelle « tour de table ». Elle consiste en ceci. Lorsqu'une entreprise se trouve avoir besoin d'un financement substantiel il est fort rare, sauf à donner des gages au-dessus de tout soupçon, qu'elle puisse trouver une seule banque pour lui monter son crédit. La ou les banques dont elle est la cliente attitrée organisent une réunion au cours de laquelle le plus grand nombre d'établissements possible se partagent le... gâteau empoissonné. On équilibre les risques mais de telle sorte que personne, pas même le leader, ne se sent assez directement concerné pour s'engager de toutes ses forces dans le combat de l'entreprise. Chacun apporte son aumône mais l'entrepreneur reste cruellement seul.

Frappé de ces impressions, votre rapporteur a, de peur d'être injuste ou maladroit, interrogé deux personnalités étrangères compétentes, l'une appartenant à l'administration de la C.E.E., l'autre jouant un rôle important dans la banque suisse. Interrogées sur la capacité des banques françaises à devenir des facteurs déterminants du redéploiement économique de notre pays, elles ont l'une et l'autre formulé le même diagnostic. Le système bancaire français n'a pas connu de grande époque depuis le milieu du XIXe siècle. Récemment, il a accompli un redressement méritoire mais il est très loin de se situer au niveau d'efficacité des systèmes bancaires des pays comparables aux nôtres. Ce qui est en cause, c'est la conception française de la banque, de ses interventions, du partage des responsabilités et des risques entre elle et l'entreprise industrielle et commerciale. « Vous ne pourrez pas, disaient mes interlocuteurs, réaliser vos ambitions si votre système bancaire n'est pas le premier à réaliser le nécessaire « redéploiement ». Encore ce redéploiement n'est-il pas seulement stratégie géographique d'implantation mais nouvelle définition. »

On ne peut enfin passer sous silence un problème difficile. Celui du foncier et de l'immobilier.

En période de croissance, la propension à l'investissement immobilier et foncier a des avantages et des inconvénients. En période de croissance moindre, il faut prendre garde à ce que le placement foncier et immobilier ne draine des fonds au détriment de l'investissement productif. En période d'inflation, la sécurité qu'offre particulièrement le placement foncier constitue un irrésistible attrait. Elle favorise l'inflation en rendant la demande foncière très vite supérieure à l'offre. Tout doit être mis en œuvre (impôt, crédits, incitations, informations) pour provoquer à cet égard des comportements positifs pour l'ensemble de l'économie.

C'est une entreprise d'autant plus difficile que le placement a non seulement cessé d'être rémunérateur mais qu'il n'a pas même assuré la constance du capital. Les seuls gains boursiers sont spéculatifs. D'où l'attitude de l'épargnant français moyen qui est d'autant moins tenté de prendre le risque industriel qu'il a peu de chance d'en profiter. Et comme les motivations du guichetier de sa banque ne concernent pas une assistance à la création et à la gestion de petits portefeuilles, il ne faut pas s'étonner si l'épargnant français n'a pas épousé l'industrie.

Nous analyserons plus loin les interventions publiques en matière de commerce extérieur. Arrêtons-nous un instant à l'aspect commerce extérieur de l'activité des entreprises.

Ayant l'intention de proclamer dans les conclusions du présent rapport que le destin national ne saurait être « abandonné » à l'action et aux résultats des entreprises, votre groupe de travail est très à l'aise pour dire avec force que l'activité du commerce extérieur relève essentiellement des entreprises. L'équilibre de nos échanges extérieurs ne sera pas sauvé par un corps zélé et compétent de fonctionnaires titrés, mais pas une légion d'entreprises où service de production, service de prospection et service après vente sont étroitement articulés les uns aux autres et commandent le destin de l'entreprise à proportion de leurs réussites.

Nous avons dit que peu d'entreprises françaises avaient « accès » aux marchés extérieurs. Malheureusement beaucoup de celles qui y ont accès n'ont pas organisé leurs structures en conséquence. D'autre part, les mentalités n'y ont pas suffisamment évolué en fonction de l'existence du marché extérieur considéré comme une donnée stratégique constante de l'entreprise elle-même.

Les auditions auxquelles il a été procédé ont permis de dégager un certain nombre de données qui sont autant d'appels à l'effort :

1. — L'héritage commercial français est beaucoup moins riche, beaucoup moins ancien que l'allemand, l'anglais ou l'italien. Cela est le résultat d'une conception générale très autonome de l'intérêt national d'un pays qui trouvait en lui-même son équilibre, après y avoir trouvé longtemps les fondements de sa supériorité sur les autres. La chose s'exprime de multiples façons : la place du cadre commercial n'est pas dans l'entreprise, comparable à celle des cadres technique, administratif ou financier, même s'il arrive que son système de rémunération soit favorable. C'est déchoir pour un ingénieur que d'être un vendeur. Dans la logique de cette hiérarchie subtile qui ne s'inverse que très lentement, c'est en France le commerçant qui doit vendre ce que l'ingénieur fabrique et non l'ingénieur qui doit fabriquer ce que le vendeur demande : rien n'est plus contraire à notre esprit, à notre « monde » que le « marketing » que l'on peut définir comme l'art de se découvrir ou de se conquérir un créneau de vente pour être le premier à l'occuper. Nous avons eu longtemps une industrie (et une agriculture) à la mesure de notre marché intérieur, qui nous dispensaient de rechercher des débouchés uniquement bons pour absorber les surplus.

2. — De là une certaine conception artisanale des choses. Dès lors qu'il n'y a pas de synergie production-vente, il n'y a pas réseau commer-

cial omniprésent. Le propre de l'industrie française, de l'agriculture aussi, a longtemps été d'opérer par commandos et de répudier la stratégie d'occupation du terrain. Il est à cet égard très intéressant de connaître l'opinion de nos concurrents ou de nos clients. Ils sont d'accord pour dire que nous avons des équipes capables de monter de très « beaux coups », mais que les beaux coups représentent peu de chose par rapport aux courants entretenus sans défaillance par l'Allemagne et le Japon. Nos succès dans le domaine des grands équipements industriels résultent sûrement de l'existence en France d'ensembliers compétents et compétitifs. Ils ne sont que la contrepartie heureuse de notre faiblesse dans le quotidien. Le commerce international bâtit ses succès sur un labeur modeste et nous aimons les cocoricos. Plus peut-être que les autres pays vendeurs, nous sommes tentés de pratiquer sur les pays acheteurs des « pressions » gouvernementales opérationnelles.

3. — Ainsi sommes-nous moins capables que les Allemands d'assurer le suivi des affaires. Or il est aussi important — en terme de ventes — et aussi difficile de garder un marché que de le conquérir.

4. — Héritage d'une industrie peu tournée vers l'extérieur, ces comportements sont aussi l'expression concrète de données humaines : les Français ne sont bien que chez eux et l'on a les plus grandes peines à implanter des cadres à l'étranger comme à obtenir que les équipes volantes d'intervention ne prennent pas ferme leur billet de retour avant même d'être parties. Quelle différence avec les Japonais, les Allemands, les Hollandais ou les Suisses! Ils sont partout, se collent au client comme l'arapède au rocher, s'installent dans un hôtel pour le temps qu'il faut.

5. — L'une des conséquences de cette différence des comportements, c'est la différence du niveau d'information sur les marchés qui existe entre les entreprises françaises et étrangères. Un commando gagne une bataille, il ne connaît pas le terrain qu'il a conquis. Connaître le terrain, c'est connaître non pas seulement les hauts fonctionnaires, les P.-D.G. ou les directeurs commerciaux que l'on visite dans leurs bureaux ou que l'on invite au restaurant, c'est connaître le pays lui-même, ses tendances, ses besoins, ses mentalités. Ce problème mériterait à lui seul qu'on lui consacre de très longs développements. Il serait aisé de démontrer que les succès extérieurs de certaines entreprises françaises sont dus à la constitution menée avec patience de tels réseaux de présence et à la formation d'un personnel adapté plus encore qu'à la nature de l'objet vendu. Il serait plus intéressant mais singulièrement plus difficile d'analyser comment ces myriades d'informations sans grand intérêt immédiat, transmises chaque soir par télex par toutes les équipes japonaises à travers le monde, constituent pour les ordinateurs des grandes firmes et du M.I.T.I. une nourriture fantastiquement riche sur la base de laquelle s'élaborent et se transforment au jour le jour toutes les stratégies japonaises.

6. — Car l'information sur la réalité économico-commerciale de cha-

que pays et du monde constitue une matière première aussi indispensable que le pétrole, le fer ou le bois.

7. — Sans doute les choses évoluent-elles en France dans le bon sens, il faut le souligner, mais sans doute aussi n'évolueront-elles, de façon plus décisive encore que si dans nos mentalités et nos procédures, l'investissement commercial rejoint et dépasse en « dignité », en valeur marchande, en « fiscalité » l'investissement machine et l'investissement béton. Mieux vaut une entreprise qui a un marché et de vieux bâtiments qu'une entreprise qui étale d'admirables façades et d'impressionnants parcs de machines : il faut moins de temps pour construire une usine ou pour acheter les appareils les plus compliqués qu'il n'en faut pour se constituer une clientèle.

8. — C'est ici qu'il faut sans doute aborder, mais fermement, le problème que posent les investissements à l'étranger auquel nous avons déjà fait allusion dans le chapitre précédent. Il faut d'abord savoir que cette tendance des entreprises industrielles à s'implanter hors des frontières nationales crée des difficultés dans presque tous les pays : les Etats-Unis ont connu à ce sujet des débats intérieurs passionnés. Les syndicats accusent les groupes d'ignorer volontairement le chômage qu'ils estiment en résulter. Il n'est pas évident que si certaines précautions sont prises, le bilan emploi de ces implantations soit, toutes choses prises en compte, négatif pour la main-d'œuvre nationale. Surtout ces implantations sont souvent nécessaires à la percée commerciale.

Prenons deux cas limites : les Etats-Unis d'Amérique protègent leur marché par des mesures non tarifaires qui résultent, d'une part, du « Buy American Act » et, d'autre part, de la pratique de l'« American Selling Price ». La première privilégie la production nationale; par la seconde, l'Administration nationale s'arroge le droit de déterminer la valeur en douane des objets importés. Le barrage que constituent ces pratiques rend soit impossible, soit excessivement difficile, en tout cas aléatoire, la vente à partir d'un territoire étranger. En revanche, l'implantation industrielle par rachat ou par création, permet d'opérer sur le territoire américain et l'acte industriel permet de transférer de façon beaucoup plus aisée des éléments, des sous-ensembles, des technologies « made in France ».

Le second cas pourrait être celui de l'Algérie, de la Roumanie ou du Nigeria qui sont acheteurs, faute d'en fabriquer, de voitures automobiles étrangères. Ils se lassent un jour d'importer des voitures toutes faites. Ils aspirent à les monter sur place, puis à fabriquer sur place quelques éléments de ces voitures, puis à passer avec la firme concernée un accord tendant à l'implantation d'ateliers capables de fabriquer au-delà des besoins locaux et donc à l'exportation vers le « pays d'origine », la France par exemple, une partie de leurs excédents. Du point de vue du « pays d'accueil » la pratique n'est que légitime : elle assure la formation et l'emploi d'une main-d'œuvre abondante, elle contribue au « décollage » économique nécessaire. Du point de vue de la firme, la pratique est mieux qu'acceptable, car elle assure un courant de ventes et parfois la fourniture d'éléments d'un prix de revient moins élevé que le prix de revient national. De surcroît, cette pratique permet un meilleur amortissement des énormes investissements que représentent l'étude, la mise au point, la mise en fabrication et le lancement d'un nouvau modèle.

Reste le point de vue national. Il est essentiel parce que nous connaissons le chômage et que nous manquons de capitaux pour assurer notre propre développement. Notons d'abord que si le gouvernement français faisait obstacle à de telles pratiques sans que les autres pays en fassent autant, les firmes françaises et leurs produits seraient éliminés de ces marchés en voie d'industrialisation. Notons ensuite que, tout compte fait, l'économie française est aujourd'hui encore largement bénéficiaire de ce système d'échanges. Il demeure que des précautions doivent être prises car, à la longue, nous l'avons vu pour le textile, des déséquilibres se créent et deviennent fort dangereux. Mais nous touchons là à quatre problèmes essentiels :

— le nouvel ordre économique international;

— la planification concertée des pays en développement et des pays en redéploiement;

— l'obligation où nous sommes de nous lancer dans une « course en avant technologique » pour nous évader volontairement et ordonnément des marchés contestés et nous consacrer aux marchés porteurs;

— enfin la sauvegarde d'une capacité de résistance à des crises susceptibles d'aggraver une situation de l'emploi plus que préoccupante. Les trois premiers problèmes constituent, si l'on ose ainsi s'exprimer, la toile de fond de notre rapport; quant au quatrième, il vise expressément cette clause de sauvegarde programmée et contractuelle qui doit figurer parmi les règles du commerce international. Nous y reviendrons.

9. — Arrêtons-nous davantage aux problèmes « commerciaux ». Après les avoir traités globalement, il faut souligner la différence qui existe entre les groupes importants qui peuvent se doter, par services intégrés ou sociétés filiales, des moyens d'une action marchande efficace et les entreprises, qu'elles soient petites, moyennes ou moyennement grandes, qui ne peuvent se créer, à elles seules, de tels moyens. Elles ne peuvent, vu leur taille, que procéder par « commandos », par coups d'éclat. Elles ne peuvent être présentes en permanence. Or, nous l'avons vu, la participation de l'entreprise moyenne est essentielle à l'équilibre de nos échanges extérieurs. Pour trois raisons : quelques grands groupes ne peuvent suffire seuls à cet équilibre, il faut l'armée des obscurs; mais aussi parce que la France ne prendra la mesure des réalités extérieures que si le nombre des entreprises et donc des travailleurs et des responsables engagés dans le débat s'accroît substantiellement : le marché extérieur n'est pas l'affaire des gros, il est l'affaire de tous. Enfin, les groupes manquent souvent de l'adaptabilité, de la rapidité de réponse, de la créativité que requièrent bien des clients.

Regardons ce qui se passe en Allemagne : beaucoup plus d'entreprises que chez nous y sont engagées dans « l'aventure extérieure », précisément parce que, compte tenu des organisations existantes, il ne s'agit plus tout à fait d'aventures. Voilà des siècles qu'existent des « sociétés de commerce international ». Implantées à Brême ou Hambourg, elles ont joué tout à la fois le rôle de services commerciaux communs, de réseau permanent d'implantation sur les marchés, de système de collecte et de traitement de l'information, de services communs de « marketing », d'ensembliers industriels présentant des ensembles intégrés ou des gammes complètes de produits, de véritables organes d'étalement des risques, de financiers et plus récemment de gestionnaires des « compensations » sur des marchés où cette pratique est devenue chose courante. Si le système japonais, celui des *Shoshas,* terriblement efficace aussi, ne peut servir de modèle, le fonctionnement du système allemand doit nous inciter à favoriser le développement d'organes spécifiques de commerce international. Quelques sociétés de ce genre existent ou se créent en France qui, avec prudence mais résolution, tentent de combler notre retard sur l'Allemagne. Il faut les encourager mais il faut savoir que ce retard existe et qu'il constituera pour longtemps un handicap sérieux. Une autre pratique existe, en France, que le gouvernement encourage, mais dont on voudrait croire qu'elle n'aura pas pour résultat à terme de provoquer l'absorption des moyennes entreprises les plus « courageuses ». Cette pratique consiste à faire jouer à un grand groupe le rôle de société de commerce international au profit de firmes associées. Il nous faut faire feu de tout bois, mais prenons garde que, se considérant à l'inverse comme « prestataires de service », elles ne se sentent pas aussi engagées que ne le sont les sociétés de Brême ou de Hambourg.

Cette question des sociétés de commerce international fait l'objet de nombreux développements dans les contributions qui figurent au volume III de ce rapport. Le problème y est mieux posé que la solution n'y est véritablement fournie. Disons en bref que l'avenir impose que tout soit fait pour que ces sociétés de commerce international, ces groupements inter-moyennes entreprises de commerce international, ces associations de moyennes et de grandes entreprises permettent à un plus grand nombre d'entreprises d'accéder aux marchés extérieurs.

10. — Parmi les fonctions dont nous avons dit qu'elles sont exercées par les sociétés spécialisées allemandes, il y a la fonction de compensation. Elle se généralise, elle résulte du fait que certains acheteurs entendent payer « en nature » café ou bananes contre automobiles, pétrole contre usines, etc., et les choses peuvent se compliquer à l'infini. Voici donc notre vendeur de quatre cylindres douze chevaux transformé en vendeur de tonnes d'arabica lorsque ce n'est pas de kilomètres de cotonnades. C'est un autre métier et il est dangereusement spéculatif. Et l'on peut connaître admirablement le marché des machines-outils sans savoir « jouer » sur telle ou telle denrée alimentaire, sans être à même

de faire des prévisions sur l'évolution du prix du brut départ golfe Persique. Or c'est à prendre ou à laisser et celui qui n'est pas capable de se transformer instantanément en « représentant multi-carte » doit renoncer à vendre sa marchandise. Il faut avoir derrière soi toute une organisation pour apprécier les produits et les risques et pour dire « je prends » avant le concurrent. Les sociétés de commerce international ou leurs substituts devront être des « sociétés de compensation internationale ». Nous ne pourrons pas échapper à cette nécessité dont on voit quel avantage elle peut créer au profit des grandes multinationales. Mais dans la réalité des choses tant de « politiques », fort profitables pour les opérateurs et détestables pour l'intérêt national, sont possibles que la puissance publique tout en favorisant la création de ces outils doit préciser certains aspect de leur mode d'emploi.

Revendiqué par les entreprises, le commerce extérieur est d'intérêt public : il est donc affaire d'Etat. Avant d'analyser notre système d'aide et nos structures d'intervention, revenons sur un débat politique qui « empoisonne » la Communauté économique européenne et se développe de façon parfois passionnelle au niveau des instances internationales.

Nous avons dit la montée du protectionnisme, la crise des idées, les pratiques de *l'American Selling Price* et du *Buy American Act.* Nous pourrions analyser le vade-mecum du parfait exportateur allemand soutenu par son gouvernement. Nous aurions plus de peine à décrire par quels procédés discrets mais insurmontables le marché japonais est protégé de toute infiltration extérieure. Il ne s'agit donc pas pour nous Français de plaider coupables mais d'analyser et de comprendre. Le protectionnisme « sauvage » est une menace pour tous et nous avons tous intérêt à ce que les échanges internationaux se développent. Mais harmonieusement. Nous devons pour cela contribuer à l'énoncé puis à la mise en œuvre de « règles de commerce international ». Mais nous devons vouloir — et reconnaître comme juste — que ces règles favorisent un développement plus rapide de l'économie du tiers monde que celui des pays développés. Nous devons enfin et surtout vouloir, coûte que coûte, assurer notre propre survie qui exige développement mesuré et équilibré mais développement quand même.

Le rôle de la puissance publique est donc multiple : négocier à l'extérieur, favoriser le développement intérieur, intervenir positivement et négativement pour assurer les ajustements : négativement, c'est la protection aux frontières, c'est le protectionnisme; positivement, c'est d'une part l'effort de développement dont il sera question au chapitre de la planification, c'est d'autre part l'aide à l'exportation dont il est question ici.

Nous ne soulèverons ici aucun débat de doctrines. Votre groupe de travail s'y est refusé et nous nous y perdrions. Retenons que l'aide à l'exportation et la protection aux frontières sont des pratiques courantes, qu'elles sont nécessaires mais qu'elles comportent des risques. Tout est, dès lors, question de mesure.

— Face à un risque immédiat de destruction d'une branche industrielle ou d'une production agricole, la puissance publique doit pouvoir intervenir et doit intervenir en fermant les frontières mais à plusieurs conditions formelles et politiquement impératives : la fermeture doit être rigoureusement sélective, elle doit être momentanée, le délai ainsi créé ayant pour objet de permettre l'adaptation, la reconversion professionnelle et régionale que la concurrence suggère ou impose. C'est donc une fermeture prise en application d'une clause de sauvegarde qui doit figurer parmi les règles du commerce international. Elle est donc, d'une certaine façon contractuelle et, à ce titre, elle doit être justifiée. Elle comporte engagement d'une adaptation interne. Elle peut, dans ces conditions, ne pas provoquer de mesures de rétorsion. C'est le contraire du protectionnisme sauvage, on pourrait presque dire que c'est un protectionnisme concerté. Il appelle quatre remarques :

On mesure à quel point la capacité d'anticiper les événements grâce à un système d'information toujours en éveil peut favoriser les reconversions que la clause de sauvegarde rend possible.

On devine aussi que l'indépendance nationale, l'autonomie et l'efficacité de l'économie nationale peuvent exiger que certains secteurs soient déclarés hors du champ de la concurrence et donc placés sous sauvegarde permanente, la détermination de ces secteurs faisant l'objet de la négociation internationale (pouvons-nous nous passer de sidérurgie ou de constructions navales?).

Cette clause d'autonomie comporterait les plus grands risques de pratiques monopolistiques et abusives si elle était mise en œuvre à l'échelon national. Elle est beaucoup moins perverse à l'échelon de la Communauté;

Parmi les concurrents les plus redoutables figurent des pays à statut social médiéval et qui exportent la semaine de soixante heures d'enfants de douze ans payés en dessous du minimum de survie; il faut qu'existe, sous contrôle du Bureau international du travail, une clause de sauvegarde contre le « *dumping social* » mais qu'elle joue de telle sorte qu'elle oblige les pays qui pratiquent ce *dumping* à faire évoluer leur propre législation sociale au profit de leurs propres travailleurs.

— La négociation internationale conduite par la puissance publique doit tendre à l'élaboration d'un « code de bonne conduite » des sociétés multinationales. Il ne s'agit ici ni de mettre en cause leur existence, ni de les clouer toutes au pilori. C'est un autre débat. Il s'agit de constater qu'elles obéissent à des règles transnationales qui leur sont propres, qui sont de nature strictement économique et financière, qu'elles échappent aux autorités politiques de la plupart des pays dans lesquels elles opèrent, qu'elles peuvent échapper à des lois nationales qui contraignent les entreprises nationales et qu'il est de l'intérêt de tous que les choses soient clarifiées. Il n'y a pas d'ordre économique international qui ne comporte ce code de bonne conduite préconisé plus haut.

— Les négociations que conduit la puissance publique dans le cadre du G.A.T.T. doivent avoir pour objet la disparition des moyens non tarifaires de protection. Ils sont tellement discriminatoires, imprévisibles, « à la tête du client », infranchissables, qu'ils constituent une atteinte grave, irrémédiable à la vente, à cette règle du jeu international qu'il s'agit d'élaborer. Ils sont particulièrement contraires à notre propre mentalité. Notre respect religieux de la règle écrite rend notre Administration parfaitement incapable d'y recourir ou de s'en défendre. De surcroît, aucun progrès en productivité ne permet d'en venir à bout. La chose est d'importance et la négociation internationale est difficile car elle est, en notre nom, conduite par la Communauté et que la Communauté n'a cessé d'adopter au G.A.T.T. une position défensive. Le temps est peut-être venu d'un changement de ton. La baisse du cours du dollar constituant l'industrie américaine en concurrente dangereuse en même temps qu'elle fait du gouvernement américain un leader moins crédible, nos partenaires européens choisiront peut-être enfin d'adopter à Genève une position offensive. Il nous faut les y inviter. Pourquoi ne mettrions-nous pas sur la table un « Èuropean selling price » ou un « Buy european act »? N'oublions pas qu'au nom des grands principes, les Etats-Unis, leurs hommes politiques et leurs leaders économiques, ont mis jadis en accusation la politique agricole commune taxée de protectionnisme au moment même où ils conquéraient la maîtrise des marchés mondiaux d'un certain nombre de produits agricoles essentiels. Aucune dissymétrie ne doit plus être acceptée par la Communauté dans ses rapports avec ses partenaires de l'O.C.D.E., américains et japonais en particulier.

— Nous pratiquons, comme tous les pays des « aides » à l'exportation dont le réseau a été lentement élaboré au gré du temps. Esquissé alors que nous n'étions que médiocres acteurs sur le marché international, il a été progressivement complété sans que peut-être nous ayons pris le soin de mettre en cause les procédures passées au moment où nous mettions en place les procédures nouvelles. De là ce sentiment de foisonnement, d'obscurité, de non-sélectivité. Il semble que tout soit fait pour favoriser ce que, dans les couloirs de Bruxelles, on dénomme les subsidologues, les experts en procédures tendant à gagner des subventions. Il y a là un avantage pour les grandes sociétés qui peuvent s'assurer le concours d'un expert en subventions. Au contraire, le patron de la moyenne entreprise est obligé de jouer les polyvalents et se perd dans les voies d'accès aux subsides comme il se perd dans les voies d'accès aux autorisations et autres papiers administratifs nécessaires. Il faut donc rendre plus simple, plus opérationnel notre système d'aide et d'assistance (crédit, assurances, soutiens divers) mais aussi plus sélectif et plus flexible à la fois. Des choses excellentes ont été dites au groupe et votre rapporteur a scrupule à s'y attarder. Pourtant...

— Quelle que soit la richesse de nos procédures et l'imagination de nos opérateurs un problème est posé : celui des structures. Gageons que s'il se trouvait bien résolu, la plupart des critiques articulées et des difficultés évoquées disparaîtraient comme d'elles-mêmes. Le ministère du Commerce extérieur, en cette période où chacun proclame que notre avenir dépend de nos exportations, est chargé de « préparer les décisions du gouvernement sur la politique du commerce extérieur de la France ». Il n'a pas ou peu d'administrations sous son autorité, son rôle essentiel est en fait de favoriser la concertation et la coopération entre les ministères. Nul n'a besoin d'avoir été ministre ou haut fonctionnaire pour savoir ce qu'en vaut l'aune.

L'organisation actuelle a un aspect positif qu'il faut souligner : elle tourne le dos à une conception technique du commerce extérieur, elle en fait une affaire politique, l'affaire du gouvernement tout entier. Elle va, à cet égard dans le sens de notre analyse : on exporte ce que l'on est, disions-nous en commençant. Mais elle ne va pas au bout de cette analyse parce que le ministre du Commerce extérieur n'a pas les moyens de sa fonction. Chacun connaît en France le poids des appareils. Que peut faire celui qui ne dispose ni de la direction des Relations économiques extérieures, ni de la direction du Trésor, ni de la direction de l'Industrie, etc.? Celui qui n'est pas le représentant institutionnel de la France dans les instances de la Communauté et qui ne va au G.A.T.T. qu'avec une escorte d'anges gardiens venant du ministère de l'Economie ou de celui des Affaires étrangères? Il faudra tôt ou tard en sortir soit en inventant de nouvelles procédures, soit en imaginant une nouvelle structure. Pour contribuer à la réflexion sur ce sujet, votre groupe de travail se hasarde à faire deux suggestions :

Si le ministre du Commerce extérieur demeure un ministre *in partibus,* un ministre sans ministère, il faut mettre au point des modalités de saisine et de décision qui assurent son efficacité. On pense à la pratique du Comité interministériel pour l'aménagement des structures industrielles (C.I.A.S.I.) qui a donné satisfaction : passant outre à la « responsabilité ministérielle », un comité de ministres ou de hauts fonctionnaires, comité présidé par le responsable du commerce extérieur, serait saisi à l'initiative de celui-ci de tout problème exigeant décision et trancherait à la majorité sans que nul puisse y faire obstacle. Il n'y a pas d'autres voies qui permettent que l'on atteigne à l'efficacité; elle évite que tel ou tel ne se retranche devant des règles dont il est le seul gardien; elle évite que l'on se réunisse interminablement pour rien, chaque ministère s'accrochant à un point de vue partiel cependant que le ministère le plus fort fait prévaloir ses vues, c'est-à-dire l'idée qu'il se fait, lui, de l'intérêt de la France.

Mais une autre solution vient à l'esprit, beaucoup plus audacieuse. Elle s'inspire de la primauté, de ce qu'un auteur appelait « l'impératif mondial » auquel la France doit faire face. Il ne s'agit de rien moins que d'imaginer un « ministère de la Planification et des Echanges extérieurs ». Disons brièvement les arguments qui y conduiraient :

— l'équilibre de ses échanges extérieurs est pour la France l'objectif le plus contraignant;

— elle doit, pour y parvenir, mobiliser toutes ses forces, organiser toutes ses capacités, il y va de son indépendance, de son niveau de vie, de son niveau d'emploi;

— pour mobiliser et organiser, elle doit abandonner l'attitude régalienne qui caractérise l'administration administrante pour pratiquer une concertation permanente avec toutes les forces économiques, sociales et politiques, concertation qui est, depuis Jean Monnet, dans la tradition du Commissariat du Plan;

— pour faire ses choix stratégiques fondamentaux et assurer la rapidité et la parfaite cohérence des interventions publiques, elle doit avoir l'instrument d'un pilotage vraiment interministériel : cette fonction est toute semblable à celle du Plan qui a le plus souvent été chez nous organe interministériel à la disposition du Premier ministre;

— pour faire ses choix stratégiques fondamentaux, elle doit anticiper, faire des hypothèses, monter un réseau global de collecte de l'information et de diffusion et cette fonction de collecte, d'hypothèse et d'information constitue l'une des fonctions essentielles du Plan;

— le Plan a de surcroît le mérite, dont on a guère usé au gouvernement, d'être l'occasion d'un débat politique global au sein du Parlement et devant l'opinion : la contrainte extérieure, les choix stratégiques que nous faisons, les disciplines qui s'en déduisent doivent faire l'objet d'un débat du même type car il y va de tout ce à quoi nous tenons.

Nous avons dit en commençant cette analyse que nous doutions qu'elle puisse être mise en œuvre. Constatons pourtant que les difficultés que sa réalisation soulèverait sont moins déterminantes que les évidences sur lesquelles elle s'appuie. Elle permet dans tous les cas de situer le problème au niveau auquel ce groupe a choisi de le placer. Elle conduit naturellement à aborder en conclusion les stratégies internes et externes nécessaires à la réalisation de nos équilibres à l'égard du monde.

CONCLUSIONS

Le débat sur nos équilibres extérieurs est un débat central. De notre capacité à les réaliser dépendent en effet la plupart des éléments auxquels nous tenons essentiellement.

L'indépendance nationale. Elle n'est pas seulement militaire ou politique. L'économie joue aussi un rôle décisif. Elle ne peut résulter pour nous d'une capacité de tout produire sur notre propre territoire : notre sous-sol est pauvre et notre industrie déséquilibrée; notre agriculture — forêt comprise — ne contribuera à notre équilibre qu'au prix d'un grand effort. Notre indépendance nationale ne peut résulter que de l'équilibre technologique et géographique — difficile au demeurant — de nos besoins et de nos atouts durement négociés sur les marchés internationaux.

L'emploi. Un actif sur quatre travaille déjà pour l'exportation. La consommation intérieure ne peut s'accroître que modérément et à cause, en particulier, des importations qu'elle impose progressivement. La reconquête du marché intérieur, l'utilisation parcimonieuse des ressources rares et l'exportation de produits à haute valeur ajoutée sont les seules perspectives de relance de l'embauche qui nous soient offertes. Encore faut-il se convaincre de ce que de nouvelles normes de plein emploi devront être définies avec toutes les conséquences que cette novation peut introduire dans les domaines économique, social, culturel et même civique.

La croissance. Sans doute ne se décide-t-elle pas. Les années récentes le démontrent. Encore un certain taux peut-il être recherché. Mais il faut savoir que toute augmentation du taux de croissance conduit à un accroissement de la consommation des produits importés, de l'énergie en particulier. Croître plus, c'est exporter plus encore sur un marché peu demandeur. Ne pas exporter plus, c'est s'interdire l'augmentation du taux de croissance. L'équilibre récent de notre balance ne doit pas faire illusion et résulte — pour une grande part — du tassement de notre activité et donc de nos besoins primaires.

L'autonomie culturelle. Nous sommes, légitimement sans doute, fiers de notre civilisation. Elle subit inévitablement les assauts des techniques et des modèles extérieurs. Elle est soumise au mouvement d'uniformisation qui menace le monde. Pour subsister ultérieurement, il faut tout à la fois ne pas être envahis par des produits extérieurs et avoir une densité économique propre, élaborer soi-même un modèle qui justifie à son tour la mobilisation de tous.

Mais, pour assumer pleinement les impératifs, il est désormais des recours qui nous sont interdits, il est des illusions auxquelles il nous faut renoncer.

Il ne nous est pas possible de nous replier sur nous-mêmes et de nous mettre à l'abri de la concurrence internationale. Nous importons l'essentiel de nos matières premières et de notre énergie. Il nous faut les payer. Il nous faut exporter plus et importer moins.

Il ne nous est pas possible de procéder à des ajustements monétaires comme nous l'avons fait dans le passé : ce que nous achetons est facturé en dollars ou, demain sans doute, en unités de compte. Notre perte à l'importation compense largement le gain de compétitivité, tout transitoire d'ailleurs, que procure la dévaluation. L'Allemagne et le Japon démontrent au demeurant que monnaie forte et équilibre extérieur vont de pair.

Il nous sera de moins en moins possible de fonder nos exportations sur nos salaires relativement bas. Notre niveau de salaires nous met naturellement en concurrence avec les pays sous-développés à salaires plus bas encore. Notre avenir, avec toutes les disciplines et tous les efforts que cela comporte, est dans le relèvement déterminé de notre niveau de rémunération.

Il ne nous est pas possible de croire que les choses du monde iront s'améliorant et qu'ainsi nous trouverons nos propres équilibres sans un effort immense sur nous-mêmes.

Il ne nous est pas possible de croire que l'effort national est du domaine particulier de tel ou tel : de l'Etat, de l'usine, du marchand, du travailleur ou du banquier. Il exige l'effort de tous et l'art de gouverner, c'est désormais l'art de créer les conditions de la libre mobilisation de toutes les forces nationales. C'est d'abord l'art du consensus.

Cinq idées-forces ont nourri le troisième quart du XXe siècle :

— la continuité du développement dans la continuité des progrès des technologies et de l'organisation;

— le plein emploi des forces de travail;

— l'existence d'un bon système monétaire assurant l'équilibre d'un bon système économique;

— les progrès de la liberté;

— l'équilibre dans la terreur mais dans la paix.

Il y avait bien de-ci de-là des zones de misère et de mort, des crises de chômage, des dictatures, des conflits, rien n'empêchait l'optimisme des puissants : l'accroissement continu du volume des échanges internationaux était bien là pour prouver que le monde était en bonne santé et qu'il le demeurait.

« L'ordre économique international » était assuré grâce au repliement sur soi de l'U.R.S.S. et de la Chine, à l'enfantement douloureux des pays en voie de développement, à la dégradation des termes de leurs échanges, à la naissance de l'Europe, à l'attention passionnée que le Japon et l'Allemagne consacraient à leur propre reconstruction-réorientation. Il était assuré par le dollar et par la prééminence économique et monétaire sinon stratégique des Etats-Unis d'Amérique.

Le monde est aujourd'hui en crise. Le développement est faible, incertain, contesté; les technologies se révèlent ambivalentes, les organisations inadaptées à des civilisations et à des cultures différentes des nôtres; le plein emploi a disparu, sa reconquête apparaît difficile, sinon impossible; la paix semble vaciller; la liberté des hommes chancelle en dépit des victoires qu'elle a remportées dans l'Europe méditerranéenne; quant à la liberté des échanges, elle est soumise à de rudes épreuves, sous le triple effet du dérèglement monétaire, de l'émergence industrielle de plusieurs pays en voie de développement, du chômage qui sévit dans les pays riches. La croissance inquiète car sa poursuite indéfinie donne le vertige. Elle se heurte de surcroît aux limites que lui imposent ou peuvent lui imposer la rareté des ressources naturelles, le développement démographique, l'encombrement et la pollution. La division internationale du travail est en question.

Diverses idées fausses se font jour dont il faut dire ici le caractère pernicieux :

— il n'est pas vrai que la décision prise en août 1971 par le président des Etats-Unis de libérer le dollar des servitudes que lui impose sa fonction régulatrice ait provoqué la crise. Elle l'a constatée. Sans doute l'a-t-elle aggravée, mais elle a aussi rendu plus évidemment nécessaire l'élaboration d'un nouveau système monétaire international;

— il n'est pas vrai que la décision des pays producteurs de pétrole et l'augmentation du prix des matières premières aient provoqué la crise. Elles ont mis un terme à un déséquilibre injustifiable. Ce serait folie que de croire au caractère définitif du prétendu équilibre actuel des termes de l'échange;

— il est fort douteux, en dépit des affirmations récentes du directeur du Fonds monétaire international, que le monde se soit engagé dès à présent et comme naturellement dans la voie de la guérison. Il est hautement probable au contraire que nous avons à faire face à une crise dont la solution requiert des définitions nouvelles tant dans le domaine des politiques internes que dans celui des relations internationales. La liberté des échanges a toutes les séductions du monde quant tout va bien, le protectionnisme s'impose aux responsables quand le désordre des marchés internationaux s'accroît sans que se dessine aucune perspective nouvelle;

— il est hasardeux et largement irresponsable de se fier à l'ajustement automatique, autoréglé de l'offre et de la demande tant des matières premières que des produits transformés; il est irresponsable de considérer que les technologies nouvelles viendront à point nommé pour assurer le relais des ressources épuisées et des technologies périmées;

— il est faux de croire qu'un seul pays au monde pratique dans les faits de libre-échangisme qu'il prône dans ses discours. Aucun gouvernement n'abandonne le destin national aux seuls mécanismes du marché : le Japon est lui-même une vaste entreprise d'économie mixte cogérée par l'Etat et les groupes industriels, l'Allemagne assure la maîtrise de ses équilibres par l'ajustement très fermement réglé de l'action de l'Etat, des banques, des entreprises, des syndicats, éclairé par les travaux des bureaux d'étude et de prévision économiques; les Etats-Unis d'Amérique jouent de leur monnaie, de leur puissance, de l'importance de leur marché intérieur et assurent la maîtrise de leur avenir en coordonnant sans faiblesse les interventions publiques, les décisions de la Federal Reserve Bank et de la planification hautement élaborée des très grands groupes qui dominent l'économie interne mais aussi l'économie externe.

Il serait dangereux d'imaginer que la poussée des pays en quête de développement ira diminuant. Elle s'accroîtra au contraire, « déréglant » tour à tour tous les marchés de produits industriels, des plus banals aujourd'hui aux plus élaborés demain, au risque de menacer une à une la plupart des industries du monde occidental, au risque de confier à ce même monde occidental la subsistance du monde en denrées alimentaires de base.

Il serait naïf de croire que les capitaux disponibles de par le monde n'iront pas s'investir dans ces pays qui, du fait du niveau des salaires, produiront les profits les plus substantiels.

Le monde qui ne fut jamais douillet est devenu franchement dangereux. Installé pendant un quart de siècle dans une exceptionnelle croissance globale, il n'a pas su ou pas voulu être attentif aux signes avant-coureurs de la crise et il a été pris au dépourvu. Il lui faut imaginer et construire un « nouvel ordre économique international » : plus ménager des ressources non renouvelables et plus respectueux de l'environnement, plus habile à développer les ressources renouvelables, capable, par une nouvelle division du travail et des richesses, de faire leur juste part aux continents, nations, régions, classes sociales et hommes maintenus jusqu'ici hors du développement sans provoquer pourtant dans les pays développés de régressions insoutenables.

Il faut pour cela :

— une croissance réelle mais mesurée dans les pays développés, sensiblement plus forte dans les autres; une croissance en fait inversement proportionnelle au présent niveau de développement, une croissance inégalitaire ayant pour règle la compensation des inégalités;

— des techniques, des méthodes, des modèles de croissance et de développement qui tiennent compte des données naturelles et culturelles de chaque pays, de chaque région;

— un système monétaire qui ne soit pas autodéréglant et qui ne permette pas que la spéculation monétaire amplifie la spéculation liée pour chacun des produits et des biens au fonctionnement même de la loi du marché;

— un système de régulation des marchés des denrées essentielles qui atténue les fluctuations conjoncturelles des cours et qui ne permette pas à quelques acteurs privilégiés d'être à la fois les auteurs et les bénéficiaires des spéculations;

— un lieu de confrontation (tel un G.A.T.T. renouvelé où tous les pays seraient présents) où seraient élaborées les règles du jeu du commerce international, où serait favorisée la division internationale du travail mais où serait en échange interdit que la compétitivité des nouveaux pays industriels soit fondée sur une exploitation abusive des forces du travail.

Il faut de nouvelles définitions et de nouvelles pratiques qui n'abandonnent le destin du monde, ni au libre jeu du marché, ni à l'omniprésence de compagnies transnationales sans responsabilité politique, ni aux ambitions ou aux réflexes frileux de gouvernements égoïstes ou craintifs.

Le maintien nécessaire d'un vaste courant international d'échanges ne sera plus désormais le fruit de l'affirmation incantatoire des vertus du libre-échange. Il ne peut résulter que d'une cohérence volontaire et concertée des politiques économiques des régions du monde et des pays. Ayant fait l'expérience de la planification centralisée qui isole les marchés nationaux et de la liberté qui les menace, le monde doit inventer son organisation de demain.

Si la communauté internationale n'apporte pas à l'ensemble de ces problèmes des solutions raisonnablement satisfaisantes, le commerce international ira déclinant, le monde riche deviendra plus riche et le pauvre deviendra plus pauvre, la concurrence s'y fera plus vive et le protectionnisme plus grand, l'affrontement idéologique s'y fera plus âpre, les conflits localisés deviendront plus nombreux, qu'ils aient pour objet l'indépendance nationale ou à l'inverse la maîtrise de sources de matières premières; et tout sera en place, par volonté de puissance, par volonté désespérée de sauvegarde, par hasard ou par malveillance pour que le monde bascule dans l'une des crises les plus tragiques de son histoire, les politiques abdiquant leurs responsabilités entre les mains des soldats pour n'avoir pas su ou pas voulu imposer leur discipline aux marchands.

C'est dans ce monde, en ce temps que la France doit maintenir ou plutôt ajuster sa place. Elle ne peut fonder sa politique sur l'instauration réussie d'un nouveau système international, elle doit pourtant y contribuer. Elle ne peut non plus se préparer aux crises les plus graves car le pire n'est pas certain : devant faire face à des situations qu'elle ne peut ni maîtriser ni même prévoir, elle doit se doter des structures, des réflexes et des moyens qui lui permettent de les affronter toutes.

Absorbée par sa reconstruction, par sa décolonisation, par le rattrapage de son retard industriel, la France a été longtemps accaparée par des tâches de réaménagement interne; son effort a été longtemps tourné vers elle-même. Lorsque la crise des années 70 et la hausse des prix des matières premières et de l'énergie est intervenue, elle n'était pas un acteur significatif sur le marché mondial. On pouvait seulement dire que l'appareil économique avait bien réagi à son insertion dans la Communauté économique européenne. Face à la crise mondiale, il a encore une fois assez bien réagi et les performances qu'il a réalisées en matière d'équilibres extérieurs sont honorables.

L'analyse révèle pourtant de singulières faiblesses dont il faut prendre conscience pour les corriger. Les performances jusqu'ici accomplies incitent à un nouvel effort; elles créent les conditions qui rendent plausible le succès de cet effort pourvu qu'il soit résolu, unanime, constant. Quelles sont ces faiblesses? Et comment y porter remède?

La tendance que l'on a chez nous à considérer que l'exportation est une activité spécifique, un peu aventuriste qui s'ajoute au travail normal de l'entreprise ou de l'appareil économique national sans contribuer réellement, fondamentalement à la définition de ses structures et de sa stratégie. Si l'Allemagne et le Japon, la Suède et la Suisse, parviennent à équilibrer leurs balances et à renforcer leurs monnaies, c'est qu'elles considèrent que le commerce extérieur constitue pour leurs économies une variable stratégique lourde, l'équilibre des échanges étant l'ambition de tous et non de quelques-uns. Il est fort singulier que cette introversion du système économique français doive être aujourd'hui encore dénoncée comme perverse alors que nous exportons 33 % de notre production totale et 20 % de notre production exportable! Mais elle doit hélas être dénoncée et un effort résolu doit être accompli pour qu'un beaucoup plus grand nombre d'entreprises s'orientent vers le marché extérieur et que l'opinion entière cesse d'être hexagonale.

Cette introversion se manifeste aussi bien dans le peu de goût que les Français éprouvent à s'expatrier ou à séjourner à l'étranger. Constamment critiques à l'égard de leur pays ils ne savent pas s'en éloigner, ils ne peuvent pas s'en passer. Il faut que dès l'école et dans l'organisation des carrières, remède soit apporté aux méfaits de notre égocentrisme collectif.

Cet esprit casanier se trouve renforcé par la primauté qu'a chez nous l'ingénieur, par la suspicion qui entoure l'activité de négoce. Formée par de grandes écoles d'ingénieurs d'Etat et par une université qui dédaigne le commerce, notre élite n'est pas préparée à l'une des fonctions majeures qui l'attendent désormais. Le mal est profond et notre système de formation n'est que le reflet d'une culture, l'instrument de reproduction d'un modèle nationaliste, étatiste et incroyablement hiérarchique.

L'équilibre même de notre hexagone et la faculté qu'il nous a longtemps donnée de vivre à l'abri des autres nous ont dispensés de créer à travers le monde un réseau de présence marchande et ce réseau nous fait aujourd'hui défaut. Notre équilibre par ailleurs si flatteur pourrait bien faire aujourd'hui notre faiblesse.

Mais notre faiblesse la plus grave est ailleurs. Notre « génie » et notre histoire n'ont pas fait de nous des entrepreneurs. Plutôt des paysans, des boutiquiers, des fonctionnaires. Or il n'est pas de grand destin collectif si notre pays n'amplifie pas résolument l'effort qu'il a fait depuis vingt ans pour se doter d'un réseau d'entreprises efficaces. Le problème qui est posé n'est pas d'abord de savoir qui détiendra le capital et comment le pouvoir y sera réparti, mais quelle efficacité elles auront pour l'animation du marché intérieur et la conquête des marchés extérieurs. Qu'elle soit libérale ou dirigée, quel que soit notre degré de planification, nous avons besoin d'une économie d'entreprises, d'une économie où les acteurs sont responsables de leurs résultats et maîtres de leurs décisions dans le respect des objectifs généraux fixés par la nation.

Il faut en même temps et comme inversement que notre appareil de production assure mieux, plus complètement, plus scrupuleusement la satisfaction de nos besoins. Il est désormais trop de branches professionnelles dominées par les importateurs, au détriment des producteurs nationaux, il est trop de secteurs où en dépit des avantages naturels et faute d'organisation nous avons laissé péricliter notre système de production (la filière bois, le porc, la machine-outil par exemple). La reconquête du marché intérieur est dans plusieurs secteurs à portée de nos mains. Elle est souvent la condition de notre présence sur les marchés extérieurs. Elle est l'une des conditions du maintien de notre ouverture au monde extérieur : cette ouverture n'est acceptable que dans l'équilibre de nos échanges et l'équilibre de nos échanges ne sera atteint que si nous répondons nous-mêmes, le plus rapidement possible, à nos propres besoins.

Le choix nous est offert entre action volontaire et protectionnisme. Livrée à elle-même l'économie nationale n'a pas, n'a plus, n'a pas encore la capacité d'affronter la concurrence. Les désordres de toutes natures que pourrait provoquer le déséquilibre de notre balance (monnaie, emploi, indépendance) seraient tels que la tentation serait bientôt irrésistible de fermer — sélectivement d'abord, puis plus largement — nos frontières. Ce n'est que par une action concertée mais rigoureuse de l'Etat, des entreprises et des travailleurs et non par un abandon de notre économie aux prétendues lois du marché que nous pouvons le mieux, que nous pouvons seulement affronter la concurrence extérieure sans risque d'être submergés. La « planification », pour appeler les choses par leur nom, est la condition de la maîtrise de nos forces et donc du maintien de notre ouverture au monde extérieur.

Il est temps de rouvrir en France un débat sérieux sur la planification. Il y va de notre capacité à gérer notre avenir. Et ce débat devrait tourner autour des considérations suivantes :

La planification est condition de clarté. La part de l'économie publique est devenue telle dans toutes les économies modernes que « l'affichage » des règles du jeu et des objectifs apparaît comme essentiel. Tant d'activités sont une anticipation ou une conséquence de décisions publiques que l'incertitude ou le secret deviennent pernicieux. La planification, c'est déjà la publication lisible des décisions publiques. La chose semble évidente. Nous provoquerions pourtant, si nous y parvenions, une véritable révolution : tout se passe chez nous en effet comme si l'Etat et son administration, refusant de « proclamer » les grandes orientations de nos activités, géraient notre économie par décision discrète et discrétionnaire. Le déclin du Plan n'a pas correspondu à l'effacement des pouvoirs publics mais à l'effacement de la concertation et à l'amoindrissement de la volonté collective. En étouffant le Plan, nous ne sommes pas devenus libéraux dans le sens rigoureux du terme; nous avons inventé une espèce de libéral-étatisme qui semble cumuler les inconvénients de ses composantes contradictoires.

La France a connu une période de planification à la fois concertée et volontaire. Cette période a été celle de la reconstruction puis celle du développement de notre appareil économique. Elle a été celle où notre système politico-social a approché le mieux ce consensus de toutes les forces qui est nécessaire à la gestion de notre économie.

La planification n'a pas pour objet de substituer la décision administrative à la décision des entreprises, mais de fixer d'un commun accord des objectifs et des règles du jeu dans le respect desquels l'appareil industriel et les entreprises trouvent leur autonomie. Loin de nuire au dynamisme nécessaire, la planification peut être conçue de telle sorte qu'elle libère les forces productives. Loin d'être un facteur de centralisme, elle est la condition de la décentralisation : en centralisant la fonction stratégique nationale, en déterminant des objectifs et des règles, elle permet à chaque acteur périphérique (entreprise et collectivité) de retrouver son autonomie gestionnaire et sa responsabilité dans une vision globale de l'intérêt public.

La planification est la condition du consensus sans lequel toute société est menacée. Il serait trop facile de dire que seules des prises de position partisanes s'opposent à ce consensus. Elles le rendent plus difficile sans doute, elles n'y font pas obstacle. C'est notre pratique sociale qui s'y oppose le plus résolument. Et parmi les éléments majeurs de cette pratique sociale, il y a le système de prise de décision : les chefs d'entreprises considèrent qu'ils sont soumis à la volonté sans partage de l'Administration, les travailleurs considèrent qu'ils sont soumis à l'autorité discrétionnaire du patron. Il s'ensuit une double sécession intérieure. L'élaboration du Plan est l'occasion de créer par une concertation égale les conditions du consensus.

La planification est enfin une « revendication parlementaire ». Il est clair que les Assemblées ne peuvent partager les responsabilités de l'exécutif. Cela est contraire à l'efficacité comme à notre Constitution. Le Parlement n'est pas pour autant exonéré de toute responsabilité : c'est la loi qui fixe les orientations et le contenu du Plan. Elle le fait au terme d'un débat parlementaire public et contradictoire. Mais pour qu'il y ait débat, il faut qu'il y ait solutions alternatives et faculté de choix alors que le gouvernement a tendance à soumettre au vote des élus un document type qu'il peut adopter tel quel ou rejeter. D'autres méthodes sont souhaitables, elles sont nécessaires. L'absence de solutions alternatives, l'absence de choix, enferme majorité et opposition dans leurs positions *a priori*, dans leur attitude doctrinale qui ne laisse place à aucun accord fondamental.

La planification, dont la signification politique apparaît ainsi doit être revue d'un autre point de vue : la durée de cinq ans qui semble encadrer toute notre prévision et notre anticipation volontaire est à la fois trop courte et trop longue. Trop courte pour les choix que l'on peut qualifier de stratégiques (investissements lourds en matière d'énergie ou d'infrastructures, évolution de notre agriculture et de notre système éducatif, aménagement du territoire, urbanisme); elle est trop longue pour servir au pilotage conjoncturel de notre économie. Il faudrait en fait inventer une méthode qui permette d'articuler les différentes durées d'anticipation et de mise en œuvre des décisions économiques, depuis les grandes options qui anticipent de vingt ans jusqu'aux choix conjoncturels qui s'accommodent mieux de débats bisannuels.

Ainsi trouve sa réponse la question souvent posée de savoir comment planifier dans une conjoncture instable et incertaine : les entreprises les plus performantes y procèdent en anticipant, en s'adaptant. Il n'y a point contradiction entre les deux démarches mais, désormais, profonde complémentarité : celui qui a anticipé et a commis quelque erreur est mieux capable de s'adapter à l'événement imprévu sinon imprévisible que celui qui s'est refusé à toute anticipation. Planifier, ce n'est pas s'enfermer dans sa prévision, c'est se préparer à un combat toujours incertain en faisant des hypothèses quitte à en changer.

Le débat doctrinal sur la planification et les nationalisations a obscurci chez nous une réalité : il n'est, au niveau du marché tant intérieur qu'extérieur, qu'un acteur. C'est l'entreprise. Rien n'y fait obstacle : ni la volonté politique d'assurer la cohérence par le Plan, ni l'acte politique qui change les détenteurs du capital et du pouvoir dans l'entreprise. Avec ou sans Plan, nationalisée ou pas, l'entreprise assume les risques du combat économique. Il ne s'agit point de minimiser l'importance décisive des deux choix politiques ci-dessus mentionnés, il s'agit de dire qu'ils sont d'un autre ordre et que dans l'économie de marché qui, en dépit de ses perversions, reste la règle à l'échelle internationale, l'entreprise est l'acteur essentiel. Il ne s'agit point non plus de minimiser l'importance des mutations que doit connaître l'entreprise en matière de répartition interne des responsabilités et des pouvoirs, en matière de répartition des profits, il s'agit de dire que toute nouvelle répartition des responsabilités et des profits qui porterait atteinte à l'efficacité de l'entreprise finirait par porter atteinte aux intérêts des partenaires sociaux comme de l'économie nationale.

La question est posée de savoir si nous serons enfin capables de négocier un nouveau pacte social qui, moyennant une nouvelle répartition des responsabilités et des profits, convainque les travailleurs plus qu'ils ne sont aujourd'hui convaincus, de ce que l'entreprise est le principal acteur de la prospérité commune. De même avons-nous à inventer les mécanismes et les règles de l'évolution concertée et maîtrisée de notre appareil de production. Le redéploiement (tant de notre industrie que de notre agriculture, tant de nos services que de notre appareil administratif) est aujourd'hui présenté et reçu comme l'effort nécessaire mais transitoire d'un ensemble national économique et social qui, ayant quelque retard à rattraper, doit se mettre à jour... une fois pour toutes.

En fait, le redéploiement est une fonction permanente, un comportement permanent. Il est synonyme de vie, car la vie est changement. Redéploiement technologique, géographique, structurel. Qui dit redéploiement, dit naissances et morts d'entreprises, constructions et fermetures d'usines, développement et stagnation, voire déclin, de villes et de régions. Il ne nous est possible ni de nous y soustraire, ni de vivre suivant un modèle de type américain. Il nous faut gérer en même temps les mutations de notre appareil de production, les bouleversements sociaux qu'il provoque, les désordres qu'il introduit dans le difficile aménagement du territoire. Nous n'y parviendrons que si ces mutations ne sont plus considérées comme l'affaire des seuls « propriétaires » d'entreprises et des seuls banquiers, que si les travailleurs et les responsables publics locaux sont associés à la gestion de l'adaptation, si sont pris en compte leurs difficiles problèmes. Mais comme l'adaptation est permanente, il faut, à peine de provoquer d'inutiles tensions, que la politique industrielle intègre dans ses objectifs permanents l'avenir des travailleurs et celui des villes et des régions. Ainsi avons-nous à inventer les mécanismes de la concertation, de la coresponsabilité Etats-entreprise-travailleurs-réalité locale dans la gestion des mutations. S'il y va de l'intérêt des travailleurs et des villes et régions, il y va de l'intérêt de notre économie : les tensions que provoque chez nous toute mutation font obstacle à notre nécessaire mobilité.

Etudiant « les conditions et les enjeux des équilibres extérieurs de l'économie française », votre groupe de travail et son rapporteur en sont arrivés à consacrer une part décisive de leur analyse à la société française, à son héritage culturel, à ses inerties, à son appareil de production. La planification de l'entreprise, le consensus social et le redéploiement sont devenus, face au monde tel qu'il est, les thèmes majeurs de ce rapport d'information.

Chacun mesurera sans peine combien il était plus difficile à ce niveau d'éviter le débat politique. En fait, dès lors que l'on quittait le domaine strict des mécanismes d'assistance aux activités commerciales extérieures, l'on abordait les problèmes qui sont au centre même de nos contradictions mais aussi à la base de notre avenir. Il a fallu pourtant en traiter. Le présent rapport n'aurait pas eu de sens autrement. Tel qu'il est, il porte la marque des différences, des conflits qu'il a fallu dépasser. Ainsi voudra-t-on pardonner à ses insuffisances et à ses maladresses. Ainsi ceux qui écrivent sous leur seule responsabilité comprendront-ils combien il est difficile d'exprimer de façon équilibrée des opinions différentes.

Pourtant le présent rapport aurait atteint son but auprès des parlementaires qui constituent son public privilégié s'il avait accru la conscience qu'ils ont d'un certain nombre de problèmes majeurs :

— notre avenir dépend largement des équilibres extérieurs de notre économie;

— ces équilibres ne dépendent pas d'abord des aides publiques à l'exportation mais de notre capacité globale;

— ces équilibres ne nous sont pas naturels : ils sont difficiles à cause des importations auxquelles il nous faut inévitablement procéder, ils exigent un effort;

— cet effort doit se faire dans un juste partage des responsabilités, des charges et des avantages et ce juste partage ne peut résulter que d'une vision politique globale : le Plan, adopté au terme d'un débat public auquel toutes les forces politiques, économiques et sociales doivent participer;

— il n'empêche que les entreprises sont les acteurs concrets de nos équilibres extérieurs, qu'il s'agisse de conquérir les marchés étrangers ou de conquérir le marché intérieur. Pour atteindre à ce résultat, elles doivent être clairement informées des objectifs stratégiques nationaux, elles doivent bénéficier d'une large autonomie de décision, elles doivent créer en leur sein l'équilibre des pouvoirs et des profits qui leur donne une pleine capacité de mouvement;

— faute de développer un appareil de production et de vente, un redéploiement positif permanent, nous ne réaliserions pas nos équilibres extérieurs et pourrions être contraints de nous protéger et, du fait de nos faiblesses naturelles, nous serions contraints de procéder à un redéploiement récessif inacceptable à tous égards : nous n'avons de chance de sauvegarder notre indépendance nationale, notre croissance, notre emploi, notre autonomie culturelle que dans une croissance maîtrisée et nous n'avons de chance de réaliser cette croissance que dans la réalisation de nos équilibres extérieurs;

— mais le marché mondial est si désordonné, les fluctuations monétaires y amplifient si démesurément les fluctuations des cours des denrées, produits et biens que nous ne pouvons pas accepter de nous soumettre à tout moment et sans protection aux idées d'une conjoncture imprévisible dans un système autodéréglé. Il est nécessaire que nous puissions nous mettre à l'abri sélectivement, temporairement et après concertation pour un secteur et pour le temps d'une adaptation. Il est surtout nécessaire que nous contribuions à l'instauration d'un nouvel ordre économique international, qui fasse leur place aux forces neuves du tiers monde. Cet ordre ne peut résulter que de l'organisation et de la conduite stratégique concertée de vastes régions du monde. La division internationale du travail qui est l'un des objectifs de l'évolution de l'économie moderne ne peut résulter du seul libre jeu des forces économiques. L'accroissement des échanges internationaux qui doit être recherché ne saurait faire obstacle à la légitime, à la nécessaire recherche de l'autonomie nationale ou régionale;

— c'est dans cette perspective que doit se situer notre participation sans retour à la Communauté économique européenne. Elle est pour nous tout à la fois cadre de compétition et de concertation. Elle nous apporte des chances et nous impose des servitudes. L'Europe aurait dû faire l'objet ici, devrait faire l'objet d'une étude globale et d'un débat public ouvert : au moment où la politique agricole commune connaît une crise, où l'élargissement à trois nouveaux pays est engagé, où la Convention de Lomé va être renouvelée et élargie, au moment où la croissance de l'Allemagne s'affirme en même temps que se confirme la faiblesse d'autres économies communautaires, au moment où se discute l'élaboration du système monétaire européen, prélude à une réunion économique européenne, au moment enfin où cent cinquante millions de citoyens vont élire des députés européens, il serait temps de se faire une idée de l'Europe en son « état futur d'achèvement » : l'Europe comme cadre de notre avenir et comme acteur majeur de l'avenir du monde.

Un économiste écrivait tout récemment « Le monde n'a pas besoin de la France mais la France a besoin du monde. » Le monde a besoin de l'Europe et l'Europe de la France. C'est en elle, par elle donc que la France peut encore, comme elle en a la tradition et aussi le goût, peser au trébuchet de l'histoire. Mais l'effort qu'elle doit faire pour y jouer un rôle, les disciplines qu'elle doit suivre pour y être facteur de dynamisme et d'équilibre sont l'effort et les disciplines dont ce rapport a dit qu'elle doit en tout état de cause les assumer. Car il s'est agi dans ce rapport plus encore d'être que de produire et de vendre. Notre indépendance nationale, notre croissance de plein emploi, notre culture demeurant nos objectifs et il nous faut être européens parce que l'Europe qui existe et celle qui peut naître des débats actuels peut nous les garantir plus que ne le ferait une impossible solitude.

A la date où il paraît, ce rapport ne peut se terminer que par une mise en garde à l'intention du gouvernement. La remise en ordre de notre appareil de production, la conquête de la compétitivité internationale sont des objectifs incontestables. Mais ils ne sauraient résulter de la seule libération des forces du marché. Ils pourraient ne pas apparaître comme légitimes si le prix payé par les travailleurs était trop élevé. En matière économique la liberté se gère, mais ne se décrète pas, elle n'est pas une fin mais un moyen.

TABLE DES MATIÈRES

DEUXIÈME PARTIE

DES AVIS AUTORISÉS

TROISIÈME PARTIE

DES FAITS AUX IDÉES

TROISIÈME PARTIE

[illegible]

LA COMPOSITION, L'IMPRESSION ET LE BROCHAGE DE CE LIVRE
ONT ÉTÉ EFFECTUÉS PAR FIRMIN-DIDOT S.A.
POUR LE COMPTE DE HACHETTE
ACHEVÉ D'IMPRIMER LE 20 JUIN 1979

Imprimé en France
Dépôt légal : 3e trimestre 1979
N° d'édition : 8781 — N° d'impression : 4505
23.61.3167.01
ISBN 2.01.006207.8

23.3167.6